百位院士谈教育

［上卷］

李善廷／编著

一年之计，莫如树谷；十年之计，莫如树木；
终身之计，莫如树人。

人民出版社

本书编委会

主　任：刘宇辉

副主任：叶茂林　王　颖　任　超

编　委（按姓氏笔画排序）：

邓　宁　刘安邦　许艳丽　阮宝君　孙永波

纪奇明　李志东　李善廷　张宪国　周　辉

祝合良　高　飞

出版前言

　　教育发展和科技创新关乎国家进步与民族复兴。党的十八大以来，以习近平同志为核心的党中央高度重视教育事业和科技创新工作。为深入学习贯彻习近平总书记系列重要讲话精神，统筹推进世界一流大学和一流学科建设，提升高校的人才培养质量、科技创新能力和学科建设水平，我们开展了以"高校人才培养、科技创新、学科建设与大学发展"为主题的专项调研，对百余位院士进行了深度访谈。

　　作为科学技术界、工程技术界的杰出代表，院士们既是国家重大科技成果的贡献者，也是重大科技决策的咨询建议人。通过访谈，我们聆听了他们对高等教育改革发展和科技创新等问题的真知灼见。本书将105位院士的访谈内容整理成104篇文章，结集出版，以便读者更好地了解院士的"心声"。

编　者

2018 年 9 月

序

　　高等教育是一个国家发展水平和发展潜力的重要标志，作为科技第一生产力和人才第一资源的重要结合点，其发展水平关乎国家民族的创新能力，影响其思想厚度、文化素养与精神品质。纵观人类发展历史，高等教育和科技创新始终是一个国家、一个民族进步发展的重要力量。

　　改革开放 40 年，中国高等教育发生了巨大变化，为经济社会发展提供了强有力的人力支持和智力支撑，创造了大国高等教育发展的奇迹。站在新的历史起点上审视高等教育，我们在取得一系列成就的同时，也面临着矛盾累积和问题叠加的复杂局面。尤其是自 20 世纪 90 年代末开始，中国高等教育规模迅速扩大，在极短的时间内完成了从精英模式向大众模式的转变，其间产生的一些问题还需要时间的磨合，需要教育观念、教育结构、教育模式等多方面的渐进性和适应性调整，需要在反思经验教训的基础上形成发展共识。

　　习近平总书记强调，教育兴则国兴，教育强则国强；科技是国之利器，是国家强盛之基。教育和科技是实现强国梦的翅膀，实现中华民族伟大复兴的中国梦，迫切需要教育和科技的全面支撑。我们要增强高等教育综合改革的使命感、责任感，确保改革沿着正确方向有序推进，实现我国高等教育的新跨越。

我们要对教育事业和教育规律保持尊重。教育与生产力发展相适应是教育发展的一条基本规律。高等教育对于经济社会发展和产业结构不会是简单的适应关系，人才培养与社会需求也不可能是无缝对接。高等教育的功能是多元的，人才培养模式也是多元的。我们国家大、人口多，需求多样，高等教育也要多元。在高等教育改革发展中，既要有国家的统一号令，也要有结合各地实际因地制宜的发展，尤其是要有正确的质量观。尊重教育事业，遵循教育规律，实现内涵发展，这是推进高等教育改革发展的基本前提。

我们要永葆高等教育初心。在我国社会主要矛盾已经发生转化的时代背景下，进入新阶段的高等教育面临的主要矛盾也相应地转变为人民日益增长的对公平优质高等教育的需求与其发展不均衡不充分之间的矛盾。在习近平新时代中国特色社会主义思想的指导下，我们要从理论和实践上系统解决高等教育要培养什么样的人、如何培养人、为谁培养人这一根本问题。在推进高等教育大众化中我们要坚持初衷，永葆初心。一个国家和民族所需要的高等教育体系一定是多样化的，不同类型的学校都应发挥出自己服务经济社会发展的力量，切实为国家和社会的发展培养各类人才。今后一段时期，高等教育的质量提升和结构优化应该是我们面临的重要问题。

我们要坚定中国特色高等教育自信。每个国家的高等教育都有自己的特点和优势，每种成功的高等教育类型都有自己的发展模式。我国独特的历史、文化、国情决定着高等教育必须坚持走自己的发展道路。我们尊重文化的多元和差异，更要尊重本土实践和实际。中国高等教育事业要具有强大的生命力和内生动力，必须要植根于中华民族传统的土壤。在一味地跟踪和模仿中是不能在世界高等教育范围内发出中国声音，不能提供中国经验、贡献中国智慧的。我们要以我为主，博采众长，建立与国情相适应、具有中国特色的教育理念与模式，这需要积淀和传承，需要决心与信心，也需要恒心与耐心。

　　高等教育综合改革强调的是改革的综合性、系统性，不是"一锤子买卖"，要避免改革空转的尴尬，不能以"三天打鱼两天晒网"的态度进行"碎片化"的改革，也不能仅进行技术层面的细化或局部调整。我们要适应内外环境变化，站在全球视角、站在新的高度考虑中国高等教育发展问题，要基于我们的国情创新教育理论，创新教育实践，把立德树人作为根本目标，加快"双一流"建设，切实提升高等教育与经济社会发展的融合度。

　　发展贵在齐放，创新贵在争鸣。高等教育改革需要集思广益，需要稳扎稳打，需要广泛凝聚共识，汇聚强大正能量。该书收录了百余位院士对高等教育和科技创新的真知灼见，他们站在新的时代高度，对教育和科技创新发展报以热忱的关注、善意的督促和真诚的理解，怀着忧患和希冀之情，审视问题，求解答案，提出了具有前瞻性和建设性的意见与建议。这是一种责任，更是一种担当，也让我们看到了中国高等教育未来发展的希望。

教育部原副部长、总督学

欧美同学会副会长

中国教育国际交流协会会长

目 录
CONTENTS

| 上 卷 |

| 下 卷 |

赵沁平

中国工程院院士

院 士 简 介

1948年4月出生，山西介休人。

北京航空航天大学教授、虚拟现实技术与系统国家重点实验室主任。兼任中国学位与研究生教育学会会长、中国仿真学会理事长。曾任教育部副部长、第十一届全国政协委员、中国科协副主席。

计算机专家。长期从事虚拟现实技术、计算机软件等方向的科学技术研究。在我国最早开发建立了分布式虚拟环境，带领团队研制了实时三维图形平台、分布交互仿真应用程序运行平台等虚拟现实基础软件，组织开发了战术指挥模拟训练系统、虚实融合的飞机驾驶舱设计评估系统、机械装置拆装维护训练系统、北京奥运会开幕式节目创意仿真与流程监控系统和新中国成立60周年国庆阅兵方案三维推演和决策系统等虚拟现实应用系统。

曾获国家科技进步一等奖1项、二等奖2项，国家技术发明二等奖1项，省部级科技奖9项。

院 士 观 点

原始创新不是只争朝夕，而是十年磨一剑，可以允许失败，失败也是一种探索。

在科研这条路上，坚持很重要。要前进总会遇到瓶颈期，但只要坚持，说不定在哪个时期就会有突破。

办好一所大学是一项需要时间和文化积淀的系统工程，有其自身的规律。

建设世界一流大学，更是一个长期的过程，而且涉及一些深层次的需要协调、平衡、抉择、优化和妥善解决处理好的关系。

大学要处理好追求国际评价和支撑国家战略发展的关系，在资源配置、人才评价等各方面平衡好两者的关系，不能单一追求国际评价。

一流大学和一流学科建设中人才队伍是核心。

培养具有国际能力的民族精英人才需要相应的人才培养模式，需要优秀民族传统文化的熏陶，需要对不同国家文化进行了解的跨文化环境和条件。从我国大学文化建设的角度来说，这是一个全新的目标。

一流大学建设需处理好几个关系

改革开放以后，特别是从 1986 年几位院士提出来跟踪国际高技术，也就是后来邓小平同志推动的"863 计划"，到现在正好 30 年。"863 计划"制定的目标是跟踪国际先进技术，主要是跟踪国际高新技术发展。在当时国家投入了比较大的经费。我们聚焦了多个领域进行跟踪。当时我们在科技上的发展比较落后，特别是高新技术，可以说几乎是停滞的。整体来说，高新技术落后于发达国家很长一段距离。所以现在来看，这个跟踪研究计划制订得非常好。后来又有了"973 计划"、重大专项，特别是 2006 年我们国家制定了中长期科技发展纲要，这几年就发展得比较快。

目前来说，我国的高新技术有的领域是处于并跑的，过去都是跟着跑，有的在某一些方面也可以领跑了；当然还有些领域仍需要跟踪，更强调的是自主创新。自主创新和跟踪整体上来说有所区别。跟踪是只争朝夕，瞄准发达国家做的事情，去学习、去引进、去吸收。评价的话，主要看技术路线是否可行，是否能成功，尽量不要失败。而自主创新、原始创新的科技目标不是说他们做什么我们就做什么，而是我们应当做什么。自然界发现自然规律，就是我应该做什么，想要做什么。这就不是只争朝夕的事，而是十年磨一剑的事，可以允许失败，失败也是一种探索。在科研这条路上，坚持很重要。要前进总会遇到瓶颈期，但只要坚持，说不定在哪个时期就会有突破。

自主创新和经济发展有关系，和科技文化有关系。这需要一个时间和过程，而最应该率先进入自主创新建设的就是大学。当然有一部分科研院所也是，像中科院，像行业的研究院所是面向产业的，但大学是最应该率先自主创新的。当然，现在有一些领域还需要跟踪，需要学习国外先进技术。但是在学的过程中，要更多自主创新，引进技术的学习要引进、消化，再自主创新。我国科技论文总量排世界第二，高水平论文排第三。改革开放才近40年，发表论文质量水平不如美国，这很正常，需要一个过程，可能还需要很多年才能达到像美国这样的水平。

建设若干世界一流大学是中华民族的一个伟大目标，是中华民族伟大复兴中国梦的重要组成部分。1995年我国正式实施面向21世纪重点建设100所左右大学和一批重点学科的"211工程"，这是集结号；1998年启动的加快推进世界一流大学和高水平大学建设的"985工程"，这是进军号；2015年国务院颁发《统筹推进世界一流大学和一流学科建设总体方案》，这是冲锋号。

世界一流大学建设是综合性的。首先是人才培养，培养出来的人才要是世界一流的人才；然后是科学研究，研究成果也要是世界一流的。办好一所大学是一项需要时间和文化积淀的系统工程，有其自身的规律，而建设世界一流大学，更需要一个长期的过程，而且涉及一些深层次的需要协调、平衡、抉择、优化和妥善解决处理好的关系。

第一个是大学依法自主办学、政府管理与健全法规的关系。

现行的《高等教育法》没有对政府管理高校的职责范围做明确规定，这意味着政府可以什么都管，也可以什么都不管。长期以来，我国政府对高校一直进行全面管理，很大程度上发挥了实际办学者的作用。经过多年的改革，这一状况有所改变，高校办学自主权有了很大提升，但是从2015年底新修订的高等教育法来看，这一问题还没有从根本上得到解决。高校依法自主办和政府依法管理高校是一个问题的两个方面，只提前者不提后者，或者不给后者做明确规定，那么前者的实现就有很多变数，从而使处理好大学自主办学与政府管理之间的关系成为重要问题。目前，我国高等教育领域的法律法规主要有《教育法》《高等教育法》《学位条例》和《教师法》等，这些法律法规对国家的教育制度、高校、教师、学位等方面的工作都作了宏观的、原则性规定，但在指导大学依法自主办学和政府依法管理大学方面的可操作性不足。同时，一些重要的法律条文还存在严重的滞后性。例如，目前指导研究生教育和学位工作的仍然是1981年颁布的《学位条例》和同年制定的《学位条例暂行实施办法》。尽管该条例2004年进行了部分修订，但36年前制定的法律已难以适应经过几十年研究生教育改革发展的现状。特别是在"双一流"建设里面，大学到底有多少自主权，什么是政府该管的，该管的政府要管起来，该给学校的一定要给学校，该第三方机构建立起来的一定要建立起来。这是一个关系。

第二个是办学规律与教育发展规律的关系。

我们常说的教育规律实际上有意义不同、属性不同，而又相互关联的三大类，即教育的发展规律、办学规律和育人规律。我们一般讲的教育规律是讲育人规律，政府讲的是发展规律，学校讲的是办学规律。育人规律一定是和人的生理成长和心理成长有关，人的生理和心理的发展是有规律的。如果教育符合这个规律就能收到良好的效果，不符合就不行。教育的发展规律是与教育发展相关事物之间的本质关系，决定了教育发展的必然趋势。其基本点是教育发展与经济发展互动、教育发展是社会发展的基础。教育发展，政府是主导。教育的办学规律是与办学活动相关事物之间的本质关系，决定了办学的效果。其基本点是办学所需的经费、人才、环境、时间、大学治理结构与制度等。办学，大学是主体。由于我国教育发展的主导是政府，同时高等教育法又赋予政府管理大学的职责，因此发展教育和办好大学就成为必须协调、平衡、处理好的重要关系。然而，这一点往往被忽视，从而带来隐忧或顾此失彼的结果。如1999年开始的高校大规模扩招，可以说是讨论发展教育与办好大学两者关系的一个典型案例。

第三个是党委领导与校长负责的关系，党政权力与学术权力的关系，校党委行政、机关部处与学院的关系。

这三个关系是决定我国大学能否办好、能否健康发展、能否成为一流大学的内部治理的三个重要关系。这三个关系不断优化，正逐步形成具有我国社会主义特色的现代大学制度和内部治理体系。规范、有效，充分体现党委领导下的校长负责制的学校议事、决策机制与流程正在形成；党委领导、校长治校、教授治学，能够确保决策科学、民主，坚持学术标准，符合办学规律的办学治理体制正在确立；学院作为拥有足够自主权的办学基础实体，校机关部处行使学校发展规划、资源配置、评估监督、服务师生职责的运行机制正在不断完善。

第四个是追求国际评价与支撑国家战略发展的关系。

一般来说，一流大学强调高等教育人才培养和学术研究水平，是相对性概念，具有在一定范围、一定评价指标体系下相对性排名的性质。世界一流大学是在全世界范围具有一流高等教育人才培养质量和学术研究水平。这就涉及对大学，主要是大学人才培养和学术研究水平的国际评价问题。

由于历史原因，公认的国际大学排名评价主要有 USNews、QS、THE等。2003 年上海交通大学世界一流大学研究中心首次发布世界一流大学排行榜 ARWU。到目前，以其学术特色在国际大学评价领域赢得声誉，也得到认可，成为四大国际大学排名之一，为我国主动参与科技、教育国际评价，争取国际话语权树立了榜样。不同大学排名各有符合其理念和侧重的指标体系，以及对各项指标的不同权重选择，但有一个共同点，这就是指标的设置和数据的选择具有简洁性和国际可比性。这样一来，对学术的评价基本都限于学术论文，ARWU 虽有科技奖励，但数据也只选取了诺贝尔奖。学术论文是大学科学研究的重要产出，是对全人类知识创新与积累的重要贡献，这是世界一流大学的重要标志。特别是近年来受到我国大学高度追捧的 ESI，在学科评价中完全是看学术论文，因而导致我国大学都在追求论文数量，特别是 SCI 论文数量。这就涉及一个评价尺度的问题。评价尺度是非常重要的。良性的评价能引导学校向好的方向发展。如果评价不是良性的，它会引导学校走歪了。随着我们国家的科技进步，时代发展，评价也应是与时俱进的。比如早期就是只看数量，后来看 SCI 的数量，现在看高引次。这是不以人的意志为转移的，说不要看数不要看数，当你的数量不够时肯定是看数量。但不要着急，慢慢数量就转为质量。这也是一个发展的过程。

但是作为一所大学，首先要为国家作出贡献，比如发明专利技术贡献。学术论文、知识创新是无国界的，但是专利技术是有国界的，是企业和国家的核心竞争力和生产力。论文知识转化为专利技术需要人力、财力投入，需要技术创新，需要时间。在这方面，由于种种原因我国与发达国家的差距比较大，也是有经验教训的。例如我国科学家因青蒿素的发现获得诺贝尔奖，但制药方面的专利基本为国外所拥有。

因此，大学要处理好追求国际评价和支撑国家战略发展的关系，在资源配置、人才评价等各方面平衡好两者的关系。目前，我国因缺少对大学支撑国家发展贡献的评价，使高校只能单一追求国际评价。这一问题在推进供给侧改革、考虑对高校的绩效评价时更加突出，会造成花自己的钱给他人做嫁衣裳的局面。

第五个是优势特色学科与综合整体一流的关系。

一流学生从一流学科走出，一流成果从一流学科产生，有了一定数量的世界一流学科才能托起世界一流的大学。现代大学，特别是世界一流大学拥有的一流学科和学科活动，无论是类型还是组织形式都是多样化的，虽然没有定式，但绝大多数是学科多门类或相对综合性的。我国的高水平大学都有自己的特色和优势传统学科，但是一般来说所占比例偏小，或者学校基本就是围绕几个学科而办的。20 世纪 90 年代末进行的高校合并潮在一定程度上改变了我国一些高水平大学的这一状况，但无论是学科水平还是学校整体水平，我国大学距世界一流大学都有相当差距，建设途径、发展路线等问题始终摆在一些大学面前。学校的发展策略有多种选择，一是优先建设学校目前没有的学科或未来学科，使学校整体向多科性、综合性发展；二是重点建设现有优势学科使其率先进入世界一流行列；三是两者兼顾，同时并举。当然还有其他选择。不同的发展策略决定了学校不同的重点投入方向，学校要根据自己现有的综合实力以及可持续使用和可持续获得的资源情况慎重制定自己的发展策略。因为我们可持续获得的建设资源毕竟有限，而且从国际上看，近二三十年来跻身世界一流大学的也少有传统意义上的综合性大学，当今世界和国际高等教育毕竟与百年前不同了。

第六个是拔尖人才汇聚与团队建设的关系。

一流大学等于一流教师加上一流学生，一流学生趋向一流大学，归根到底还是趋向一流教师，因此一流大学和一流学科建设中人才队伍是核心。多年来，各有关高校都将国内外高水平人才引进、人才作用的发挥和激励作为学校工作的重中之重来抓。目前我国高校的科研组织方式和机制多样，有 PI 制、团队制、协同式等。可以说 PI 制是大学科研组织的基本形式。大学引进的高水平人才一般以 PI 制管理，而且大多是以引进人才带领指导研究生的方式开展研究的。

团队制的形成需要时间，有的由 PI 制发展形成，有的由共同承担重大项目形成，也有的是由共同的研究目标或兴趣长期协同创新而形成。一般来说，需要十年磨一剑、需要学科跨界协同创新的重大成果，必须在团队长期坚持合作创新下才能获得。根据不同的科技创新目标、不同学科的科研特点，处理好拔尖人才汇聚与团队建设的关系以及不同的激励、考核机制是各有关高校在建设世界一流大学过程中人事和科技管理改革的重要内容。

第七个是坚持社会主义核心价值观与学术自由的关系。

习近平总书记在谈到社会主义核心价值观时强调，要大力培育和弘扬社会主义核心价值体系和核心价值观，加快构建充分反映中国特色、民族特性、时代特征的价值体系。我国大学要培养社会主义事业的建设者和接班人，要引领社会文化的发展，就必须坚持社会主义核心价值体系，积极探索用社会主义核心价值体系引领社会思潮的有效途径。同时，要坚持百花齐放、百家争鸣，这是文化得以大发展大繁荣的前提。坚持学术自由，坚持百花齐放、百家争鸣也是现代大学的基本特点。成熟的大学文化应该有推动理论创新和激励百花齐放、百家争鸣的良好文化机制，应该具有多样性、批判性、思辨性。我国高水平大学多拥有一批以学科带头人为首、围绕国家科技目标的学术团队，这类团队宜培育以合作为主要内容的团队文化。但对于大学和大学的院系来说，主要应培育多学术流派文化。多流派文化对于学术自由、学科发展和激励原始创新来说是至关重要的。多流派文化应当使各学术流派相互包容而不是相互压制，相互交流而不是相互抵制，相互探讨而不是相互指责。这对我国许多大学及其学科来说是挑战性的，也是很有发展空间的。

第八个是国际化办学与培养民族精英人才的关系。

真正的具有国际竞争力的民族精英人才不是单靠学校教育就能培养出来的。学校培育的"人才毛坯"进入社会以后，经风雨、见世面、磨炼意志、积累经验，才能百炼成钢。但是，如果在一些高水平大学树立精英教育的人才培养理念，依据人才成长规律，从各个方面、各个环节尽最大可能营造具有各自文化特点和大学精神的培育精英人才的环境，无疑将有利于精英人才的成长。培养具有国际竞争力的民族精英人才需要相应的人才培养模式，需要民族优秀传统文化的熏陶，需要对不同国家文化进行了解的跨文化环境和条件。从我国大学文化建设的角度来说，这是一个全新的目标。

作为国家和民族的精英人才，其人生目标就是要把个人的聪明才智和毕生精力贡献给祖国复兴、民族振兴事业。因此贯穿教育始终的首要任务就是要培育学生的爱国心、责任心和使命感。要让学生了解我国国情，特别是中西部农村情况；了解我国文化，特别是传统文化；了解我国历史，特别是近现代历史。要创造条件、建立制度，让学生深刻了解和体会我国的过去、现在，以及如何从过去走到现在，从而把我们高水平大学的学生都培养成为具有"本土"精神的国家栋梁、民族精英。

我国的崛起需要有源源不断的精英人才队伍，而且这支队伍必须了解世界其他文化、了解国际竞争规则，善于国际交往，能够与国际同行打交道并在竞争中处于不败之地。这就需要我国的高水平大学在人才培养和大学建设两方面都面向国际，采取更加开放的国际化办学模式和机制；需要努力提高我国大学的国际竞争力，更多地开展国际合作科学研究，聘任国际高水平教授任教，提高国际学生的数量，培育国际化的育人环境，创造有利于形成跨文化的环境氛围，使学生在学校就可以较多地接触不同国家的文化，与来自不同国家的教师、学生交往相处。营造有利于培养具有国际竞争力的民族精英人才的文化环境，建立有利于培养具有国际竞争力的民族精英人才的教育教学体制和机制，是我国世界一流大学建设的必由之路。

建设世界一流大学任重道远。路很长，我们要努力。

（2016 年 10 月 14 日）

薛其坤

中国科学院院士

院 士 简 介

1963年12月出生，山东蒙阴人。

清华大学副校长。兼任国家自然科学基金会委员、教育部科技委常务副主任、北京量子信息科学研究院院长。1984年毕业于山东大学光学系激光专业，1994年在中国科学院物理研究所获得博士学位。1992年至1999年先后在日本东北大学金属材料研究所和美国北卡莱罗纳州立大学物理系学习和工作。1999年至2005年任中国科学院物理研究所研究员，1999年至2005年任表面物理国家重点实验室主任。2005年起任清华大学物理系教授，同年11月被增选为中国科学院院士。2010年至2013年任清华大学理学院院长、物理系主任，2011年至2016年任低维量子物理国家重点实验室主任。

材料物理学家。研究方向是量子物理。2013年首次从实验上发现"量子反常霍尔效应"，这是新中国成立以来中国物理学家发现的第一个重要物理效应，被2016年诺贝尔物理学奖评奖委员会列入该领域过去30年最重要的实验成果。曾获第三世界科学院物理奖（2010）、求是杰出科学家奖（2014）、何梁何利科学与技术成就奖（2014）和首届未来科学大奖－物质科学奖（2016），是首批科学家工作室入选者。

院 士 观 点

国家的创新，必须要有高校的参与。没有高校的深度参与，一个城市、一个国家都不可能成为创新的中心。

我们老说创新链，我们应该先看看在制度设计和管理上该如何完善好这个链条。管理成链条，这是创新必要的保障。

做科研需要智商，更需要情商。很多时候科研需要团队作战，无论老师还是学生，都要有团队协作能力，一定让创新、协作成为学生、学者的一种共识与自觉。

科学的未来，创新的未来，主力军都是年轻人，怎么发挥出年轻一代的潜力是最重要的。

建科创中心不是一个三五年的工程，它需要时间，需要比较长的时间，除了时间的沉淀，还需要文化、氛围、环境，而高校，具备了这些先天的要素，有基础、有条件、有能力，也有这个义务去把这个事做好。

我们不能搞"科研轰炸"，砸工程、砸项目，最后砸出来的都是坑，不是高地。

要把以人为本结合不同年龄段的特点去考虑，要让做事的人、创新的人有感情，让他们愿意贡献，乐于奉献。

科学的未来在年轻人

党的十八届三中全会在新的历史起点上对全面深化教育改革作出了战略部署，特别提出要"创新高校人才培养机制，促进高校办出特色争创一流"，这为进一步推动高等教育科学发展、全面提高高等教育质量指明了方向。高等院校就应该成为我们国家基础科研的主力军，这个定位要非常明确。

世界一流科学中心离不开高校的深度参与

大学充满着基础研究最活跃的因素。教授、学者思想比较活跃，是知识创新的一个主要群体；学生，尤其是研究生，是最活跃的科研创新的实施者，是未来科学发展的后备军。有一个大概的统计，获得诺贝尔奖的70%的原创性成果都出自大学的教授、学者。高校也是国际交流最活跃的地方，学者的请进来、走出去，互来互往，是激发创新的重要力量和方式。世界一流科学创新中心，首先是一个国际交流中心。知识的创新、传承、传播，是高校有别于一般科研院所的地方。我们应该把科技创新，尤其是基础研究、知识创新作为大学发展的重中之重，放在重要的位置，这是毫无疑问的。

改革开放以来，国家投入了大量的人力、物力、财力，对高等教育进行了大力支持，包括"211 工程""985 工程"等一系列的计划工程的实施，高等学校，像清华、北大等，已经在一些基础研究方面成为我们国家原创性成果的主要诞生地，像北京航空航天大学、北京理工大学等一些学校，则在解决国家重大问题、满足国家重大需求方面，在技术发明创新方面，作出了很重要的贡献。国家的创新，必须要有高校的参与。没有高校的深度参与，一个城市、一个国家都不可能成为创新的中心。现在北京在建全国科技创新中心，高校的作用不能忽视。总之，如何发挥高校科研对国家科学技术发展的贡献力，支撑国家的科技强国建设，这是很重要的。

管理需要链条化

想单独让一个学校在机制和体制上去做突破和创新是比较难的。有时候政策会打架。一件事不同部门管，管理有交叉，政策不统一。像我们现在即使有经费，在具体使用中也存在很多的掣肘，相关规定太多，一些规定不但不利于解决问题还会导致很多问题。我们经常说激发学者的创新活力，但若遇到一些"给外不给内，给人不给己"的做法，后果就是"娶了女婿把儿子气走了"，这就是目前高校科研经费与人才聘用的现状。

当然，外聘的人才如果没有在所谓的体制内，他的保障没有体制内的人那么好。比方说小孩上学、住房、保险等等问题，在这些配套上还有所欠缺，聘用单位通过高薪来弥补，可以理解。但体制内的人才的贡献也不低，干的都是同样的，甚至更多的活，工资却少，这也造成了不好的影响。所以，政策要配套，待遇虽有所区别，但也要有所顾及。目前我们的管理政策只考虑了一部分，有时候光靠钱不行，我们很多东西还没有社会化，资源调配和统筹没有系统化，不同部门之间还需要更好的协调。要创新，可以先看看我们缺哪些要素，在哪一个环节上是断裂的。我们老说创新链，我们应该先看看在制度设计和管理上该如何完善好这个链条。管理成链条，这是创新必要的保障。在资源的供给上，以前经费是最重要的，现在来看，变得没那么重要了，有时候更重要的是环境、平台和机制。

创新不是砸出来的

北京建全国科创中心，目标、路径、方式、要素、各种保障，这些问题都要理清，尤其一定要发挥出北京地区优质高等教育资源聚集的优势。建科创中心不是一个三五年的工程，它需要时间，而且需要比较长的时间。除了时间的沉淀，还需要文化、氛围、环境，而高校具备了这些先天的要素，有基础、有条件、有能力，也有这个义务去把这个事做好。高校服务好创新中心建设，中心的建设有利于高校的发展，这绝对是一个共生共赢的关系。如何做到共生共赢，是我们要思考的。

建全国科技创新中心，这个是需要思想的，不是简单说说想想就可以达成的。科创中心不是多几项技术突破、多几个创新企业、多几个大公司、多建几个实验基地就建成了。对个人也好，对一个地方也好，不是做一个阶段性的任务、做一个工程就可以成为科学家、成为创新中心的。要成为中心也不是多批点地盖点楼多做几个项目的事儿，要有内涵，要有人。我们不能搞"科研轰炸"，砸工程、砸项目，最后砸出来的都是坑，不是高地。我们应该充分发挥北京科教资源丰富的优势，营造环境和氛围，聚焦突破，打造原始创新高地。在这个过程中，个人和单位，都不应以争取资源为核心目的，得把它当事业来做。咱们都讲人是最重要的创新因素，多好的人就该给他多好的条件配置。

科学的未来在年轻人

北京不少高校都汇聚了一批有活力的年轻人，他们是创新主体，我们应该系统规划一下，一定要人尽其才。科学的未来，创新的未来，主力军都是年轻人，怎么发挥出年轻一代的潜力是最重要的。就像我的团队，年轻人都很棒，我们有些学校在年轻教授的聘用上是不拘一格的。像我这年龄段的就是带个头，做"军长"，但真干起事儿来需要真正有冲锋力的战士。人是第一位的，什么人在这个时候发挥作用十分重要，这是一个基本的问题。

创新，不能固化，科研、育人，也都是这样，不能固化。每个人都有自己的特点，创新发挥出特点非常重要。我一直认为，做科研需要智商，更需要情商。很多时候科研需要团队作战，无论老师还是学生，都要有团队协作能力，一定让创新、协作成为学生、学者的一种共识与自觉。

大学是创新的基地。没有大学的话，斯坦福就是一个小城镇。年轻人是未来，我建议北京市一定要重视北京高校的年轻人，系统谋划、宏观布局一下，这个非常非常重要。年轻人不但关乎学校发展，他们也关乎科技创新中心建设，关乎氛围、环境。未来的思想、未来的技术、未来的发展，是靠年轻且能创新的人。我们更多时候去强调汇聚人才，但吸引过来后对如何挖掘激发出人才的潜力我们做得还不是很好。一定要把高校这一批最有力量的生力军融合到北京市的发展中，融合到全国科创中心的建设中。要把以人为本结合不同年龄段的特点去考虑，要让做事的人、创新的人有热情，让他们愿意贡献，乐于奉献。

（2016 年 10 月 27 日）

孙宝国

中国工程院院士

院　士　简　介

1961 年 1 月出生，山东招远人。

北京工商大学校长，第十三届全国政协委员。兼任中国轻工业联合会副会长、中国食品科学技术学会副理事长、北京市食品添加剂工程研究中心主任、中国香料香精化妆品工业协会副理事长、中国食品添加剂和配料协会副理事长。

香料专家和食品添加剂专家。主要从事食品香料、食品科学与安全等领域研究。构建了肉香味含硫化合物分子特征结构单元模型，率先研发了一系列重要肉香味食品香料制造技术和以畜禽肉、骨、脂肪为主要原料的肉味香精制造技术，提出了"味料同源"的中国特色肉味香精制造新理念，为我国天然级肉味食品香精的制造奠定了坚实基础。

曾获国家技术发明奖二等奖 1 项，国家科学技术进步二等奖 2 项，部级科学技术进步一等奖 3 项、二等奖 3 项。

院 士 观 点

"挖"是存量里的变化，挪个地方；"栽"是增量的变化，是成长，从长远来讲，当然还是要首选增量。

人才引进和培养要坚持"挖大树与栽小树"同时进行。

学科带头人不是任命出来的。

学科建设要尊重历史、正视现实、面向未来。

科技创新靠人才，尤其靠年轻人，青年是创新的灵魂。

创新，是一种追求。要有有所为的责任意识，有使命感，有攻坚克难的勇气和不懈探索的精神。

改革必须达成共识，达不成共识的事先缓一缓。

高校科研要瞄准世界先进水平，但同时必须脚踏实地为国家服务，为地方经济服务，为行业服务。

本科生教育是大学人才培养最重要的一环。坚持"本科为本"，是我国一流大学建设的必然选择。

创新是一种追求

　　高等教育已步入以质量提升为核心的内涵式发展的新阶段。推进"双一流"建设，是国家的战略性方针。"双一流"应该说是每一所学校的梦想，是大学校长的梦，也是大学教师的梦。但由于每所大学的定位和任务不一样，起点也不一样，不可能所有大学及学科都变成一流。我国的高等教育从精英型到大众型，再到目前的普及化阶段，各高校的分工、差异在这个发展过程中自觉不自觉地形成了。结合"双一流"建设契机，如何推进学校的深入发展，需要我们把好脉、定好位、找准方向、定准目标，走出自己的特色之路。

人才引进和培养要坚持"挖大树与栽小树"同时进行

　　"双一流"建设中，教师人才队伍的规模、质量比较重要。既要有量的增加，又要有质的提高，两方面都很紧迫。由于地缘等优势，北京的高校在人才引进上还是有一些吸引力的，尽管消费水平，尤其是房价比较高，我们还是能吸引一些高层次人才。但人才引进和培养要坚持"挖大树与栽小树"同时进行。"挖大树"是高层次人才引进，"栽小树"是青年教师的培养。"挖大树"也要，"栽小树"也要。"挖大树"成本较高，"栽小树"成本较低，而且不能都去挖，第一没有那么多"大树"，第二挖来挖去，这些"大树"还能好好生长吗？"挖"是存量里的变化，挪个地方；"栽"是增量的变化，是成长，从长远来讲，当然还是要首选增量。

学科带头人不是任命出来的

科技创新要有高层次的领军人才，领军人才就是领军的，要有思路，有见识，能做顶层设计，能把大方向，但光靠一个领军人才不行，必须靠团队。这个团队需要在自然当中产生，我们现在说组建团队，任命学科带头人。我认为学科带头人不是任命出来的，他应该是在学科建设、科研活动过程中自己拼出来的，干出来的。他的能力和水平，以及人格魅力要得到公认，大家愿意到他身边去。而且团队的人要有一个共同的目标，大家都愿意为了实现这个共同目标在各自的岗位上去努力，这才会形成一个紧密的团队。如果临时组织起来，强制干一件事，我觉得很难。所以说，人才的培养，最重要的是培养团队带头人、学科带头人。一个学科真正能够在相关领域处于领先的地位，至少要有一个优秀的学科带头人，最好有两三个，因为每一个学科领域和方面都很广，所以培养学科带头人是非常重要的。有了学科带头人整体水平就比较好上去，平台也好建设。省部级的平台，国家级的平台，没有好的学科带头人，即使有了这些平台，以后也都会丢掉，或者是有名无实。

学科建设要有完备的机制体制来做保障，要重点突破。学科建设抓重点，是动态的，哪个学科起来就给哪个支持。传统的领域其实有时有更多的发展机会。要抓住学校的特色，有特色的学科，历史上和现实上都是有优势的。学科建设是一项长期工作，但也不能慢慢悠悠的，要有"一万年太久，只争朝夕"的精神。没有紧迫感，很容易落在后面。

青年是创新的灵魂

在高校当中，创新的生力军在哪里呢？研究生——硕士、博士，年轻教师，这个问题我们没有充分地意识到，如果他们的作用不能得到充分发挥的话，高校创新主力军的作用就会有所减退。我们老祖宗有一句话，"三十年河东，三十年河西"，这在很多地方都很适用。三十年前这个学科很强，在国内外都很有名，三十年后如果没有人继续做，那这个学科就没落了，其他有年轻人的学科就起来了。这是另外一个话题，说的就是学术梯队的问题，人才接代的问题。

"不孝有三，无后为大"。1998 年左右，我在学校讲过这句话，这句话有点儿伤人，但我还是讲了。我们的教授不但要自己在学术界有名，更要培养出接班人来，不能给创新发展断后，那样的话没有人会敬佩你。还有句话，"没有状元师傅有状元徒弟"，我们自己不行我们要带出行的徒弟来，带出好研究生来。人才的问题关键就是培养年轻一代。年轻人成长得越快，这个学科发展得越快，创新力就越强。一代一代的年轻人发展，这个学科就永远会在这个领域当中处在领先的地位，创新就会永远超前。国内外有名的大学，包括国内的一流学科肯定是一代一代的长江后浪推前浪，总是有优秀的人培养出来。

科技创新靠人才。我想说尤其靠年轻人，青年是创新的灵魂。统计表明，能够出成果的最好的年龄是 25 岁至 45 岁，峰值在三十七八岁，我对这个很认同。就我个人而言是这样的。我是做应用的，以前，工厂只要提出问题来，我一个星期就能给解决。现在，不可同日而语了，一是因为知识老化，二是因为体力等各方面也都不行。所以，我们一定要特别重视在一线打拼的、发挥主力作用的人才。这一点我们国家航天领域做得比较好，最近这段时间一直在报道，从总设计师开始，团队年龄平均三十多岁，这说明我们航天事业是自己干出来的。另外航天领域还有一些老先生，这些人我们要给他们最大的尊重，他们能急流勇退，能把位置让给年轻人，让年轻人有脱颖而出的机会。

创新是一种追求

做科研、搞创新，不管是在高校还是科研院所，不能只考虑个人利益得失，否则创新肯定做不好。如果能把在科学上有发现、有突破，技术上有创新，能够做出来领先成果，当成最大的幸福，那肯定能做出东西来。如果说要追求物质享受，那别去做学问，别做科研。这是一个人人生观和价值观的问题，把自己定位在哪里的问题，知道在什么位置该干什么事的问题。创新，是一种追求，要有有所为的责任意识、有使命感、有攻坚克难的勇气和不懈探索的精神。

改革必须达成共识

大学建设理念很重要，而且校长和书记的理念必须要高度一致。如果不一致，就会出来两派。就像习近平总书记讲的，改革必须达成共识。在学校里，书记校长先达成共识，学校领导班子再达成共识，达不成共识的事先缓一缓。还有改革需要得到人民拥护，大家不支持的先缓一缓。所以，理念很重要，理念建立在什么基础上？不是照搬照抄他人的，必须建立在对学校历史、对学校现实，包括对学校未来的充分理解、充分把握的基础上。就是哲学上讲的，马克思主义必须和科学实践相结合。所有大学发展要根据学校具体的情况，如果没有把握好学校的脉，没有把准，到最后就会得不偿失。所以办学的理念、所定的目标、采取的措施一定要跟学校的具体情况结合起来。

把论文写在祖国的大地上

高校在国家整个科技创新体系中是主力军。以前我们有一句话，企业是技术创新的主体，作为创新主体，首先必须是创新投入的主体。我们现在中国的企业还没发展到那一步，它没有变成创新投入的主体，就不可能真正变成创新的主体。所以"十三五"整个国家的重点研发计划就有所变化，就没有明确说企业来牵头。现在提的创新驱动发展，对高校来讲，我们至少要做两方面的事：一方面就是科学研究，我们争世界前沿；另外是技术创新，技术要创新必须跟产业结合必须从企业当中去，发现问题，解决问题，促进产业的科技进步。习近平总书记说，把论文写在祖国的大地上，把科技成果应用在实现现代化的伟大事业中。高校科研要瞄准世界先进水平，但同时必须脚踏实地为国家服务，为地方经济服务，为行业服务。我们各个领域要有跟跑、并行和领跑的，要出来颠覆性的技术，有自己独立的思路。如果科研能跟产业，跟生产实践，跟应用紧密结合，我们的创新就会有很大的活力。这个活力体现在能提高整个产业的竞争实力，首先是企业，再到产业，最终提高整个国家的竞争实力。

本科生教育是大学人才培养最重要的一环

本科生教育是大学人才培养最重要的一环。我一直认为大学要以本科为本。为什么强调本科生呢？因为本科生从中学到大学，到了成年人的年龄，18 岁左右上大学，年龄上到了，但是怎么能真正地成人、成才，大学四年非常重要。我们的大学现在面临的两个比较重要的问题就是校风的问题、学风的问题。孩子怎么成长、如何成才、怎么做人，这很基本、很关键。基础打好了，很多事都好办了。

本科教育在人才培养工作中占据基础地位，是大学教育的主体组成部分，也是大学办学声誉的重要载体。坚持"本科为本"，是我国一流大学建设的必然选择。综观国外一流大学，普遍将本科人才培养和本科教育质量放在学校发展的重要战略地位，将培养一流本科生作为学校发展的坚定目标和不懈追求。例如，世纪之交，美国有关机构发布了《本科教育重建——美国研究型大学发展蓝图》，提出"重建以学生为中心的研究型大学本科教育"，推动了美国研究型大学的教学改革。这对我们推进中国特色世界一流大学建设具有重要的启示和借鉴意义。

（2016 年 10 月 27 日）

谭天伟

中国工程院院士

院 士 简 介

1964年2月出生，湖南湘潭人。

北京化工大学校长。兼任中国可再生能源学会理事长、中国化学会副理事长。1986年毕业于清华大学化工系。1993年获得清华大学博士学位。

生物化工专家。主要从事生物化工研究，在脂肪酶及酶催化合成化学品上进行了大量研究，实现了有机合成用脂肪酶的生产和酶工业催化的应用；建立了基于标志代谢物控制的发酵放大新方法，并用于酵母发酵产品的工业生产；开发了发酵废菌丝体综合利用工业化应用新工艺。

以第一完成人获国家技术发明二等奖2项、省部级科技进步一等奖4项，以及何梁何利科学与技术创新奖、谈家桢生命科学奖、亚洲青年生物技术杰出贡献奖（YABEC award）等，2009年获国家级教学名师奖。培养博士和硕士研究生100余名。

院　士　观　点

坚持创新发展，必须把创新摆在核心位置，让其贯穿于一切工作当中，让创新蔚然成风。

在创新实践中发现创新人才，在创新活动中培养创新人才，这就是大学科研的价值和意义所在。

"双一流"建设是中国特色和世界一流的有机融合，我认为首先应该是要凸显中国特色。

创新是要发现不同，我们更多的时候是去印证相同。

创新能力来自一个人的基本素质、对研究对象的兴趣、思维方式。

培育创新精神，构建创新文化，是时代的要求，是我们建成世界科技强国的要求。

科技创新以学科为支撑，好的创新一定是要跨学科的，问题导向的。跨文化跨国界的人才交流与合作有助于实现高水平的创新。

培育创新精神　构建创新文化

让创新蔚然成风

党中央提出五大发展理念——创新、协调、绿色、开放、共享。在这五大发展理念中，创新发展理念是方向，是钥匙，是引领发展的第一动力。习近平总书记强调，我国经济发展要突破瓶颈、解决深层次矛盾和问题，根本出路在于创新，关键是要靠科技力量。可以说，科技创新是主动力的创新，是全面创新的重中之重。过去科技创新主要是支持科技项目，如材料和试验设备等，但对作为创新主体的人的支持较少或重视不够。我认为，人才是创新的关键，我们要激发和调动广大科研人员的创新活力和积极性。以前我们支持项目现在转为支持人，像北京的"高精尖创新中心"建设，就是这方面的一个很好很重要的创新。除了科技创新和人才创新，创新文化的建设对我们来说也非常重要和关键。创新文化是一种敢于挑战权威、追求真理的氛围。敢于挑战传统思维就是提出问题。爱因斯坦曾说过："提出一个问题往往比解决一个问题更重要，解决一个问题也许仅是一个数学或实验的技能而已，而提出新的问题，新的可能性，从新的角度去看旧的问题，却需要创造性的想象力，并标志着科学真正的进步。"我们需要建立这种创新文化，营造这种创新氛围。坚持创新发展，必须把创新摆在核心位置，让其贯穿于一切工作当中，让创新蔚然成风。

在创新活动中培养创新人才

《大学》开宗明义就讲，"大学之道，在明明德，在亲民，在止于至善。"这句话实际上非常清晰地表明了"大学"的三重使命：一是"明明德"，即"大学"的第一要义是培养学生光明磊落的德行。换言之，就是健全的人格。二是"亲民"，指"大学"必须要担当起为人民、为社会服务的责任和义务，要去旧图新为民造福，即要培养学生服务社会、锐意创新的能力。三是"止于至善"，也就是说，"大学"要让学生获得最多的知识，达到至善完美的境界，不能浅尝辄止。从根本任务来看，当今大学的根本任务也是人才培养。从古到今，都是如此，从巴黎大学到英国的牛津大学，等等，这些比较早的大学，当时就是以传授知识为主要目的。后来随着大学慢慢发展，主要从德国开始，科学研究在大学中的分量逐渐增加，大学慢慢地将传授知识和科学研究作为主要任务。第二次世界大战前后，美国的一些大学开始强调为国家社会服务，强化社会服务功能。但是不管怎么讲，大学最核心的还是培养人。

怎么样培养创新人才？实际上我们通过大学发展脉络也可以总结出一点，这就是要进行科研，把科研创新和人才培养紧密结合。通过科研我们可以把整个的大学职能串起来，所以，科研创新在高校中有着很重要的地位。有的人非要分清教学重要还是科研重要，搞教学的人说教学重要，做科研的人说科研重要。我觉得不要这么去争，大学最终目的是培养人，通过科研可以更好地培养人。我认为这两个是统一的。通过科研的活动推动了知识创新，培养人的同时也服务了社会。所以，大学的科技创新跟大学的宗旨没有丝毫的背离，完全是一体的。什么算教学好？教学的好坏不是你的口才好，不是你PPT做得漂亮。教学好不好关键是你为学生做了什么，你引导学生在他将来的事业发展中能为社会做出什么，你对他人格的培养起到了什么样的作用。简单的教学不容易培养出一个真正的高水平创新人才。培养创新人才只能在科研创新活动中培养。在创新实践中发现创新人才，在创新活动中培养创新人才，这就是大学科研的价值和意义所在。

我国大学目前还是科技创新的主体

多年来，大学是我国培养高层次创新人才的重要基地，是我国基础研究和高技术领域原始创新的主力军之一，是解决国民经济重大科技问题、实现技术转移、成果转化的生力军。根据我们的现状、国情，可以说大学目前还是科技创新的主体。无论是基础研究、应用研究，还是技术创新、试验发展，大学在其中都是举足轻重的力量。这个可以看看我们相关领域的成果，大多出自大学。大学有一批批非常有创造力的学生，这也是大学独特的地方。中国和国外有不同的特点。可能国外的大学和企业定位是不一样的，因为国外技术创新的主体基本上是企业。大学只是做一些应用基础研究的前一部分，后面部分不需要大学来做。而中国是不一样的，中国的企业目前还没有完全担负起技术创新的主体责任，也可以说企业现在还没发展到那个阶段，它既没有必要的技术人力资源，也没有这样的一个物质基础。所以造成了在相当长的一段时间内，大学不单单要负起前沿科学研究，还要担负起技术开发和技术转化的任务，这个是中国的特点。大学在国家转型过程中、创新体系建设中占有重要地位，因为它不但能够承担牵引，还要转化。这就是中国大学为什么责任最重要。

"双一流"建设首先要凸显中国特色

现在为什么我们要进行"双一流"建设？我觉得我们已经发展到这

个阶段了。按照习近平总书记说的，我们已经有足够的底气了，我们有制度、道路、理论、文化四个自信，实事求是讲，今天确实可以看到一种我们的自信。我今天中午接待了一位美国老院士，我们进行了深入的交流。在他看来，我们国家现行的政治体制在某些方面真的比他们的更让人有信心。

我们"双一流"建设是中国特色和世界一流的有机融合，我认为首先应该是要凸显中国特色。培养中国特色社会主义建设合格的接班人，这是中国特色的第一条。我们教育方针里面就是这么描述的，社会主义事业建设者和合格的接班人。第二条是大学怎么真正解决国家的重大需求和服务社会。这是我对中国特色的理解，当然每个人的理解不一样。所以你首先是一个合格的接班人，合格不但要有能力上的要求，还一定要有德上的要求。我们"德"的含义宽泛得很，既有品德，又有人德，还有政治思想这方面。另外一方面就是世界一流，这个世界一流就是要跟国外进行比较，如果不可比那就不叫世界一流了。我们有一些东西将来是可比的，比如文章、被引、重大国际会议的报告、国际重大奖项等等，都是可以拿到桌面上比的。所以"双一流"建设将来会体现在中国特色和国际一流如何有机地统一。这个有机的统一可能现在还没有一个客观的标准，也没有达成共识，还在探讨。我想，随着探索的深入，会达成一些共识性的标准。

培育创新精神，构建创新文化

我们的大学还是缺乏创新文化，为什么说创新文化不够呢？因为我们"愿意"跟在人家后面走，最典型的表现在培养研究生方面。很多时候研究生做研究基本都先去查文献，把张三的东西改进一下，把李四的研究完善一下，就大功告成了，都喜欢用这种模式。而不是说看完张三和李四的东西，我完全提出一个跟他们不一样的观点。可以说我们普遍缺少标新立异的思维方式。创新是要发现不同，我们更多的时候是去印证相同。其实我们从中小学到大学的考试，绝大多数情况下只有唯一的标准答案，久而久之学生形成了"求同而不是求异"的思维，使得学生对现有知识持怀疑的态度、大胆地提出自己想法的举动明显不足。我们常说教学相长，怎么才能做到？教师传授知识时，学生善于敢于提出疑问或更好的观点，才能真正教学相长，这方面我们也仍然比较缺失。培养创新人才，离不开创新文化。创新文化是大学文化的精髓，而大学创新文化精髓则是创新能力的培养。创新能力是什么，我认为这种能力来自一个人的基本素质、对研究对象的兴趣、思维方式，而且创新能力是这三个因素共同作用的结果。总的说来，创新能力是素质、兴趣和努力、思维方式几者的和，甚至是乘积。

还有一点，我们似乎很少鼓励大家在学术上敢于直言，比如我们中国的报告跟外国的报告相比，外国的报告非常热烈，而中国的报告一般不太热烈。还有交叉学科，我们国家学科分类特别细，特别多。比如我们可能有十几个一级工程类的学科，而在国外就一个学科。分得太细也有好处，就是专业化，进了实践上手快，但是科学交叉和融合能力、跨界能力不行，这个就跟创新能力有很大的关系。前几年化工大学开始推行"学科交叉人才培养计划"，设立了8个学科交叉班，希望提供给不同学科、不同类型的师生一个思想碰撞的契机。跨学科不是把其他学科的课程拿出来讲一讲就行，而是怎样吸取另一个学科的精髓、思维模式来看待和解决本学科的问题。我认为学科交叉融合是大趋势，它有利于推动拔尖创新人才的培养。总之，我觉得大学提高创新能力是非常重要的，是摆在我们面前非常重要的一个环节。我们有时候经常做一些急功近利的东西，和我们还没有真正建立起自己的创新文化也有关系。培育创新精神，构建创新文化，是时代的要求，是我们建成世界科技强国的要求。

建立以问题为导向的研究平台

关于科技创新，我认为可以打破过去的那种以学科分类去建设平台的模式，探索建一些跨学科的平台，就是以问题为导向的研究平台。比如我们现在的新能源，比如低碳，比如雾霾。这些问题的解决需要打破过去的学科限制，需要给大家提供一些好的交叉。再者，以问题为导向的研究平台第一可以打破学科的限制，第二可以打破人身份的限制。让创新的要素更加自由和灵活，解决社会问题或理论创新就行，不要过多去区分谁属于谁，结果属于谁。事实是，谁都不属于谁，结果属于社会。北京市有没有可能在北京地区的高校和研究院所范围内去探索一下这种模式？我认为科研的目的不是为了哪一个人，不是为了哪一个学校，科学技术研究转化成生产力促进社会发展，这是目的。我觉得这是应该做的，这个要是能做好，可能比我们传统的单一学科平台更能解决好问题。还说雾霾，解决这个问题就是两步，理清雾霾的形成机制，建立处治的平台。但雾霾至今为止是怎么形成的都还不清楚，为什么不清楚？单一学科它解释不了。比如我们就要解决这个问题，我们可以组织跨学科、跨单位的平台。每个学科都有自己的范式，所以它基本是排外的，它容易形成自己内部封闭的一个体系。

另外我觉得应该建立一些真正的国际联合实验室，外引智力是对的。我曾提议可以在市教委建设的高精尖平台上搭建国际联合实验室，它跟高精尖中心既有有机的关系，又有自己的不同。在联合实验室里，人才可以就地发挥自己的优势，合作可以有一个共同的目标，类似人类基因组的做法。这么说吧，我们应该主动牵头一些国际科研项目了，国际联合实验室就是它的组织模式。科技创新以学科为支撑，好的创新一定是要跨学科的，问题导向的。跨文化跨国界的人才交流与合作有助于实现高水平的创新。

（2016 年 10 月 29 日）

方家熊

中国工程院院士

院 士 简 介

1939 年 10 月出生，安徽黄山人。

中国科学院上海技术物理研究所研究员。兼任传感技术国家重点实验室学术委员会名誉主任、中国光学学会红外与光电器件委员会主任。

光传感技术专家。从事光传感器研究，为我国空间遥感系统提供了多种红外传感器。研究的 II—VI 族碲汞半导体红外传感器技术，为中国卫星红外遥感解决了重大关键技术，开拓了中国空间遥感用红外传感器技术，解决了空间红外器件的设计、制造、检测、空间使用的可靠性和空间制冷适应性等问题，实现了空间对 1—15 微米红外探测的全波段覆盖，并成功地应用于风云系列气象卫星、航空红外系统和民用系统，器件性能达到国际先进水平。提出变能隙半导体传感器波段探测率定义，为中国空间红外遥感系统普遍采用。提出多光谱组件技术并负责研制成功应用于风云一号 02 批三波段组件和人造飞船多光谱红外焦平面组件。近年主要研究新型航天用探测组件的基础技术和功能增强及组件在其他领域的应用技术，包括微型 InGaAs 短波红外光谱仪综合集成及"成分传感物联网"节点技术等。

曾获国家科技进步一等奖 1 项、二等奖 3 项、三等奖 2 项，部委级科技奖 7 项。

院 士 观 点

要树立科技投入是战略性投入的观念，凝聚资源，汇聚力量，完善机制，加快科技成果转化为现实生产力。

产学研深度融合的关键因素是人，如何把各方人的主观能动性、创造性发挥出来，非常重要。

创新有风险，不能不允许不成功，不能没有容错试错的氛围。

我们现在对科研创新的管理有时候还是计划体制的模式，尤其在项目管理上，强调技术指标和时间节点。

创新不是以文章结束，不能从文章来到文章去。创新的最终目的不是实现创新本身，是创新的贡献和价值。

科技创新上的管理要人性化，要有人情味。既要给人以压力，更要给人以动力，不能处处设防，步步担心，时时刻刻念紧箍咒。

对科研人员本身来说，要倡导"一辈子的研究"，要坚持，有愿做"配套"研究的精神，愿做"螺丝钉"的精神。

创新不以文章结束

科技投入是战略性投入

实施创新驱动发展战略，必须紧紧抓住科技创新这一核心，瞄准前沿领域，提高我们的自主创新能力。现在是一个重要战略机遇期，切实的方向、目标，对未来发展十分重要。

科技创新要加强关键核心技术和产业共性技术的研发，以成果转化应用来带动科技创新，以科技创新的重大突破来支撑经济发展。要树立科技投入是战略性投入的观念，凝聚资源，汇聚力量，完善机制，加快科技成果转化为现实生产力。尽管说企业要做创新的主体，但在一段时期内，这个目标和要求还比较难实现，绝大部分企业还没有达到作为创新主体的条件。在这个时候，高校和科研院所的技术创新就更显得重要。高校和科研院所要积极面向经济建设主战场，既要重视实验室的创新，也要重视创新成果的推广和应用。当前阶段，企业，尤其是那些创新企业，要有一定的主动性，要把技术创新作为生命线，要主动加强与高校和科研院所的合作。

产学研深度融合的关键因素是人

产学研深度融合的关键因素是人，如何把各方人的主观能动性、创造性发挥出来，非常重要。不同的学校可以因校制宜，探索适合自己的产学研融合体系，为经济产业结构调整与企业创新发展提供强有力的人才和科技支撑。从大面上来讲，还是首先要营造有利于创新的体制机制环境。现在我们很多的科研投入支持分散，没有连续性，缺乏稳定性，企业、学校、科研院所的战略合作还不够深入，产学研深度融合的有效模式和长效机制还没有很好地建立起来。这是一种机制，来自需求，我们一定要深化这方面的改革，把各方面的力量组织起来，有效整合资源，最大限度地激发技术创新的活力，使更多的科技成果转化为现实生产力。

创新需要容错试错

我们现在的科技创新可以说是大而不强，原创性成果不多，开拓性成果不多，缺少世界级的成果。创新有风险，要允许不成功，不能没有容错试错的氛围。承认失败、允许失败、宽容失败，才能鼓励探索、激励创新。当然，宽容不是纵容。我们现在的一些制度的确成了创新发展的阻碍，让大家都去追求"短、平、快"。我们现在有人才，不少人才也有思想，但是整个创新大环境，需要好好营造。创新不会一蹴而就，它需要长年累月的积累，需要耐心。无论是在基础创新还是技术创新方面，有时其成果是出乎我们意料的，并不是我们设定的目标里面的，但这种成果，却恰恰又是创新所追求的。所以，不能在一开始就把创新自己给限定死了。我们现在的很多创新计划太过于"计划"了，包括目标、技术路线、经费的预算与使用等等，都"太科学"了。这样的规定和管理，这样的氛围，怎么能出来"意料之外的"成果呢？我们现在对科研创新的管理有时候还是计划体制的模式，尤其在项目管理上，强调技术指标和时间节点。这看起来很科学，但似乎更多时候是在"走过场"。如果说科研人员真能事先那么明确自己的创新方向和成果，能明确一两年后可以"立竿见影"的成果，那叫什么创新呢？但现在我们的管理就要求科研人员朝着这个方向走，否则可能就没有拿到项目的机会了，而这样的话，只能是倾向选择风险小的研究了，选择"可以预期"的创新了。

创新不以文章结束

有什么样的指挥棒，就会产生什么样的导向和行为。科技创新的考核要科学客观。科研上追求论文、追求排名，与现行的考核体制不无关系。为了拿到项目、为了多发论文，现在有些人或主动、或被动地去做一些可能自己并不是非常专业的研究。创新不能简单地看量化指标，要看代表性成果，看实际贡献。创新不是以文章结束，不能从文章来到文章去。创新的最终目的不是实现创新本身，而是要看创新的贡献和价值。那什么是贡献？贡献为了什么？要认真地思考一下这些问题。我们国家现在比以往任何时候都需要创新，比以往任何时候都更有能力、有条件去创新，我们有了坚实的基础，现在更多的是需要真实的贡献和成果。

创新管理要有人情味

科技创新上的管理要人性化，要有人情味。既要给人以压力，更要给人以动力，不能处处设防，步步担心，时时刻刻念紧箍咒。要增强科研人员的责任感，一定要实现人性化管理，要以人为本，我们不能拿着冷冷的数字指标去强调什么绩效。绩效是一定要有的，是我们创新追求的目标，但在过程管理中，不能处处以绩效来要求，不能打着"科学管理"的旗号做一些不合规律的事、"伤感情的事"。科研管理一定要见"人"见"物"，见"人"更重要。这也是我们一直强调的尊重科研规律、尊重科学家的一个具体表现。另一方面，对科研人员本身来说，要倡导"一辈子的研究"，要坚持，有愿做"配套"研究的精神，愿做"螺丝钉"的精神。这个比较难，但至少可以先营造好大环境，让科研人员能去这么想。能让大家都有奉献精神，单干时干好，集体做时做强。年轻人有虚心学习的态度，年长者有引育后人的气度，这一点可以通过制度和机制来达成。

现在高校里做科研的老师压力非常大。"非升即走""末位淘汰"，各种考核压着。我了解到，实行"非升即走"制度的高校，考核也大多简单地以论文多寡为标准，逼着老师变成"论文机器"。"非升即走"是舶来品，用到我们国内要考虑一下国情，要好好研究一下其本来意图到底在哪里，不能简单地挪用。而且，很多所谓"非名校"的人在这种制度下完全没有出路。老师本来的主业是教书育人，在做好主业的前提下部分老师还要做科研创新，为此我们该怎么做好这方面的管理和服务，值得深思。

（2016 年 11 月 4 日）

李天初

中国工程院院士

院 士 简 介

1945 年 11 月出生，安徽金寨人。

中国计量科学研究院研究员，北京理工大学和清华大学兼职教授。1970 年清华大学毕业，1981 年在中国计量科学研究院获硕士学位、1991 年在清华大学获博士学位。兼任中国仪器仪表学会理事长。

计量专家。长期从事时间频率基准、原子重力仪、光电子计量、稳频激光和光干涉计量的研究工作。主持研制了 2 型 3 台激光冷却—铯原子喷泉钟，其中 NIM5 铯喷泉钟是现行国家秒长基准装置，复现秒定义不确定度 $9e^{-16}$，2014 年起参与驾驭国际原子时；利用铯喷泉钟驾驭中国原子时，为建立独立准确的中国时间频率系统做出重要贡献；指导研制了伺服锁定光纤的高保真频率传递系统，为中国北斗系统的地面时间提供计量支持；指导研制了飞秒光学频率梳，建立微波和光学频率的相干联系；规划指导在研的锶原子光晶格钟，2014 年频率评定不确定度 $5e^{-17}$，参加了国际锶原子推荐频率的计算；发起和指导对静态重力频移和动态潮汐频移引入的频率不确定度限制的研究；发起相对论重力频移是发生在频率源，还是发生在频率传输过程中的研究。

曾获国家科技进步一、二、三等奖各 1 项。

院 士 观 点

要建设世界科技强国，提升原始创新能力，关键是需要新的思想，而产生新思想需要好的环境，好的环境的营造关键在教育，办好教育是创新之本。

要建立一种机制，支持纯粹的科研，要有对纯粹科研精神的重视和尊重。

我们不能把学生看作是被动接受知识的机器，不能扼杀孩子的创新能力，要鼓励和引导孩子从小就要展开幻想和创新的翅膀。

创新思想和经费多少不一定成正比，尽管创新需要经费支持。

没有好的基础科学，再好的创新设想也不能实现，创新也只能是"小打小闹"。

漫谈科学研究

创新源于教育

　　这些年我国科研和高等教育规模不断扩大，投入不断增加，科技创新的整体水平正在从量的增长向质的提升转变，从以跟踪为主转向跟踪和并跑、领跑并存的新阶段。要建设世界科技强国，提升原始创新能力，关键是需要新的思想，而产生新思想需要好的环境，好的环境的营造关键在教育，办好教育是创新之本。

　　新思想是我们国家科技创新面临的最大问题。世界上科技发达国家可能有70%以上的新思想出自大学。他们的一个成功经验是理论研究与实验研究结合非常紧密，相互支撑，不断产生新的思想，从而形成科技引领。我们国家不能一直跟踪，现在我们已经过了跟踪的阶段，需要在某些方面并跑和引领了，这里的关键是要有新的思想，而新思想的产生是需要土壤的。这个土壤是什么？制度、环境。我们要建设创新型国家，必须要让科学精神蔚然成风，要按科学规律办事，建立健全相关制度，厚植创新土壤，营造宽松包容的科学氛围。

多一点儿纯粹的科研

这些年科研管理也在改革，但还存在一定问题，还有很大完善空间，应该逐渐往宽松的方向发展。在某种程度上说，科学研究是个人行为，国家应该资助的是个人，不是单位，要建立一种机制，支持纯粹的科研，要有对纯粹科研精神的重视和尊重。

我们的科研经费已经不少了，许多科研项目的经费资助额度甚至不比国外低，但是经费配置上一直存在一些问题。只要有一个"好"课题，我们就会有两三个，甚至五六个单位从不同的渠道申请经费来做，高经费投入、低水平重复，结果大家都做不精，特别是有一些最终还没有实际应用。

我们的科研人员数量不少，但不少科研人员的时间并没有用在真正的科研活动上。中国人不比外国人笨，但与国外相比我们真正花在科研上的时间没有人家多，我们的杂事太多了。大家都在忙着申请项目、中期检查、结题验收，忙着报奖、升职称。你们可以去国内任意一所一流大学，跟着一位教师，尤其是年轻教师，看看他们一个月能有多少时间花在真正的科研上，可能真是不多。自己的原因、外部的原因，都有。要建设世界科技强国，建设世界一流的大学，需要的就是新思想。我们为什么提不出更多新思想？得问教育，看看我们过去大学生是怎么培养的，中学生是怎么培养的，小学生又是怎么培养的。还得问管理部门，我们在申请科研项目时，项目申报书里写研究现状，得写国外的研究现状，如果是国内的原始想法，可能都立不了项。比较借鉴很有必要，但在新思想上，尤其是那么多的领域，为什么我们就不能多一点儿自信呢？我们现在需要静下心来，多一点儿纯粹的科研。

新思想需从小培养

科学研究是兴趣驱动，创新意识、科学兴趣要从小培养。我们国家的很多实验科学，学的人越来越少。中学生考大学、选专业，要么选将来就业薪资高的专业，要么就是家长给报专业，自己选的很少。很多一线城市的小孩都不愿意学基础的物理、化学、生物，不只是就业的待遇问题，问题是很多中学生对这些学科没兴趣。如果说要提升我们国家的原始创新能力，要让我们现在的这些科学家提出原始创新思想可能不行，得指望中学生、指望小学生。新思想得从小培养，其实这些小孩不是对科学没有兴趣，而是一步步被父母、被教育、被社会等各方力量扼杀了。掌握知识并不是教育的最终目的，善于运用知识解决问题并不断创造新的知识才是教育的目的。我们不能把学生看作是被动接受知识的机器，不能扼杀孩子的创新能力，要鼓励和引导孩子从小就要展开幻想和创新的翅膀。

大学应提供潜心研究的环境

新思想多出自大学，大学应该有潜心研究的环境和氛围。我们国家的大学硬件基础、实验室条件其实与国外相比已经不差，但国外的大学没有那么多的条条框框，科学研究真是凭兴趣，产生新思想。现在我们的导向有问题，大学之间经常比科研项目有多少，科研经费有多少。校长有压力，压力层层传导到院系，到每个教授，考核教授看他拿了多少项目，申请了多少经费，这种环境下是出不了新思想的。创新思想和经费多少不一定成正比，尽管创新需要经费支持。我们还经常考核大学的就业率，这样我们大学培养的目标本身就存在一定问题，不是去培养科学人才，而是在办职业教育。这样的环境下，博士都忙着去找工作、去实习，根本没法踏踏实实、静下心来去做学问。

科研管理要改革

很多科学研究需要一个长期积累的过程，可能十几年都没有根本的进展，也没有什么产品做出来，这样的研究在我们国家可能就立不了项。但是，没有基础研究，就没有引领。我们尽管也有十几年的项目，但大多是跟踪的，人家已经做出来的，国家才会支持。我们的科研管理部门没有胆量去拍板支持一个类似"检测引力波"那样的项目。实际上基础研究是非常苦的，进展很缓慢，但如果有大的突破，它有时又是很震撼的、革命性的。没有好的基础科学，再好的创新设想也不能实现，创新也只能是"小打小闹"。

当然，不是说所有高校都去搞基础研究，要有个合理的定位，要分类管理、分类发展。现在高等教育有个"怪象"，所有的高校都夫申请自然科学基金、都争发论文，比 SCI 论文数量、比影响因子，所有的学院都要改成大学，都要发展成研究型、综合性大学。其实有些规模不大的学院也不矮大学一等，美国的麻省理工学院、加州理工学院都是顶尖大学。

（2016 年 11 月 4 日）

吴德馨 /

中国科学院院士

院 士 简 介

1936 年 12 月出生，河北乐亭人。

中国科学院微电子中心研究员。曾任中科院学部主席团成员，中国电子学会常务理事，半导体与集成技术分会主任，第九届、十届全国人大常委会委员和教科文卫委员会委员。

半导体器件和集成电路专家。60 年代初，作为主要负责人之一，在国内首先研究成功硅平面型高速开关晶体管。60 年代末期研究成功介质隔离数字集成电路和高阻抗运算放大器模拟电路。70 年代末研究成功 MOS4K 位动态随机存储器。在国内首先将正性胶光刻和干法刻蚀等技术用于大规模集成电路的研制，并进行了提高成品率的研究。首先在国内突破了 LSI 低下的局面。随后又相继研究成功 16K 位和 64K 位动态随机存储器。开发成功双层多晶硅和差值氧化工艺，独创了检测腐蚀接触孔质量的露点法。80 年代末期自主开发成功 3 微米 CMOSLSI 全套工艺技术，用于专用电路的制造。研制成功多种专用集成电路并研究开发成功 VDMOS 系列功率场效应器件和砷化镓异质结高电子迁移率晶体管。90 年代研究成功 0.8 微米 CMOSLSI 工艺技术和 0.1 微米 T 型栅 GaAsPHEMT 器件。近期从事光电子器件和光电集成技术的研究。

曾获北京市科学技术一等奖、中科院科技进步一等奖、国家科技进步二等奖、国家新产品一等奖、何梁何利科学与技术奖等。

王 圩

/中国科学院院士

院 士 简 介

1937 年 12 月出生，河北文安人。

中国科学院半导体研究所研究员。

半导体光电子学专家。早期从事无位错硅单晶和Ⅲ—Ⅴ族化合物异质结液相外延研究，为使我国砷化镓基激光器从液氮温度提高到室温工作做出了贡献。1979 年开始从事长波长镓铟砷磷四元双异质结激光器和动态单频激光器研究，其中代表性成果包括应变层多量子阱分布反馈激光器、反位相增益耦合型分布反馈激光器及其与扇形放大器单片集成的主振功放器件。近期研究成功 InP 基光电子多功能集成技术等，为我国光纤通信用半导体光电子器件的发展做出了贡献。

曾获国家科技进步奖二等奖、国家"六五"科技攻关奖、"863"计划"七五"攻关奖、中国科学院科技进步一等奖、何梁何利科学与技术奖等。

院　士　观　点

　　人才引进要坚持"不唯学历和职称、不唯资历和身份、不唯数量和指标、不唯出身和学缘"的原则，坚持以能力尤其是以业绩和实质性贡献作为人才评价的主要指标。

　　要看海外人才和本土人才的实际贡献，都给机会，平等竞争，人才待遇不应分国内外。

　　缺乏统筹、各自为战的科研状态容易造成实验设备重复建设、资源浪费的现象。要探索建立资源共享机制，都是国家的钱，要花在刀刃上，提高资金使用效益和设备利用率。

　　科技成果的转化是一项系统工程，提高科技成果转化率需要破除体制机制障碍，需要政府、研究单位和企业共同的支持。

　　科研经费的管理是一把双刃剑，分寸一定要适当。

　　高校应该根据自己的实际情况有所为有所不为，要结合自己的学科特色和传统优势，结合自己的创新能力和既有基础，有所侧重，不需要面面俱到、样样争先。

创新需唯才是举　待遇要内外无别

当前，可以说高校和科研院所的科技创新迎来了一个很好的发展契机，遇到了一个非常有利的舆论环境和政策空间。高校汇聚人才，同时又培养了大量优秀人才，尤其是那些青年人，他们的学术水平和创新能力都很好，如果对科研感兴趣了，就会积极主动地投入其中，会自觉加班加点，这些都为我们国家的科技创新发展提供了充足的动力和保障。科技创新的关键是要用好人才、建好团队、激发出活力，才能出来好的成果。

创新需唯才是举

谈科技创新，首先就绕不开人才的引进问题。目前，各高校和科研单位对申请者的学术背景、科研经历等有许多规定，这些标准和规定体现了一定的质量要求和贡献指标。但从长远看，在人才引进的过程中，还是要坚持"不唯学历和职称、不唯资历和身份、不唯数量和指标、不唯出身和学缘"的原则，坚持以能力尤其是以业绩和实质性贡献作为人才评价的主要指标。实质性贡献主要体现在人才培养、科学研究、学科建设、队伍建设、团队建设、科研成果的转化应用等方面。我们觉得，实质性贡献应该是人才引进和考核的重要衡量指标。如果秉承了这种价值导向和判断标准，也许能够较好地解决国际人才与本土人才之间潜在的激励性矛盾。同时，要通过完善人才引进程序，进一步把好人才的入口质量关。比方说，国外一些科研单位在引进人才时会留有一至两年的预备期，预备期结束时会有一个发展性评价，结合其日常表现和实际贡献，做出是否引进该人才的最终决定。所以，选好用好人才，首先要完善标准，规范程序。

人才待遇不能内外有别

在海外人才引进、使用的过程中，容易引发一些问题，其中，海外人才与本土人才协调发展的问题尤为值得关注。为了大力引进海外人才，相关单位和部门纷纷给出了优厚的政策，提供优异独特的工作生活条件，全力满足海外引进人才的需求，以吸引他们回国并投入工作。筑巢引凤是可以的，但过于明显倾斜的优惠政策无疑会导致本土人才的心理失衡，他们可能是相同层次而且是为国家服务多年的人才，政策不当易造成"招来女婿气走儿子"的局面。应该看到，海外引进抑或本土培养，只是培养途径的差异，这种唯出身、唯学缘结构的做法不可取、不科学，而要看实质性贡献。能否考虑打通双轨和一体化考评来促进两类人才的协调发展，比方说在铺设海外人才遴选"国际轨"的同时，可以尝试建设本土人才选拔"国内轨"，参照海外引进人才的条件，通过科学严格的遴选机制，从本土人才队伍中选拔拔尖人才，给予他们接近或同样的国际标准的薪资待遇。对海外引进人才和本土人才在考核期满后，用同一考评体系进行考核，看看他们各自的实际贡献，都给双方机会，平等竞争，人才待遇不应分国内外。

创新需要团结合作

科研团队和平台是获取和整合资源的有效组织形式，是科技创新和科研攻关的重要载体，是优秀杰出人才的成长平台。领域型创新需要一个良好的科研团队和平台，很多交叉学科、应用科学需要人力、物力等各方面的配合，没有一个好的团队和平台很难出好的成果。科研团队应该围绕国际学术发展前沿和国家发展重大需要开展研究，不团结合作，很难产出领域型的创新成果。现在学校不少老师愿意做小课题，一个教授带几个副教授和学生在做。缺乏统筹、各自为战的科研状态容易造成实验设备重复建设、资源浪费的现象。高校和科研院所的设备利用率可以尽最大可能提高，鼓励现有设备对外开放，实现共享。可以探索建立资源共享机制，各研究单位的大型设备、仪器等联网开放使用。这些都是花的国家的钱，要花在刀刃上，提高资金使用效益和设备利用率。

科技成果转化工作有待加强

当前我国科研成果转化率低的原因是多方面的。一是相当多的课题申报时就存在不可能转化的症结，一些课题在设计时就没有进行转化的主观意图，只是为了获批课题、职称或奖项而设计的，而有的转化类研究也没有充分考虑到市场需求，缺少前瞻性，研究结果出来以后，本身就已经落后了，也没有办法转化。二是科研成果转化的收益与风险问题，也是导致科研人员不愿意转化成果的原因之一。科技人员对转化的路径不熟，觉得风险太大，转化过程中的社会保障也不够；受益企业给科技人员的回报不成比例，使得部分科研人员宁可不转化，也不愿意把自己的心血低价转让给企业。三是科技成果转化的桥梁中介服务机构能力不强，服务面较窄。科技成果的转化是一项系统工程，十分需要技术市场中介服务机构全过程的服务，助力打通科技成果转化不顺畅的环节。为实现引领型发展，关键任务是解放和激发科技潜能，加快科技成果转化和提高科技成果转化率。因此，在政策层面，要坚持问题导向，将破除科技成果转移转化的体制机制障碍作为着力点，注重政策的部门协调。

高校和科研院所可以通过变革考核机制，引导科研人员瞄准国内外市场需要，主动走向市场，促进成果转化。科技主管部门应该制定关于成果的处置和收益权、股权和分红激励、技术转移机构和技术转移服务、产权交易市场制度等方面的激励政策，要具体而且有操作性，切实形成一种激励作用和保障机制。

科研经费管理是一把双刃剑

科研经费的分配要区分竞争性经费和支持性经费。现在竞争性经费较多，可以适当加大支持性经费的投入。对于一些探索性的研究项目，可以先行拨付一定的科研经费进行预研究，再依据进展情况择优资助，这样的评审程序更加公平，也更能够选出有实际应用价值的课题。科研经费的管理是一把双刃剑，分寸一定要适当。一方面要严加管理，堵死漏洞，坚决杜绝一些投机取巧的行为，防止不公平；另一方面，财务预算要有一定的灵活度，经费的使用与管理要符合实际情况，要相信大多数科研工作者。

一所大学的领导应该有正确的政绩观，要清楚地认识到一个学校不可能各方面都好，高校应该根据自己的实际情况有所为有所不为，要结合自己的学科特色和传统优势，结合自己的创新能力和既有基础，有所侧重，不需要面面俱到、样样争先。科技创新也是如此。

（2016 年 11 月 4 日）

侯朝焕

中国科学院院士

院 士 简 介

1936年9月出生，四川自贡人。

中国科学院声学所研究员。中国声学学会名誉理事长。曾任国家自然科学基金委信息科学部主任。

声学和信号处理专家。在水声工程研究中主持研制"水声信号起伏统计特性测量系统"，推动了水声信号场和噪声、混响场的研究。提出了"相移多波束基阵信号处理系统"。完成了智能型水声信号处理系统，使系统能与水声信道匹配，达到最优工作状态和最佳处理效果。根据超高速计算的需求，开展了并行阵列处理的研究，主持完成了DSP-1阵列信号处理机。在国内率先开展了VLSI信号处理研究，进而将阵列处理系统集成到单个芯片上去，先后完成了多个超高速DSP专用芯片的研制。

曾获国家发明奖3项，中科院科技进步奖4项。曾被授予国家级有突出贡献的中青年专家和全国先进工作者等荣誉称号。

院　士　观　点

大学应根据时代和环境的变化做好自我调适。在这个过程中，有关部门也要放宽管理，把政策界线理清楚。

现在有些特色学科和优势学科也是特色不特，优势不优。大学应扬长避短，集中力量优先发展自己的特色学科，有所为有所不为，尊重历史和现实地去与时俱进。

我们要把强的做得更好，但一定要把弱的变好，这是教育的特点和要求。

专家投票看似民主决策、公平、公正，其实不利于原始创新，颠覆性创新技术在初期经常不被多数人看好。

国家应在人才计划方面加强统筹，让人才计划真正发挥"项目"资助的作用，给各类人才计划降温、回归初心。

大学应主动适应改革和发展

教育和社会发展密切相关。大学应根据时代和环境的变化做好自我调适。现在的大学不仅面临着国内高等教育改革发展带来的竞争压力，同时也面临着自己发展特色的凝练和水平的提升。面对改革和发展，要积极主动地去适应，做好自我调适。同时，在这个过程中，有关部门也要放宽管理，把政策界线理清楚。

现在国家正在推进"双一流"建设，这就要求各高校要立足社会大环境，主动迎接大挑战，以立德树人为根本，构建现代大学制度体系，不断提升自身的治理能力和治理水平，要结合自身实际，紧密围绕国家和区域发展需求，充分发挥自身优势和特色，为国家和人类社会发展做出重要贡献。政府部门也应加强顶层设计与统筹，要认真落实高等教育法，真正赋予高校办学自主权，支持高校办出特色、争创一流。

学科建设要有所为有所不为

对学科进行准确定位是学科建设的关键问题。现在不少学校整体学科专业布局不是很合理，存在贪大求全现象，缺少自己的特点，没有找准自身的位置。即使有些特色学科和优势学科，也是特色不特，优势不优。一个大学不一定要拥有所有的学科，而应扬长避短，集中力量优先发展自己的特色学科，有所为有所不为，尊重历史和现实地去与时俱进。

回顾世界一流大学的发展历史，无一不是一部学科发展史。没有一流的学科不可能建成一流的大学。世界一流大学的学科建设是基于对学科使命、学科性质、学科功能、学科结构、学科文化的基本认识，并综合把握政治、经济、社会和文化等外部环境，形成了独到的价值理念、使命感以及大学的各种制度体系，才能打造独具特色的学科结构，最终形成一流的办学特色与优势。以哈佛大学、斯坦福大学、麻省理工学院、牛津大学和剑桥大学等世界一流高校为例，这些高校并不是所有学科都是超一流，而是各有优势、各有特色，发展定位不同、办学理念不同、办学模式也不同，在办学过程中形成了特有风格，在不同领域培养了领袖式人才，最终赢得了认可。

政策既要扶优扶强，更要扶弱扶偏

新中国成立后，通过实施"重点高校""211 工程""985 工程"等重点建设，一批重点高校和重点学科建设取得重大进展，带动了我国高等教育整体水平的提升，为经济社会持续健康发展作出了重要贡献。在长期实践过程中，重点建设也存在强者恒强、弱者恒弱、身份固化、竞争缺失、重复交叉等问题。地方高校数量和在校学生数量占全国总量的 90% 多，在实施国家创新驱动发展战略、实现中华民族伟大复兴的征程中要更加注重发挥地方高校的作用，在国家政策上尤其要对边远地区、经济发展欠发达地区的高校加大扶持力度，给予特殊政策。我们要把强的做得更好，也要把弱的变强，这是教育的特点和要求。国家自然科学基金委在支持地区发展方面做出了有益探索，设立地区科学基金 20 多年，支持特定区域的科研人员在国家自然科学基金资助范围内开展创新性的科学研究、培养和扶植该地区的科学技术人员、稳定和凝聚优秀人才，为区域创新体系建设与经济、社会发展服务。

鼓励创新更要宽容失败

习近平总书记在"科技三会"（全国科技创新大会、两院院士大会、中国科协第九次全国代表大会——编者注）上吹响了建设世界科技强国的号角，科研工作者又迎来一个春天。当前我国已经成为具有重要影响力的科技大国，科技创新对经济社会发展的支撑和引领作用日益增强，但同建设世界科技强国的目标相比，科技创新能力特别是原创能力还有一定差距。提升原创创新能力必须要营造创新氛围，鼓励科学家自由探索和自主创新，更要宽容失败。创新过程从来都不是一帆风顺，而是披荆斩棘，始终是在克服艰难险阻中前进。应减轻创新者的心理压力，要宽容创新的失败。国家自然科学基金始终坚持构建尊重科学、鼓励探索、宽容失败、激励创新、公正透明、民主和谐的创新文化氛围，引导评审专家敢于支持颠覆性高风险创新研究，并设立了非共识项目，旨在从"非共识"中看到创新点和闪光点，从而在基金评审和遴选中资助一些真正优秀的创新项目。国家和地方政府，包括企业都应该设置一些长远项目、探索项目，让科技资源、科技政策和科技项目等向有创新思想的人倾斜。

要提升原始创新能力，产出重大原始创新成果，专家投票式的立项评审方式也需要改革。目前大多数项目立项主要依靠专家评审，而专家评审的时间也不会太长，这种需征得多数专家同意方式选出的项目一般比较稳妥，但很难有重大原始创新理论、方法，也很难会有颠覆性技术突破。然而在科技创新的初期真理往往是掌握在少数人手中，专家投票看似民主、公平、公正，其实不利于原始创新。中国国家自然科学基金委和美国在立项方式上有比较大的差异，美国也采用同行评议方式，但他们的基金委主任在立项方面有非常大的话语权，他们可以根据国家战略或需要来裁定让某些单位某些人员来承担项目，当然这需要基金委主任能够站在科学前沿、具有战略眼光、国际视野和责任担当。这种立项方式值得我们学习，我国国家自然科学基金委在"非共识"项目立项上也充分依靠了各学部主任等大评委的力量，但还不够，尤其基金委主任的个人决策权还应加强。当前或可考虑划出10%的项目由基金委主任个人决策。

创新主体应根据创新活动类型有所不同

创新活动主要包括基础研究、应用研究、技术创新、产业化等几种类型。不同的创新活动有不同的定位和目标，理所当然就应该有不同的主体。高校作为国家知识创新体系的主体，是我国各类原始性和基础性知识创新的主阵地。基础研究是科技创新的基础和源泉。没有基础研究，就没有高水平的技术创新，更谈不上科技成果产业化。基础研究对于科技创新的这种关键支撑作用，决定了高校在创新驱动发展战略中的突出重要地位。实施创新驱动发展战略，必须发挥高校在基础研究方面的优势，为实现创新驱动提供科技知识支撑。科研院所应该是应用基础研究和关键共性技术研发的主体，要承担国家各类科研任务，培育国家科技人才，为企业技术创新提供源头支撑。国家在实施创新驱动发展战略过程中，确立了以企业为主体、市场为导向、产学研相结合的技术创新体系，但在许多领域企业的技术创新能力还不足，中国的企业在研发投入上还远远不够，企业尚未真正成为创新决策、研发投入和科研组织的主体。

人才计划不应沦为人才"头衔"

人才是创新的根本。为了吸引、培养高层次人才和领军人才，国家各部委、各省市和众多高校纷纷推出各级各类的人才计划，其中不少发挥了鼓励创新、培养人才的积极作用。人才计划设立之初，一些优秀科研人员在获得项目支持后，确实在科学研究方面取得了一些重大成果，并在后续的科研过程中有了更好的发展。但是近几年，人才计划变多了，一部分人才计划在一些地方和系统客观上形成了"头衔"，这些"头衔"与科研资源、职称晋升、评奖待遇紧密挂钩，也在各高校和科研院所的排名、评估中占有很大比重，各地方、部门、单位也都开始争抢"头衔"人才，人才计划五花八门，资助的质量和效益也必然开始下滑。国家应在人才计划方面加强统筹，让人才计划真正发挥"项目"资助的作用，给各类人才计划降温、回归初心。能否限定每人只能进入一项国家级人才计划，例如对已是"杰青"的学者，就不再安排进入"长江学者"等其他国家级人才计划。

创新是个系统工程，科技体制机制改革需要理顺政府、高校、科研单位和企业之间的关系。政府应全面部署、深化改革、整体推进，要创新政策、分类指导、分类支持，使各类创新主体能够加强协同，能够充分激发活力，使创新链、产业链、人才链、资金链、政策链相互交织、相互支撑。

（2016 年 11 月 4 日）

许居衍

中国工程院院士

院 士 简 介

1934 年 7 月出生，福建闽侯人。

中国电子科技集团第 58 研究所名誉所长，中国半导体行业协会荣誉顾问。曾任电子部第 24 研究所、中国华晶电子集团公司总工程师。1957 年毕业于厦门大学（北大五校联办）半导体物理专业。

微电子技术专家。长期从事半导体技术开发工作。主持完成微米级集成电路大生产技术、标准代工示范工程、微控制器、锗硅 HBT 等重大项目；参与世行中国微电子技术发展研究，归纳发现半导体技术周期性创新规律（"许氏循环"）；主持完成微电子技术前景预测项目研究，成功预测 2014—2017 年进入硅技术生命曲线上的拐点（"微电子技术发展前景预测"）。

曾获全国科学大会奖，国家科技进步奖 1 项，省部级科技进步一等奖 10 余项。曾荣获三等功臣、全国国防系统先进工作者等荣誉称号。

院 士 观 点

推进科技创新工作，首先要消除各种阻碍创新的因素，尤其要从创新的主战场——学校开始。

无论是基础教育还是高等教育，都应以培养富有创新精神和创新能力的人才作为自己不可推卸的责任。

一个国家教育创新程度在很大程度上影响着国家的发展状态和发展空间。

兴趣是创新之源，时间和经费是保障条件，有了这些，高校科技创新原创力的提高才有可能，一流也是一个自然的结果。

知识创新的执行主体应该是大学、研究院所，技术创新的执行主体应该是研究院所和企业，而应用创新的执行主体应该是以企业为主。

我们要顺应潮流，积极消化吸收世界科技的先进成果，但与此同时，一定要清醒地认识到，提高自主创新能力才是增强我们自己科技实力的根本途径。

人才教育是创新之本

人才教育是创新之本

目前，我国在科技创新建设方面的重要瓶颈之一就是观念和体制的相对落后，可以说观念是阻碍我国科技创新建设的主要原因之一。我们要推进科技创新工作，首先要消除各种阻碍创新的因素，尤其要从创新的主战场——学校开始。

创新源于教育，教育是创新的基础，一个国家教育水平的高低直接决定着这个国家创新能力的强弱，对于创新来说，教育起的是基础性、先导性、全局性的作用。无论是基础教育还是高等教育，都应以培养富有创新精神和创新能力的人才作为自己不可推卸的责任。无论是哪个领域的科技创新，归根结底都是要靠创新型的人才，而创新型人才的培养离不开教育，因此，一个国家的创新能力在很大程度上取决于教育发展水平。可以说，教育是创新型国家建设的重要支撑，教育的创新发展能够有效促进国家的创新发展，一个国家教育创新程度在很大程度上影响着国家的发展状态和发展空间。

高校科技创新思想和观念的转变与国家的导向有很大关系，政府的政策法规在很大程度上影响着高校科技创新的发展。因此，从国家层面构建有利于促进科技创新的政策法规体系，制定出台各种扶持科技创新的政策，尊重规律、尊重现实、尊重创新的人，营造有利于创新的氛围，是十分必要和迫切的。

兴趣是创新之源

关于高校发展，我们先要找出问题的症结在哪里。为什么国内响当当的一流大学在国际上的排名还落后于香港大学、新加坡大学？不是政府给的钱、给的支持不够多，而是体制机制上存在着问题。回头看看我们民国时期的高等教育，可以说是我们高等教育史上一个辉煌的阶段，出现了一大批大师级人物，如胡适、蔡元培、梁启超，等等。今天的高等教育，发展成绩固然相当丰硕，但是大师级人物却风毛麟角，原因在哪？原因很多，有一个值得我们思考，还是和刚才谈的创新有关。我们现在大学里的研究气氛是什么样子？现在的研究，可以说缺乏自由和安心的学术氛围，不少老师不会也不能把自己的大部分精力投入在自己感兴趣的学术研究上，而是忙于做各种规划项目、应付各种考评。我们的高校要发展，首先就应该改变这种禁锢创新的体制机制，保障更多老师的时间、精力放到教学上，放到科研上，让他们能够安心地投入到自己感兴趣的研究中。兴趣是创新之源，时间和经费是保障条件，有了这些，高校科技创新原创力的提高才有可能，一流也是一个自然的结果。

明确创新主体，各司其职

高校的创新与企业的科技创新、研究院所的科技创新还有所不同。科技创新一般来说包括知识创新、技术创新和应用创新，这三者之间既相互区别又相互联系。知识创新的主要功能是知识的生产、知识的传播和转移，包括基础性科学研究和应用型基础研究，启发新技术的产生；技术创新的主要功能是创造、革新、学习和传播新技术；应用创新是在知识创新与技术创新的基础上，面向用户需求的创新。知识创新的执行主体应该是大学、研究院所；技术创新的执行主体应该是研究院所和企业；应用创新的执行主体应该是以企业为主。这并不是说这三者要割裂开，相反，这三者之间要紧密联系，相辅相成，才能有效推动科技创新的发展。

目前，我国普遍存在知识创新、技术创新和应用创新三者不分的状况，技术创新普遍缺乏，而本应由企业为主体完成的应用创新，却一直是由高校、科研院所来完成。与我们的这种现状不同，在科技创新极为发达的美国，几乎所有的技术创新都是由企业来完成的，大型企业一般都设有专门的研究中心，致力于科技创新和技术研发，在创新过程中，企业研究中心还会与科学院的研究所进行合作。在美国，企业是技术创新的主体，既有创新的原动力，也是创新最大的投入者，同时也是科技创新活动承担者和成果的占有者，由此创造出了巨大的财富，也带动了整个国家科技创新的蓬勃发展。我们要促进科技创新的发展，就必须要改革现有政策，加强引导，让高校、科研院所、企业三个创新主体分工明确，各司其职，并紧密合作。

自主创新是根本

在科技创新发展历程中，深度学习、引进模仿国外技术是实现科技追赶的开始，也是科技发展不可逾越的基础阶段，而从单纯模仿到技术消化吸收和不断创新才是走向自主创新的必由之路和关键所在。我们的华为，起初也是跟随者，慢慢实现技术积累，通过稳健经营、加大研发投入、广纳人才、提升自主创新能力，实现了跨越式发展。下一步，华为能否更进一步，在本行业规则的制定方面实现突破性进展，即改变目前只能被动接受西方国家制定规则的现状，以雄厚的科技创新实力成为规则的制定者呢？值得我们期待。我们要顺应潮流，积极消化吸收世界科技的先进成果，但与此同时，一定要清醒地认识到，提高自主创新能力才是增强我们自己科技实力的根本途径。

（2016 年 11 月 4 日）

李同保

中国工程院院士

院 士 简 介

1942 年 10 月生，河南温县人。

同济大学教授、博士生导师。

计量专家。长期从事光辐射测量技术与长度计量标准研究。早在 20 世纪六七十年代，研制了多项光度与辐射测量仪器，满足了当时我国国防与科研的急需：在研制微光测试标准工作中，提出一种测量极低透过率的新方法，使得能以 5% 的不确定度测量 10^{-6} Lx 水平的微光照度；研制了我国第一台高精密度数字式照度计；主持完成"最大光谱光效率（K_m 值）实验测定"，测定值非常接近同期九个国家标准实验室测出 K_m 值的平均值。80 年代初在美国国家标准与技术研究院（NIST）从事辐射度物理学研究期间，利用 Kr^+ 和 Ar^+ 激光器、倍频技术和自校准硅光电二极管，以 0.5%—1% 的不确定度测量了硅在紫外区的量子产额，比国际通常采用数据精度提高约五倍。目前主要从事高精度纳米级长度标准物质的研制与测量应用研究，包括利用激光汇聚原子沉积、软 X 射线干涉光刻、多层膜光栅技术等实现纳米级光栅长度标准。

曾获 1978 年全国科学大会奖、1985 年度国家科技进步一等奖、1989 年度国家科技进步一等奖。

院 士 观 点

看成绩也看问题，总体是向好的，我们应该有信心，现在需要的是继续努力奋斗和执着追求。

科技创新是需要有点精神的，要有爱国情怀、奉献和担当的精神。爱国不是一句空话，它更多地体现在行动上。

人才流动起来是好事，国家重视人才更是好事，但人才应真正有个人才的样子，流动应该有个规矩。

做科研要有对科学的执着，要静下心来，有坐冷板凳的决心和耐心，不能浮躁，要坚持不懈，要永远记得为什么而出发，不忘初心。

创新是青年的灵魂，科技创新的未来和希望寄托在年轻人身上。

创新是青年的灵魂

经过几十年的发展，我们国家科技创新取得了巨大成就，这必须要看到，要有一个正确认识，不能简单采信一些大肆渲染的负面报道，要科学引导舆论，既要看到成绩，也要认识到不足。

创新机遇与挑战并存

现在我国经济总量已经全球第二，人民生活得到了极大改善，国防实力和国际地位有了很大提升，这里面科技创新功不可没，起到了巨大的支撑作用。有些成就大家耳熟能详，比如说"两弹一星"、载人航天、探月工程、人工合成牛胰岛素、超级杂交水稻等等，还有最近两年大家都很关注的量子通信、量子反常霍尔效应、航空母舰、高速铁路等，可以看到，科技创新的确是给我们国家发展提供了坚强支撑，为国防安全作出了重大贡献，也为我国成为一个有世界影响力的大国奠定了重要基础。

现在我们的科技研发队伍规模已经超过美国，成为全球第一，科技投入已经全球第二，论文和专利成果也非常多。国家高度重视科技创新，习近平总书记在全国科技创新大会、两院院士大会、中国科协第九次全国代表大会上发表了"为建设世界科技强国而奋斗"的重要讲话，明确发展目标要建设世界科技强国，提出"科技创新作为提高社会生产力、提升国际竞争力、增强综合国力、保障国家安全的战略支撑，必须摆在国家发展全局的核心位置"。可以说，大环境、小环境现在都很好，科研工作者迎来了又一个科学的春天。

看成绩也看问题。同建设世界科技强国的目标相比，我们现在还面临着一些重大的科技创新瓶颈，关键领域核心技术受制于人的格局没有从根本上改变，科技基础也仍然薄弱，科技创新能力特别是原创能力还有一定差距，科研体制机制方面也还存在一些问题，但我们也一定要看到，总体是向好的。用一句话说，就是机遇与挑战并存。我们应该有信心，现在需要的是继续努力奋斗和执着追求。

创新需要精神

我认为科技创新是需要有点精神的，要有爱国情怀、奉献和担当的精神。科学研究不仅仅是个人对知识和真理的追求与热爱，还体现着科学家对国家、民族乃至全人类的责任与担当。一个伟大的科学家往往不仅具有过人的科研攻关能力，还具有令人敬佩的爱国情怀。建国初期，很多曾在国外留学的中国科研工作者，有的已经在海外小有成绩，功成名就，有着一流的实验环境。假如留在国外就能够进入世界一流科研团队，但如果回到祖国，还得白手起家。怎么办？实际上，我们已经知道了答案，许许多多老一辈的科学家怀揣拳拳报国之心踏上了归途，有的甚至需要冲破重重阻挠才回到祖国。他们攻坚克难，将毕生所学奉献给了祖国的发展建设事业，像钱学森、邓稼先、钱三强，等等。爱国不是一句空话，它更多地体现在行动上。有时候就需要放弃个人荣誉、牺牲个人利益，这就是奉献精神。

人才流动应该有个规矩

现在我们国家非常重视科技创新，科技体制机制也一直在改革，出台了很多政策，而且我们国家的科研投入、科研条件与一些发达国家和地区的高等学校、研究机构相比并不差。国家很重视科技创新人才，国家和很多地方设立了诸多人才计划和项目，都在加大人才引进力度，各省市、高校也都重视人才引进。一切科技创新活动都是人做出来的，要建设世界科技强国，人才队伍很关键，尤其是年轻人才。说到人才引进，现在可以说都是"人才争夺战"了，人才的价格也越来越高，各种附加的待遇条件也越来越多。这一方面体现了我们尊重人才的力度，但另一方面我觉得这种现象不应该。它破坏了生态，破坏了创新生态，破坏了人才生态，破坏了教育生态。人才流动起来是好事，国家重视人才更是好事，但人才应真正有个有才的样子，流动应该有个规矩。我们那时候是国家需要我们去哪里，我们就到哪里去，需要我们干什么，我们就努力去干什么。刚开始可能没有兴趣，但心里有个底线就是要把工作干好，慢慢也就有了兴趣，有了兴趣后面自然就会越来越好。现在科研人员遇到了好时代，可以选择的东西也多了，更要有点情怀，讲点奉献，不能因为各种利益而彷徨，不能因为诱惑而迷失方向。做科研要有对科学的执着，要静下心来，有坐冷板凳的决心和耐心，不能浮躁，要坚持不懈，要永远记得为什么而出发，不忘初心。

创新是青年的灵魂

现在国家号召"大众创业、万众创新"，更是给了青年学生很好的机遇。青年学生不仅能够跟着导师做很多科研项目，经过系统的科研训练，提高创新能力和水平，现在也有很多专门支持青年学生的项目，支持他们思考、研究，增加了独立进行科研实践的机会。希望青年人能珍惜这样的一个机遇，在这段人生历程中，能够更充实一些。当然，科研是个长期过程，不是今天想创新，明天就能实现。科研是持之以恒的，这是思想方式，也是生活方式。年轻人要脚踏实地、潜心研究，不要好高骛远。创新实际上就是把学习或工作中遇到的小问题解决掉，积小成大，遇到大问题就能解决了。所以年轻人要从小事做起，从小的科研训练开始，做好眼前的工作，培养科学的兴趣，培养追求的执着，感受科研的氛围，如此才能享受成功的喜悦。年长的科研工作者，要有广阔的胸怀，既能开拓创新，又要善于发现人才、培养人才、提携后学，要给青年人创造更多机会，解决他们的后顾之忧，指引青年人在科学的道路上勇往直前。

创新是青年的灵魂，科技创新的未来和希望寄托在年轻人身上。年轻人最具创新活力，每个思想的小火花都将会汇集成为明天推动科技进步和时代发展的巨大动力。科学研究的道路漫长而艰辛，但也充满探索真知的乐趣。希望年轻科研工作者在今后的科学研究的道路上，永远保持对科学的兴趣和爱好，坚持不懈、脚踏实地，用创新服务社会、造福大众，通过科研成就事业、实现梦想！

（2016 年 11 月 5 日）

叶声华

中国工程院院士

院 士 简 介

1934 年 6 月出生，湖北沙市（今荆州市）人。

天津大学教授，测试计量技术及仪器国家重点学科学术带头人。

测试计量技术及仪器专家。长期致力于激光及光电测量技术研究。将激光技术引入精密测试领域，发展了一系列非接触、在线测量新原理新方法，如激光衍射测量、激光准直及五自由度测量、视觉测量，以及几何量测量仪器现场标定等多项新技术，并获得广泛应用。

曾获国家发明奖、国家科技进步奖、何梁何利科技奖、全国科学大会奖、国家教学成果奖等奖项。曾获全国"五一劳动奖章"、全国劳模、天津市师德楷模、天津市劳模、天津市特等劳模、中国仪器仪表学会"当代我国仪器仪表与测控领域杰出科学家"等荣誉称号。

院 士 观 点

科研应该瞄准国家的重大需要，围绕"有用"这一主题。工程科学搞的东西不能当摆设、展览，不能束之高阁。

只有有了需求，创新才会有价值，也只有符合需求的技术创新才会更有生命力。

在科学面前，就四个字：实事求是，所有的科研活动都要围绕这四个字展开。

应该大力培育创新文化，让创新文化深植于创新的各个环节，营造起良好的文化氛围和社会环境。

"英雄不问出处"，要树立"人人都可以成才"和"以人为本"的科学人才观。

学生要走出象牙塔，除了知识，还要学做人。

深植创新文化

科研要有用

科技创新要对国家有用，尤其对工程专业来讲。搞技术创新与搞数学是不一样的。搞数学可以从自己的兴趣出发，根据已学的东西慢慢去钻研、突破；搞技术创新具有很强的应用性，我们的选题应该瞄准国家的重大需求，要围绕"有用"这一主题。工程科学搞的东西不能当摆设、展览，不能束之高阁。要把我们做的事做实，绝不能做做样子，做出来的东西只能放在实验室。科研和教学应紧密围绕着工业发展的实际需求进行，这样就比较容易转化为生产力，从而推动工业的变革。另外，科研跟教学是相辅相成的。尤其是像工程类的专业，科研的成果应该能丰富更新教学的内容。

创新要结合需求

更多时候搞科研一定要瞄准国家需求，不能仅凭自己的兴趣搞点东西。搞科研不是仿造，不能照葫芦画瓢，科研就是要你走到前头去，要有最新的先进技术，要有创新，不创新不叫科研。另外，技术创新要结合实际。以前我们说，创新是由科技自身的发展要求所推动的，但对社会来说，创新必须以实际需求为导向。只有有了需求，创新才会有价值，也只有符合需求的技术创新才会更有生命力。科研，一是要服务国家重大战略需求，不断创新；二是要与经济社会发展紧密结合；三是要加强科研团队建设。作为科技人员要从自身力量和实际出发，要考虑自身的优势和特长，做能够做得来的研发。

科研要实事求是

在科学面前，就四个字：实事求是，所有的科研活动都要围绕这四个字展开。我们的科研创新一定要秉承实事求是的理念，把自己的实力搞清楚，看我们能做什么，最先进的技术是什么，国家需要什么，然后再去做。按照国家需要，从现有的基础出发，瞄准世界先进水平，把我们能干的干好。实事求是是科研的生命。我一直教导学生，做人要海纳百川、诚信为本、忍让为先；做事要认真负责、持之以恒、淡泊名利；做学问要实事求是、勇于探索、贵在发现与创新。

深植创新文化

中国文化蕴含着丰富的创新文化，强调各个领域推陈出新，强调"天行健，君子以自强不息"。没有创新就没有进步，而创新文化孕育着创新事业，创新事业激励着创新文化。要真正地鼓励创新，宽容失败。宽容失败，不是鼓励失败，宽容是尊重创新规律的表现。创新中间肯会有失败，研究者要坚定目标，要有独立思考的精神，能胸怀全局、敢于冒险、崇尚创新，社会要宽容。应该大力培育创新文化，让创新文化深植于创新的各个环节，营造起良好的文化氛围和社会环境。另外，文化需要积累，需要传承，我们营造深植创新文化，一定力戒急于求成的浮躁情绪。创新文化氛围的构建和传承，不是文件和制度堆出来的。

人才标签要细细甄别

人才评价是一个复杂的问题，既不能唯论文、专利论，也不能只强调专家的主观定性评价，无法做到清晰的定量评价，而应该是个混合评价。近些年高校选聘人才时比较强调出身、头衔，这要客观、辩证地去看。是不是可以有个预备期、考核期，检验合格后再正式聘用。人才评价方面一定要有制度把关，在这方面不能有机可投。但不管如何评价，要评得出真才实学，要看得出真本领。"英雄不问出处"，要树立"人人都可以成才"和"以人为本"的科学人才观。学历、职称只是体现专业知识、能力和业绩的一种标准，但绝不是唯一的标准，人才标签要细细甄别。

学生要走出象牙塔

不能把学生关在象牙塔里，要让他们多去实践，特别是工科学生，更要从实践中找灵感。学校和社会要多创造条件，让学生从行业产业界获得足够的实习机会，这有助提高学生的竞争力。做学问要耐得住寂寞、经得起考验，在浮躁的社会中明确自己的目标，在平时生活中注意训练创新的思维、提升创新的能力。知识不仅是在学校课本上所学到的，也包括一种人文素养，这对为人处世是非常重要的。

（2016 年 11 月 5 日）

刘吉臻

中国工程院院士

院　士　简　介

1951年8月出生，山西岚县人。

华北电力大学校长，教授，博士生导师，第十二届全国政协委员。新能源电力系统国家重点实验室主任，国家基础研究发展计划首席科学家。

火力发电控制专家。长期从事发电厂自动化领域研究攻关、工程应用和人才培养。面向行业产业发展面临的重大技术难题，承担了国家"863"、"973"、自然科学基金重点、国际合作基金以及国家新技术示范工程等项目。研发成功我国第一套火电厂厂级监控信息系统（SIS）；研发成功我国最大容量的1000MW超超临界机组自动化成套控制系统；研发成功世界首台600MW超临界CFB机组控制系统，研究成果得到广泛的工程应用。

曾获国家科技进步二等奖2项，省部级科技进步奖7项。曾入选国家首批百千万跨世纪优秀人才，曾获霍英东优秀青年教师奖、首都劳动奖章及全国优秀科技工作者等荣誉称号。

院 士 观 点

既要"随大流"，也要"独树一帜"，"听话"与"多做事"并不冲突。

我们有时候并没有根据实际情况去摸清规律，在实践中没有真正按照规律办事，理论与实践的结合没有很好地落到实处。

做科学研究要耐得住寂寞，能放下名利，需要平凡的精神。

科研成果就像泉水一样是涌动出来的，像果实一样是自然而然结出来的，不是造出来的、挤出来的、编出来的。

对年轻人有两种"杀法"，按鲁迅先生讲的，一个是"棒杀"，一个是"捧杀"，有时候太多的名目和浮躁的环境不利于年轻人的发展。

深入认识教育规律　实实在在做平凡事业

大学发展不越位、不缺位

长期以来，国内的一些学校更多地习惯于学习领会贯彻有关文件精神，对自己的认识和定位并不是很准确，"迎合"的现象多一点儿，习惯了做命题作文，把可以自己发挥、自己有所作为的空间自行关闭了。我们讲中庸之道，中庸的价值，在于教会我们在注意事情一端的时候，不要忘记另一端的存在。领会贯彻不越位我们清楚了，可开拓创新求发展也要到位，不能为了怕越位而无所作为，不能缺位。既要"随大流"，也要"独树一帜"，"听话"与"多做事"并不冲突。比方说大学的排名、学科的排名，一些量化的指标，在现阶段，完全不管不顾，是不现实的。但在意、关心的度该如何把握，该如何准确地去看待它，这是一个很大的问题。很多时候我们被这个"可有可无"的东西给裹挟了。

推动大学发展要先认清规律

万事万物都有规律。无论是学科建设、人才培养，还是科学研究，甚至于大学怎么发展，我觉得首先要探究其规律，然后要不断创新。关于大学的规律、教育的规律，我们每个人都能说一说，也有很多人做专门的研究，但我们有时候并没有根据实际情况去摸清规律，在实践中没有真正按照规律办事，理论与实践的结合没有很好地落到实处。

大学该如何定位、中国大学自己的特点和规律是什么、应该培养什么样的人才，等等，其实这些问题我们现在并没有完全清晰。我们经常拿国内的教育与国际上先进国家进行比较，发达国家的教育固然有先进可取之处，但有些"非发达"国家的一些教育理念、思路、做法也有可学的地方。我们应真正打开视野，在国际高等教育发展理论和实践的背景下，做一些客观的、深入的比较。这方面的工作我们做得还不够。我们对适合自己发展的真正规律还缺乏深入的研究和思考，很多事情我们认识还不到位，或者是我们没有按规律去办事。

科学发现多来自平凡的付出

我们强调实事求是，科学的东西是最实在的东西，最需要实事求是、老老实实去做。但我们现在从总体上来说还缺少这个文化，踏踏实实安心做事的氛围还没有完全建成。有一句话叫"伟大出于平凡"。科学发现多来自平凡的付出，它不玄乎。做科学研究要耐得住寂寞，能放下名利，需要平凡的精神。我以前讲过一句话，万里长城伟大，是一砖一石砌成的，但不能说哪一块砖是伟大的；两万五千里长征伟大，是一步一个脚印走出来的，但不能说哪一个脚印是伟大的。所以我们要实实在在地做平凡的事业。有人会说，你怎么不做伟大的事业，只做平凡的？伟大在后面，你一开始就伟大了，最后就容易平凡了；你一开始是平凡的，但最后很可能是伟大的。

种南瓜也是这样，规律是春种秋收，干的都是平凡的事，松土、浇水等等，需要付出，才能有收获。你如果不干这些，成天就想摘南瓜，最后你连个小南瓜也得不到。所以，我想说，无论理论的、实践的、成功的、失败的、国内的、国际的，都要认认真真把规律搞清楚，做好平凡事。

政策导向应"使人昭昭"

孟子有句话，"贤者以其昭昭，使人昭昭，今以其昏昏，使人昭昭"。毛泽东同志、邓小平同志、习近平总书记都在一些场合引用过。"以其昏昏使人昭昭"是不行的，是要贻误工作、贻误大事的。作为学校的管理者也好，主管部门的管理者也好，你要自己"昭昭"，自己要先明白，先思考好。栽树、育人不是按天算的事，你要想想这棵树十年以后、二十年以后、三十年以后怎么样，想想培养的人才以后走上社会是怎么样，想想大学十年、二十年后会怎么样。我们经常感慨寺庙中的参天大树，那是长了多少年才长成的！奇迹不是昨天做的，一个国家、一个学校，也是如此。所以，做事情要根据实践找规律、符合规律。这是个看似空洞的道理，但有现实的指导意义。

还是拿种南瓜来说，这里需要的政策导向应该是从各方面引导大家去老老实实地松土、施肥、浇水，不要一天到晚老在集市上比南瓜大小。如果引导比大小的话，他可能去买一个、去抱一个来和你比，因为你引导的不是比松土、施肥，不是去引导做平凡的事。

北京市给在京部委属院校不少共建经费，这个事情做得非常好。有支持、有要求，但不追求"短、平、快"的效果。国家对教育的投入，应该是这样的。投入多年，积累到一定阶段，质变自然发生，人才培养质量自然而然会提高，真正的科研基础会非常雄厚。科研成果就像泉水一样是涌动出来的，像果实一样是自然而然结出来的，不是造出来的、挤出来的、编出来的。我干了一辈子教育工作，深刻认识体会到这一点。

人才成长要遵循规律

现在针对年轻人的头衔太多，有各种项目和帽子，很多年轻人确实很优秀，但一下子把他们扔到一个沸腾的环境中，是不是好？一般有两种情况：要么望尘莫及，远离，不去争；要么一步之遥，但是还差点，努努力，或想点儿辙。对年轻人有两种"杀法"，按鲁迅先生讲的，一个是"棒杀"，一个是"捧杀"，有时候太多的名利和浮躁的环境不利于年轻人的发展。我们看到了激励的作用，可能没有看到反激励的危害。反激励就是对他的成长也许不利，且"伤害"了一大批人。习近平总书记强调，"要把人才工作抓好，让人才事业兴旺起来，国家发展靠人才，民族振兴靠人才。"这里还是强调"规律"，人才成长规律、人才事业规律，要做好，还是要先理清规律。

还是那两句话，一要探索规律；二要实干。"实干兴邦，空谈误国"。要研究探索规律，潜心、扎扎实实地去努力。探索规律是为了少走弯路，不去折腾。任正非讲过一句话，"每个人做好自己的事情，加起来就是伟大的祖国"。如果我们每所高校都能定好位、把好舵，认清规律，做好平凡的教育，那么，整个高等教育水平自然会大幅提高。

（2016 年 11 月 8 日）

金之钧

中国科学院院士

院 士 简 介

1957 年 9 月出生，山东青岛人。

中国石油化工股份有限公司石油勘探开发研究院教授。中国石油学会理事会副理事长、页岩油气富集机理与有效开发国家重点实验室主任、国家能源页岩油研发中心主任、国家能源行业页岩气标准化技术委员会副主任委员、中国地质学会石油地质专业委员会主任、北京大学教授。曾任中国石油化工股份有限公司石油勘探开发研究院院长。

石油地质学家。长期工作在石油地质科研、教学第一线，在海相层系油气勘探理论、油气成藏机理与资源评价、深部流体的油气成藏效应等方面取得了创新性成果。与研究团队确定了海相碳酸盐岩有效烃源岩有机碳下限值和评价方法与指标，已成为我国新一轮油气资源评价的推荐标准；提出了海相层系油气勘探选区应从烃源岩和盖层双向评价入手的新思路；建立了综合评价指标的油气成藏评价方法，为指导我国塔里木盆地和南方海相油气勘探发挥了重要作用。

曾获国家科技进步二等奖 2 项，省部级科技进步一等奖 2 项，技术创新一等奖 1 项。

院 士 观 点

科研是一件要花心思的事情，需要沉住气。

我们期盼原创，鼓励原创，但我认为现在迫切的问题是，先真正培养起一批对科学有追求的年轻人，有真正对科学感兴趣、乐于做科学研究的人，这是个大前提。

要重视创新团队建设，独木难成林，一个人不容易干成大事，对创新来说尤其如此。

发论文出专利是科研的一个自然结果，不能反过来去拿着这个结果做一些不科学的要求和限制。

校长要做航行的舵手，心中有大海，手中有方向，脚下有航船。大学的发展第一要务是选好校长。

在"互联网+"这种大背景下，从大学发展的趋势上来说，马太效应也可能是我们面临的一个大的挑战，将来马太效应会不会进一步增强？地区差距、院校差距会不会进一步拉大？这些问题需要我们在推进教育改革中重点关注。

校长要做好大学发展的掌舵人

浮躁心态是科技创新的大敌

科研是一件要花心思的事情，需要沉得住气。与国外科研发展环境相比，我们国内的科研还是显得有些太浮躁，一些部门和领导总想今天出政策实施个计划，明天就能传来捷报。关于为什么国内很难出诺贝尔奖的问题，有很多的讨论。曾有人对物理学奖获奖者年龄统计分析后发现，他们做出代表性贡献的平均年龄是 37 岁，但是他们获奖的平均年龄是 55 岁，整整要等 18 年，成果才能被认可。18 年是我们一个人长大成人的过程了。近十年来，物理学获奖平均年龄 67 岁，这要等 30 年。此外，基本上任何一个获诺贝尔奖的成果都不是一个人的作为，而是几个人甚至几个科研团队同时攻坚克难的结果。换句话说，任何一个科学研究都是一批人不断努力的结果。这就是科研规律，我们天天在讲按规律办事，按科研规律办事，但是我们常常违背这个规律。

创新不可能一蹴而就。扪心自问，现在有多少人能真正沉下心来做科研？为了申请课题铆足了劲，申请到手之后又不能好好去做，人力、物力和时间这些资源都浪费了，很可惜。我们也常说，兴趣是最好的老师。

对科学的兴趣是科学发展进步的前提。有时候对科学兴趣的培养可能比对科研能力的培养更重要。可我们该如何培养大家尤其是年轻人的这种兴趣呢？我们期盼原创、鼓励原创，但我认为现在迫切的问题是，先真正培养起一批对科学有追求的年轻人，真正对科学感兴趣、乐于做科学研究的人，这是个大前提。在这个事上，不能急功近利、不能浮躁，"等不起""投入就要立竿见影"等浮躁心态是科技创新的大敌。

人才是科研创新的第一要素

科研创新的第一要素是人才，不光科研创新，在大学发展、学科建设中，人才都是第一位的。习近平总书记曾指出，我们要在科技创新方面走在世界前列，必须在创新实践中发现人才、在创新活动中培育人才、在创新事业中凝聚人才，必须大力培养造就规模宏大、结构合理、素质优良的创新型科技人才，要把人才资源开发放在科技创新最优先的位置。我认为，我们新一轮科学的春天要到来了。这些年我们大力推动人才的凝聚，实施了一系列人才计划，结合一系列新的政策来解放知识分子的生产力。高校科研同样如此，学科发展的重中之重就是人才。有的学校喜欢讲"三大"：大楼、大成果和大师。我认为大师才是关键。学校可以是个小楼，但里面得有大师，有了大师这个学科就是有名的。就好比当年诸葛亮住茅草屋，刘备还三顾，同样的道理，有大楼没大师就没有意义。如今"人才战"到了白热化的程度，这个事好不好先不说，至少说明大家开始认识到人才的重要性了。挖人这事可以做单独分析，有它的道理，也有它的问题。另外，人才的适应程度和合适程度也相当重要。引进的人才要能对口发展，真正发挥好作用，水土要服。要重视创新团队建设，独木难成林，一个人不容易干成大事，对创新来说尤其如此。

科研创新要两条腿走路

我们既要鼓励引导好教授个体的自由式探索，也要鼓励引导好以国家重点实验室、国家工程中心以及综合研究所为核心的创新团队的攻关式探索。这两条腿，不可偏废。我认为自由式创新是最基本的一种创新模式，尤其是在高校里不能限制，也没有必要限制，在学术探索上你就让教授学者"想怎么来就怎么来"。我们现在天天拿专利、论文去压他们，那怎么行！发论文出专利是科研的一个自然结果，不能反过来去拿着这个结果做一些不科学的要求和限制。为了专利和论文的科研，你觉得是科研吗？会有创新吗？我们现在无论是在高校还是科研院所，团队的建设还不是特别理想。在争取基地、平台，争取国家级的实验室时大家都很卖力，但真正拿到了后在团队建设方面做得不够好，很多时候还是以一两个人为主体。我认为这是我们过去高校体系当中做得不好的地方，往往我们成立实验室、成立研究中心，只是以一两个教授为主体，出来的结果是零散的，没有真正发挥出团队的创新力。

校长是大学发展的掌舵人

苏霍姆林斯基曾说："学校领导首先是教育思想的领导，其次才是行政领导"。校长的教育观、质量观、人才观都直接影响着全校师生，决定着学校发展。可以说，大学校长是学校发展的掌舵人，其决策和导向直接影响到学校的兴衰成败。校长要做航行的舵手，心中有大海，手中有方向，脚下有航船。所以，我认为大学发展的第一要务是选好校长。首先我们要弄明白大学校长的职责使命，大学校长的使命是三件事：一是学科发展，二是广纳人才，三是拓展资源。他要有非常丰富的社会资源，这个社会资源不仅仅为学校获得经费，还包括搭建桥梁，沟通内外部环境，因为有的东西不是能用钱来解决的。地可以花钱买，楼可以花钱建，但成果项目是买不来的，需要社会资源。所以对大学校长的要求应该是十分苛刻的，要发展学科，要把握学科。校长对未来学科的把握和判断，直接影响学校现在的发展战略和未来的发展方向。还有就是对未来学科发展的甄别和判断。有一些学科很有意思，但是适不适合近期发展，能不能发展起来，需要多大人力物力，其中牵涉很多因素。所以高校校长一定要有超前的眼光和全球视野。第二是广纳人才。学校发展需要多方面人才合力，我们很多校长可能是搞技术的，对其他领域的认识和理解存在不深入不到位的情况是正常现象，但关键在于是否有人才可以帮扶，能够在关键的地方提供真知灼见，他本人不怕唱反调。大树底下不长草，敢说敢做也十分重要，生态比较好的原始森林，大树底下是长草的，我们需要一个好的发展生态，在这个生态的营造过程中，校长的作用很关键。

如何破解大学发展的马太效应

网络发展、信息技术发展给大学带来巨大影响。由于互联网的发展，大学的边界逐渐变模糊，极端的观点是未来大学可能不复存在。现在英国、美国等一些国家开始搞网络体系教育，将来是什么形势？我们如何应对？我们的大学如何发展？它带来的冲击和机遇可能都是巨大的。这也是时代特征和时代要求，需要我们对未来的挑战和机遇进行分析、对风险进行评估，需要对应对措施进行深入的思考。"互联网＋"为教育变革提供了难得的历史机遇，但是"互联网＋"背景下的教育变革会有不同的路径选择，结果也会有所不同。每个高校需要结合自身特点和实际，积极探索适合自己的、基于信息技术环境的改革发展之路，这可能是将来大学发展面临的一个比较大的问题，就好比我们的生存环境变了，得先想清楚我们如何生存，再谈如何发展。另外，在这种大背景下，从大学发展的趋势上来说，马太效应也可能是我们面临的一个大的挑战，将来马太效应会不会进一步增强？地区差距、院校差距会不会进一步拉大？这些问题需要我们在推进教育改革中重点关注。

（2016 年 11 月 14 日）

邓兴旺

美国科学院院士

院 士 简 介

1962 年 10 月出生，湖南沅陵人。

北京大学教授。北大—清华生命科学联合中心研究员。曾任耶鲁大学冠名终身教授（Daniel C. Eaton Professor）、北京生命科学研究所共同所长。

生物学家。长期从事植物分子遗传及生理学方面的研究。

曾获国际植物分子生物学会 Kuhmo 奖。因在调控植物光形态建成的有关基因的研究中所取得的杰出成绩，曾荣获美国总统青年教师奖。

院 士 观 点

　　科研是一项长时间的事情，需要坚持，做科研不能抱着搞政绩的心态，要注重科研与社会长远发展目标的结合，注重实际贡献。

　　立个项目，给点儿经费以后，就经常要填表，填这个总结，写那个报告，不时要汇报进展。最后大家都很累，效果还不好。

　　科研政策一定要配套，要让科学家"有益可图"，让科研人员有动力有积极性。

　　在科研学术规范和学术道德问题上，不能大事化小，小事化了。

　　对管理者来说，不出问题的含义是不让科学家有担忧，保障要做好，而不是怕自己出责任问题，这才是服务意识的表现。

　　学校对待学生，应像母亲对待孩子一样，对每一个学生都要无条件地帮助，而不是把他们看作产生成果和完成指标的劳动力。

　　育人，你得做事。要常思育人之责，多修为师之德。

让科学家"有益可图"

科学研究贵在坚持

教育不是五年规划的简单叠加，要有长远目标。对大学来说，也没有简单划一的建设模式。对个人、对学校来说，教育都需要"量身定制"，需要放长线。很多事情，尤其是教育，不是领导在任的事情，不能每任领导上任都必须有新工程、新项目，教育不能搞运动，不能"下阵雨"。科研也是如此，也是一项长时间的事情，需要细水长流，需要坚持。做科研不能抱着搞政绩的心态，不能求快、求大、求全，不能偏求数量，要注重科研与社会长远发展目标的结合，注重科研的实际贡献。

让科学家"有益可图"

关于科研立项，我觉得答辩的形式可以改一下，很多时候看看材料就行，书面汇报，小同行评议。做科研不是汇报工作，科研立项不能搞成专家会审，这种氛围要改，给科研人员一点儿尊严和尊重。想核实一个人科研水平和能力的方式方法很多，可以尝试探索一下。专家是相对的，不能什么项目都是专家定。我们经常强调要尊重知识、尊重科学家。尊重什么、怎么尊重？最基本的一点就是要尊重科学家的时间和劳动。在具体的执行过程中，很多时候都是形式重于内容。教学和科研质量不是评出来的，不要总想着去设计什么指标给量化一下。很有意思的一个现象，主管部门给立个项目，给点儿经费以后，就天天要表，填这个总结，写那个报告，不时还要汇报一下进展。最后大家都累，效果还不好。

现在上面有很多政策，出台政策是必要的，但相关部门的政策一定要配套，很多政策就是没有做好"最后一公里"，这样的话再好的政策也可能打折扣。大家都常说，上有政策，下有对策。为什么？政策没有满足需要，满足了的话就不需要"对策"了。拿科研来说，要让科学家"有益可图"，让科研人员有动力、有积极性。不是说不该管，是怎么管的问题。现在很多政策就是"防小偷"的模式，为了防一个人、少数人，防个别现象，全体都需要陪绑，这种理念不对，应该有更好的管理模式。还有一个现象，一方面我们出严厉政策防问题，但出了问题时我们又捂着，不去惩罚，抓到现行不严肃处理，就让不少人滋生了"贪小便宜没事"的思想。在科研学术规范和学术道德问题上，不能大事化小，小事化了。

在高校、在科研领域，确实存在个别不好的现象，但这绝不是主流，不是高校和科技界的普遍问题。再者说，每个领域都有问题，我们不能为了防问题而出台一些政策让所有人没法工作。

大家都知道在工作中要少出问题。对管理者来说，不出问题的含义是不让科学家担忧，保障要做好，而不是怕自己担责出问题，这才是服务意识的表现。说到管理与服务，很多时候我们都会碰到很多不合常理、不合规律的情况，程序化、机械化的管理让做科研变成了处理和科研本身无关的麻烦事。不少的政策制定和执行就是为了让管理者不犯错误、不担责，而没有很好地考虑科学工作者的实际需求和真实情况。

质量优先

我们都知道数量和质量的关系，两者不可兼得的时候肯定还是要注重质量。看看我们现在的论文数量，好的有，但量较少。是什么导致出现了那么多没质量没有用的论文？为了发而发，为了写而写，不是求真理，不是为科学，那是为了完成指标任务，应付绩效考核。现在我们对发在国外所谓重要期刊的文章还是有点儿"大惊小怪"。不少理论研究成果过几年可能会被证明是错误的，现在不被关注和认可的一些成果将来可能也是真理，是高水平大作。

另外，在科技创新投入方面，国家应分清层次。需要长时间研究、需要长时间印证是否有用的研究由国家来投；短期内有用的，较短时间里可以转化的最好由企业去投、由学校相关服务部门去做工作。在这方面我们好像做得还是有些不够。

研究生要个性化培养

研究生阶段的培养和本科生阶段的培养最大的不同之处——本科是通识教育，主要是基本知识的学习和思考能力的培养；而研究生阶段是注重提出问题和动手解决问题能力的结合，有很多一对一的个性化培养，特别要因材施教。每个学生都有自己的特点和潜力，要充分了解学生的背景和个性，帮助学生扬长避短，不能对每个学生给出千篇一律的要求或标准。特别是博士生的培养，博士生不仅要有扎实的理论，更重要的是获得提出问题、分析问题、解决问题的逻辑能力。即使学生将来不从事与科研和教学直接相关的工作，这些综合能力对他们从事其他工作也都是十分必需和有用的。

学生应贤于师

学生教育的主要目的是为社会培养各行各业需要的优秀人才，在社会上能承担重大责任的精英，而不是培养与自己类似的"接班人"。并不是所有的学生都适合从事科学研究工作，部分学生会继续在科研的道路上走下去，成为自己的同行，而且他们也不一定与自己"类同"。要让学生们在他们自己所擅长的领域充分发挥专长，引导他们对自己将来的事业有正确的定位，而不能把导师的个人标准或目标强加在学生身上，这样才能使学生们后期大有作为、超越自己，引领他们自己的时代。我们有不少这样的话，这种理念很早就有了。"弟子不必不如师，师不必贤于弟子，闻道有先后，术业有专攻"，教师的主要任务是"传道"与"授业"，"青出于蓝而胜于蓝"，等等，学生应贤于师。

常思育人之责

学校对待学生，应像父母对待孩子一样，对每一个学生都要无条件地帮助，而不是把他们看作产生成果和完成指标的劳动力。这对学校的老师也是适用的。在研究生阶段，我认为最重要的环节是导师与学生之间的互动，以及实验室的整体气氛。导师的一言一行对学生都会有潜移默化的影响，所以，作为老师，一定要有换位思考的意识，要多与学生沟通，了解他们想的是什么、要的是什么，然后想办法去满足他们，去教给他们实现想法的能力，帮助他们积累工作与生活经验。这些都要做，要从长远考虑去培养学生。这就是学校与其他机构的区别，育人，你得做事。要常思育人之责，多修为师之德。

不少人都说现在老师和学生之间是老板和员工的关系，我觉得不妥。要以学生的学术成长为主体去激励学生，培养他们独立思考的习惯，给他们足够的空间去发展和成长。国内外出色的教授们都有一些共同点：在教学生方面，他们都能将学生的能力发挥到最好，并得到自己学生的认同和尊重。这些教授们自己都非常刻苦努力、以身作则。我还记得，我初到加州大学伯克利分校时，晚上或周末去实验室，经常发现学校停车场停的车都是出色的教授们的，他们的这种勤奋努力，肯定会对学生具有言传身教的作用。我们不少学校就有这样的校训："学高为师，身正为范"。

（2016 年 11 月 15 日）

谢心澄

中国科学院院士

院 士 简 介

1959 年 2 月出生，江苏南京人。

北京大学物理学院院长。国家自然科学基金委副主任，国际物理杂志 *Physical Review Letters* 凝聚态物理副主编、《中国科学：物理学力学天文学》主编。

凝聚态物理学家。长期从事凝聚态物理理论研究，并特别致力于促进理论与实验研究的深度融合。在量子霍尔效应、电荷及自旋输运、低维量子体系等领域中，对新型量子现象的发现及理解做出了重要创新性贡献。在低维体系电输运研究方面，他用光子辅助模型对二维电子系统中微波诱导的"零电阻"现象作出了系统解释；提出用电子 droplet 态来解释二维金属至绝缘体相变现象；预言了双层体系中可能存在填充因子为 1/2 的态，为相关实验所证实。在自旋电子学领域，深入讨论了自旋流定义；提出低维体系中关于自旋极化产生和自旋输运调控的新方案、新模型；提出"自旋超导"等具有重大潜在影响的新型量子态等。

曾获国家特聘专家（2011），中国科学院杰出科技成就奖（2011），中国科学十大进展（2010），美国俄克拉荷马州立大学 Regent's Outstanding Research Award（2005）等荣誉。

院 士 观 点

创新路曲折，但曲折中充满希望，只要我们创新心坚定，前途一定是光明的，历史实践和我们正在做的，已经证明了这一点。

现在大的环境、各方面条件都有很大变化了，博士后制度也应该有一个与时俱进的变化。

国内有些单位其实已经有比较好的实验要素和条件，但是为了满足一些人才计划的要求，有些人一定要出去"镀金"，这影响了我们的发展。

人才计划要做到不唯出身，要唯工作，唯能力。

在高校里面对人才的评价，一定要注重教学与科研的平衡。

大学要想发展好、有特色、创一流，有三点需要注意：一是要树立先进的办学理念，二是要遵循教育规律，三是要依靠一流的师资队伍。

"金杯银杯不如百姓口碑"。对大学来讲，声誉、口碑尤为重要。在大学排行榜面前，学校应该有自己的定力，社会应该有自己的辨别力。

博士后制度亟待创新

科技发展前途光明

　　尽管由于国内外的各种原因，在近代我国多次与科技革命失之交臂，但新中国成立后，特别是改革开放以来，经过不懈努力，我国科技发展取得了举世瞩目的伟大成就，科技整体能力得到持续提升。尤其是近些年，一些重要领域方向跻身世界先进行列，某些前沿方向开始进入并行、领跑阶段。也许国内许多人对国家科技创新的突飞猛进感受不是很深、不是很真切，我个人的感受是很深、很真切的。我曾在海外学习工作二十几年，作为一个当时的"旁观者"，我深切地感受到了这些变化，看到了我们的进步，看到了我们祖国在科技创新方面取得的重大成果和技术突破，国际上不少科学家也对我们的科技发展赞叹不已。近年来，国家在科技和教育方面的投入巨大，且保持稳定增长。以国家自然科学基金委的经费来说，从 1986 年设立时的 8000 万元起步，目前年度预算经费在 300 亿元左右，而且还在持续增长中。国家在基础研究方面的投入效果是十分明显的，在基础研究的多个领域已经有了非常突出的贡献，现在总体发展态势确实也很好。国家实施创新驱动发展战略后，科技体制机制方面的改革不断深入，科技创新环境、制度也在不断改善。习近平总书记在 2016 年的"科技三会"上提出建设世界科技强国的战略，我听后内心是非常激动的，信心倍增。我想，按照这一战略部署执行下去，未来 10 年，我们肯定会取得更加突出的成绩，到新中国成立 100 年时成为世界科技强国应该不再是一个梦想。

当然，我们也必须清醒地认识到，我们现在同建设世界科技强国的战略目标和要求相比，我国的科技基础还存在一些薄弱环节，科技创新能力特别是原创能力还是有一定的差距，国家科技体制机制方面的改革也需要有进一步的深化。任何的发展和进步都会伴随着问题，有问题很正常，问题也会慢慢解决，发展和进步就是在解决问题的过程中实现的。在科技创新这个问题上，面对成绩我们不盲目乐观，面对问题我们也不用全然悲观。创新路曲折，但曲折中充满希望，只要我们创新心坚定，前途一定是光明的，历史实践和我们正在做的，已经证明了这一点。

博士后制度应该有一个与时俱进的变化

博士后是我们国家创新力量的重要组成部分，是高校科研队伍中最活跃的力量之一。我国的博士后制度建立 30 多年来，培养了一批高层次创新型人才，取得了一批重要科研成果，为推动科技进步和经济社会发展作出了积极贡献。但与此同时，我国博士后制度还存在一些问题，比如博士后定位不准、培养质量有待提升、招收培养评价办法不够健全、国际化水平不高等问题。

博士后是极具活力的科研力量和高层次创新人才，国家也非常重视，为他们提供了比较完善的政策保障，但这也给用人单位带来很多压力，比如在解决户口、住房和子女入学等方面，有时候会导致少量研究人员不是为了纯粹的科研来做博士后。还有，目前博士后的入站时间要求太具体，至少要 2 年，这就导致导师的主动权不足，激励约束和退出机制不完善，博士后的积极性和创造性也没法充分调动，这与国外有较大差异。博士后的计划指标不能限制过死，要给用人单位或导师团队更多自主权，国家可以制定相应的标准，只要单位或导师符合条件，有任务和足够的经费，就让他们聘用博士后研究人员。还有国际化程度方面，我们要大力吸引海外博士来华从事博士后研究，加大博士后研究人员参加国际学术交流力度，在这方面我们可以吸收借鉴美国等发达国家的一些经验，博士后制度在美国实施了100多年，博士后已成为美国培养杰出科学家、吸引卓越人才、加强其科技"领导地位"的重要途径。我们博士后进站人员的整体水平与美国等国家比起来的话，还是有差距的，像清华、北大等学校毕业的博士更愿意选择去国外做博士后研究。招不招、招多少、待遇怎么样，这些事相关招收单位没有发言权，那最后进站的博士后他的创新贡献力如何激发呢？今天我们应该再好好研究一下我们的相关制度了。当前大的环境、各方面条件都有很大变化了，博士后制度也应该有一个与时俱进的变化。

人才评价应防止出现重科研轻效率现象

现在的人才计划项目繁多，特别是同一个层次上，有"青年人才""拔尖人才""优青""青年长江"等，容易使年轻人浮躁，拿了"青年长江"又想拿"优青"，有时候不为学术只为头衔了。因为拿到头衔，不管以后科研做得怎样，在职称、考核和薪酬待遇等方面都会比别人高个台阶。这种人才评价方式肯定是弊大于利。另外，人才计划要做到不唯出身，要唯工作，唯能力。有的人才计划要求在国外有多长时间经历，导致一些优秀的博士生或者博士后一定要到国外去。国内有些单位其实已经有比较好的实验要素和条件，但是学生或者博士后为了满足一些人才计划的要求，一定要出去"镀金"，这也影响了国内创新的发展。现在大部分高校在职称评定时都要求老师必须具有一定数量的国家基金、省部级项目、论文、专著等，教学工作量却不算。这样的评价标准能让老师专心教学、专心科研吗？这个问题大家都在谈，但好像每个学校到现在也没有找到一个好的评价标尺，而且去探索新的评价标准难免会产生一些矛盾，所以，这个制度就在大家的批判声中"有条不紊"地继续运行着。做科研压力很大，对个人来说，兴趣很重要，要有对自己的充分认识，要有大目标、小步骤；对学校来说，要关心年轻人，要营造好的环境，我们不能让老师把科研作为"谋生"的手段。

我觉得在高校里面，一定要注重教学与科研的平衡。就是由于教学与科研比更难以量化评价，所以在不少大学都出现了重科研轻教学的现象，偏离了育人的大学根本，科研与教学并不冲突，两者是相辅相成、相互促进的。通常情况下，科研工作出色的老师在教学方面表现不会差，起码他的专业知识和素养还是比较强的，要支持和鼓励老师们把科研资源转化成教学资源，把科研优势转化成育人优势。其实，我觉得大部分教师还是应以教学为重的，只是在一些指挥棒下有点儿无所适从了。

大学发展要树理念、守规律、靠人才

国家作出"双一流"的战略部署后，我也在思考这个问题，根据国外部分世界一流大学的办学经验，结合我们的实际，我认为大学要想发展好、有特色、创一流，有三点需要注意：一是要树立先进的办学理念，二是要遵循教育规律；三是要依靠一流的师资队伍。

办学理念是大学发展的灵魂。大学的办学理念是人们对大学精神、性质、功能和使命的最基本认识。世界一流大学一般都具有较为悠久的发展历史和深厚的文化底蕴，它们在长时间的办学实践中形成了鲜明的办学特色和明确的办学理念。在世界高等教育史上，牛津大学创建了学院制和导师制，至今为世界各高等院校效仿；洪堡大学开启了研究型大学模式，让科研成为大学的第二项核心职能；威斯康星大学提出了社会服务理念，让社会服务成为大学第三项核心职能；哈佛大学贡献了自由选修制、集中与分配制、通识教育改革等等，引领世界高等教育的发展方向；斯坦福大学推崇创业教育，成为创业型大学的鼻祖。没有先进的办学理念，很难建设中国特色世界一流大学。

要遵循教育规律办大学。任何事物发展都有其自身规律，要回归大学之道、育人之道，充分遵循高等教育发展规律、知识发展规律和人才培养规律，不能急功近利，不能操之过急。改革开放后，我国经济飞速发展，其他各项事业也取得了卓越成绩，高等教育也是进步非常明显，但现在一些国人期望比较高，恨不得希望我国马上就能建成世界高等教育强国，这可能不太现实。办大学不是办企业，企业可能会因为某个产品，在几年内就能够有很大的发展、很大的提高，但是大学确实有它自身的发展规律。大学的创建、发展，先进理念的形成，办学条件、制度、环境的不断完善，师资队伍不断增强，人才培养质量逐步提升，等等，都需要时间、需要过程，都有规律，不能一蹴而就，不能太着急。

师资是建设一流大学的关键。要改革体制机制，创造良好环境，完善激励机制，充分汇聚优秀师资力量、吸引海内外青年学者，系统、全面、持续激发广大师生的创新活力，提升高校教师创新能力。北京高校在吸引高水平创新人才方面既有优势也有不足，北京地区知名高校院所众多，拥有浓厚的学术环境、丰富的科研资源和良好的国际化氛围，这是优势，但房价、环境等问题也是影响人才汇聚北京的因素。要完善人才聘用机制、不断改善自然环境和学术环境，吸引国际顶级创新人才，尤其要吸引和培养优秀青年人才，给他们创造良好的学习、工作、生活环境，让他们在最好的年纪成就最好的自己，真正汇聚老中青优秀人才的高校才有可能成为一流大学。

俗话说，"金杯银杯不如百姓口碑"。对大学来讲，声誉、口碑尤为重要。大学声誉是人们对大学或某所具体大学总体的质量或特色的判断、看法，不是简单的量化指标的统计，而是多年的积累。比如我们讨论哪些高校是世界一流大学，往往会想到这所大学或其学科在历史上或者现在有哪些学术大师、培养出了多少杰出人才、有哪些突出的成果、为国家和人类社会做出过哪些杰出的贡献，这比较容易判断。声誉是口口相传的产物，大学好不好，大家心中都有自己的评判，"百姓心中有杆秤"。在大学排行榜面前，学校应该有自己的定力，社会应该有自己的辨别力。

（2016 年 11 月 16 日）

高　松

中国科学院院士

院 士 简 介

1964 年 2 月出生，安徽泗县人。

北京大学副校长兼教务长。中国化学会和中国晶体学会常务理事。发展中国家科学院院士兼任中国科学技术协会第九届委员会副主席等职务。

无机化学家。主要从事配位化学与分子磁性研究，及其研究组结合分子设计合成与各种物理方法，系统研究分子固体中磁性离子的相互作用、磁弛豫、磁有序等与分子结构、晶体结构、单离子各向异性等的关系，在发展新的分子纳米磁体和铁电分子磁体等方面做出了重要贡献。

曾获国家自然科学二等奖、第八届中国青年科技奖、何梁何利基金科学与技术进步奖等奖项。

院 士 观 点

树立问题意识、坚持问题导向是推进学校事业发展的必然要求。

人才过于频繁的流动和盲目的物质刺激会给整个国家人才战略的可持续发展带来一些不好的影响，需要规范和引导。

国家层面应该有一个宏观的设计规划，要营造出有利于人才成长，特别是让年轻人静下心来做学术的氛围，营造一个好的学术生态。

学科评估与学科建设的逻辑不同。学科评估可以在一定程度上反映学科发展的侧面，但如果把两者紧密关联，学科评估工作的功利性会变得比较强。

学校发展应摈弃"数据思维"，办好大学，好的数据会是自然而然的结果。

每个学校都应根据自己的特点，根据学科发展趋势和国家、地方需求，通过综合改革，走适合自己的发展道路。

中国特色的世界一流大学建设，不仅要立足中国，解决中国问题，还意味着要植根于中华文明并为人类进步做贡献，这是一项艰巨的历史性任务。

建设植根于中华文明的一流大学

近 20 年来，通过几项国家级大工程的实施，我们国家大学的办学水平、学术竞争力和国际影响力提升很快，不少学校还都有不错的表现。但我们也要清醒地认识到，与创新型国家建设和社会公众的需求相比，仍然有很大差距。国务院出台的"双一流"建设总体方案，对大学的改革发展提出了更高的要求。在新形势下，扎根中国大地办大学、办好大学，遵循规律办大学，应该有实实在在的举措。

我们在很多发展领域向来强调问题为导向，办大学尤其要以问题为导向，要能切实解决影响学校发展的基本性和瓶颈性问题。能不能有效协调学校、院系、教师、学生各方的利益诉求，能不能把学生培养、院系和教师发展与学校核心使命更紧密联系在一起，能不能优化学校治理体系，能不能优化管理提升服务，等等，这些问题很基本、很重要，梳理清，解决好，是学校发展的必要前提。树立问题意识、坚持问题导向是推进学校事业发展的必然要求。

教授治学的氛围要慢慢营造

大学是高度依赖师生创造性的学术机构，我们也一直呼吁要实现教授治学。让学者主导学术发展，有利于激活思想，有利于孕育学术。这一点很重要，但做起来非常难。当前背景下，我们可以去探索，把已有的各级学术委员会的职能发挥好、充分利用好，可以尝试探索发挥学科建设委员会的作用，真正让学科专家决定学科发展的事，营造良好的宽松自由的学术氛围。

人才流动需要合理规范

国内当前的学术生态有一些问题。前些年学校层面和国家层面的各种人才计划、人才引进措施有效地推动了人才流动，对学校学科的发展、整体水平的提升都起到了很好的作用，也体现了我们对人才的尊重。但近几年，在人才流动方面有一些不是特别好的现象，觉得有一些过分地去追求、强调物质利益和待遇。近期这种现象愈演愈烈了，哪里待遇好就往哪里走，这种风气对整个学术界和教师的影响不是很好。比如我们现在一些比较优秀的年轻人，有了一定的学术身份，但还处在学术生涯的初级阶段，学校间相互去争抢，造成他们变得浮躁，有时变得比较急功近利。

出现这种现象，也和国家层面没有政策统筹有关。虽然是市场经济，人才市场也要有竞争，但人才的待遇应该跟市场、跟人才的实际价值相当。我国多是公立大学，是拿国家纳税人的钱来发工资，这样就不应该表现得随意性太强。如果浮动很大的话，那就不应该用国家的钱。既然拿国家的钱来发的，是不是应该有一个上限，公立大学还是应该有一些基本的竞争规则。比如香港的大学教授，年薪多少以上的有多少人，每个大学都是公开的。需要另外追加的话可以通过社会捐赠或者其他渠道筹集的资金去补。对优秀人才重视，给高待遇去体现他的价值，是可以的。但是，怎么样能够更有序一点，这个问题我们该关注一下。

人才流动除了考虑个人因素外，还要顾及社会、集体是否有所受益。人才过于频繁的流动和盲目的物质刺激会给整个国家人才战略的可持续发展带来一些不好的影响。我们强调人才流动的市场调节机制，也要注重它的适度性，不能过度，需要规范和引导。无论是吸引人才，还是留住人才，要能以最大限度发挥人才的潜能为核心。从发挥学术本身的价值来说，人才流动应该是偏向于纯粹学术平台和有较强学术影响力的地方，但当前来看，高待遇在吸引人才方面有时更体现出一些短期优势。不过，我个人认为，单凭大幅度提高人才待遇吸引人才的策略未必就能达到预期的效果。有时不单单是吸引进来的人才不能充分发挥作用，而且原有人才的作用和潜能也得到了遏制，抬了一个，压了一批。

人才计划要有利于人才成长

我们有些人才计划，前些年起过很好的作用，尤其是在引进年轻一代学者方面发挥了很大的作用。但是有的计划也有不少的问题，包括评审标准、评审环节，等等。而且后续很多学校在人才引进时将其作为了先决条件，但其实有"头衔"的这个人才并不一定是这个学校学科发展真正需要的。现在这些"头衔"让很多年轻学者很浮躁，不能静下心来搞研究。正面的激励作用虽然还在，但一些负面影响也开始显现。

一方面，不好的学术生态导致了年轻人的心态浮躁。我们的管理、服务确实也有问题。我们更多的还是站在管理的角度，而不是服务的角度。大学里怎么体现以学生成长为中心，怎么体现教授是主人？我们在观念上、理念上以及一些实际操作上，是把师生当成管理对象，而不是服务对象。另一方面，整个社会环境和风气，让学者很难专心专注学术。长远来说，我们教育科技的发展还是要依赖年轻一代，但是如果他们长期置身于这样的学术环境，取得大的成就可能比较难。现在有些年轻人为了"头衔""帽子"到了闹心的程度。

国家层面应该有一个宏观的设计规划，要营造出有利于人才成长、特别是让年轻人静下心来做学术的氛围，营造一个好的学术生态。教育也好，研究也好，未来还是属于青年人的。

正确处理学科建设与学科评估的关系

学科评估跟学科建设是两个概念，逻辑是不同的。学科建设是从学校发展目标出发，分析和发现影响学科发展的问题，有计划地调整学科布局，建设学术队伍，推进教学改革和体制机制建设。换句话说，学科建设是问题导向的，是综合的。而评估是把学校整体综合状况人为地划分开来，用一些指标进行衡量。学科评估可以在一定程度上反映学科发展的侧面，但任何一个学科的发展都依赖于学校的综合条件、学术环境和氛围，如果简单地把资源集中在几个学科，忽略整体条件和氛围建设，是很难真正取得成效的。如果把学科评估与学科建设的经费紧密关联，学科评估工作的功利性会变得比较强，这会使学科评估工作变得非常困难，甚至难以进行。

世界一流大学都有一些世界领先的一流学科，这些一流学科是学校根据自身的特点，通过精心地规划布局与长期演化，逐步形成的学科高地和高峰。应当看到，这些一流学科都是需要很多其他学科作为基础和支撑的，如果只是重点支持少量目前发展比较好的学科，忽略了其他学科的支撑作用，这些学科也很难可持续发展，很难真正实现一流大学和一流学科的建设目标。我们的学科应当进行综合性的建设，包括队伍建设、学科布局调整、人才培养体系建设、管理机制体制建设，更重要的是学校的文化和氛围的营造与建设，而这些正是我们中国大学最缺乏、差距最大的地方。

一般地说，学校的学科是相对固定的，但我们要解决的重大问题却常常是综合的和跨学科的，学科的最前沿也常常是跨学科的。如果只在传统学科内打转，是无法产生真正意义上的学术和技术原创成果的。如果只是简单地重点支持过去评估表现比较好的学科，忽略了整体的学科布局，也会大大阻碍学校发展。

学校发展应摈弃"数据思维"

我们常常会引用各类数据来说明学校的发展状况，大学排名更是把学校状况变成一个数字。久而久之，人们只记得数据，不记得大学真正使命了。我们的大学，特别是致力于创建世界一流大学的学校，要摈弃这种"数据思维"，也希望相关主管部门不要再提出更多数据指标了。实际上，当我们心系国家发展和人类进步、关注教育和学术本身时，自然而然就会产生好的数据结果。

综合改革是大学发展的必由之路

人才培养是学校的核心使命，是学校的根本，也是学校承担社会责任的基础。每个学校都应根据自己的特点，根据学科发展趋势和国家、地方需求，明确各自定位，找准自己的坐标，走适合自己的发展道路。当前，综合改革可以说是大学发展的必由之路，"双一流"建设应当与综合改革紧密结合。我们很多大学的发展还不平衡，学科的布局不甚合理，一些领域的发展也相对滞后。从人才培养的角度看，我们本科教育观念仍然陈旧、教学科研关系偏颇、研究生教育的问题更多一些、机制还未理顺、教育质量还需提升。但这些问题只是表象，真正内在的是大学治理体系、资源配置机制、制度与文化氛围等问题。但现在面临的是非常复杂的局面，很多因素纠缠在一起，并不是重点支持几个学科就能够解决学校的长远健康发展问题。要通过综合改革，改管理、改制度、创新模式、创新方法、提高效益、营造氛围，才能有效地实现一些改革目标。政府、社会公众和大学利益诉求的侧重点有所不同。政府应当明确对大学要求的底线，同时，给予大学更大的独立运作空间，保障大学章程的真正实施，保障大学独立、兼容和自由的学术氛围，释放大学潜力。

建设植根于中华文明的一流大学

改革开放以来，我们的科学技术取得长足进步，但人文社会科学的发展却难如人意，需要引起高度警觉。人文社会科学的发展与繁荣，关乎民族精神，关乎国家生存发展。在世界急剧变化的今天，更需要从不同层面、不同视角，深入研究中国、研究世界。另外，我们讲中国特色的世界一流大学，不仅要立足中国，解决中国问题，还意味着要建设植根中华文明并为人类进步做贡献的一流大学，这是一项艰巨的历史性任务。迄今为止，世界一流大学，无一不是基于西方文化孕育的。事实上，中华文明一直是在汲取和融合其他文明文化营养的基础上发展壮大的。今天，我们应当在马克思主义指导下，汲取其他文明的营养，特别是民主和科学精神，大力发展人文社会科学，形成中国特色的先进文化，建设真正意义上的具有中国特色的世界一流大学。

（2016 年 11 月 16 日）

黄 如

中国科学院院士

院　士　简　介

1969 年 11 月出生，福建南安人。

北京大学信息科学技术学院院长、微纳电子研究院院长。"十二五"国家"863"专家组成员、信息产业科技发展"十一五"计划和 2020 年中长期规划编制专家组专家。

微电子器件专家。主要从事集成电路新器件与新工艺研究，在低功耗器件的新机理新结构、纳米尺度器件和关键共性工艺等方面作出系统、创造性贡献，在国际上产生重要影响。成果连续被列入三个版本的国际半导体技术发展路线图 ITRS，部分成果转移到著名的 IC 公司。

曾获国家技术发明二等奖、国家科技进步二等奖、北京市技术发明一等奖、教育部自然科学一等奖、教育部科技进步一等奖、中国青年科技奖、中国青年女科学家奖等多项国家和部委级奖励。

院 士 观 点

　　"大一统"的科研评价体系不利于发扬啃硬骨头的精神。随着条件的逐步成熟，国内外小同行评议更科学，实际执行过程中可能出现的问题还是需要仔细探讨的。

　　人才队伍"外引"与"内培"要有机结合。人才引进很重要，我们需要新鲜血液。自己培养人才也很重要，要培养好更要利用好。

　　年轻人是未来的潜力股，是国家的未来。应该特别鼓励真正有抱负、有人品、有学识、有能力的青年人，给他们创造好的环境条件，培养他们，留住他们。

　　中国的大学，大学在中国。大学要为国家服务，要有中国特色。

　　应该给大学一个宽松的环境，让它回归原来的根本，不要"被迫"去追求太多的评价指标。大学教育理念要融合和渗透。

中国的大学，大学在中国

当前，国家在科技创新领域投入了很大的人力、物力，相关配套机制与保障措施等一定要跟上，真正给科研人员营造一个好的环境，让他们充分发挥作用，能够做到真正人尽其才。

"大一统"的科研评价体系不利于发扬啃硬骨头的精神

评价体系很大程度上发挥着指挥棒的作用，"大一统"的科研评价体系或许出发点是好的，但也存在着比较明显的弊端。它容易使科研工作者不得已去追求"短、平、快"的研究，追"热点"，这样可以快出论文、提高论文引用数量。但学科特点不同，不少学科的研究不会那么快出成果，各学科也有不少"硬骨头""拦路虎"，需要沉下心来去攻克，最终才能获得能留下印迹、具有重要价值的成果。

现在评价时偏重看论文的影响因子、看引用。这适用于某些学科，但对不少学科并不适合，不同学科领域应该有不同的评价方法。即使看论文，也不应都是简单看影响因子的绝对值、引用数量。

如果说不能过于看重以引用率为表征的影响因子，那究竟通过什么标准来评判学术价值？个人认为，更合理的是看你的工作、你的论文在这个研究领域（小领域）的影响力，"小小同行"的认可度，解决了什么实质问题，对这个领域的学科和理论技术发展有什么贡献，这样更有说服力，导向也更正确。如果一定要用影响因子，归一化影响因子更为合理。随着条件的逐步成熟，国内外小同行评议更科学，实际执行过程中可能出现的问题还是需要仔细探讨的。

人才队伍"外引"与"内培"要有机结合

现在各个单位都比较注重人才引进，我觉得外引、内培应该要有一个很好的结合，人才引进很重要，我们需要新鲜血液。我们自己培养人才也很重要，培养好更要利用好。同时要考虑人才队伍结构的优化。

"外来和尚好念经"的现象一直比较普遍，引进的人才固然优秀，但我们不应自己轻视自己的培养质量，我们自己培养的学生中也有不少很优秀的人才。例如，有些博士生可能是由于种种原因不想出国，或者是不能出国，但他们学术成果很好，不比国外培养的差，有些甚至更好，学术潜力也很大，不能因为没有国外的经历，就在求职或是在一些人才计划申请上受限，让他们觉得似乎低人一等。眼睛一方面要向外看，一方面也要聚焦一下身边人，不能把"家里的"优秀人才逼跑了。无论国内国外、校内校外，只要觉得够优秀，至少可以让他们都有机会进场"跑跑步"。听说有些年轻人求职时好像只是因为没有国外学历或者经历，连当"运动员"的机会都没有，直接拦外面，似乎不太合适。值得庆幸的是，这个现象目前在慢慢好转。

另外，引进来以后怎么给土壤、怎么给阳光、怎么浇水施肥都要考虑，让他们很好地成长、很好地发挥作用。人才引进要有总体布局，在整体规划下的因岗聘人更加有效。

科研要重人，尤其是年轻人

年轻人是未来的潜力股，是国家的未来。我们常说创新驱动在人才，人才前面还要加个词——"青年"。我们要重视真正有抱负、有人品、有学识、有能力的青年人才，尤其是本土成长起来的年轻人才，要与引进人才一视同仁、珍惜爱护。现在很多计划、很多称号、很多支持，有的可以优化整合一下，遴选出真正德才兼备的年轻人。要关心他们的成长，给他们更多的关怀，不光是精神上的，还包括给予宽松的科研环境、提高他们的待遇、缓解他们的压力，鼓励他们、培养他们、留住他们。

中国的大学，大学在中国

近些年，国内的大学发展很快，很多改革都是向好的。关于大学的定位，是否可考虑成"中国的大学，大学在中国"。中国的大学，说的是我们的大学在培养人才、在推动原始创新、在为人类进步做出贡献时，也要为国家的发展做出贡献、为国民经济服务、为我国的社会发展服务；大学在中国，说的是我们的大学建设一定要结合中国的实际，我们有着与国外大学不同的发展规律和现实情况，要建设有中国特色的大学。以我们当前的综合国力和在世界体系中的地位，如果能探索出一种有中国特色的大学建设模式，可能会比较有示范性，会丰富大学发展模式的内容，这方面值得系统深入的研究。

另外，我们应该给大学一个宽松的环境，让它回归原来的根本，不要被迫去追求太多的评价指标。高等教育是直接向社会输送人才的，学生在大学里所受到的教育、遇到的老师、所处的氛围会影响到他未来进入社会后的处事态度，说得大一点就是对社会的使命感、责任感。我们的大学教育理念要融合和渗透，使培养的人无论从学识、能力还是人品、视野、社会责任感等方面都综合达标。

（2016 年 11 月 18 日）

张平文

中国科学院院士

院 士 简 介

1966 年 7 月出生，湖南长沙人。

北京大学学科建设办公室主任、科学与工程计算中心常务副主任。发展中国家科学院院士。兼任中国工业与应用数学学会理事长。*Applied Mathematics and Mechanics*、《计算物理》副主编，*MMS* 等十余种国内外杂志的编委。

计算数学家。主要从事复杂流体的数学理论和计算方法研究，与合作者为液晶领域的 Doi-Onsager 模型奠定了数学基础并建立了 Doi-Onsager 模型与宏观的 Ericksen-Leslie 模型之间的联系；研究了一系列不同层次、不同尺度的模型之间的关系并发展了能够描述复杂相和动力学行为的统一模型；针对嵌段聚合物自洽场理论模型，发展了挖掘复杂结构的高效数值方法，设计了有序相变成核算法，这些方法和算法已经成为该领域模拟研究常用的工具。在基于调和映射的移动网格方法、多尺度算法与分析等方面做出了创新性贡献。

曾获国家自然科学二等奖、高校科学技术奖自然科学一等奖、冯康科学计算奖等。

院 士 观 点

国家需求驱动科技创新，而科技创新需要人才来完成，所以，可以说创新驱动的实质是人才驱动。

科研经费管理的改革要坚持两个基本点：一是要相信广大的科研工作者，相信广大老师；二是政策的制定、边界要非常清楚，而不是事无巨细，什么都管。

扬长避短非常重要，国家创新体系中的各类主体定位要合理准确，知道自己该干什么，该怎么干。

队伍建设是学科建设的核心。教师队伍是大学提升学术竞争力的重要依据。

学科建设水平决定学校发展高度，应当进行综合性的建设，要走出新路。

学科建设是核心竞争力

近年来，关于科技创新的问题受到社会的广泛关注和热议，其中有部分消极的声音。不可否认，当前我国科技创新存在这样那样的问题，但首先还是要看到成绩，现在无论从哪个角度来说，当今中国的学术水平、研究成果在世界上的影响，与以前的发展程度相比，已经非常了不起，国外很多科技界同行对中国科技也是这样一个认识。

创新驱动的实质是人才驱动

科技创新与国家需求、经济发展息息相关。从历史上看，新中国成立初期，从第一个五年计划开始，科技创新服务国家需求，我国的工业生产能力和技术水平前进了一大步，取得了令人瞩目的成就。当时主要是集中力量发展重工业，建立国家工业化和国防现代化的初步基础。到现在，我们做出了建设创新型国家、加快创新驱动发展的战略部署，这就更加要求科技创新要面向国家重大需求、面向国民经济主战场。

国家需求驱动科技创新，而科技创新需要人才来完成，所以，可以说创新驱动的实质是人才驱动。任何一个国家和民族要有发展，关键要靠人才。近年来，我国科技创新投入增长很快，科研人员队伍总量不断扩大，从量上来说已成为世界第一，但各个行业、各个领域、各个学科发展很不均衡。我认为，一个行业、领域、单位想发展好有几个必需条件：一是国家需求；二是有大量的人才，有丰富的人才储备；三是要有好的政策，有干事创业的环境。

我们国家人口基数大，应该说还是有较好的人才基础。改革开放以来，一方面国内培养了大批优秀人才，另一个方面有数百万的人出国留学，这是巨大的人才宝库。创新最具活力的是年轻人。现在国家有"青年千人计划"等政策，地方也有类似的项目，但还不够，还要进一步创新完善，在全世界范围选才，把全世界优秀的年轻人吸引过来。有年轻人就有生气、有活力。当然，引进了青年人才，得让他发展好，来了能干事，还能成长。

科研经费管理应做到赏罚分明

科研经费改革是科研环境建设非常重要的一个方面。尽管现在看科研经费使用方面还存在很多问题，但实际上还是在进步，在改革中。我认为，科研经费管理的改革要坚持两个基本点：一是要相信广大的科研工作者，相信广大老师；二是政策的制定、边界要非常清楚，而不是事无巨细，什么都管。要相信广大的教师，给他们自主权，当然也要做到赏罚分明，一旦违反相关制度，就要严惩。要给科研人员创造一个宽松的创新环境，不能让他们天天疲于奔命，忙于填表格、写报告、应付检查。我在我的团队里尽可能创造这样的环境，16年前就开始聘用科研秘书，目的就是让我们的学者、学生尽量不用做杂事，不用去为报销排队，不用填一些无用的表格，等等，能把更多精力用在真正的科学研究上。

创新主体应明确自己的定位

我认为，个人也好，单位也好，都应该去做自己最擅长的事。办大学也一样，不能大而全，什么学科都要建设、什么领域都要涉及、什么项目都想承担，这种办学理念是不对的。最近十多年，我们国内一些大学和科研院所发展变化非常大，有些高校的传统优势学科没落了，而这些学科在有的单位发展得却非常好，势头很猛。为什么？就是因为不同的理念和做法。国家的一些科研院所应主要满足国家需求，搞应用研究、人才培养不是它的强项；企业的创新，主要是进行技术开发、产品创新；对学校来讲，第一重要的任务是人才培养，第二才是科学研究，这个次序一定不能颠倒。高校的科学研究应以基础研究为主，因为基础研究培养人是最好的，也是学校的环境最适合做的。我觉得扬长避短是非常重要的，国家创新体系中的各类主体定位要合理准确，知道自己该干什么、该怎么干。

学科建设是核心竞争力

关于学科建设，北京大学正在进行一些改革。北京大学的核心使命是培养引领未来的人，产生推动国家和人类进步的新思想、前沿科学和未来技术。核心使命是学校竞争力的基础，也是支撑学校服务社会的基础，我们的学科规划都是围绕学校核心使命来布局，学科建设总体规划的指导思想是以队伍建设为核心，院系和学科建设为基础，学科交叉与融合为重点，体制机制改革为动力。

队伍建设是学科建设的核心。哈佛大学校长詹姆斯·科南特曾说，高校的荣誉不在它的校舍和人数，而是它一代又一代素质优良的教师，一所学校要站得住，教师一定要出色。教师队伍是大学提升学术竞争力的重要依据。学校现在是面向国际学术前沿和国家重大需求，推动人事制度改革及机制创新，希望建立起合理的人才引进、培养、流动体制，公开、公平、公正、科学的绩效考核和评价机制，做到"近者悦，远者来"，汇聚一批国际一流的学者，吸引和凝聚一批优秀学科带头人和学术骨干，形成一支规模适度、结构优化、成效显著的人才队伍。

学科结构调整优化与资源利用效率的提高很大一部分要看院系，所以学科建设的权责要下移，要加强院系权责，把人才培养落实在院系，学科建设主体放在院系，管理重心下沉到院系，真正赋予院系自主权，学校宏观上严控增量、盘活存量，集中资源和精力抓好高精尖，处理好学科建设中"舍"与"得"、"增"与"减"、"大"与"强"的关系，激发出院系活力。

北大的这次改革就是把学科交叉与融合作为学科建设的重点，在继续大力支持已有的状态良好的交叉学科的基础上，在学校层面重点布局和建设若干个学科交叉领域，构建网络化学科结构，跨院系、跨学科聘任教师，使北大跨学科合作成为常态。

为了全面深化综合改革，加快创建世界一流大学，北大在2016年成立了学科建设委员会，来统筹和规范学科发展相关事宜，负责研究、审议和拟定有关学术议案。学科建设委员会是研究、拟定和审议学校学科规划、预算、建设、评估等学科建设相关事项的咨询议事机构，作为学校设立的专门工作委员会开展学校学科规划与建设相关工作。学科建设委员会主任由校长担任；副主任由主管学科建设的副校长担任；成员包括分管理工科、人文社科、医的副校长，总会计师，事业规划委员会主任，校园规划委员会主任，学科办主任，各学部主任。在工作机制方面，经费分配、学科调整等重大决策均由学科建设委员会审议完成。学科建设办公室负责学科建设委员会授权的日常工作及相关工作。

学科建设要充分发挥学部主任的作用。学科办必须要充分依托各学部开展学科建设与规划工作，学部主任虽然是校长任命，但还是教授们推选出来的，大家都清楚什么水平的人才能当这个学部负责人。现在北大有人文、社科、经济与管理、理学、信息与工程、医学共六个学部，每个学部都是一个大的学科群，比如理学部涵盖了数、理、化、天、地、生等14个一级学科。学部主任就得组织、凝练这些学科，去激发更多、更广泛的学者、教授去思考这个大的学科群怎么发展。各学部办公室都挂靠在学科办，这样更有利于发挥学部在学科建设方面的作用。

学科是动态和发展的，需要不断地动态调整其发展格局，学科之间的发展是相互关联的，许多学科是在交叉融合过程中不断演化的，每个学科都需要其他学科支撑，不能离开其他学科而单独发展，否则，将成为无源之水、无本之木。一般地说，学校的学科是相对固定的，但我们要解决的重大问题却常常是综合和跨学科的，学科的最前沿也常常是跨学科的。从全球范围看，原创成果大都是学科前沿和学科交叉的结果，如果只针对技术问题、只在传统学科方向内打转转，是无法产生真正意义上的学术和技术原创成果的。

大学发展要以学科建设为基础，这是多年来我们教育改革和发展的经验总结。学科建设关乎学校发展全局，是学校发展的核心，是"立校之本、发展之基"，是核心竞争力的集中体现。一所大学对学科的整体结构、发展走向、建设重点、交叉取向、优势特色、组织模式等方面的认知和定位决定着它能走多远多高。从某种意义上来说，学科建设水平决定学校发展高度，应当进行综合性的建设，要走出新路。

（2016 年 11 月 18 日）

陆建华

中国科学院院士

院 士 简 介

1963 年 7 月出生，江苏南通人。

清华大学信息学院院长、电子工程系教授。国家"973"项目首席科学家，IEEE Fellow，中国电子学会会士，中国人工智能学会会士，中国电子学会副理事长，国务院学位委员会信息与通信工程学科评议组召集人。

通信与信息系统专家。主要从事无线传输的理论及应用研究，提出了一种结构化的信息传输方法，建立无线多媒体协同通信模型，发展了无线通信传输容量优化理论。发明了一种结构化 LDPC（低密度奇偶校验）编码方法，可形成规律性的构造设计，有效解决逼近容量极限的低复杂度编码问题。提出了时、空、频等多域协同的通信方法，通过高效的资源利用与协同处理，为复杂传播环境下提升传输容量提供新途径。

曾获国家自然科学二等奖、国家技术发明二等奖等，曾被授予"探月工程嫦娥二号任务突出贡献者"称号。

院 士 观 点

上下结合既是工作方法，也是工作态度。上下一致，政策才有生命力，上下对称，才能协调局部和全局，上下同心，政策执行才不会走样。

人才的引进和使用可能还是要和需求结合，不能为了"才"而盲目进人。

年轻人是科技创新的未来，支持他们就是相信我们的明天。

大学的管理要更多围绕着服务，不能过于强调管理，要充分体现对学术的尊重。学术为本！学术为本！！学术为本！！！

大学发展还得走中国自己的路，我们要有制度自信，文化自信。

脚踏实地，开创科技创新的未来

北京地区汇集了众多优势高校资源，优秀人才多，地位特殊，在推动大学发展和科技创新方面应该有更大的格局，有大手笔和大的牵引，要有更多的作为。

人才政策要做到上下结合

现在有这么一个现象，大家都可能觉得高校里人才不少，尤其从外面引进的人才也不少，有些学者确实很优秀，引进后发挥了很好的作用，但总休上创新活力仍然不够。这是为什么？我觉得，人才政策有一个上下结合的问题。

在人才计划方面，我们还是有些过于强调计划性。有政策支持没有问题，但问题是我们执行政策的各方能不能很好地发挥主观能动性。要统一理念、统一认识，然后再去做事。人才计划也应该这样。人才的引进政策是不是需要听听具体用人单位的意见，是不是需要看看现有的效果，有些问题都是客观存在的。如今在很多学校人才引进变成了评估指标，成了互相攀比的指标。政策落实的细节非常关键，要上下结合。上下结合既是工作方法，也是工作态度。上下一致，政策才有生命力；上下对称，才能协调局部和全局；上下同心，政策执行才不会走样。上下结合就是要有系统性，主管部门更要有系统化的思维，做系统工程。推科技创新也好，抓人才工作也好，不能说是一个简简单单的经费加人才的问题。这是一项综合改革，是一个系统工程。

科技创新的主力军还是"自己人"

更多的时候，我们自己培养的人才无论在科研上还是教学上做出的贡献可能更大，但这些人却往往在资源条件上得不到保障。引进人才很重要，把海外的优秀人才吸引回来，这个大的战略没有错，但在具体操作上把原本不太富余的资源过多倾向他们，这种做法值得商榷。如果就期望他们发挥的作用和他们实际发挥的作用去做一个比较的话，总体上结果可能不太理想。所以，人才的引进和使用可能还是要和需求结合，不能为了"才"而盲目进人。我们国家当前的改革就是为了调动广大人民群众的主观能动性，这一点无论在什么政策环境都不应有偏差。绝大部分教授、学者都是想踏踏实实做点事，可以平淡无华，但不希望原本应有的资源被倾斜掉了，不希望受到不公正的对待，而我们有些政策的确还不接地气。

我觉得现在是不是可以提个建议调整一下了，任何一件事不能闷头一直做下去，要时不时回头去看看。回头看并不是说否定原来的，是要查漏补缺，总结经验。我们现在的人才计划应不应该一味扩大规模？各种层次、各种类型，涵盖了方方面面、大大小小的人才计划是不是太多了些？有些计划不惜重金海外引人，我觉得还是应该慎重一点儿。他为什么来、他能来多长时间、他来了后能做什么，这些该好好想想。国内的人才水平并不差，但是从薪水待遇等方面，和这些引进的人比，就差不少。最后结果就是，国内的不在国内干了，要出国。或是完全出国，或是出去"镀镀金"再回来，这个事时间久了、做得多了，就成了社会问题，成了"文化"。

这种现象要警惕：似乎国外回来的什么都有，在国内干得好的有可能是白干。不管怎么说，我们国家建设的主力军还是在国内那些勤勤恳恳工作的人，这一点是不能忽视的。如果认同这一点的话，我们的人才支持经费就不能总是强调用在从国外引进的人身上。北京市的高精尖计划在人才支持经费上有很大突破，但有点儿过于强调支持引进人才了，那些真正付出劳动做出贡献的"自己人"常常被排除在外，这不合理，也不符合现实发展的需要。

年轻人是科技创新的未来

我们现在要完成"两个一百年"目标，在这中间我们肯定需要取得一些标志性的成果，这是实打实的。现在需要踏踏实实坐下来，认认真真做些事情才对。习近平总书记在 2016 年的全国科技创新大会上，号召全体科技工作者要把论文写在祖国的大地上。我理解论文不能只是写在纸上，研究成果要能落地，科学研究要紧密结合国家需求。我国的科技能力还不够强，有些核心领域的关键技术受制于人；我们面临的科技难题很多也是世界性的难题，甚至是更加特殊的难题。"两个一百年"的目标和要求提出来了，需要实打实的建设成果。谁来完成？谁来执行？我们的未来靠年轻人！

我觉得要敢于把事情交给现在的年轻人做。我们希望政策环境越来越好，科学的氛围越来越好，给年轻人搭好平台。年轻人是科技创新的未来，支持他们就是相信我们的明天。另一方面，年轻人一定要脚踏实地，从现在做起，才能去开创科技创新的未来。我在清华大学 2016 级研究生开学典礼上有个发言，对学生提了几点希望：一是要能吃点"苦"，苦中自有乐。做研究，需要创新，创新不只是解决问题，更需要找问题、发现问题，这种问题还必须足够前沿、有足够水准，所以需要大家特别能吃苦、特别能战斗、特别能奉献；就像清华的校训，做到自强不息，在奋斗中体验成长的过程，在探索中享受研究的快乐。二是培养爱思考的习惯，做有深度的创新。做好的研究尤其离不开理性思考，否则难有大的创新，需要静得下心、沉得住气、钻得进去，凡事多问一个为什么，把问题想深入，针对疑难问题就是要钻牛角尖，这种思考的习惯需要下大决心去培养。三是一步一个脚印，脚踏实地做研究。清华有一个优良传统，叫做"真刀真枪做毕业设计"。研究的问题从实践来，而不是从杂志缝里来，解决了实际中的问题，成果就落地了，就是脚踏实地。

以学术为本

我们喊了很长时间的大学去行政化了，今天这个问题仍然存在。大学去行政化的关键之一是管理要更多围绕着服务，不能过于强调管理，要充分体现对学术的尊重。大学必须尊重学术、发展学术，要有学术自由和学术自主。我们电子系的范崇澄老师，今年80岁，曾给我写了三句话：学术为本！学术为本！！学术为本！！！每一个"学术为本"后面多一个感叹号，我想大家都能理解这几个感叹号所代表的意义。

中国大学要走中国道路

我们的大学发展还得走中国自己的路，有些仿美仿欧的做法是不符合中国国情的，我们要有制度自信、文化自信。清华大学从建校到现在一百多年，有独特的地方，之所以在老百姓心目中有她的地位，我觉得是我们的前辈们做事情时确确实实都从国家利益出发。现在特别强调国际化，我觉得要理性地看待国际化。我们要有自己的思想，影响世界的一百人中，我们的老祖宗孔子排在第一，人家都在学我们，我们值得拥有自信啊。

中国的大学，是中国特色社会主义体制下的大学，可以学习国外的先进经验，但不能搞成西方特色的大学。

（2016 年 11 月 23 日）

雒建斌

中国科学院院士

院 士 简 介

1961 年 8 月出生，陕西户县人。

清华大学机械工程学院院长兼机械系主任。曾任国际摩擦学理事会副主席、国际机构学与机器科学联合会摩擦学技术委员会主席，先后担任 7 个国内外学术刊物的主编、副主编或编委。

摩擦学领域专家。长期从事纳米摩擦学与纳米制造研究，研制出纳米级润滑膜厚度测量仪，发现了薄膜润滑的系列新现象，建立了薄膜润滑物理模型和润滑失效准则，发现了新的超滑体系。将纳米摩擦学研究与先进电子制造相结合，在表面平坦化方面取得了关键技术突破，实现了表面粗糙度小于 1A 的超光滑表面制造，并应用到计算机硬盘、单晶硅片、蓝宝石晶圆等制造中。

曾获国家技术发明三等奖、国家自然科学二等奖、国家科技进步二等奖，美国 STLE 国际奖等。

院　士　观　点

　　科技创新既要关注当下，又要面向未来，既能为解决当前经济社会发展问题提供支撑，又能做于当前"无用"的创新研究。

　　科研管理要先做"无罪推定"，不能因为个别"犯罪"，就给所有人戴上手铐。

　　人才发展体系应拔一拔，把层次分清，给自己减负，给人才减压。

　　高校需要宁静，应减少评估，不打扰学校的第三方评估值得期待。

　　去行政化的目的是解放学者，约束越多，活力就越少。

高校需要"宁静"

科技创新既要关注当下，又要面向未来

现在，国家层面出台了不少有利于科技创新的政策，特别是最近出台的关于科研经费预算与管理的政策文件，较之以前有了较大的突破，这是一项解放科研生产力的好措施，有利于激发我们国家的科研创新活力，对科技界来说也是非常重要的，得到了广大科研人员的拥护和肯定。

科研的本质是什么？为什么要做科研？清楚这些问题，我们才有可能更好地去推动科研。起初，科研并不是大众的事，而是"闲着没事"的绅士来做的。现代大学的雏形是德国的洪堡大学，它首先提出来大学老师要做科研，科研不只是绅士做的。只有这样，科学才能迅速发展，人类才能进步，学校不仅是传承，还要创新。这个变革，一下子壮大了整个研究队伍，后来出现了研究型大学。美国的霍普金斯大学又提出一个新理念，大学不仅老师要做研究，学生也应该做研究，又进一步增加科研队伍的创新活力，也创建了研究生制度。再往后发展，美国的斯坦福大学提出，大学不仅要做科学研究，还要直接对生产技术发展产生影响，而且能直接在工业界应用，打通了高校和企业、行业之间的壁垒，创建了"硅谷模式"，

影响了全球。

我们现在很多政策鼓励学校与社会的联系，这非常好。有利于把技术和科学转化成生产力，符合规律，切合现实。我们的大学要有一部分人做纯理论研究，做一些非常有前瞻性的研究，做一些近五十年也用不上的研究，做与当前"无用"的创新研究；但也要有一部分人去做技术创新研究，做明天的研究，做五年、十年、二十年的研究，能为解决当前经济社会发展问题提供支撑。这样就形成一个"创新链"，从基础到应用，从应用到技术，然后对接需求。这是当前比较公认的、非常好的一个大学科研发展模式。

科研"预防管理"要适度

在科研管理上，加强经费管理、加强审计，这个是对的。没有不该、不用审计的经费。审计的目的就是保证经费使用的合理、合法，保证项目的有效实施。但是这个问题我们没有好好地研究，很多都是"一刀切"的规定。比方说经费的分配比例不科学，脱离实际需求，分界线不是很明确，管得有点儿过死，等等。长期以来大家都说的"打酱油的钱不能买醋"，这个从预算上要求得有点严，有些不合理，"打酱油""买醋"如果都是为了一个目的，都是为了完成既定目标，为什么不可以自主调配？很多时候科研过程是未知的，不像一个简单的工程，能把预算做得比较准。比如我们要建一座桥梁，需要多少水泥、钢筋，预算可以八九不离十。但是科研预算做不到这一点，有时候可能原来设计的路线会走不下去，也可能连技术路线都改了。所以，只要保证经费用在合法合理的内容上就行了，没有必要具体要求规定得那么细、那么死。买什么、用什么、什么时候买，都做要求、都做规定，这不是做科研，是做工程。实际上，我们可以管好出口，结题时严格检查和审计，首先看项目目标有没有实现，再看经费是不是用得合法，只要不是违法的就可以了。有时候过细的要求和规定反而会浪费资源，会降低效率。因为看似严谨的管理规定违背了科研规律，脱离了现实，不是实事求是地去做事，将导致劳民伤财。最后不但让监管审计很费劲，做科研的人也很费劲。我觉得还是要对科研人员先做"无罪"假设，不能因为个别"犯罪"，就给所有人戴上手铐。我们跟有关部门探讨并建议过这个问题。你可以先建立一个比较宽松的制度，然后加强监管审计，如果真有问题，严惩即可，而不是出现了问题后用所有的规章制度把所有人都管得严了，这不符合科研规律。

还有一个，科研经费一定要区分清楚，所谓的纵向科研经费和横向科研经费，国家的钱和社会的钱。尤其是横向经费，里面应更多地包含着研究者的劳动价值。这里应有一个积极性的磋商，如有结余，对单位可以有贡献、对个人可以有奖励，同时它还可以用于其他项目的研究，这里应该有更多的灵活性和自主权。

人才计划要抒清

现在的人才体系大概形成两类平台。第一层次有基金委（国家自然科学基金委——编者注）的"优青"、教育部的"青年长江"、中组部的"青年拔尖人才"。第二层次是教育部的"长江学者"、基金委的"杰青"、中组部的"领军人才和千人"。设计的初衷比较好，从年龄、层级上来说，有了第一层次再向第二个层次晋升。但现在出现一个不是很好的现象，就是很多人在同一层次里"全拿"，有青年"长江"还想"优青"，然后还想成为"青年拔尖"人才。一年挨着一年折腾，折腾人才的"帽子"。这对他们自己影响很大，对社会也不好。"帽子"不一定是越多越好，相关部门应该把这个体系抒一抒，把层次分清，给自己减负、给人才减压。这是一个人才政策导向问题，其核心就是激发大家做科研。但激发科研活力，要让大家去争相做科研本身，而不是拿"帽子"。"帽子"是对科研的一个认可，或者是一种支持，但现在不少人把拿"帽子"作为一个目标了。

高校需要"宁静"

我觉得，在学科建设上应该是发展优势学科，强化特色学科。如果每个学校都有自己的优势和特色，我们整体上就可以在世界范围内有话语权了。我们现在的学科建设和学科评估还是存在一些问题，不过它已经从原来强调数量逐渐往强调质量转变了，有很大进步。

很多时候我们一评估什么东西，什么东西就会变成一个目标。可以说学科建设的目标就是让这个学科发展起来，而不应在乎是怎么评估的。但现在大家把评估变成一个目标，而不是把发展作为中心目标。这样一些非正常的因素牵涉到里面来了，把一个简单的评估变成了一个非常难处理的问题，有时学科建设围绕着学科评估的指标去了，向着评估的标准靠拢。另外，按理说评估后如果发现弱项，应该加强支持，至少是奖优扶弱，但现实往往做不到。一些地方都有相应的奖励机制，比如进了前五十名有什么奖励、前二十名有什么奖励，这也就是为什么会在学科评估时有造假现象的存在。造假反而可以得到好处，而不是得到惩罚，或者惩罚力度不够，这种影响很不好，它会影响整体环境，是一种不好的导向。如果做一件事负面效果大于正面效果，还不如不做。高校需要宁静，要减少评估，如果做，评估的时间应长一点。大学的发展不能机械地按照一个评估指标去做，更不能被评估所干扰。不打扰学校的第三方评估是值得期待的，评估最好不要找学校，不用它自己申报，查它的东西就行了，这样想造假也造不出来，大家各得其所。

大学需要相对的宁静，不要浮躁，不要跟风。清华大学邱勇校长提出的构建"宁静校园"的理念是正确的。

去行政化的目的是解放学者

我曾听说过一个"裤腰带理论"，就是应该有一个约束，但其他方面放开手脚，让他想干什么就干什么。约束越多，活力就越少。

大学的发展也是这样。现在我们的大学相对约束还是偏多，比如我们研究生有名额限制、有各种招生条件限制，对老师和学生的约束都比较多。约束太多，实际上不是一个高效率的模式。我觉得这确实是一个值得探讨的问题。我们不少学校，经过这么多年的建设与发展，培养学生的质量可以说基本达到了国际水准，应该至少可以自主控制研究生招生了，但是，目前仍然做不到。有人说控制数量是为了保证质量，但这种判断需要实事求是地分析。

另外，大学发展，我比较赞成去行政化，去行政化不是说不去做行政管理，是要真正地解放出学者，不能把他们以行政管理的名义"绑架"了。院长就是院长、系主任就是系主任，不要什么处级、科级。把学者按行政干部来管理是不合理的，不应按公务员的行政管理模式来管理和要求他们。

（2016 年 11 月 24 日）

姜会林

中国工程院院士

院 士 简 介

1945 年 7 月出生，辽宁辽中人。

长春理工大学教授、学术委员会主任。曾任长春光机学院（长春理工大学）院长（校长）。兼任中国兵工学会副理事长、中国光学学会和中国光学工程学会常务理事、全国高等学校武器类专业教学指导委员会副主任、国家"863"计划航天航空技术领域专家委员会顾问。

应用光学专家。提出"衍生二级光谱理论"，得到广泛应用；又提出"光学系统技术经济公差理论"，被国际光学工程学会收入"里程碑丛书"。主持研制"火控动态性能测试系统"，成果入选"国军标"，由此参与定型的武器已在部队列装。带领团队研制成功两代机载光端机，在国内首次实现强干扰下双动态激光通信，飞机间高速率激光通信距离优于国外报道的最好水平。

曾获国家技术发明二等奖 1 项，国家科技进步二、三等奖各 1 项（均排名第一），部省级科技一等奖 9 项，获国家教学成果二等奖 1 项。曾获何梁何利基金科技进步奖。

院 士 观 点

为了建设创新强国和制造强国，为了进入世界一流和国际前沿，为了科技强军，必须培养出一大批优秀的创新型人才。

创新方法是自主创新的根本之源。

要促进优秀人才快速成长，科学评价至关重要，具有引导和"指挥棒"的作用。

理科应该强调原始创新，重视学术论文；工科应该强调自主创新，重视工程应用；文科应该突出成果质量，重视社会贡献。

应着重评价在各自领域对国家科学、技术、经济、社会发展的贡献；让各方面的人才都感受到"人尽其才、各得其所"，营造出人人心情舒畅、个个有所作为的良好氛围。

重视科技创新　培养优秀人才

高等教育面临大好形势

当前，我们国家的发展形势非常好，高教界要充分认识并抓住这个机遇。一个是建设创新强国号角已吹响。在全国科技创新大会、两院院士大会和科协九大会议上，习近平总书记着眼新时期、新形势、新任务，深刻论述了建设世界科技强国的战略意义，明确了推动科技创新的五大任务，激发起广大科技工作者的奋斗热情。科技兴则民族兴，科技强则国家强。在新发展的历史起点上，我们国家把科技创新摆在了更加重要位置。第二个是新科技革命已显端倪。我们错失了前几次科技革命的发展机遇。在上一次的科技革命中，我们也只是跟跑者，在新一次科技革命中，我们有难得的机遇，不能与其失之交臂，我们现在在许多领域都有重大创新的征兆，应该很快会由跟跑转到并跑、领跑。第三个是"中国制造2025"正在落实。我国计划到2025年迈入制造强国行列，2035年达到世界制造强国阵营中等水平，在新中国成立一百年时，制造业大国地位更加巩固、综合实力进入世界制造强国前列。从制造业大国向制造业强国转变，既是愿景，更是现实发展的迫切需要。第四个是"双一流"建设争先恐后。如果说"211工程""985工程"是汇集资源、提升实力的"集结号"，那么"双一流"就是建设世界教育强国的"冲锋号"。还有现在我们的国防信息化、老工业基地振兴等等，都为高等教育的发展提供了很好的发展机遇。上面几个方面的发展形势，给我国高等教育带来了如下主要任务：为了建设创新强国和制造强国、为了进入世界一流和国际前沿、为了科技强军，必须培养出一大批优秀的创新型人才。

创新方法带动自主创新

在科技创新中，自主创新尤为重要。任何高新技术、核心技术都是买不来的。在初期，钱学森、王大珩等一批科学家，承担"两弹一星"研制任务，不仅国外的材料、器件买不来，就连资料都看不到。但是，他们在党中央的英明领导下，本着"自力更生、艰苦奋斗"的精神，硬是把"两弹一星"搞成功了，震撼了全世界，使我国成为世界上第五个自主研制与发射"两弹一星"的国家，极大地提高了中国的国际地位。

在自主创新中，创新方法非常重要。创新方法主要是指科学思维、科学精神和科学仪器。2007年6月，王大珩、刘东升、叶笃正三位科学家倡议"自主创新、方法先行"，向国家领导人提交了《关于加强创新方法研究的建议》，国家领导人很快做了批示，认为"这·观点非常重要"，委托科技部、教育部和发改委落实。2008年，科技部、发改委、教育部、中国科协联合下发了《关于加强创新方法工作的若干意见》，再次强调"创新方法是自主创新的根本之源"。随后成立了创新方法研究会，建立了一批国家科技馆，开展大规模的科普教育和高新技术讲座；国家设立专项支持科学仪器研究与开发，极大地促进了"科学思维、科学精神、科学仪器"，即创新方法研究的落实，从而带动了我国自主创新的发展。

科学评价引导人才培养

开展自主创新，人才是第一重要的，习近平总书记指出"建设世界创新强国，关键是要建设一支创新人才队伍""寻觅人才求贤若渴、发现人才如获至宝、培育人才德才兼备、举荐人才不拘一格、使用人才各尽其能""要大兴识才、爱才、敬才、用才之风，聚天下英才而用之"。

要促进优秀人才快速成长，科学评价至关重要，具有引导和"指挥棒"的作用。目前的评价标准还不够科学，评价机制还不够完善，存在着不分学科专业与职业岗位、过分强调论文、过分偏重数量等问题，影响了人才培养与科技创新。

人才评价，首先是思想品德，从政治上评价，然后要分类指导，努力做到科学合理。

从学科专业上看，建议理科应该强调原始创新，重视学术论文；工科应该强调自主创新，重视工程应用；文科应该突出成果质量，重视社会贡献。

从职业岗位上看，建议应着重评价在各自领域对国家科学、技术、经济、社会发展的贡献；让各方面的人才都感受到"人尽其才、各得其所"，营造出人人心情舒畅、个个有所作为的良好氛围。

"双一流"建设，尤其是在推进世界一流学科建设的过程中，一定要把科技创新与优秀人才培养紧密结合起来。一流学科的评价与遴选都要有一个正确的导向，要注意特色发展，对东北老工业地区等还要有政策倾斜。导向要对学生负责、对国家负责，也要对高校负责，努力实现学校有特色、创新有能力、人才有水平。

（2016 年 11 月 25 日）

王子才

中国工程院院士

院 士 简 介

1932 年 6 月出生，山东聊城人。

哈尔滨工业大学教授。中国系统仿真学会副理事长。

自动控制、系统仿真专家。在自动控制、系统仿真领域，发展了伺服系统理论，提出并实现了复合驱动控制系统、变阻尼及大摩擦系统的控制技术，为开辟研制电动转台新途径和产业化发展做出了重要贡献；提出了建模—算法—评估的系统仿真基础理论新思想、复杂大系统分布式仿真工程设计方法、多种建模方法以及复杂仿真系统评估理论与方法，首次研制成功分布式仿真系统，为我国分布式复杂仿真系统达到工程实用新阶段做出了重要贡献；提出了次时间最优控制理论及设计方法、一类非线性系统建模与最优控制设计方法，为现代控制理论在飞行器控制中应用做出了重要贡献。

曾获国家科技进步二等奖 1 项、三等奖 1 项，省部一等奖 2 项。

院　士　观　点

好的人文环境是学校给学生的最好礼物，它是一种熏陶，是能够影响学生一生的东西。

教师是教育发展的第一资源，一定要有高素质的教师队伍，我们要创造条件营造氛围，让教师成为全社会最受尊重、最值得羡慕的职业。

培养人才，首先要培养"人"，第二才是"才"。

教育的真谛在于奉献，首先我们要教会学生去奉献，人人都要有奉献精神和意识。

"重赏之下，必有勇夫"，但"勇夫"不一定是人才。

大学要追求大师，追求大学问，要有好的文化传承，有好的精神发扬。

人和人在一起不一定就是团队，心和心聚在一起才是团队。

在改革这个问题上我们应该做行动的巨人。

办教育要有自己的底气

大学要有好的人文环境

大学发展，人文环境很重要。重视人文环境建设是大学发展进步的重要标志，我们现在大学的学术精神和社会责任还有待进一步培养。无论是教书育人，还是科技创新，都应根植于良好的人文环境土壤。我一直认为，好的人文环境是学校给学生的最好礼物，它是一种熏陶，是能够影响学生一生的东西。大楼可以没有，物质条件可以差一点，但人文环境一定要用心、用力营造好。

让教师受人尊重、令人羡慕

我们建一流大学，要先有一流教师。教师不是走上讲台随便讲讲课就可以的，照本宣科的教师，不是我们所希望的。真正的好教师，要名副其实，会教书、能育人，做到为人师表，能在人品、学识等方面做出表率，有一流的人品、一流的学识。我们提升教育质量、加强科技创新，一流的教师队伍是根本保障。如何有一流的教师队伍？在教师遴选任用、考核评价、流动与退出等方面再向前走一步。当前的教师管理还是缺乏有效的激励和约束机制，应是该进进，该退退。教师是教育发展的第一资源，一定要有高素质的教师队伍，我们要创造条件营造氛围，让教师成为全社会最受尊重、最值得羡慕的职业。

育才先育人

培养人才，首先要培养"人"，第二才是"才"，人才人才，先有人后有才，育才先育人。我们现在有时不注意"人"的培养，有些过于强调"才"。"才者，德之资也；德者，才之帅也"。教育的出发点是人，教育的落脚点也是人，我们先要培养好人，再看他是不是才。德才兼备最好，两者不可兼得的话，我觉得，可以先要德，先要一个好人。

奉献教育需加强

教育需要奉献，做教育要踏踏实实、认认真真，它是为国家社会办事，为人民办事，教育事业是神圣的。教育的真谛在于奉献，首先我们要教会学生去奉献，人人都要有奉献精神和意识。我们在这方面考虑的少一点，做的也不够。不好好进行奉献教育，引导孩子感恩，如果他们只知索取，不知奉献，那是非常危险的。我们社会也有一些公益活动、公益劳动，可以让孩子去主动参加一下，给他们提供接触社会的机会，这有利于培养孩子的奉献精神。家庭教育在这方面也有所缺失。

办教育要有自己的底气

办教育要有点自尊，不要崇洋媚外。我们的教育是有一些问题，但有问题不代表不好。现在，我们在很多教育理念和模式上都盲目模仿国外，完全不考虑我们自己的实际情况。拿现在国内比较时髦的"小学期"来说，它好不好？好，对美国来说很好；对我们呢？好不好我觉得值得研究。办教育是要开放，要学习他人好的做法和经验，但前提是要自尊、自信，立足现实和实际需求，你再去考虑该学什么，怎么学。办教育要有自己的底气，要有自己的基本原则。尤其现在的评估体系，要做到有自己。

人才流动需规范

现在不少学校在不惜重金挖人，我不知道挖的是什么。我们有些老话，"重赏之下，必有勇夫""重赏甘饵，可以聚人"，但问题是，这些话后面还有话，还是有条件的，"赏罚若明，其计必成"。我们的赏罚有没有那么清楚？有没有做得那么到位？再者说，"勇夫"不一定是人才啊，不一定是能帮你办成事的人。这个风气和现象不好，我觉得该捋一捋，规范一下了。不反对高薪聘人，也不反对人才流动，前提是得搞明白你在做什么事。

大学的追求

大学大在哪里？大师、大学问，不是大空间、大规模。近些年我们已经看到了大学扩张的结果，现在有些学校还在盲目追求物理空间上的大，追求师生规模的大，这很不好。大学、学科都是这样，不要追求大而全，要有度，要有量，这个量是适可而止，而不是无限地扩张。办大学不是要做表面上"高端大气上档次"的事，人数、名称、数量指标都是"浮云"，追求这些，只会显出我们的浮躁。大学要追求大师、追求大学问，要有好的文化传承，有好的精神发扬。

要做改革行动的巨人

科技创新一定要理论联系实践。理论不可以不搞，但一定要强调实践。习近平总书记讲得好，把论文写在祖国大地上。无论理论还是实践，做研究不要炒概念、玩花样。办教育、做科研，一定要务实。现在知识界也出现了"文山会海"，开会太多、论坛太多。做教育要潜心，做研究更要潜心。马不停蹄如何潜心？为什么科研人员马不停蹄？机制的问题，环境的问题。评价体系、指挥棒、"拦路虎"，这些问题大家都明白，但解决起来还是一团糨糊，科技创新的体制机制改革任重道远。另外，科学研究需要有团队精神，交叉合作才有发展。写文章是个人的事，做研发，需要有组织。人和人在一起不一定就是团队，心和心聚在一起才是团队。团队精神、创新思想、创新方法、系统的理论体系，我们在这些方面都还有所欠缺，并缺乏正视问题的具体行动。在改革这个问题上我们应该做行动的巨人。

（2016 年 11 月 25 日）

刘忠范

中国科学院院士

院　士　简　介

1962 年 10 月出生，吉林九台人。

北京大学博雅讲席教授、纳米科技中心主任、北京市低维碳材料工程中心主任。北京石墨烯研究院院长，九三学社中央副主席、北京市委主委，第十二届全国人大代表，第十三届全国政协常委，北京市政协副主席。发展中国家科学院院士，英国皇家化学会会士，英国物理学会会士。兼任教育部科技委委员和学风建设委员会副主任，中国化学会常务理事和纳米化学委员会主任，中国微米纳米技术学会常务理事。

物理化学家。主要从事纳米碳材料、二维原子晶体材料和纳米化学研究，近年来在石墨烯领域取得一系列国际公认的引领性学术成就，包括：标号石墨烯、超级石墨烯玻璃、超级石墨烯光纤、超洁净石墨烯等。

曾获国家自然科学二等奖 2 次、高等学校科学技术奖自然科学一等奖、中国化学会—— 阿克苏诺贝尔化学奖、宝钢优秀教师特等奖，曾获北京市优秀教师等荣誉称号。

院 士 观 点

　　问题是发展过程中的，不同发展阶段事情不一样，政策上也要相应改变，这点特别重要。

　　科学研究的主体是人，可是一直以来，我们的科研经费使用是"重物轻人"。

　　设定退出机制，限制入选人才担任过多非专业性的社会职务，努力建立一个各行其道、各尽其才的人才使用机制。

　　过度市场化的管理模式令人担忧，让大家时刻盘算着经济利益，让教授和学生都变得极度功利，忘记了初心，做科研的整个过程都是为了某种利益，把科学变成了手段，逐渐忘记了科学精神。

　　打破职称评审"一刀切"标准是一个系统工程，涉及方方面面。一个单位可以冲破这种职称评审体系的藩篱，但其他评价渠道不一定能统一起来。

　　今天的评价结果是不需要特定人负责的，因为靠的是数据，而不是真正的能力或潜力。

　　我们需要从现在起高度重视培育创新性的土壤、创新性的环境，打造创新型的学术文化，这是实现宏伟蓝图的根本保证。

人才计划要完善

应该说，过去的 20 年是我们国家科技和教育发展的黄金时期，这是不能否认的，我们的科研水平大幅度提升，有目共睹。我在国外待了近十年，对国外的情况比较了解，回来之后感受到的变化也很明显，"亲临其境"，感受颇深。说教育、科研水平有大幅度的提升，这得益于我们行之有效的措施，"211 工程""985 工程"，现在的"双一流"，还有其他各类创新和人才的政策，这都有关系，是积极的一面。但的的确确也存在着一些问题，这些问题是发展过程中的，不同发展阶段任务不一样，政策上也要做相应的改变，这点特别重要。我想讲几个我认为在新的历史阶段需要思考和改变的问题。

科研经费管理难题多

一是经费预算问题。拿我自己为例。我的课题组有三十余人，每年有数百万元的科研经费。为了管理这些项目经费，我雇用了两位专职秘书。即便如此，仍然占用我大量的时间给成堆的发票签字。以我目前承担的一个部委的重大项目为例，子课题经费 5 年 700 余万元。从项目立项开始，需要做出经费使用的详细预算，稍有不慎，便会被砍掉数十万元乃至逾百万元。这些经费预算，要求精确到分。在整个项目的执行过程中，必须严格按预算进行，不符合预算范围的花销很难报账。项目结题时，需要过审计关，专业人员根据5年前的经费预算——审核，绝对是一次令人身心疲惫的痛苦经历。近几年来，国家各部门陆续出台了许多经费使用规则，因此必须有专人负责熟悉和把关，以防出现些许差池和违反规定的问题。事实上，基础研究不同于修一座桥和建一座电站，在研究过程中有诸多不确定因素，需要做出适时调整，而目前的管理模式完全没有考虑到科研工作的特殊性，烦琐的项目立项和经费管理制度把科研人员逼成"会计"。

二是经费管理问题。学术界现在普遍认为，目前科研经费的管理制度存在一些弊端。就项目经费的预算而言，因为不可能准确预期未来五年的经费使用计划，只好找个"明白人"去"做"，以尽量在表面上符合各项规定，避免被砍掉。项目结题的审计以此编造出来的预算为基准，实际意义多大自然可想而知。在经费使用过程中，为了满足名目繁多的规定，采取各种变通手段自然也就不足为奇了。对于科技工作者来说，参加各种学术会议是其科研活动的重要内容。然而现在各种规定数不胜数，包括参会时间不能超过几天、住宿超标费用自理、定居城市开会不能住宿，等等。对于一个知名学者来说，会议主办方免注册费和住宿费是国际惯例，但是这样却给差旅费报销带来极大麻烦，必须提供相关证明。为避免不必要的麻烦，很多人拒绝了主办方的好意。在国内主办学术会议也越来越难，因为不允许为邀请报告人提供住宿费或差旅费等。不可否认，在我国庞大的科研队伍中，的确有极个别"不文明分子"，但不能因此把所有学者都当"贼"来防，我们的经费管理制度更不能建立在全体科技工作者"有罪假定"的基础上。

三是"重物轻人"现象。科学研究的主体是人，可是一直以来，我们的科研经费使用是"重物轻人"。按现行项目经费管理办法，绝大部分经费只能用于购置仪器设备和实验材料（通常都是从国外进口），而用于人力资源的项目经费只占5%—10%，这些人工费又只能用于非固定编制的人员。目前招聘一位博士后需要16万元，而一个国家自然科学基金项目通常是 80 万元，因此需要两个自然科学基金才可能招上一个博士后。经常遇到的问题是，账面上有钱，却无法招聘博士后和非在编项目研究人员。目前我国博士后的工资规定非常严格，标准远低于发达国家，根本没有竞争力。现行的经费管理制度让项目负责人无法参与这种高水平人才的争夺战。美国等一些国家的做法与我们正好相反，高达项目经费的 70% 用于招收研究生和博士后，具体工资待遇也完全由导师决定，而且，项目经费可以支付最高三个月的教师工资。

针对这些问题该怎么做，方式方法应该有，方案应该有很多。至少我们应该正视科学研究工作的特殊性，按科研规律办事，按照有利于促进科技创新的方向去建章立制。能不能干脆大幅度提升人力资源费用的所占比例，解决"重物轻人"的现象？科研经费实施分类管理制度应该可以吧？区别对待高等学校和科研院所开展的基础和应用基础研究、科学上比较成熟的技术革新和技术研发、科学上和技术上都较为成熟的工程类项目。同时，对于与企业合作的横向经费，要给予更大的灵活度，有效调动科研人员将成果推向实用化的积极性。要限制愈来愈泛滥成灾的行政化的"伪学术会议"，这些所谓的学术交流会议通常由经费管理部门主导，慑于经费申请上的需求，学者通常不敢缺席这样的会议。这种"伪学术会议"也包括各个部门各类项目的年度检查、中期评估和结题验收，以及各类实验室的年度工作汇报等。实际上，此类"伪学术会议"完全不同于真正的学术会议，很难起到学术交流的作用，也是造成我国学术界浮躁和科技工作者日趋繁忙的根源所在。建立科研人员诚信制度。尽可能简化项目立项和经费使用过程中的形式主义和教条主义的繁文缛节，把科研人员从"会计"角色中解放出来。

人才计划有待完善

过去二十年来，我国从中央到地方启动了很多人才计划，既有面向国内的，也有面向国外的，为我们国家汇聚了不少基础科学前沿和高新技术领域的优秀人才，这些人才已经逐渐成为我国创新驱动发展的生力军。一些人才项目也成为具有国际影响力的国家引才引智品牌，体现了人才不分里外、回国不分先后、不拘一格用人才的国家人才战略，极大地调动了国内外高端人才创新创业的积极性。这非常好，好事就应持续推进和坚持下去。不过，有些人才计划也还是存在一些问题，需要我们好好审视一下、完善一下。

首先，选拔人才条件的海外经历问题。比如有的人才计划规定，如果在国内获得博士学位，必须在国外工作的时间更长一些。这种做法既是一种歧视现象，不尊重国内培养的人才，也在客观上鼓励学生出国攻读学位，让这些高校科研的主力军过早流失到国外。第二，人才推荐渠道是不是应该系统梳理一下。有些人才计划的人才推荐渠道很多，涉及不同的部门，这表面上看有利于广招人才，但实际操作层面会带来许多弊病，甚至助长不正之风，不利于确保优秀人才入围。第三，众多部门各自为政的人才选拔评审是不是可以整合一下。大规模分散式的人才计划评审活动不仅浪费了评审专家大量的宝贵时间，也导致评审专家难以用统一、客观的标准评估人才。第四，人才待遇的差距是不是可以小一点。现在有些人才计划，尤其是面向国内人才的计划，待遇相对国外引进的人才来讲，差别还是挺大的，这可能会影响本土人才和早期回国人才的工作积极性，造成整个科研队伍的不和谐。第五，"人尽其才、才尽其用"的初衷是不是要强调一下。现在评出的一些人才，存在不少用非所学现象，现在社会上有不少非专业性的社会活动以及各类汇报评比，这些有"头衔"的人才经常不得不忙于其中，主客观上都造成了专业人才的浪费，偏离了人才计划的初衷，甚至在一定程度上恶化了我国的学术文化生态环境。

针对这些问题，我有几点想法：

对于人才推荐资格，应该取消对国内博士学位获得者的歧视性要求。对于人选的推荐，限定推荐渠道，明确推荐程序，减少政府部门和协会机构的参与。对于基础研究或应用基础研究人才，推荐渠道仅限于作为最终用人单位的高等院校和科研院所。整合甚至打通相关计划同层次人才的评审工作，制定统一的评审规范和评价标准。统一同步安排各类计划各层次人才的评审工作，尽量避免多个行政部门的参与。明确规定计划入选者的个人待遇和工作条件。建议在同等条件下，入选者享受相同的工资待遇和工作条件，从根本上解决不同计划之间以及不同用人单位之间存在的不合理差异。明确规定计划入选者必须把主要精力放在所承诺的科研、教学、技术研发或产业化等工作上。设定退出机制，限制入选人才担任过多非专业性的社会职务，努力建立一个各行其道、各尽其才的人才使用机制。

大学管理不能过于市场化

我们现在的大学管理有些过于市场化了，我觉得这是一个非常大的问题。我是全国人大代表，在人大开会的时候也讲过这个事情。原来我们是计划经济，过去40余年的改革开放，从计划经济走到市场经济。在我们的教育和科技领域也是完全一样的。我认为这个市场化的效果是非常显著的，带来了活力，带来了高效率。但是，现在有些走过头了，出现了过度市场化问题。我们现在用实验室，要交使用费，按面积收费，当然还要交水电费、煤气费。公共会议室当然也要交使用费，按时间收费，不同档次的会议室价码不同。带研究生按人头收费，第一个多少钱，第二个加码，第三个就更贵了。当然，也有好事，发文章给予奖励，按篇数计算，影响因子高的文章奖励也多。拿个头衔肯定也跟工资挂钩，甚至申请到大的项目也是如此。所有的东西都跟钱密切挂钩，彻彻底底的市场化行为。我认为这种过度市场化的管理模式堪忧，让大家时刻盘算着经济利益，让教授和学生都变得极度功利，忘记了初心，做科研的整个过程都是为了某种利益，把科学变成了手段，逐渐忘记了科学精神。从某种意义上讲，这种过度市场化的管理模式把大学变成了"大市场"，每个教授变成了一个个小摊主，自然要交摊位使用费，雇上几个学生，做跟利益密切相关的买卖而已。这是当前教育和科技领域的一个大问题。我经常讲，有些做法有效但未必有利，有效可能是战术性的，但战略上未必如此。大学有大学的理念，毕竟跟菜市场不同。早年的计划经济一潭死水，大家没有差别，是一个极端；现在的过度市场化走向了另一个极端，早一点认识到，早一点纠偏会更好。

过度市场化的影响是严重的、深远的。大学的职责是什么呢？难道等同于百货商场和大市场吗？如果管理的行为碎片化为名目繁多的收费，两者之间还有什么差别呢？其实国外的大学也是收费的，但是做法很不同。当你申请到的科研经费进入学校时，立即被砍掉一块，甚至是一大块。然后你就会享受到各种服务，其他事情就不必操心了。当然也难以想象你发文章，学校会给奖励。我们的问题在于管理碎片化，科研过程的每个细节都变成市场化的行为，让教授深陷市场经济的淤泥之中，难以自拔。我在几个月前，曾写过一个建议，谈到了碎片化管理和过度市场化问题。作为大学，收钱不是问题，但不能忘记你的职责，那就是为教授和学生们的科研教学活动提供优质的服务。要把收费和服务统一起来，我来了经费你砍掉一块，剩下的事情全是我买的服务，道理其实非常简单。过度市场化和碎片化的管理是当今大学管理的一个严重问题，须引起重视。

做科研不等于发文章

我觉得我们现在有一种认识上的误区，认为做科研就是发文章，文章发的多、发的好，就是科研做得好。发一篇 *NATURE* 上的文章就是重大突破，可以获得专门的奖励，甚至上《新闻联播》。发几篇高水平的文章，就是著名科学家了。我们当前的科技评价过度数字化，数文章数、数好文章数、数被引用数，走向了极端。一门严肃的科学，变成了单纯的数字游戏。这种科技评价方式带来的是浮躁和过度功利化，让人们很难沉静下来，做点真正有意义的东西。

当年爱因斯坦的相对论文章，能读懂的人就没几个，也没人做这个领域的工作，怎么可能立即被大量引用。爱因斯坦的广义相对论花了长达8年的时间，按着我们现今的评价体系，这样费时费力的工作谁敢做呢？类似的例子还有数学家张益唐，北大82届的高才生，我特别喜欢拿他说事情。2016年他拿了"求是杰出科学家奖"，我是奖励大会的主持人，当面告诉他我是他的"粉丝"。张益唐的经历特别励志、非常坎坷，干过临时工，在一所不太知名的大学中做了十几年的临时讲师，默默无闻地做他所挚爱的数学研究，一举破解了数学领域最著名的"孪生素数猜想"。张益唐在大半生中仅发表了两三篇文章，但将来数学史上肯定有他的位置。在此之前，他也没有任何头衔，属于那种不入流的学者，这样的人在我们现今的评价体系中怎么可能有生存空间呢？包括我本人在内，发表了一大堆文章，也不乏所谓的高档次文章，但绝对不敢说科学史上会有自己的位置。对科学本身而言，不在于你写了多少文章，而是你是否解决了真正有价值的科学问题。就现状而言，发表了一堆文章，最大的好处是可以拿到很多头衔，得到很多实惠，归根结底只是对自己有用而已。

我们现在的科技评价机制让人们特别浮躁，让大家关注的都是利益，而不是科学本身。从某种意义上讲，这是背离科学精神的，这种现状应该尽快改变。还是那句话，如果在30年前提这个东西，大家连文章都发不出来的时候，说文章不重要，没人会相信你。但是现在不同了，我们已经变成了论文大国，发表的文章档次也是越来越高，甚至让老外同行们羡慕不已。是时候重新思考了，尤其是科技评价机制，否则带来的只是量变，而不是质变。

那么，什么是真正有用的东西呢？对于一个学者而言，那就是或者"上书架"，或者"上货架"，也就是人们常说的顶天立地。对科学有用的成果，会写到教科书里，在科学史上会有你的位置。能做到这一点非常难，不是通过发多少所谓的高端文章来体现的。上货架就是对社会有用，有实际应用价值。想做到真正有用，绝非易事。老实讲，我们绝大多数人发的文章只对自己有用，比如拿学位、评职称、拿头衔和荣誉等，这些既上不了书架，也上不了货架。这也是科研领域的浮躁现状，大家拼命地追求只对自己有用的东西，缺少真正的科学精神和社会责任感。不可否认，这是与现行的过度数字化、市场化和行政化的学术评价机制密不可分的。

说到头衔、职称和奖励评审，我国现行评审制度的最大弊端是"一刀切"，用一把尺子去量所有人。"一刀切"忽视了不同学科、不同专业的差异性。现在学术界已经有基本共识，不是所有工作都可以通过文章数量和发表的刊物来体现的。大家都认识到了这个问题，但想改变是很难的。首先，打破评审"一刀切"标准是一个系统工程，涉及方方面面。一个单位可以冲破这种评审体系的藩篱，但其他评价渠道不一定能统一起来。如果不是全局性的改变，一个单位的改变将收效甚微。其次，过度数字化的评价机制背后是过度行政化在作怪。我觉得学术评价归根结底是学术界自身的事情，在真正的同行专家眼里，水平高低是很容易看出来的，不需要简单地数论文。但是，目前的很多头衔、奖励甚至职称评审，都涉及过多的行政部门参与，把八竿子打不着的、完全不同领域的人放到一起来评，结果就只好无可奈何地"数字化"了，只好比较论文的数量和所谓的论文档次和反响情况，或许这也是保证公平、公正的最好办法了。

我们需要学术自信和担当精神

我们的大学建设不能搞运动式的建设，教育发展是有其规律可循的。我们有太多的运动式和口号式的做法，一阵风而来，又一阵风而去，值得深思。每个阶段都搞一个时髦的口号，目的无非是换个花样向政府要钱，为什么不可以换一下思路呢？为什么不能借鉴一下发达国家的办学经验呢？哈佛、斯坦福、MIT、牛津、剑桥都是真正的国际一流大学，很少听说她们三五年一次地评比、喊出各种口号办一流大学。现在，医院的医生也必须发文章，否则很难提教授、主任医师。问题是文章和医术一定相关吗？似乎未必。但是，数字化的评价体系需要这些东西，大学的评估需要这些东西。每次学科评估、每次一流大学建设运动来临，都是一场激烈的资源抢夺战役，一大堆人参与其中，写总结材料和发展规划，浪费了大量的人力、物力和财力。评估结束后，该做啥还做啥，什么都没有改变。我认为，到了该反思的时候了。我们应该勇于探索既符合科学精神和教育发展规律，又适合中国国情的学术评价体系、经费管理办法和人才培养模式，培育创新型的学术文化土壤。过于功利性的学术评价机制短期可能很有效，但长远来看，未必真正有利。

我在教育部科技委学风建设委员会上发言时，突然想到，这些问题的症结其实是"懒政"，缺少担当精神。在学术领域"懒政"的表现是什么呢？那就是把我们自己的学术评价完全交给了老外来做。为什么这么说呢？我们评职称、选拔人才，还有评奖等，科研活动的所有环节都是看文章。通常情况下，国内期刊肯定不行，必须是国际期刊。这就意味着间接地把评价权力完全交给了老外，我们所做的只是数个数而已，这难道不是"懒政"吗？谁都不需要对结果负责，因为是统计数据在说话。当年钱钟书的数学只考了15分，清华照样录取他。陈寅恪也是如此，既没有正规文凭，也没有一堆著作文章，仅凭梁启超的举荐，便跻身于清华国学研究院的"四大导师"之列。这种事情在现在是难以想象的，因为没人敢负起这个责任。今天的评价结果是不需要特定人负责的，因为靠的是数据，而不是真正的能力或潜力。事实上，也没有人愿意担当这种冒险举荐的责任，人们也不肯花气力真正下功夫去了解一个候选人是否真正合适。

在一次会议上，我曾经半开玩笑地讲，现在中国的科技规划已经交给美国人做了。美国人搞"脑科学计划"，我们立即也跟着搞；美国人启动"材料基因组计划"，我们也如法炮制；还有当年的"纳米计划"、今天的"精准医疗"，等等，几乎一个不漏。当然我们也有创新，例如精准扶贫、精准营销，等等。为什么我们不能思考出适应中国国情特点的大科学计划呢？一方面没有充分的自信，担心搞错了，没人愿意担这个责；另一方面中国的战略科学家们也懒得花大气力去思考，这也是"懒政"的一种表现形式。

现在国际上都懂中国的"行情"了，搞各种大学排名、各种学科排名，还有花样繁多的论文引用排名，例如高被引用科学家等。很多大学管理者们发现了其中的奥秘，知道如何才能快速提升排名，按图索骥地制定相应政策来引导我们的广大科研人员。其实，很多情况下，这些都是商业行为，而不是科学本身。追根溯源，我们不敢自己做出判断，别人的评价才有说服力。这种状况如果不改变的话，未来实在堪忧。

我再举个石墨烯的例子，这是我的本行。中国学者们发表的石墨烯相关文章早在 2011 年就世界第一了，专利申请数量也是遥遥领先，占一半以上。截至 2017 年 2 月，正式工商注册的中国石墨烯企业超过两千家。这是否意味着中国在石墨烯领域领先世界了呢？肯定不是。是否意味着中国在未来的石墨烯产业竞争中占据优势呢？当然也不是，而且非常堪忧。这些简单的数字游戏说明不了太大的问题。

归根结底，我们的学术环境和文化土壤还有很大的提升空间。习近平总书记在十九大报告中，给我们描绘了未来三十年的发展蓝图，发出了从科技大国走向科技强国的号召。为了建设创新型国家和科技强国，我们需要从现在起高度重视培育创新性的土壤、创新性的环境，打造创新型的学术文化，这是实现宏伟蓝图的根本保证。

在科协组织的一次创新战略研讨会上，我展示了两张图片。一张是远离人间烟火的原始森林，你会注意到这里的树木长得又高又大，可谓是参天大树，尽管没人管它。大自然告诉我们，土壤非常重要，再加上充足的阳光雨露，其他就不必管了。另一张图片是广袤的沙漠，沙漠上也有树，那些树都是弯弯曲曲的、又矮又细。两张图片对比一目了然，这就是土壤、环境的差异。我们的确需要深思，需要做出改变，少折腾，回归科学精神，扎扎实实地做事。凭借中国人的聪明才智和勤奋作风，我们一定会在不远的将来步入世界科技强国之列。作为一名科技工作者，我充满信心，也充满期待。

（2016 年 11 月 30 日）

李衍达

中国科学院院士

院 士 简 介

1936 年 10 月出生，广东东莞人，原籍广东南海。

清华大学教授。曾任清华大学信息科学技术学院院长、国务院学位委员会委员、中国自动化学会副理事长、清华大学学术委员会主任。

信号处理与智能控制专家。主要从事信号处理理论和地震勘探数据处理方法与生物信息学的研究。在波抵达时延估计、信号重构等方面的理论、算法及应用中取得重要成果。他提出了一种时延估计的新方法，放宽了信号重构理论的应用条件。他将信号重构理论和人工智能技术引入地震勘探数据的处理和解释，提出综合地震剖面、测井与地质知识预测地下油层的新方法，取得一系列开拓性的成果并在实际应用中取得显著效果，为我国石油地球物理信号处理事业做出了重要贡献。1998 年后，致力于生物信息学方面的研究，在基因调控分析与建模、复杂疾病计算分析等方面取得了若干研究成果，是我国生物信息学领域的开拓者之一。

曾获国家自然科学奖、国家教委科技进步奖（3次一等奖，1次二等奖）、北京市科技进步奖、国家优秀科技图书奖、电子部优秀教材奖及国家教委优秀教学成果特等奖。

院　士　观　点

大学是为国家培养未来人才的一个重要的地方，同时它也是国家传承民族文化和精神、发展传统文化的地方，又是国家为经济社会发展寻找原动力、创新突破的地方。它是战略储备、战略发展基地。

我们国家设有特区，大学也应该看作特区，而且它的意义绝不比经济特区的意义小。

在大学里，教育和研究必须有机结合，在研究中进行教育，在教育中促进研究。

大学要研究一些"无用"之学，很多未来的突破和发展，都是从"无用"之学来的。我们现在对大学的发展过于急功近利是不对的。

一个国家的大学，要有学术独立和学术自信。如果不能独立，没有自信，或者缺少自信，很容易盲目崇外，丢失学术话语主动权。

想要成长为有影响的大学，有传统的大学，有精神的大学，不是那么简单的。需要经过长期的文化的积淀，人才的积淀，精神的积淀。

一个学校发展得好、先进，是因为它有雄心壮志，它的着眼点是前进的部分。

大学的根本作用

大学对国家具有根本性的意义

我觉得现在很多问题的产生源于我们对大学的功能和作用理解得不是太透彻，很多具体的做法跟大学的发展都不适应。这里面牵涉很多具体的工作问题，要解决这么多问题，我想还是先从解决根本理解的问题出发，把认识搞清楚了，再去研究，再去做。要不方向都不正确，你往哪走呢？有可能会在错误的方向上越走越远。

我个人觉得对大学的功能和它所起的作用需要我们进一步去讨论。大学是一个很特殊的机构，不是高中升一级就是大学，也不是为社会培养人才就是大学，它既不是高级高中，也不是职业学校。

大学根本的目的或者说根本任务，是培养人才，这一点毋庸置疑。大学是为国家培养未来人才的一个重要的地方，同时它也是国家传承民族文化和精神、发展传统文化的地方，又是国家为经济社会发展寻找原动力、创新突破的地方。从这个意义上来看，大学对国家具有根本性的意义。教育可以传承民族文化、发展民族文化；研究是寻找国家社会发展的动力。所以，在大学里，教育和研究必须有机结合，在研究中进行教育，在教育中促进研究。如果只有教育没有研究，不是一个真正意义上的大学，或者不能称为一流大学。只有研究没有教育也不成，那就不是大学了。

大学还有一个重要的方面，它是进行文化交流的重要地方，同时它又是先进科技汇聚的地方。因为有这样的文化底蕴、有这样的任务、有这样的年轻人、有这样的研究，所以一个国家的思想先驱、先进思想往往就是在大学里面产生的，这也是必然的。

通过大学把这些年轻人投到社会去，促进社会的发展。根本上来说大学的任务不仅仅是为国家提供一些产品，不仅仅是为各个岗位输送人才，其实也是培养国家思想、文化和科技的先驱。从这个意义上来说，国家对大学可能需要有一点特殊的考虑。

大学要研究"无用"之学

大学既给国家输送人才、创新技术，也为国家储备人才、储备技术，在这点上的认识有时还不够。认识到这一点，我们就会理解大学要研究一些"无用"之学，不会也不应全是研究"有用"之学的。因为很多未来的突破和发展，都是从"无用"之学来的。所以，我们现在对大学的发展过于急功近利是不对的。

有句古话，"一事不知，儒者之耻"。借用一下，"一事不知，大学之耻"。什么意思呢？世界上各种各样的事情，大学这一群体都应该有所知。这句话对个人来说也好，对大学来说也好，是一种激励，如果能够做到"博通"和"专长"的有机统一，那是最好的了。对国家来说，除了要解决当前的问题，还要考虑未来的问题。未来的问题很可能不是现在的"热门"。像今天的网络安全就是这样，在以前它可不是热门。国家的人才储备、战略技术储备大多是在大学。如果没有各个方面的基础研究，将来就会是"书到用时方恨少"，一无所知，无从下手。这点是很重要的。

要有学术独立和学术自信

一个国家的大学，要有学术独立和学术自信。如果不能独立，没有自信，或者缺少自信，很容易盲目崇外，丢失学术话语主动权。长时间这样，国家的科学史、思想史、文化史，将来怎么写？如果没有自己独立的学术体系、学科体系、话语体系，什么都不会真正发展起来。看看我们现在的一些现象，各个领域，像社会科学的，有的人简单套用西方概念、范畴、理论来分析中国现实；像自然科学的，有的人盲目跟踪已经落伍的西方技术。我们现在的评价体系，很多都是西方制定的标准；我们要发篇文章，也以发在国外的刊物上为好。缺少独立，缺少自信。当然，独立需要条件、需要水平、需要时间和过程，但自信呢？首先我们不能自己把自己看扁了，不能什么时候都是"国外的月亮圆"。一个大国，像我们中国，必须要有自己的学术独立、文化独立、国家民族的精神独立。这些独立从哪里来？很多是靠大学来做的。科学的发展、技术的发展必须要有自己独立的一套体系，这个也靠大学来做。

大学应该看作是一个特区，而且它的意义绝不比经济特区的意义小。大学要研究、要突破就必须有批判思想，必须要有思想开放。所以学术自由对大学来说是一个根本性的问题。没有太多的限制才能突破，才能发展。自由思想在大学来说是非常关键的。我们现在好多地方、好多时候都像管一个建筑工程一样去管理大学科研，这本身就有很多的问题。按照一般的一项任务和工程来管理，这跟大学的根本要求或者是国家赋予大学的根本任务是不一致的。如果大学就等着国家给任务，交给你什么你才做什么，那这个大学是没出息的；如果教育主管部门只要求大学完成当时的国家需求，完成任务，那这个主管部门是缺少战略发展眼光的，是不懂教育的。我们的眼光应该长远一点，不能把大学看成是今天帮我发展工业、明天帮我发展农业、后天帮我建个水坝的地方，这不是大学，大学不是救火队和工程队，它是战略储备、战略发展基地。如果我们能够这样来理解和认识大学，很多事情就不一样了，你的考虑、你的想法就会不同。如果不从这个意义上去发挥大学的作用，就不足以使大学对民族和国家起根本性的作用，尤其是那些国家所依赖的重要的大学。

充分认识大学的根本作用

我个人觉得，如果国家要建设科技强国、建设创新型国家，大学是不可或缺的，是起着关键性作用的。现在看我们之所以出现问题，源于很多部门没有统一思想，对大学的根本作用没有一个充分的认识。不能把它看成是行政部门底下的一个职能部门，是哪个司管辖的一个具体单位。大学与一般的研究机构是不一样的，我们要发挥出它的特有潜力和功能。因为优秀的年轻人都集中在这个地方，他们需要在精神上有所提升，所以尊重人才在这个地方是体现得最为突出的地方。如果连大学都不够尊重的话，那么，尊重人才就谈不上。

我们现在遇到了很多问题，比方说经费的管理这个问题，很突出。现在国家也下了几个文件，很好，但是执行起来有些部门可能还不够重视、不这么理解、不这么执行。有的部门好像把大学看成是政府的一个部门、一个机构，是不是呢？大学是一个事业单位，在这个意义上它是。但是我们要认识到大学的特殊意义，大学对国家的特殊重要性。现在一般的事业单位也对财务管理有意见，不是说没有，但是还比较适应。大学老觉得不够适应，其中的一个原因是大学的使命、大学的要求和对它的认识和管理对不上口。

对大学科技创新的要求更多的是突破性、基础性、人才性、交叉性。在大学倡导创业，可以，但这一定不是大学主要的作用。大学要搞创业，它的作用更多地体现在前沿性和基础性，重要的是培养了一批这样的人才，这是大学最根本的作用。我教的学生中也有创业的，但这是"副产品"。

我多年以前做了一个关于互联网的研究，当时有一批学生跟着我做，90 年代信息高速公路刚出来的时候，我们就研究网络。在假期中几个学生凑在一起，说我们可以把互联网跟电视结合起来，所以搞了一个数字广播，互联网的内容可以放在电视上，这在当时是很新奇的，技术上没有太多的了不起的地方，但是应用上很有意思。原来电视跟互联网没有关系，然后变成了数字广播，通过互联网推广到电视上去，电视的内容就丰富了。在一个暑期学生研究了一个技术，就有应用，后来出去办了公司，还在纳斯达克上市。这是创业，但得是适合于当时的国家经济和社会发展的创业，不是把学生赶去创业，而是在研究过程中发现了适合创业的地方，给他政策他自然就去创业了。所以我觉得创业是研究过程里面的一个副产品，不是一定强调学生非要去创业。

发展要敢为人先

要办好一个大学不容易，需要很大的财力物力人力。尤其是想要成长为有影响的大学、有传统的大学、有精神的大学，更不是那么简单的。需要经过长期的文化的积淀、人才的积淀、精神的积淀，才能形成一个大学的精神。一个地方有好中学、好大学，这个地方就绝对不一样。

之前清华是以教学为主，做研究的多是国外回来的教授，继续他在国外的研究。后来 1958 年从清华勤工俭学开始，慢慢进行毕业设计，真刀真枪，慢慢介入到开展课题研究。那个时候的研究都是人家有一点我们就弄一点。比如说我们刚毕业的时候，参加数控机床的研究。当时国内没有程控计算机，很多人甚至都没有见过，手头仅有的也只是一张照片，困难可想而知。但是当时我们就做出来了，这是国家第一台数控机床。再后来，慢慢有自己的研究了，慢慢各个学科都建起来了。一个学科必须要有开创性的领域，必须要有开拓性的带头人，必须有一支队伍，才能形成一个很好的学科。

可是现在我们缺的是眼界开阔、思路开阔的带头人。这是我们学科上不去的根本问题。我们现在很多人、很多教师从事研究。我说我们还需要有一点思想解放，原因是我们之前仰着看人家、跟着看人家，习惯了，时间长了，在我们心中有了一种自卑心理，也跟我们国家长期积弱有关系，可是正是这样的一种心理，不知不觉地限制了我们大师的产生，我觉得，我们现在的科学研究最需要的还是解放思想。

我以前还算是搞了一点研究的，当助教的时候，我的老师写书，有一部分章节让我参加，我就写了。找了国外的文献做参考，我阅读国外文章时，发现他们讨论品体管放大器饱和区的问题：过去用放大器来做门电路，门电路是计算机的基础电路，用放大器来做，它有饱和区，当放大器一进入饱和区就不容易出来，出来需要时间，这就限制了"与或门"的速度，就成了大问题了。这个问题我记了下来。有一次我去做线路实验，不是做放大器，调过来做跟随器。我发现跟随器根本就没有饱和区，总在工作区。我就想它没有饱和区，我能不能用跟随器做基本器件来做"与或门"，如果用跟随器做"与或门"速度就快多了。其实是很天真的一个想法。我就把跟随器跟放大器调换位置，但原理是一样的，我用跟随器做了"与或门"发现速度快了不少。我就投了篇稿，当时助教是极少写稿子的，但之后文章就不知去向了。后来我看国外的期刊，发现国外也在搞跟随器做的"与或门"。所以我就想我不是跟你同步了吗？你在研究我已经有讨论文章送出去了，我就跟你一样。我觉得我自己思想还是不错的，还是可以做出一些工作的。但是等到我出国的时候，才知道我还差得远。1978年底我有机会到美国去做访问学者，去麻省理工，两年以后，我要回来了。难得有这个机会，我想应该听听著名学者的意见，当时林家翘先生在麻省理工学院是学院教授，很有名。我跟他不是一个专业，但谈过几次话。我临回国前就去找他，请他给我一些忠告。

他这个人很直率，他就说，我告诉你，别人做过的事情你不要做。我恍然大悟，我以前做的都是别人做过的事情，而林先生认为别人做了你就不要做，你要做就要做别人没做过的事情。这个就是不一样。那时候思想真的是比较保守，不敢多想，也不会多想，我想的是别人做过的事情我可以做，不是别人做过的事情我不做。从这一句话我就领悟到，一流的科学家是这么想事情的，别人做的我不做，就做别人没做过的。我过去想的还是差远了。时代进步了，社会变化了，但解放思想永远是对的，这是很重要的。我们的想法一定要开、要远、要大胆。我们的大学科研要按照一流研究的想法，要从思想上解放，才能出一流的科学家，才能出大师。

做科研要自信

我们在科研这方面的自卑心理，还有一个很大的表现就是体现在评价上。论文必须发在国外的期刊上、搞国际同行评定，这就是一种体现。这个不打破，我们国家哪有学术独立？哪能使自己的腰杆子硬起来？怎么能够出我们自己的大师呢？都要靠别人去评价。所以这种思想我们一定要抛弃，没有世界的眼光是不行的，但我们不能看别人的眼色创新，否则我们如何才能使我们国家的研究走向新的境界。事实上，我们这种心理和状态已经阻碍了我们往前跑的步伐。

起初我们那一批人都是助教，谁先提讲师很难，那个时候也没有论文，那看什么？大家都有教学，那评谁？据我了解当时我们系就是看几位主要教授的意见。他们觉得这个人有前途，就选这个人，选人是很准的。现在不是了，这个人有潜力、有能力，大家公认好但没有论文的话，那就不行。这就颠倒了，过去我们没有，但提拔得很好大家也没有意见。

一两年前，我们博士生毕业规定要有三篇 SCI 文章。我说我们不能按照这个来，我就给系里提，我说我们组一篇就可以。系里同意了，学校也说可以。后来我说一篇都不用，只要我们博士发表了文章我们承认就可以毕业了，对此系里面心里打鼓，一篇 SCI 都不要就博士毕业了，导师认为水平够了就可以毕业，行吗？系里不好驳我的面子，就问学校说不看 SCI 行不行。研究生院就给我打电话说不要 SCI 的文章，学校的 SCI 文章数目一下就下来了，学校受不了。他的研究工作到了、他的水平到了，我就让他毕业，为什么不可以？所以我感觉，我们需要有一个思想的解放。我这是有点儿摆资格，我提都不太容易，一般老师就更不好说了。

我过去有过一个观点，对学校来说，好的学校着眼点是放在前进的步伐上，差一点的学校着眼点是限制后面的部分。所以，一个学校发展得好、先进，是因为它有雄心壮志，它的着眼点是前进的部分；为什么有的差呢？差的觉得后面的部分要限制住，要出一些规定把好坏绑在一起。差别就在这儿，这么做的结果就是把先进的拉下来了。所以，看学校好不好，看它着眼点是在鼓励先进还是怕落后的拖后腿就行。先进的起来了，后面的自然就带上去了，这是很简单的道理。这就是着眼点不同，不一样的地方。

（2016 年 12 月 2 日）

金国藩

中国工程院院士

院　士　简　介

1929 年 1 月出生，浙江绍兴人。

清华大学教授。中国光学工程学会名誉理事长。曾任国家教育部科技委常务副主任、国家自然科学基金委员会副主任、中国仪器仪表学会副理事长、中国仪器仪表学报主编、亚太地区仪器与控制学会主席、中国工程院电子仪器学部副主任、世界光学委员会（ICO）副主席等。

光学仪器与光学信息处理专家。我国光学信息处理的奠基人之一，长期从事光信息处理及应用光学技术研究。自 60 年代起开始从事光学仪器及应用光学的研究。先后主持 20 余项科研项目的研究，尤其在光栅测量机、光盘技术、激光陀螺、计算全息、双折射双频激光器、新型印刷网屏，舌诊自动识别系统，光计算及二元光学等科技领域取得显著成就，做出重大贡献。

曾获全国科学大会奖、中国工程院中国工程奖、国家科技进步三等奖、国家教委科技进步一等奖、国家教委科技进步二等奖、国家教委科技进步三等奖、教育部技术发明一等奖、第四届国家图书奖提名奖、全国优秀科技图书奖暨科技进步奖（科技著作）二等奖、北京市科技进步一等奖、国家发明二等奖等奖项。

院 士 观 点

学校教育应从幼儿园开始就要让孩子们参与实践活动，创新意识应从小学阶段就有系统培养。

培养人才，要先培养好一个人，再培养他成才。

工程教育一定要重视基础。

对工程科学来说，强调研究前沿性的同时还要注重工程实践。

学术评价要实事求是，不能被数据、指标绑架，更不应妄自菲薄。

大学也好，学院也好，学校也好，重要的是能培养出什么样的人，能为社会提供什么样的服务。

高等教育要百花齐放

一个国家的发展取决于这个国家的教育，教育非常重要。我们现在的教育，的确还存在一些地方，需要改革。

创新能力要从小培养

无论是小学还是大学，能力培养比知识灌输更为重要。这些能力包括创新能力、学习能力、表达能力、对科学的认知能力等。学校教育应从幼儿园开始就要让孩子们参与实践活动，创新意识应从小学阶段就有系统培养。现在中小学的课业负担还是太重，不利于想象力、创新力的培养。可以想一下，每天晚上十一二点才能完成作业，孩子哪有时间去思考、去发挥想象。这里面可能也与我们的评价体系有很大关系，应该到了认真研究、切实解决的时候了。我们现在的学生，和早些时候比，主要增强了外语能力、计算机模拟能力等训练，他们的实践能力、动手能力、创新能力没有大的提高。

成才先育人

我们国家现在再三强调，要把立德树人作为教育的根本任务，把立德树人作为中心环节，我觉得这很必要，要坚持。培养人才，要先培养好一个人，再培养他成才，我们常说，育人育人，育的是人，不是机器，不是分数。还有一个问题，我们的爱国主义教育做得还不够，现在我们国家出国人员越来越"年轻化"，甚至"年幼化"，还有大量的"不归人"。当然不是说出国就是不爱国，是说人才应该有为国家服务的信念和理想。

工程教育需注重基础

工程教育一定要重视基础，不怕学生的方向确立晚，基础好了，方向会更容易明确。这个问题，教师和研究生都应当关注一下。"学好数理化"还是有一定的道理，基础面一定要宽，基础一定要牢。我们的专业设置受苏联模式影响比较大，这种模式培养出的人才要求能够独当一面。但在强调交叉融合和创新的今天，科技发展日新月异，专业界限越来越模糊，未来很多的问题都不是哪一个专业能够独立解决的。

工程教育要强调实践观念

论文的撰写与发表对于一个研究生、一个课题组，乃至一所大学固然重要，但是，对工程科学来说，强调研究前沿性的同时还要注重工程实践。很多创新性的课题，最终还要转化成为工程现实才能对国民经济、国防建设起到推动作用。现在我们的大学实践环节比较弱。以前，我们清华大学精仪系有认识实习、生产实习和毕业实习。而现在的学生只有短短几周的社会实践，而且在实践中多以参观为主，直接接触仪器的机会较少。过去的学生有零件设计、仪器零件设计和仪器设计等课程，学生的毕业设计也多来自工厂实际情况，而现在的设计多为教师虚拟出来的。

学术评价要实事求是

做学问的人首先应是一个实事求是的人，对他的学术评价最重要的也是实事求是。我们目前在这方面的一些做法还有待改进，不能被数据、指标绑架了，更不应妄自菲薄，不要自己看不起自己。学术研究内容不同、技术路线不同，评价的标准与要求应该也要不同，虽然不能说无论大小一事一议，但基本的分类评价应该是可以做到、需要做到的，不能根据学术以外的东西去评价、去判断。

高等教育应该百花齐放

高校发展是个大命题，讨论比较多、比较热，国家层面、学校层面、社会层面都比较关注，都有各自的认识，也有相关的举措。每个高校都要有自己的定位，办什么样的学，实现什么样的目标。从整个社会来讲，社会是需要不同层次和类型的学校的，研究型的、应用型的、职业型的，不管哪种，要有特色，有贡献。我们现在存在"大学至上"的现象，此前改名称也是"一哄而上"，以"大学"代替"学院"。大学也好，学院也好，学校也好，什么名称不是很重要，重要的是你能培养出什么样的人，能为社会提供什么样的服务。高等教育应该是百花齐放的。

（2016 年 12 月 11 日）

李德毅

中国工程院院士

院 士 简 介

1944 年 11 月出生，江苏泰县人。

中国电子系统工程研究所研究员，中国指挥和控制学会名誉理事长，中国人工智能学会理事长。

指挥自动化和人工智能专家。参加多项电子信息系统重大工程的研制和开发；最早提出"控制流—数据流"图对理论和一整套用逻辑语言实现的方法；证明了关系数据库模式和谓词逻辑的对等性；提出云模型、云变换、云推理、云控制等方法用于不确定性认知和云计算，在智能控制"三级倒立摆动平衡"实验和智能驾驶中取得显著成效。

曾获国家和省部级二等奖以上奖励 9 项。曾获首届具有突出贡献的归国留学人员、国家有突出贡献的中青年专家等荣誉称号。

院 士 观 点

地方高校在高等教育体系中有其特殊的地位和优势，它与地方经济发展有天然联系，理应成为服务地方经济社会发展的主力军。

如果把"双一流"建设简单理解成抓紧"抢帽子"，就算抢到再多"帽子"，恐怕也是徒劳。

突出学科特色非常重要，学科建设要懂得"取""舍"，切忌一哄而上，盲目增设热门学科，不切实际地追求学科上的大而全。

学科体系布局应及时响应时代需求，服务国家重大科技需求和人才培养需求。

创新是一个厚积薄发、博观约取的过程，要有执着的精神，需要持久的努力，需要持续用力，需要久久为功的韧劲儿。

家教、家风靠亲情的力量，在润物无声中让人培养"日用而不觉"的价值观。

地方高校要实现差异化发展

地方高校要实现差异化发展

地方高校在高等教育体系中有其特殊的地位和优势，它与地方经济发展有天然联系，理应成为服务地方经济社会发展的主力军。学校发展要明确办学定位，也就是要搞清楚自己在整个高等教育体系的位置，办学定位统领引导学校的改革和发展。只有准确把握自身角色、分工和使命，只有有了一个科学明确的办学定位，高校才能确定自身发展目标、类型、层次、服务面向等一系列基本问题。

北京高等教育资源非常丰富，本科高校60多所，其中部属"985"高校10来所，还有10多个部属"211"高校，那市属高校怎么发展？我认为应该特色发展、错位发展、差异化发展，发挥优势服务首都经济社会发展，为首都经济社会发展提供人才支撑和科技支撑。各个高校不要都去追求大而全、都去追求研究型大学，应用型大学也不矮人一等啊。"双一流"是个导向，但不是所有高校都去争世界一流大学和一流学科，应该是每所高校根据自己的基础、特色和优势，在各自领域各自方向上充分挖掘潜力、创新能力，为国家和地方培养更多创新人才、专业技术人才、高技能人才，各个高校要在不同层次上争创"领域一流"。

引进人才不能只看"帽子"

高校的人才竞争随着"双一流"建设的推进日趋激烈，一些学校开出的价码也越来越高，甚至给那些"戴人才帽子"学者开出百万年薪、几千万科研启动经费等天价。高校发展的关键是人才，当然要重视人才，没有人才支撑，"双一流"建设也只能是一句空话。但如果把"双一流"建设简单理解成抓紧"抢人才帽子"，我想，就算抢到再多"帽子"，恐怕也是徒劳。

我认为，学校引进人才不能只看"帽子"，要看学校真正的需求，要因需设岗、因岗引人，进人就要用好。真正根据学校学科布局、教学或科研需求去引进人才，而且是引进对的人，"帽子"人才不是万能的，得与学校发展相匹配。学校环境也非常重要，人才引进要实现双赢，要对学科建设有效，对人才成长及才能发挥有利。如果环境不对、生态不对，就算引进的人才再强，一个人也发挥不了太大作用。

"双一流"建设特色最重要

现在国家做出了建设世界一流大学和一流学科的战略部署，各部委各省市都在推进落实。"双一流"怎么建？怎么干？我认为关键是要突出特色。在长期办学实践和不断发展建设过程中，我国很多大学积极服务国家经济社会发展，形成了比较显著的办学特色和学科优势。突出学科特色非常重要，学科建设要懂得"取""舍"，切忌一哄而上，盲目增设热门学科，不切实际地追求学科上的大而全，捆绑打包。应选取优势特色学科进行重点建设，用有限的资源获取最大的效益。尤其对于行业特色型大学来说，面向国家战略需求和服务行业，优势特色学科由"专"转"精"是其迈向世界一流的最佳途径。

另外，我个人认为，"双一流"建设不应该限制在一级学科，至少可以放到二级学科。跟医院类似，有些专科医院不一定所有科室都强，但其优势和特色的专科足以让其成为百姓心中一流的医院。"双一流"建设亦如此，不要盲目求全，也不是自己占山、自己封大王，那没有用，得让社会公认一流。

学科体系布局应及时响应时代需求

自20世纪80年代，我国恢复学位制度以来，就确定了学科门类、一级学科、二级学科三个层次学科目录管理。学科门类和一级学科是国家进行学位授权审核与学科管理、学位授予单位开展学位授予与人才培养工作的基本依据，二级学科可以由学位授予单位根据相关规定自主设置。

学科目录的设置和沿革反映了人们对于学科发展内在规律与社会需要相适应的认识成果。由于科学技术本身在日新月异地发展，同时也由于社会的进步会不断提出新的需要，因此这种认识成果必定要相应地变化与发展。我们先后施行过四份学科专业目录，分别是1983年、1990年、1993年、2011年，应该说经过几次调整，学科门类、学科目录设置越来越科学和完善，也发挥了重要作用。如今，科学技术飞速发展、学科交叉与融合越来越普遍，但《学位授予和人才培养学科目录设置与管理办法》规定，一级学科的调整每10年进行一次，显然跟不上国家发展需要，跟不上世界科技发展的形势。我认为，学科体系布局应及时响应时代需求，服务国家重大科技需求和人才培养需求。

建议设置"智能科学与技术"一级学科

人工智能时代的到来，成为推动智能科学与技术成为一级学科的核心动力。加快从要素驱动发展向创新驱动发展的转变，智能学科是非常重要的解决方案。智能作为一级学科在推动技术发展上具有特殊意义，人工智能在未来的地位是不可替代的。

设置"智能科学与技术"一级学科，犹如给一个多学科交叉诞生的"黑孩子"上个户口。现在智能学科的专业集中在计算机、自动化、脑科学、生命科学还有机械等。智能学科由哲学、理学、医学、文学、工学五大学科交叉而成。如果再进行细分，其中哲学里的美学、逻辑学、伦理学；理学里的数学、物理学、生物学、心理学；工学里的信号与信息处理、电路与系统、控制工程学；文学里的语言学和应用语言学；医学里的神经生物学，均是构成智能学科的重要组成部分。智能学科可设置专有的研究方向和内容，可在学科基础课、专业基础课、专业课和选修课等不同层次上，设立独立的课程体系，符合国家《学位授予和人才培养学科目录设置与管理办法》设置一级学科的相关要求。

智能是科技创新的源头，智能作为一级学科，是人类提升创新驱动发展源头供给能力的时代需求。智能学科具有高度的综合性和交叉性特征，有区别于动力工具的智力工具特征，是多学科交叉而来，有独立的课程体系和明确具体的研究内容。大量的、由下而上的智能学科的课程设置和成功实践，为智能学科的普遍性原则奠定了基础。目前智能科学隐藏、散落在多个一级学科中，但任何已有的一级学科都无法替代它。智能科学与技术如果作为一级学科确立和发展，还将会促进包括计算机和自动化在内的几乎所有其他一级学科类发展达到一个新的高度。所以，我建议设置"智能科学与技术"一级学科。

创新需要久久为功的韧劲儿

做科研创新，我觉得有三点比较重要。一是要有好奇心驱使你不断发现问题，展开研究。居里夫人说："很多人都说我很伟大、很有毅力什么的，其实我就是特别好奇，好奇得上瘾。"爱因斯坦也说过，"我没有特别的才能，只有强烈的好奇心。"做科研真的需要"好奇得上瘾"，要有这种内生的驱动力。二是要有"工匠精神"。科研工作是建立在踏实的研究和实验的基础上的，"工匠精神"很重要。在智能驾驶当中，我们实际上做了大量的工作。2012年从北京到天津，在高速公路封闭的道路上做"无人驾驶"，我们跑了18次，写了18个实验报告。整个过程停车多少次、方向盘转了多少次、制动踩了多少下……一个个数据拿回来分解。这样的东西需要很严格、严谨、科学的态度，太浮躁、太急是做不好的。第三，要独立自主。记得当时我们成功完成从北京到天津的实验后，很多人觉得"无人驾驶"很了不起。哪一点了不起？我们车顶上没有顶美国的64线激光雷达，只用比较简单的雷达就成功完成了实验，我觉得这一点是可以值得我们自豪的。自主创新、独立自主，我们可以做到，甚至做得更好。

创新是一个厚积薄发、博观约取的过程，要有执着的精神，需要持久的努力，需要持续用力，需要久久为功的韧劲儿。

家风家教要重视

习近平总书记说："家庭是人生的第一个课堂，父母是孩子的第一任老师"，要"帮助孩子扣好人生的第一粒扣子，迈好人生的第一个台阶"。我个人对家风的理解，就是父母的言传身教对子女润物无声的点滴渗透。在我们家，从小父母就告诫我们，要勤学读书、尊老爱幼、与人为善，"立身以立学为先，立学以读书为本"。家中八十字的李氏家训已流传百年。我哥哥小时候，为了鼓励他多识字，母亲就用吃饺子作为交换条件，认到一千个字包一顿饺子。那个时候，吃顿饺子就像过年，所以哥哥每天都会特别积极地认字，养成了爱读书的好习惯，一直到现在都保持着。

"注重家庭、注重家教、注重家风"，是中华民族的优良传统。家教、家风为什么能对一个人有这么大的影响呢？我想是因为它靠的是亲情的力量，在润物无声中让人培养"日用而不觉"的价值观。家庭是最能塑造一个人精神的地方，有什么样的家教家风，就有什么样的作风做派，也就有什么样的事业成就。当然，磊落家风、清正家教，除了能惠及一个家庭，也是整个社会的共同财富，一个社会的好风气是由千千万万家庭的好家风支撑起来的。无论时代如何变化，无论社会如何发展，家庭的作用都是不可替代的，这种优良传统必须传承下去。

（2016 年 12 月 20 日）

谢建新

中国工程院院士

院 士 简 介

1958 年 6 月出生，湖南双峰人。

北京科技大学教授。兼任国家新材料产业专家咨询委员会副主任、国家"十三五"重点研发计划材料基因工程重点专项专家组组长、中国材料研究学会副理事长、中国有色金属学会常务理事、中国有色金属工业协会常务理事等职。曾任北京科技大学副校长。

材料加工工程专家。长期从事金属凝固、加工和热处理工艺技术及关键装备的研究，在现代交通运输与航天航空关键铝合金材料，高端制造用铜合金和铜铝复合材料、高性能特钢、材料加工新工艺及关键装备的研究开发和工程应用等方面取得较多成绩。

曾获国家技术发明二等奖 1 项、国家科技进步二等奖 2 项、省部级科技成果奖 10 项、何梁何利基金科学与技术进步奖等奖项。

院　士　观　点

高校的核心竞争力在于高素质的师资队伍，青年教师代表着高校的未来，是高校未来可持续发展的重要基础。一所高校没有一流的青年教师队伍，就不可能建成一流的大学。

不同的项目、人才、基地分属不同的部门管理，统筹协调不够，导致既不能有效支撑国家创新发展需求，又不能充分发挥项目、人才、基地的互补作用，还降低了财政资金效益。

北京高校科技创新平台规划重视高校的科技特区和人才特区建设，将为推进高校科技体制机制全面改革提供重要的理论探索和实践借鉴。

很多世界一流名校，它们既不是所有学科都很强、也不是规模特别大、人特别多，主要在于它们的特色和优势，有自己的"杀手锏"。

每所高校应深入研究自己在"四个中心"建设过程中能发挥什么不可替代的作用，找准自己在北京创新发展中的定位。

特色发展是高校迈向一流的必由之路

青年人才是高校可持续发展的基础

人才是创新的根基，青年是创新的主力，也是创新的未来。高校的核心竞争力在于高素质的师资队伍，而青年教师代表着高校的未来，是高校未来可持续发展的重要基础。一所高校没有一流的青年教师队伍，就不可能建成一流的大学。

现在各地高校对青年人才非常重视，对人才的争抢也超乎寻常。我不太赞同用人单位之间挖人、抢人，也不太鼓励青年人才都去争着戴"帽子"，但我支持要加强对青年人才的培养和支持。现在许多青年人才学术背景都不错，学术功底也比较扎实。博士毕业或博士后出站后的十年，是最具创新思维、创新活力、创新能力的黄金时期，具有很大的发展潜力与培养空间，但很多人苦于没有好的平台、团队，或者没有良好的创新氛围而无法大展手脚、施展才华。十年对于科研来说其实很短暂，错过了也就很难产出重大的成果。我这几年注意观察、分析了一下全国高校的一些情况，凡是在青年人才支持和培养方面下了功夫的高校，发展都非常快，这些高校主要集中在东南沿海一带。北京应出台一些举措，尽快谋划青年人才的集聚和培养。

要加强对项目、基地和人才的统筹

我做科研项目、科技管理的时间也不短了，从"九五"回国开始承担国家科技部项目、当评审专家，到现在也已是第五个"五年计划"了，经历了从"863"到"973"，一直到现在的"国家科技重大专项""国家重点研发计划"，始终有个感受，就是应该加强对项目、基地和人才的统筹。

这些年来，随着国家综合实力增强，在科技上的投入和支持逐年加大，相关部门立了很多项目，花了很多经费支持，也树立了一定品牌，但回头梳理一下却发现似乎都是"行云流水"，能留下较深痕迹的并不太多。仔细分析一下，我认为有两个原因。一是项目支持的不连续、不稳定。有些项目的支持周期也就是三到五年，大部分项目做完以后，实际上还是阶段性成果，被科学家锁在柜子里，很少能继续做下去，就不用说后期可能的转化或产业化。有些项目结题时就是发表了几篇论文，一些被认为做得比较好的项目，其实就是发了几篇影响因子较好的国际期刊的论文。作为基础研究项目，发国际论文当然也是必要的，问题是这些论文成果并未达到可转化阶段，而且很多在国内看都看不到，也就谈不上成果的转化和应用。当然，近年国家也建了一些平台，大家觉得很不错，有长期稳定的支持，可以使一部分科技人员不去外面跑去拉项目，能有事做。第二个就是定位模糊、重复立项等现象。为什么这样？因为缺乏对项目、基地、人才的统筹。不同的项目、人才、基地分属不同的部门管理，统筹协调不够，导致既不能有效支撑国家创新发展需求，又不能充分发挥项目、人才、基地的作用，还降低了财政资金效益。"十三五"国家科技体制机制改革全面启动，我们希望，也相信这一问题会得到解决。

建议加强北京高校科技创新平台建设

令人高兴的是，北京市在项目、基地和人才统筹方面做了很多探索性工作，尤其是北京市教委，这几年建设了高精尖创新中心和北京实验室等新型创新平台，在一些体制机制方面做了比较大的突破。这些平台规划重视高校的科技特区和人才特区建设，我想将会为推进高校科技体制机制全面改革提供重要的理论探索和实践借鉴。

以北京实验室为例，"十二五"期间，市教委面向一些战略性新兴产业领域建设了 11 个北京实验室，形成了以需求为导向、高校为主体、产学研深度融合的"北京实验室发展模式"，已经在北京高校产生了非常重要的影响。关于"十三五"的北京实验室建设，我有几点建议：一是关于人才。能不能依托北京实验室设立项目、引进人才。北京实验室的布局都是面向国家和北京市需求的重要领域，人才引进工作就可以依托北京实验室开展，人来了就有平台，不必重新建设，可以加大投入。科研项目的指南，也围绕北京实验室的主要研究方向。实验室的投入强度可以根据任务和人才引进情况，在稳定的基础上浮动，既有激励，又有保障。二是布局安排。能不能根据国家和北京市需求，结合高校在重点方向的高层次人才及团队的引进情况，来完善实验室布局。三是激励机制。各实验室应制定中长期发展规划和五年建设计划，五年一个周期。三年的时候可以状态评估，第五年周期评估，达到建设目标继续稳定支持，建立起稳定支持和激励约束的机制。如果对一个建设得比较好的实验室连续支持十年以上，那实验室的人员肯定也在这里落地生根了，尤其是那些35—40岁的青年学者，肯定能产出不错的成果。

特色发展是高校迈向一流的必由之路

当前，我们国家高校发展存在的主要问题，就是"千校一面"。其实很多高校建校之初是特色非常鲜明的，但到了某个阶段、某个时期，由于某些原因，大家都去贪大求全、扩张规模去了，再加上一些体制机制僵化的问题，使得我国高校"千校一面"的问题较为突出。现在各高校都非常关注排名，其实仔细分析一下，有很多排名把学校发展引入了歧途，很多高校排名靠前都是以量取胜，靠的是办学规模和学科数量多少，而非以质量和特色占优。从政府层面来讲，一定要制定一些政策和措施对高校进行引导，让它们办出自己的特色。特色可以体现在优势学科、人才培养、科学研究、服务社会和文化传承等各个方面。

单纯围绕考核和排名来办学，特色可能只会越来越弱。很多世界一流名校，它们既不是所有学科都很强，也不是规模特别大、人特别多，主要在于它们的特色和优势，有自己的"杀手锏"。它们在自己的优势学科或领域有一流的师资，能持续培养一流的人才，持续产出一流的成果。我们的呢？似乎什么都有，又似乎什么都没有。

北京高等教育有自己的特点，总体水平全国领先，但中央高校和市属高校发展不均衡，央校和央校之间、市校和市校之间发展的速度和水平也有差别，央校和市校之间的融合发展也不够。北京的"双一流"要以一流学科建设为龙头，以学科改革带动学校各领域深化改革，理顺关系。一流学科建设是北京"双一流"建设的重点。无论面向央校还是市校，北京的一流学科建设必须服务首都城市战略定位和国际一流和谐宜居之都建设。每所高校应深入研究自己在"四个中心"建设过程中能发挥什么不可替代的作用，找准自己在北京创新发展的定位，重点培育和建设"杀手锏"学科或领域，凸显特色。

（2016 年 12 月 21 日）

沈建忠

中国工程院院士

院 士 简 介

1963年3月出生，浙江桐乡人。

中国农业大学动物医学院院长，国家兽药安全评价中心主任，国家兽药残留基准实验室主任，国家"973"项目首席科学家。

基础兽医学专家。长期从事基础兽医学领域中动物源性食品安全和兽医公共卫生的基础理论与技术研究。发展了兽药及有害化合物抗体制备的理论与技术，构建了国际领先的小分子化合物抗体资源库，为应对食品安全突发事件提供了技术保障；研制出数十种拥有我国自主知识产权的食品安全快速检测产品，打破了国外技术垄断；发展免疫亲和色谱分离纯化技术，主持制定了一批兽药残留定量确证检测方法国家（或行业）标准；系统构建了动物源细菌耐药性数据库，发现了动物源超级耐药细菌及多重耐药基因，阐明了耐药性传播与扩散机制，为耐药性通过食物链/环境在动物与人之间传播的风险评估和控制奠定了基础。

曾获全国创新争先奖、国家科技进步二等奖、国家技术发明二等奖、省部级科技一等奖（3项）。曾获首都劳动奖章、北京高校优秀共产党员、北京市教育先锋教书育人先进个人、全国优秀科技工作者等荣誉称号。

院 士 观 点

北京的基础研究、应用基础研究和开发研究的基础条件、资源都很好，有优势，最好的资源要用好，发挥出它们应有的价值。

学科建设是一个漫长的、不断累积的过程，不可人为生拉硬拽、拔苗助长，要遵循学科生长规律，否则定会走弯路，得不偿失。

不能让大学"唯排行榜"办学，应该建立具有中国特色的学科评估体系。评估是为了发展，为了更好地科学发展，它的激励应该是正面的。

我们亟须转变高等教育观念，改革评价机制，扭转"重科研轻教学"现状，让大学回归本义。

青年人才是社会发展的支柱，是社会发展的希望，他们的地位和作用举足轻重，值得我们重视和关心。

让大学回归本义

在全国科技创新大会、两院院士大会、中国科协第九次全国代表大会上，习近平总书记发表了重要讲话，强调实现"两个一百年"奋斗目标，实现中华民族伟大复兴的中国梦，必须坚持走中国特色自主创新道路，面向世界科技前沿、面向经济主战场、面向国家重大需求，加快各领域科技创新，掌握全球科技竞争先机，这就要求我们要把科技创新摆在更加重要位置。北京地区高校密集，科技人才资源优势明显，最具创新优势，理应在建设世界科技强国过程中发挥更大作用。

好资源要用好

北京是科技教育资源密集区，具有建设全球影响力的科技创新中心的良好基础和条件，有能力也有实力为建设世界科技强国做出更大贡献，争当建设世界科技强国的排头兵。

北京应进一步深化改革，创新政策环境，以更加实际的举措，充分吸引全球创新人才，搞活科研体制机制，激发科研人员创新活力。要充分发挥北京高端人才集聚、科技基础雄厚的创新优势，统筹利用好各方面科技创新资源，在基础研究、原始创新和国家急需的领域取得突破，全面支撑引领京津冀协同发展、全国科技创新中心建设等国家战略。可以说，北京的基础研究、应用基础研究和开发研究的基础条件、资源都很好，有优势，那么最好的资源要用好，发挥出它应有的价值，在创新驱动发展战略实施和京津冀协同发展中发挥引领示范和核心支撑作用。

遵循学科生长规律

学科的形成与产生有其自身规律。学科建设是大学的一项日常性工作，是一个漫长的、不断累积的过程，不可人为生拉硬拽、拔苗助长，要鼓励、培育新兴学科的发展和成长，遵循学科生长规律，切不可急功近利，否则定会走弯路，得不偿失。学科布局应加强顶层设计，鼓励交叉融合，避免学科重复设置、建设导致的不同大学、不同学院的同质化竞争与资源浪费。每所高校应该充分根据学校的学科布局，积极梳理国际国内同类高校、相同学科发展现状和科技发展趋势，结合国家重大战略需求，以更加科学、更加严谨、更加符合学校特点、更加彰显学科特色的理念，整合相关、相近学科资源，促进学科之间交叉与融合，提升学科综合性、交叉性，将学科建设落到实处，真正提升学科的质量和水平。

建立具有中国特色的学科评估体系

我们现在在做学科评估，高校非常重视，社会也比较关注。我认为，开展学科评估是正当的、必要的，但不能为了评估而评估，要能真正有效促进学科建设和高等教育的健康发展。每次为了学科评估，各高校都花很多时间和精力，但评估到底能给学校带来什么？现在国家提出"双一流"战略，尽管在解读中说要淡化学科排名，着重于诊断与监测，评估说是第三方，但高校也不敢掉以轻心，还有的因过度重视而产生"恐慌"应对现象。为了使学校能够在学科评估中占据好名次，现在不少高校都利用学位授权点调整评估的机会，主动撤掉一些较差学科，然后把这些学科的资源调整到相近学科，力争使那几个学科能排到前面，以便得到教育主管部门更多的投入。这是评估的目的吗？当然不是，但这是它导致的一个结果。这样的评估做的是"面子工程""形式工程"，我个人认为结果是不太客观的。政府相关部门对高校学科建设要理性、客观、务实。投入看什么？肯定不是只有排名。我们不能让大学"唯排行榜"办学，应该建立具有中国特色的学科评估体系。评估是为了发展，为了更好地科学发展，它的激励应该是正面的。

让大学回归本义

说起大学发展，经常有人说某高校近些年取得了哪些科研成绩、获得多少国家科技奖励、承担多少国家和省部级科研项目、有多少科研经费。很少有人去问学校教育教学怎么样？培养了多少创新人才？这些人才有多少为国家相关事业发展作出了杰出贡献？"重科研轻教学"的现象在中国高校非常普遍，产生该现象的根本原因，我认为是现行的高校评价机制。现在对于大学而言，最大的"政绩"不是教学成绩，而是科研成绩，正是在这种不合理的评价体系下，导致了高校科研功利化和教学荒废化的趋势。

教师评价不等于科研评价，科研评价也不能只看论文和项目，科技活动有分类，科技也有领域，不能以"数量"评价这种简单粗暴的方式评价教师。大学的根本是培养人才，国外一流大学都把本科教育作为立校之本。比如哈佛大学，本科教育始终在哈佛处于中心地位，本科生培养被视为哈佛立足之本。哈佛大学文理学院前院长亨利·罗索夫斯基曾说，只有本科生才是哈佛大学真正的儿女。我们现在很多老师忙于承担各种科研项目、参加各种项目评审和项目咨询活动，以满足考核的项目数、经费数、文章数要求，很难有时间去认真准备课堂教学、课程改革、教学方式方法研究，长此下去，高校人才培养质量怎么能不让人担忧？现在我们亟须转变高等教育观念、改革评价机制，扭转"重科研轻教学"现状，让大学回归本义。

青年人才是社会发展的希望

北京有集聚国际高端创新人才的优势条件，要以更加开放的态度，有计划有步骤地吸引更多优秀创新人才来京创新创业。相关部门和单位应珍惜资源条件，改革人才引进机制，完善人才培养机制，吸引更多优秀人才，建设高水平国际化师资队伍，培养更多优秀创新人才。

我想强调一点，一定要重视对青年科技人才的培养。青年科技创新人才是高校科技创新的生力军，要给青年创新人才创造良好的工作和生活环境，让其无后顾之忧，踏踏实实奋斗在教学、科研工作第一线。建议国家、地方和高校建立三级保障体系，以更加实际的举措解决青年教师的住房、子女入学等问题。青年教师与学生接触较多，他们的工作状态、生活情况、思想认识也会影响到大学生的观念和价值观，这是榜样、是传承、是潜移默化的影响；而且，青年人才是社会发展的支柱，是社会发展的希望，他们的地位和作用举足轻重，值得我们重视和关心。

（2016 年 12 月 29 日）

岳国君

中国工程院院士

院 士 简 介

1963年4月出生，吉林长春人。

国家投资开发公司首席科学家。曾任中粮集团总工程师、中粮控股董事副总经理、中粮生化董事长。

生物与发酵专家。长期在企业从事技术开发工作，在我国传统酒精酿造技术的基础上，消化吸收国内外酒精发酵先进技术和化学工程最新成果，集成创新，攻克净能量为负的难题，实现净能量为正，形成了具有自主知识产权的燃料乙醇成套技术，最早建成国内燃料乙醇生产工业装置；率先建成世界规模最大以木薯为原料的非粮燃料乙醇装置，并采用自有技术对粮食燃料乙醇装置进行非粮技术改造；组建国家能源生物液体燃料研发（实验）中心，致力燃料乙醇基础应用研究，为发展我国生物液体燃料事业作出贡献。

曾获国家科技进步二等奖1项、省部级科技进步一等奖3项以及全国"五一劳动奖状"、"全国劳动模范"等称号。

院　士　观　点

　　高校的科技创新必须有系统宏观规划。然而，现在地区间、高校间、老师间，都缺少一个明确的规划"指挥棒"。

　　从世界范围来看，在科研创新方面，持续稳定的支持是基本前提，这是由科研的基本规律所决定的。

　　教育的根本目的在于启迪你内心的火花，启迪人心是教育之本。每个人都有开启内心的伟大钥匙，现在有时候我们似乎没有开启学生的内心，反而给锁上了。

　　我们不能"扛着渔网去山上打鱼"，那样的话永远是什么研发也做不成功。

　　深厚的专业功底是研发创新应有的基础条件，是研发创新活动的力量源泉。

　　宽泛的知识领域与深厚的专业功底不矛盾，所谓博观约取就是这个道理。

　　目前我们的大学教育，有时不注重综合创新、综合思维能力的培养，倾向把学生培养成职业技能人员，这种做法是值得商榷的。

创新需稳定持久支持

创新要有战略策划

企业科技研发都是战略策划出来的，都不是偶然性的，这是与高校科技创新最大的不同。表面上看，企业研发随机性多，每个人做的方向也不一样，似乎没有必然联系，实际上都是战略策划指引下的技术支撑体系将它们联系在一起的。高校的科技创新也需要系统策划，在进入实验室研究之前，就先要研究明确理念是什么、定位是什么、近期目标和长远目标是什么、用什么技术体系和关键技术支撑等。我在中粮集团时，研发首先是战略策划，研究院没有成立就先聘请专业公司去做好策划。在企业里，如果你做出来的东西没有人要、没有市场，那再好的研发也没有意义。你看我们的卫星、航母等研发项目都能成功，有很好的成果，就是在事前做好做足了战略策划，再加上按计划分工行事，才干成了举世瞩目的大事。

如何对高校科技创新实现系统宏观规划是非常值得研究的问题。现在，地区间、高校间、老师间，都缺少一个明确的规划"指挥棒"，大家只能是各自管好自己的，有经费就做自己能做的，不管这件事在国内是个什么情况，不管这么做下去对自己、对社会到底有什么意义，就觉得只要有项目就行，项目能按时完成就行，写几篇文章交差就行，没有规划的创新很难取得好的成果。1994 年，我做 ISO 9000 外审员，当时不理解术语里为什么第一个就是策划，现在才明白这是西方二十多年来十几万工程师、管理人员和科学家研发经验的结晶。我国正处在工业文明向信息文明转变的过程，领导、专家，特别是专家型领导能否吃透创新的精髓、做好战略规划，将直接影响到我们今后科研的发展、行业的发展，甚至是国家的发展。

创新需稳定持久支持

我们科研出的问题，除了政策层面有一定原因外，从自身来分析，都源于目标定得太短，并且太急于要成果。一个项目从立项开始就急着发论文、报专利，以便去应付各种考核。项目似乎就等于成果，立了项目就拿成果，有多少科研项目是真正能做成并有重大创新的呢？我们现在做的好像都能够成功，都有重大成果，这反而是不对的，是违背规律的，是不客观的了。实际上，科学问题、工程技术问题都怕一个持续研究，只要你坚持，肯定会有所收获，但问题是，现在想重新对立过项的问题再立项，一般是没有部门给你立的，所以大家都着急、立项目的着急，做项目的着急，大家都急着一下子出成果。像我们国家做的色谱仪，国产化了，科学院、工程院都在研究，很快就出了产品，但做出来过几年又落后了，后续没有跟上，没有持续推进的能力。科技主管部门应该做好引导，坚持科研与产业结合，科学地选择一批关系国家发展的重要领域给予长期稳定支持，在大学里要坚持科研与教学结合，坚持走持续研发的道路，完善符合科研规律的考核机制。从世界范围来看，在科研创新方面，持续稳定的支持是基本前提，这是由科研的基本规律决定的。

启迪人心是教育之本

知识和技能不等于智慧，大学教育要注重技能，更要关注素质、人文、心理等方面。大学首要目标是培养人，不应仅仅成为职业技能训练所，应该训练学生思维方式方法，引导端正人生信念追求，树立长远的理想。教育的根本目的在于启迪人内心的火花，启迪人心是教育之本。每个人都有开启内心的伟大钥匙，现在有时候我们似乎没有开启学生的内心，反而给锁上了。

科技研发需具备的能力

科技研发具有不确定性、风险性和积累性，这些特性决定了我们做好研发需要具备几个能力。

一是做研发要有敏锐的市场感觉。所谓"春江水暖鸭先知"，研发关键在于先知。这种敏锐的市场感觉不是说有就有的，需要在行业里长期积累，深入掌握行业历史、现状和发展趋势，要清楚关键点和困难点是什么。R&D 中 R 是指研究探索，在企业里叫"寻发"，即知道战略方向在哪里、需求是什么。"寻发"看似简单，但实际绝不简单。市场需求有显性也有隐性。以苹果公司为例，没有造出苹果手机时，全世界谁都不知道有这个需求，但他们把隐性需求找到并抓住了。要做到"寻发"，需要有完善的科研体系、丰富的技术积累沉淀、优秀的学术队伍，需要对行业市场的深入理解，需要经费的长期支持，需要足够的资源条件储备，否则就不会了解"猎物"的习性，我们不能"扛着渔网去山上打鱼"，那样的话永远是什么研发也做不成功。

二是做研发要有深厚的专业功底。细节决定成败，一个小问题没做好，就会导致大的失败。我有一次参加中德国际化工展，看到有德国企业百年历史，就做各种喷头，小到浇花喷头，大到三五千转高速离心喷头，水流要多细就有多细，一小滴雾状的也能喷出来，非常精深。怎么才能做到这样？必须长期积累、有深厚的专业功底、深入科研生产一线，不能只有粗线条和宏观。我认为深厚的专业功底是研发创新应有的基础条件，是研发创新活动的力量源泉。

三是做研发要有宽泛的知识领域。冲击峰顶、拿诺贝尔奖是需要的，但这应当是少数人去做的事，过多的人钻研狭窄的方向是浪费资源，也不现实。我带博士就特别要求知识面要宽，不能说非常宽泛，但与你相关的领域应该都尽可能地知道了解。我们发现，研发工作中用到最多的知识，往往都是中学时学习的一些基本概念。宽泛的知识领域与深厚的专业功底不矛盾，所谓博观约取就是这个道理。

四是做研发要有综合创新能力。领导一个创新项目的人，需要有综合创新能力，能够确定方向路径、整合资源，又懂专业、理解科学家苦衷。毛泽东同志从延安时期就一直强调学哲学，强调培养综合思维的能力，而目前我们的大学教育，有时不注重综合创新、综合思维能力的培养，倾向把学生培养成职业技能人员，这种做法是值得商榷的，到最后会影响到我们的研发创新。

（2016 年 12 月 29 日）

柯 杨

美国医学科学院外籍院士

院 士 简 介

1955 年 7 月出生，天津市人。

北京大学教授，研究员，博士生导师。北京大学校友会常务副会长，北医校友会会长，北京大学肿瘤医院遗传室主任。曾任北京大学常务副校长、北京大学医学部常务副主任，第十一届、十二届全国政协委员，国务院学位委员会委员，中华医学会副会长，中国高等教育学会医学教育专业委员会会长，国务院学位办研究生教育医药科工作委员会主任委员，国家学位委员会临床医学教学指导委员会副主任委员。

肿瘤研究专家。主要从事上消化道恶性肿瘤发病的环境及遗传因素研究。包括新的癌变相关基因的功能研究及应用研发，以及食管癌高发人群的预防及早诊早治的研究。

曾多次获国家级科技奖和教学成果奖。

院　士　观　点

创新型人才必有天然的好奇心，有追求真理的执着，有开放性的思维方式，还应有探究奥秘的能力。

创新型人才主要不是靠培养，更多的是保护和支持。要在创新实践中发现人才，在创新活动中保护和支持人才。

敢于创新又甘于寂寞，是创新特别需要的两种精神。要能下得苦功夫，坐住"冷板凳"，要有心无旁骛、不计功利的钻研精神。创新需要内心与精神的纯净，要有别人没有的付出，才能收获创新成果。

我们现在要做的可能就是先创新体制机制，要有稳定的支持政策为敢于创新和甘于寂寞的人才营造起良好的环境，而不是靠"短、平、快"的功利性目标挤压科技人才。

创新型人才培养需要发掘与保护

科技创新是提高社会生产力和综合国力的战略支撑，党的十八大以来，党中央已经明确把科技创新摆在国家战略发展全局的核心位置。现在社会各界都在按照党中央要求，深入实施创新驱动发展战略，教育尤其是高等教育理应在国家创新战略中发挥重要作用，全面提升创新能力，培养高水平创新型人才。

创新型人才更需要的是发掘与保护

教育是一个国家和民族创新发展的基础。教育应该在国家创新战略中发挥更加重要的作用，教育承担着人才培养的任务，创新的理念、能力要从教育起步。近年来，大学尤其是研究型大学，已经成为国家创新体系的重要力量，应该说是在国家创新发展中发挥了重要作用。一方面，国家对创新的倡导和因此而制定的评估导向，使高校一哄而上，几乎高校都希望建研究型大学，以便争取经费支持、争取项目，这样就容易破坏教育对不同类型人才的分类分工。另一方面，应该对人的创新能力以及如何提升创新能力，也就是创新型人才培养有个正确认识。

如何培养创新型人才？其实就是要顺应人才成长规律，遵循教育本身的规律去做。我们首先得知道什么样的人具有创新能力。我认为创新型人才应该具有这样几种特质，首先要有天然的好奇心，有追求真理的执着，有开放性的思维方式，还应有去探究奥秘的能力。这里面有一些是天然的素质，有一些是靠教育后天培养的。

因此，创新型人才要成长，首先应该有一个宽松的环境，培养创新型人才不单单是高等教育的任务，而是整个教育阶段都应该关注的，从基础教育就应该注重。也就是保护学生的好奇心。就教育来说，不仅靠书本知识，要有启发式的教学，也应该允许学生能提出质疑。所以，要加大创新型人才培养的力度，从基础教育到高等教育，在教育理念上、在教育方式方法上、在提供宽松的环境上下功夫。应从多个环节下手，加大学校教育的改革力度，推动形成科技人才辈出的生动局面。习近平总书记指出，人是科技创新最关键的因素，创新的事业呼唤创新的人才，我国要在科技创新方面走在世界前列，必须在创新实践中发现人才、在创新活动中培育人才、在创新事业中凝聚人才。如果说创新型人才培养是系统工程的话，就应具体到教育的各个环节，在创新实践中发现人才，在创新活动中培育人才。

师资队伍建设对创新型人才的培养至关重要。要让年轻教师有机会参与高水平的国内外科研实践，这是使他们最迅速的成长方式。与国际接轨的科研环境、对科学理念和科学精神的培养、对创新的鼓励，都会有所帮助。

更清晰地认识创新内涵

创新是一个国家、一个民族发展的重要力量，也是推动人类社会进步的重要力量。经过不懈努力，我国科技发展取得举世瞩目的伟大成就，科技整体能力持续提升，一些重要领域方向跻身世界先进行列，某些前沿方向开始进入并行、领跑阶段。但我们现在更多的还是以跟踪式科研为主，缺少重大原始创新，关键领域核心技术的突破还不够，科技创新对国家经济发展的贡献还需加强。这需要一个过程，要长期积累积淀，需要国家的体制机制创新，需要全体科研工作者的不懈努力，需要大力弘扬科学精神，提高全民科学素养。

国家高度重视科技创新，社会也一直对创新有很多期待，要全面提升创新能力和水平，首先要对创新活动有个清醒的认识、对科技创新活动有个科学的分类，才能让人们对创新活动全面、系统、科学地认识，才能有的放矢提升创新能力和水平，当然这也需要积累，需要一步一个脚印，需要脚踏实地。

创新，包括新思想、新原理、新技术、新方案、新设备、新材料等的创造。因此可以把创新活动大致分为三大类：第一类是用常规的技术或方法进行科学研究，产生的是创新性的发现。这也是我国现在科技活动比较主要的创新形式。第二类是新技术、新材料和新物质的发明创造。要发明新的核心技术、解决新的技术问题，以及开展各行各业的发明创造。相比于第一类，技术创新更难。需要有对现状不满和改变现状的愿望与能力，有特别突破性的想法。第三就是研究思路创新。这其实是最难的。我们怎么认识事物？怎么认识那些超出常规思维的事物？这往往特别依赖具有特殊才能的人。

创新要甘于寂寞

不管哪类创新都要有潜心研究的艰苦过程。要提升科技创新能力，不能急功近利，科技创新需要过程和积累，不是加大投入、给予创新政策就能立竿见影。国家重视是好事，设立各种工程和计划给科研人员创造宽松的环境也是有利因素，但不能太急着要成果。

敢于创新又甘于寂寞，是创新特别需要的两种精神。创新需要耐得住寂寞，要能下苦功夫、坐"冷板凳"，要有心无旁骛、不计功利的钻研精神。创新需要内心与精神的纯净、要有别人没有的付出，才能收获创新成果。我们现在要做的可能就是先创新体制机制，要有稳定的支持政策为敢于创新和甘于寂寞的人才营造起良好的环境，而不是靠"短、平、快"的功利性目标去挤压科技人才。

（2016 年 12 月 30 日）

周寿桓

中国工程院院士

院 士 简 介

1937 年 4 月出生，四川成都人。

中国电子科技集团研究员、教授，总装科技委兼职委员，工信部电子科技委常委，固体激光国家重点实验室学术委员会主任，973 项目技术首席专家，"985"平台首席科学家，国家自然科学基金重大项目组长。

1964 年起从事固体激光工程及应用的研究，在全固态激光、高光束质量激光、高亮度激光、非线性频率变换等研究和应用领域取得重要成果。70 年代初提出 DPSSL 的技术设想，是我国最早开展 DPSSL 研究之一。国内最先将非稳腔用于 Nd: YAG 激光器，开拓非稳腔、VRM 腔、VWRM 腔激光器，设计定型并发展成高可靠、高功率、高光束质量激光器产品。与国内单位合作率先实现230—1390nm 的可调谐激光输出；研制成功跑道视程激光探测仪，气象激光雷达，激光水下探测试验系统等 2013 年国内首次突破万瓦级高亮度激光关键技术，实现输出平均功率 P=13kW，光束质量 m^2=1.7，连续工作时间大于 100s。2005 年在国际上首次提出一种新概念激光，2012 年观察到激光输出，为国际首创。

曾获国家发明二等奖 1 次，国家科技进步二等奖 1 次、三等奖 2 次，部级一等奖 5 次、二等奖 7 次、三等奖 5 次，光华科技基金二等奖 1 次。

院 士 观 点

我们需要好的选拔制度，更需要实实在在的教学质量，把"差"学生培养成优秀的，才是教育最大的成功。

评价一个大学最好不用经费数量、论文数量。要多看社会评价，看口碑。

建议不要给大学压那么多额外的事，让它专注于自己的主要职责，轻装上阵。

大学是培养人的，首先要培养有良心、有道德的人。

大学应分类建设，人才也应分层次培养。

真正尊重知识产权的环境还需要营造，这是关系到国家科技能否健康发展的大事。

好还是不好我们自己心里应该有数，这是搞创新应该有的自知和自信。

大学要培养有良心的人

教育应公平地对待每一个人

　　教育是公益事业，不能以教育赚钱，"教育产业化"的提法值得商榷。教育要公平地对待每一个人，社会应该给所有想接受教育的人以机会，尤其不能因经济原因而让他们失去机会。这些年国家比较重视教育，投入在逐年加大，失学现象在减少。

　　现在的高考制度尽管有些问题，但在目前，它还是保证教育基本公平的首选，我们应当坚持。如果不坚持高考，很多人就失去改变命运的机会，"知识改变命运"这句话和高考结合在一起说还是比较合适的。对于高校，通过高考可以选拔出优秀的学生。不过，现在有一个现象，有些高校更多的是关注招来学生的现有水平，而不是关心如何不断提升的水平，使学生更加优秀。不少名校都预先招生，提前去"抢人"，但招来后对一些学生却缺少教育和引导。我们需要好的选拔制度，更需要实实在在的教学质量，把"差"学生培养成优秀的，才是教育最大的成功。

大学要多看社会评价

管理大学很重要，要办成有特色的大学，不要对各所大学的培养目标"一刀切"。一所大学的校长干得好、大学管理得好，就应当让他在这所大学长期坚持干下去，形成独有的发展特色。不能换来换去，"坐得住"才能成为教育家。现在很难说哪所大学有鲜明的特色，包括一些名校也没有特色。评价一所大学最好不用经费数量、论文数量。要多看社会评价，看口碑。多用社会评价其实还有很多好处，至少可以防止单纯追求短时间的绩效。不要片面追求就业率，要注重分层次培养，高级技师一样是优秀人才。

让大学轻装上阵

现在大学承担了很多额外的"责任"，出了任何问题都怪它们，很难让它们集中精力搞教学。学生在学校发生意外好像都是学校的责任，弄得学校很多时候畏首畏尾，这个不敢管，那个不敢做。学校是管教育的，不是保姆。大学的根本任务是教书育人，让学生学会做人处事，以后成为对社会有用的人。让学生的品德、学识水平、做事能力都有所提高。至于将来做什么，那是学生自己的事（也与机遇有关）。现在学校还要承担学生的就业，就业率不高要影响对学校的评价。有些学校在就业率上作假，这与它担负的责任过多有关。建议不要给大学压那么多额外的事，让它专注于自己的主要职责，轻装上阵。

大学要培养有良心的人

大学是培养人的，首先要培养有良心、有道德的人。社会在变化，观念也会改变，学校应该结合实际问题不断改进。首先让学生努力学好做人，再尽可能多地学些本领，有多大能力做多大贡献。老子说："上善若水，水善利万物而不争，处众人之所恶"。一个人要能做到这样，一辈子都管用。现在社会价值导向出现了一些问题，学校却缺乏针对性的教育。功利的价值导向占了上风，容易挣钱、挣钱多的专业成为热门，赚钱最多的人、一些"股神"成为崇拜对象，在社会上产生了不好的影响。学校应加强引导，有针对性地开展教育。

应分类培养人才

大学应分类建设，人才也应分层次培养。原来大学教育是精英教育，现在大学教育是普及教育、大众化教育。并不是每个人都需要本科、研究生毕业。高中毕业后不读大学，学专门的技术知识或通过其他途径提升能力，同样能够为社会做出贡献，同样是社会急需的。学校的培养目标也应该是有区别的。重点大学培养精英，一般大学培养应用型人才，技术型学校培养高级技师。我们现在很缺高级技师，高级技师本来就是专家，他的荣誉、工资待遇等不应低于教授、研究员。

要重视基础学科

学生要重视基础学科学习，基础理论是很重要的。现在很多学校弱化了基础知识教学，因此，学生只能做点小打小闹的发明，出不了大师。有的学校和老师把专业课、专业方向看得太重，这也不太对。新技术层出不穷，不能只看当前的东西。有了坚实基础和宽广的知识才能不断跟上或引领时代潮流。另外，养成自觉学习的习惯和自学的能力非常重要。以前学校晚上都是灯火通明，那不是强迫来的，那是一种氛围和自觉。

一定要尊重知识产权

我们应该尊重创新、尊重知识产权。有些人认为，偷别人的钱是很可耻的，但偷技术不觉得可耻，甚至引以为豪。真正尊重知识产权的环境还需要营造，这是关系国家科技能否健康发展的大事。

现在还存在一个问题，有的国家奖，不少领导排在前面，真正在技术上做出重要、实质性贡献的"纯"技术人员却极少进入前列。这里不是说行政领导不重要、没有贡献。的确，很多时候没有领导挂帅寸步难行。做实验和项目也需要院长、所长的首肯和经费、人员支持，以及统筹协调等，否则很难成功，特别是一些重大系统。我认为，在技术层面上如果没有实质性贡献，就不应该挤进对技术人员的奖励行列中，他们可以是另一种晋升渠道或方式。混在一起的结果是导致人们都去争着当官，搞技术只能是业余或顺带。前两年国家规定，允许领导、行政干部申报院士、人才奖励和科技奖励，间接导致基层科研人员很难出头。建议建立相应的规章制度，甚至立法，营造潜心创新开拓的气氛。

要有创新的自信

现在有个很奇怪的想法和规定，发表论文要先看刊物的影响因子，博士生的毕业、学校的评比等都要参考这个指标，而且，好像影响因子越高，就代表论文档次越高。这导致很多刊物为了增加收入，使用各种手段虚增影响因子，弄虚作假、不重实效。有的国外刊物更是利用自己制定的规则，借此机会大发其财，用我们的科研经费去养活它们。国内的优秀刊物，像物理学报、电子学报等，国内有水平的文章都不去投，把我们自己的刊物毁了。其实过去国内的科技刊物是很有实力的，像我们所主办的《激光与红外》，"文革"前国外大使馆常常自己跑来买。建议有关部门重视这件事，这不单单是个杂志的问题，这里面牵涉自信、文化等很多问题。可以就这个问题组织深入讨论，提出建议。要让我们自己的刊物有含金量，要让我们有自信，不能再拿着我们的钱送给外国人，让他们评价我们的研究做得好不好。好还是不好，我们自己心里应该有数，这是搞创新应该有的自知和自信。

（2016 年 12 月 30 日）

武维华

中国科学院院士

院 士 简 介

1956 年 9 月出生，山西孝义人。

全国人大常委会副委员长，九三中央主席。

中国农业大学教授、学术委员会主任，中国植物学会理事长。

植物生理学家。主要从事植物磷/钾高效及耐盐、耐旱等重要性状的基因克隆和功能分析方面的研究工作。特别是在植物响应低钾胁迫的信号调控网络机理及植物钾高效性状的分子遗传机制解析方面获得了一系列重要研究成果。

曾获何梁何利科技进步奖、谈家桢生命科学成就奖、美国新泽西州立大学杰出校友奖等奖项。曾荣获全国优秀教师、首都五一劳动奖章、全国五一劳动奖章等荣誉称号。

院 士 观 点

要用历史和发展的眼光，实事求是地看待我国科技创新中的巨大成就和不足。

注重人才团队建设，改变"有人才，无队伍"、科研人员"各自为政"的现状。

"有人才，无队伍"、科研人员"各自为政"的现状已经成为阻碍我国在科技前沿取得重大原始创新、在战略高技术领域方面取得重大核心技术突破的重要因素。

要理顺人才成长链，打破"以资历论英雄"的束缚，净化学术氛围，让中青年科技人员获得成长的资源和机会。

科技创新必须要大力弘扬为国奉献、勇于创新的精神，科研工作者要继承和发扬老一辈科学家热爱祖国、追求真理、无私奉献、科学严谨的优良传统。

科技创新要大力弘扬科学精神

党的十八大以来，以习近平同志为核心的党中央把创新摆在国家发展全局的核心位置，高度重视科技创新，围绕实施创新驱动发展战略，加快推进以科技创新为核心的全面创新。党的十九大明确提出"加快创新型国家建设"，指出"创新是发展的第一动力，是建设现代化经济体系的战略支撑"，这是对"科学技术是第一生产力"重要思想的创造性发展。建设世界科技强国，要求我们既要从历史和发展的角度正确看待我国科技创新取得的巨大成就，更要清醒地认识到我国科技创新的整体实力与科技发达国家存在的差距。要着力解决原始创新能力不足、重大技术瓶颈等问题，继承和发扬老一辈科学家为国奉献、勇于创新的优良传统，大力弘扬科学精神，为国家科技进步与创新事业发展做出新的贡献。

用历史和发展的眼光看待成就和不足

近年来国家和社会都非常关注科技创新，无论科研工作者还是社会大众，一谈到科技创新，就往外看，去比较，尤其喜欢跟某些科技发达国家比，说我们存在的问题与不足。主动比较、认识不足、有紧迫感、有使命感、有忧患意识是很好的。同时我们也要用历史和发展的眼光，实事求是地看待我国科技创新中的巨大成就和不足。

新中国成立以后，国家一直重视科技创新活动，改革开放以来，尤其是从80年代中后期开始，国家先后设立国家自然科学基金、"863计划""973计划"、国家重大科技工程等科技计划，我国科技创新事业取得了长足发展，科技创新在党和国家全局工作中的地位日益重要。特别是党的十八大以来，党中央高度重视科技创新，实施创新驱动发展战略，大力推动以科技创新为核心的全面创新，国家科技进步和创新能力明显增强，整体水平加速从量的增长向质的提升阶段迈进，科技支撑引领经济社会发展取得显著成效。在基础研究领域，涌现出多复变函数论、陆相成油理论、人工合成牛胰岛素等成就，高温超导、中微子物理、量子反常霍尔效应、纳米科技、干细胞研究、肿瘤早期诊断标志物、人类基因组测序等一批重大原创性成果；在战略高技术领域，"两弹一星"、载人航天、探月工程、深海潜器、超级计算、北斗导航、量子通信、大飞机设计制造等领域取得重大突破；在科技支撑产业发展方面，高铁、4G移动通信、核电、电动汽车、特高压输变电、跨海大桥建设等具有高科技含量的重大工程相继完成，科技创新为经济转型升级、民生改善和国家安全提供了重要支撑。

总体上来看，我们国家已经成为具有重要影响力的科技大国，但还不是科技强国，我们还面临着重大科技瓶颈、关键领域核心技术依然受制于人、科技基础仍然薄弱、原始原创能力还有较大差距等问题。10年前，白春礼院士总结我国研究工作存在的"三多三少"现象：证明西方学者提出的假说和理论的研究多，提出中国自己的假说和理论少；单一学科封闭式研究多，真正意义上的多学科交叉与综合集成研究少；模仿性研究多，独创性的成果少。这些问题迄今尚未得到根本性解决。

从历史的角度分析，5000多年的中华文明发展进程中，中华民族创造了闻名于世的科技成果，取得了以"四大发明"为代表的一大批发明创造。近代以后，由于国内外各种原因，我国屡次与科技革命失之交臂，从历史上的世界强国变为任人欺凌的半殖民地半封建国家。我们的民族经历了一个多世纪列强侵略、战乱不止、社会动荡、人民流离失所的深重苦难；而欧美则经过三次工业革命超过了我们。我们国家真正大力发展科技还是从改革开放以后，1986 年设立国家自然科学基金，对基础科学研究逐步加大了支持力度，30 年后的今天，我国在基础研究领域已在世界上有一席之地；"863 计划"支持高新技术领域的应用基础和应用研究，在一些有限的领域跟踪国外战略高技术发展，逐步提升了我国自主创新能力。科技发达国家发展现代科技 200 多年，我们也就 30 多年。

从现实角度来看，我国原始创新能力不足还存在客观原因。近年来，中国经济的快速发展直接推动科技研发投入的增长，2016 年我国研发经费投入总量为 1.57 万亿元，研发投入强度连续 3 年突破 GDP 总量的 2%，且呈持续上升态势。从局部来看或从某些领域来看，我们投入强度确实非常大，但总体上还是与欧美国家有一定的差距，欧美发达国家研发投入强度长期维持在 GDP 的 3%—4% 的水平。原始创新能力关键要看基础研究的投入，我国基础研究经费占 R&D 经费比例，即基础研究经费强度，不到 5%，欧美发达国家普遍在 20% 左右。更具体点，国家自然科学基金作为我国支持基础研究的主渠道之一，目前每年投入经费不到 300 亿元人民币，涵盖数理化天地生及医学、信息、材料、管理等几乎所有学科领域。而美国国立卫生研究院 2016 年总经费达 321 亿美元，还主要是投入到医学与行为学方面的研究与探索。在战略高技术领域，美国国家实验室的投入也是巨大的，国家实验室数量和经费总量也远远高于我国国家级实验室。这就是差距。我们可以做比较，但一定要理性，关键是比较全面完整地认识到问题和不足后知道该干什么，该怎么干。

人才计划需计划

全面提升科技创新能力的关键因素是人。据统计，现在我国科技人力资源总量已经超过 8000 万人，已经连续几年成为世界科技人力资源第一大国，但还不是科技人力资源强国，具有国际影响力的大师级人物少。近年来，国家高度重视科技人才工作，国家有关部门和各省市推出了各种人才计划，在吸引、培养创新人才方面发挥了积极作用。但稍加梳理后你会感觉各种人才计划太多、太乱了。而且，这些人才计划也存在一些问题，比如说科技人才评价、选拔和培养的行政干预过多，对诸如"海归""非海归"的同类人才设置多重标准，评判人才时还有"出身论"的现象，看是否刚从海外回来；各类人才计划重复设置、相互攀比、界限不清，对"德才兼备，以德为先"原则落实不力等。各种人才计划实际上成为一个"指挥棒"，对科技创新的影响也越来越大。在高校里面，一些青年教师进校以后，做科学研究不再那么单纯了，不是真正追求在科学事业发展上有所突破了，不是专注于科研与教学的融合了；而是忙着去申请项目，去有目的地应对各种人才计划的申报，甚至为了获得项目资助和人才计划的资助，去跑各种社会资源。越来越多高校在引进青年教师时，必须要求青年教师具有海外留学经历，一大批国内毕业的优秀博士因为没有海外经历而被拒之门外，不得已出国，把自己最具创新活力的几年好时光留在海外。设立各类人才计划本是好事，但这事本身也需要科学规划、统筹协调考虑。

有人才更要有队伍

要注重人才团队建设，改变我国科研领域"有人才，无队伍"、科研人员"各自为政"的现状，尤其要在一些重点领域整合相对分散的科研力量以形成协同创新合力。我们现在搞各种人才计划引进人才，但人才进了高校以后，就是"一人一摊""各自为政"了，每一摊都要搞科研，都要进行科研条件建设，购置仪器设备。一方面导致科研资源的浪费，大量重大科研仪器设备利用率不高；另一方面也形不成大的科研团队，难以应对大科学时代的科学发展要求，难以集中力量解决重大创新问题。这种现状已经成为阻碍我国在科技前沿取得重大原始创新、在战略高技术领域方面取得重大核心技术突破的重要因素。我们是社会主义国家，有着集中力量办大事的优良传统和非常多的成功经验，比如"两弹一星"。20世纪五六十年代，以毛泽东同志为核心的第一代党中央领导集体根据当时的国际形势，为了保卫国家安全、维护世界和平，高瞻远瞩，果断地作出了独立自主研制"两弹一星"的战略决策。国家一声令下，一批海外归来的"大科学家"带领大批优秀的科技工作者，以身许国，怀着对祖国的满腔热爱，响应党和国家的召唤，义无反顾地投身到这一神圣而伟大的事业中来。在当时国家经济、技术基础薄弱和工作条件十分艰苦的情况下，自力更生、发愤图强、完全依靠自己的力量、用较少的投入和较短的时间，突破了核弹、导弹和人造卫星等尖端技术，取得了举世瞩目的辉煌成就。

青年科研人员是国家科技创新的生力军，是未来科技创新的中坚力量，决定着国家科技创新的能力和水平。要理顺人才成长链，打破"以资历论英雄"的束缚，净化学术氛围，让中青年科技人员获得成长的资源和机会。要为青年人才创造好的成长环境，改变在课题申报、经费支持、成果署名、成果报奖、评职评优等方面"论资排辈"的乱象。要充分尊重青年科技工作者，给"科研新兵"提供机会和条件，加大对青年科研人员的支持，鼓励自由探索，提升他们的独立研究能力。同时，要根据国家需求，聚好人才、建好队伍、解决问题。

要大力弘扬科学精神

如今在科技界、高校圈子里一种不太好的风气，一些科技工作者看重名利，缺乏艰苦奋斗精神、缺乏追求真理的精神、缺乏为科学献身的精神。近几年各大高校下血本大打人才争夺战，引进的"人才"有的甚至不注重学校给提供什么样的科研条件、配备什么样的科研团队，而看重房子、票子、车子，我认为在这样的创新氛围里面很难做出什么重大创新。都不看做事的环境，只看能有的待遇，这样的"人才"能做出什么呢？

科技创新必须要大力弘扬科学精神，科研工作者要继承和发扬老一辈科学家热爱祖国、追求真理、无私奉献、科学严谨的优良传统。我特别敬佩咱们国家参与"两弹一星"的那些功勋科学家们，一群伟大的人，在伟大的事业中，产生了伟大的"两弹一星"精神——热爱祖国、无私奉献，自力更生、艰苦奋斗、大力协同、勇于攀登。"两弹一星"精神的核心其实就是"艰苦奋斗、勇于创新"的精神，我们现在非常需要这种精神，需要一种干劲儿、一种热情、一种奋斗的执着。有一位外国科学家我也特别敬佩——居里夫人。我经常跟本科生、研究生推荐一部老纪录片《居里夫人》，我自己也经常看，每次都有一种忍不住流泪的冲动。爱因斯坦曾评价她说："在我认识的所有著名人物里面，居里夫人是唯一不为盛名所宠坏的人。"居里夫人的精神和这种流泪的冲动也一直激励我前行。"两弹一星"功勋邓稼先，在家人"不知他去了哪里、不知他去干什么、不知他何时能回来"的情况下，十余年奋战在戈壁荒滩，为我国两弹试验成功做出了不朽贡献。我们在新的时代、在十九大开启的建设社会主义现代化强国的伟大征程中，特别需要学习和弘扬这种为国奉献的科学精神！

（2017 年 1 月 11 日）

饶子和

中国科学院院士

院 士 简 介

1950 年 9 月出生, 江苏南京人。

中国科学院学部主席团成员, 清华大学、南开大学教授。发展中国家科学院院士, 国际欧亚科学院院士, 爱丁堡皇家学会通讯院士, 牛津大学赫特福德学院研究员, 格拉斯哥大学和香港浸会大学荣誉博士。第十三届全国政协常委。

分子生物物理与结构生物学家。主要从事与人类感染相关或具有重要生理功能的蛋白质与病毒的三维结构研究, 以及从事创新药物治疗的开发。迄今为止, 饶教授已在国际科学期刊上发表同行评审论文 330 余篇, 被引用逾 12000 次。他的研究涉及众多新发、再发人类疾病病原体, 例如流感、严重急性呼吸系统综合征 (SARS)、人类免疫缺陷病毒 (HIV)、甲型肝炎病毒 (HAV)、手足口病毒 (HFMDV)、寨卡病毒 (Zika Virus)、埃博拉病毒 (Ebola virus) 及结核杆菌, 研究在了解病毒生命周期机制方面取得了突破性进展。

曾获国家自然科学一等奖 2 项、二等奖 8 项, 以及何梁何利基金科学与技术进步奖、陈嘉庚科学奖、谈家桢生命科学成就奖、第里雅斯特科学奖 (Trieste Science Prize) 等奖项。

院　士　观　点

　　我国有两三千所大学，定位不同、体量不同、水平不一，人才培养的目标也不同，但都是我们国家的人才资源宝库。

　　在科研领域，要理直气壮地建立公平公开的竞争机制，以竞争促发展，绝不能面面俱到，撒胡椒面。

　　教育培养人才，人才无高低贵贱，高等教育的人才观一定要端正。

　　高校和科研院所在布局自身科研体系时，也应该着重关注和平衡基础科研与技术创新间的平衡。

　　教育、科研、大学建设有自身的规律与要求，不能把高校和科研院所当作行政机构来看待和管理，重点不在"管"，而在"理"，要理清规律、理清需求、理清关系、理清权责。

　　推进"双一流"建设，首先要尊重规律，客观理性地去认识我们的发展现状，合理评估与世界一流的现实差距，要有的放矢。

　　要特别注意不要用"科研实力"去评估教育水平，应该尊重教学和科研不同的规律。

大学发展要靠"理"

　　源头创新靠人才，人才培养靠教育。今年是"十三五"开局之年，中央把创新摆在国家发展全局的核心位置，提出到 2020 年要"迈进创新型国家和人才强国行列"的目标，部署了"建设世界一流大学和一流学科"的任务。在"双一流"建设中，高等教育怎么定位？如何进行人才培养？如何开展创新研究？我认为应该关注几个问题。

人才观要端正，所有大学都是国家的人才资源宝库

　　一个国家，经济社会、科学技术发展领域繁多，需要不同层次、不同定位的人才队伍。我国有两三千所大学，定位不同、体量不同、水平不一，人才培养的目标也不同，但都是我们国家的人才资源宝库，为国家各领域的发展储备了多层次人才。我认为，在"双一流"建设过程中，不仅要集中建设一流大学和学科，更要对那些还不是那么一流、不是那么"顶尖"的大学给予关注。一个人不能只有聪明的头脑，还需要健康的内脏、强壮的四肢，才能走得更稳、跑得更快。正所谓百花齐放、百家争鸣，应该充分发挥各个层次高等院校的优势，培养国家发展所需要的各层次人才，这是非常重要的。事实上，许多优秀人才并不一定是毕业于"名校"，

中国是这样，美国也是如此，比如《华尔街日报》曾经有过一个统计，美国 500 家大公司的 CEO 只有 10% 毕业于常春藤名校。

我历来主张要将教学与科研区别认识，"顶尖大学"不可能包揽全部教育工作，因此教学资源要做到公平配置，科学研究和科技开发要提倡公开竞争。教育公平是小康社会的一个重要标志，我们应该提高全国高校的教学水平，努力使每一位进入大学的学生受到合格的高等教育。同时，在科研领域，要理直气壮地建立公平公开的竞争机制，以竞争促发展，绝不能撒胡椒面，面面俱到。从政府的角度来看，在资源分配方面，特别是涉及教育体系建设的资源分配上，应该避免因过度倾斜而带来的恶性循环。

人才培养应该是多层次、多渠道的。拿诺贝尔奖的是人才，熟练的技术工人也是人才，能够把本职工作做好、做精的都是人才。我们的人才培养，在观念上有个误区，一谈到人才培养就是要培养博士，一谈到人才就是要拿诺贝尔奖，这种思想是有问题的。我们现在很缺职业技术人才，但这些学校不被家长和社会认可，不管什么专业领域，都流行专升本、本考硕、硕考博，学完以后很多人又不做研究。整个社会也是唯学历论、唯职称论，非常浮躁，急功近利，为达目的甚至不择手段。这种教育和人才培养的观念是失败的。

国家最近在倡导"工匠精神"，客观来讲，我们对工匠的重视和尊敬还很不够，也缺少非常好的工匠。其实工匠在国外是特别值得尊敬的。我在牛津大学做博士后研究的时候，有一名瑞士籍的技术员，她毕业以后就做技术员，不仅能做很多实验，还可以指导带博士后。她说，我很喜欢这个工作，这个工作是稳定的，我还有自己的生活。在她眼里并不觉得博士、教授的工作就高人一等，她热爱自己的工作，她在实验室里很受尊敬。因此，每个人在自己的领域和岗位上，只要能做好、做精，就都是人才。

培养人才首先需要我们有一个平和的心态，要理性、冷静地看待学历、职称，等等。一所大学的教育和人才培养是否成功，应该看它培养出的人才是否具备融入社会建设、推动区域发展的能力，看它是否能够为国家和区域经济建设提供智力支持和技术支撑、培养高质量创新人才的水平如何。我们在正视教育制度自身问题的同时，认真分析一些教育和教育体制之外的因素，作通盘考虑。教育培养人才，人才无高低贵贱，高等教育的人才观一定要端正。

坚持基础科研和技术研发两手都要硬，在坚持中升华创新

除了培养人才外，高校和科研院所一直都是国家科学、技术创新的核心基地。在开展科学和技术研究中，我认为应该坚持基础科研和技术创新两手都要硬。基础科研和技术研发对于社会发展都非常重要，但是两者的发展模式和关注点具有很大差别。我们不能仅仅以对经济、产业的带动来评价一项基础科研工作的意义。基础研究不像技术研发那样有明确的目的性，所产出的新知识、新原理、新定律也不像技术研发所产生的新产品、新方法、新技术、新材料那样具有实用价值，但技术创新的源头和根基却依赖于基础科研所产出的新知识、新原理、新定律。可以说，基础研究是技术进步和经济发展的先锋，它不能给社会带来直接的经济效益，但却能在一定程度上提高国家潜在的综合国力和国际威望。所以，纯科学的基础研究需要有特别的政策关照。在周光召先生和徐冠华先生先后主持下，"973 计划"为建设我国的基础研究体系、推动基础研究能力的进步做出了巨大的贡献。如今这一"金牌"计划已经结束，而现有的重点研发计划以技术研究为主，对基础前沿研究的支持被大大压缩，这可能不利于我们国家源头创新的科技发展。高校和科研院所在布局自身科研体系时，也应该着重关注和平衡基础科研与技术创新间的平衡。

此外，在布局科研体系时，还要特别关注体系完整性的建设和传承。我国现在科技创新最大的问题是缺少新方法、新技术、新理论的创新和发现。我们主要还是在跟随，俗称"抢仿"，人家做了 A，我们可以用 A 的

方法做出更好的 B，但往往没有自己的 A。出现这种现象的原因很多，有一点大家可能比较有共识，就是我们科研体系的完整性还不足，特别是对于传统学科、传统知识的尊重不足、坚持不够。我们国家源远流长的历史中有很多可以借鉴的东西，在中西方思想大融合后，老一辈教育家们，如蔡元培、张伯苓、梅贻琦等，提出了很多有价值的教育理念。这些老一辈教育家的思想，我们尚且有很多没有吃透，随意谈颠覆性创新，往往适得其反。我们现在比较热衷于建新平台，喜欢上新项目。我认为应该充分发挥像国家重点实验室这样已有大平台的作用，进一步优化资源配置，扶持重点方向，争取更大的突破和创新。这些大平台都是投入了巨大资源建成的，是我国科技工作取得重大突破的核心基地。另起炉灶一是费时费力，二是可能会存在重复建设和资源浪费。我觉得现在我们到了反省的时候，我们要反省什么呢？刚才提到过，为什么我们不能坚持？还是缺少一种平静、平和的心态去对待我们身边的事情，对待我们身边的人。我们需要以平等的眼光看待每个人，需要以平和的心态去看待每件事，平和地去看待创新。创新的基础有时可能不是看平台有多新、项目有多大。创新需要积累、需要沉淀、需要坚持，创新是在坚持中的升华。

办好大学要靠"理"

教育、科研、大学建设有自身的规律与要求，不能把高校和科研院所当作行政机构来看待和管理，重点不在"管"，而在"理"，要理清规律、理清需求、理清关系、理清权责。建设一流大学和一流学科，国际上有不少成功先例可循，我们不妨科学地借鉴一下国外的成功经验，少走些弯路。例如，可以试行一下正面、负面清单制度，真正建立起"管、办、评"分离的评估制度，"管"是国家对高校实行宏观管理，"办"是校长负责办学，"评"是调动社会组织承担起高校评估工作。当然，我们国家高等教育有独特的体制，也不能全盘照搬国外大学管理经验，只能因地制宜，在创新中求发展。近些年，国内一批高等教育的管理者正默默践行着他们的教育理想，这也是我们高等教育发展和改革的希望所在。

——2014年"两会"期间，我曾经说过一句话："管住政府'闲不住的手'，高校才能大显身手。"这句话不是否定政府对高校的管理，高校要有一个好的发展，必须要有一定的自主权，需要环境和氛围，需要安静和自我纠错的时间，政府应该有引导和鼓励，但不要步步要求、处处指示。就像一个孩子，成年了，有思想了，独立了，你可以去闯荡了，但你不能违背家规家训，不能像脱缰的野马，作为家长，也不能一直去左右孩子的发展。对高校来说，如何把创新的想法和实践相结合是关键所在，要实现、推进创新，需要认真地筹划，让高校的改革符合当前的形势和体制机制。

此外，搞教育、办大学不宜搞"运动式"建设，有些客观规律性的东西不宜变来变去，这方面我们已经有不少历史经验教训。如果回顾一下之前的某些改革就会发现，我们曾经有过不少"翻烙饼"式的行为，通过推翻一件事打造另一件事，这其实是一种急躁心理的表现。反复的单一制度改革，既不能解决实质问题，也很容易造成人才和资源的浪费。所以，我一直呼吁要让教学和科研静下来，让学校能够安放一张安静的书桌，让实验室能够有一方安静的实验台。

在"双一流"建设过程中，应该做到理性认识、公平评估、稳妥推进。这些年，面对改革的形势，面对一轮又一轮竞争，我们每个人都怕落下，领导累、老师累、学生累，大家都太累！我当过校长，体味过其中的酸甜苦辣。为了争"双一流"，为了在新一轮竞争中不掉队，一些大学都已纷纷行动起来，互挖人才、合并学校、增加学科、扩大体量，大家都在各想高招，以便搭上"顺风车"。但冷静下来仔细想想，实事求是地讲，目前国内真正具有世界一流水平学科的学校并不多，能够达到世界一流水平的大学则更少。因此，推进"双一流"建设，首先要尊重规律，客观理性地去认识我们的发展现状，合理评估与世界一流的现实差距，要有的放矢。长期以来，我们在评估、评价大学和学科方面一直是摸索前进，有经验也有教训。我个人认为，开展合理的第三方评估是相对科学、公正、行之有效的评估方式。通过引入利益无关的第三方评估，客观、理性地分析差距，评估投入的方式和力度，对于顺利、平稳推进"双一流"工作是非常重要的。在"双一流"工作开展中，要特别注意不要用"科研实力"去评估教育水平，应该尊重教学和科研不同的规律。教育部等有关部门做很多细致的工作，在学科评估方面积累了不少经验，能够把这些经验和第三方评估有效结合，非常关键，值得期待。

（2017 年 1 月 13 日）

闫楚良

中国科学院院士

院 士 简 介

1947 年 8 月出生，内蒙古奈曼旗人。

北京飞机强度研究所所长，国家国防科工局科技委委员，空军航空技术装备可靠性专家组专家，兼任中国发明协会副理事长等职。

飞机结构可靠性专家。长期从事飞机寿命与可靠性科学研究。建立了飞机经济寿命可靠性理论，创建了高置信度中值载荷谱编制原理，发明了飞机悬空协调加载标定方法和飞机空间分布载荷实测技术，解决了我国采用一架飞机进行载荷谱飞行实测和用于机群定寿、延寿重大技术，研究成果成功用于数千架飞机定寿、延寿和结构可靠性设计，为大幅提高我国现役飞机使用寿命和保障飞行安全做出了重要贡献。

曾获国家技术发明二等奖 1 项、国家科技进步二等奖 2 项、部级成果特等奖和一等奖 8 项、国际发明金奖 1 项等。

院　士　观　点

　　现在对老师的评价都主要看发表论文，还要看在哪里发表的，一要数量，二要所谓的"核心"，这个有较大争议。

　　很多大学都不愿意要或直接不要自己培养的学生，有的甚至连国内毕业的学生都不要，一定要招具有国外经历的学生，这个观念，这种做法，值得商榷。

　　现在一些人先在国内培养成型，然后到国外拿个头衔再回来，为的是享受一些人才政策。要把国外真正的优秀人才请回来，不能挂"假牌照"。

　　实验室水平高了不但可以解决问题，还可以育人，是人才的诞生地，是发展的突破口。

　　从顶层设计与管理来讲，最好不要对高校做一些硬性规定，必须怎么样，只要是能服务于国家的发展，能踏踏实实培养人才，"怎么样"应该是一个顺其自然的样子。

大学管理要"顺其自然"

希望科研评价不再数数

现在我们都觉得，近些年来，一方面我们的科研条件好了很多，另一方面我们的科研评价体系越来越显得不合理。现在对老师的评价都主要看发表论文，还要看在哪里发表的，一要数量，二要所谓的质量，这个有较大争议。我们过去是非常希望大家发一大批论文，尤其在高水平杂志上发表，当时这种看法是对的。但是，现在如果还按照那个时代的要求去做，可能我们国家的技术还是很难上去。技术创新对我们国家非常重要，还是要要求、要重视的，但怎么要求和重视，需要实事求是地去分析。我们有些科研现在是站在了世界前沿，实事求是地讲，与以前相比，进步还是非常大的，我们国家有些技术的突破走在了前面。像航天航空，这是闪光点，但这样的点还不是很多，而且我们也还没有完全站在一个制高点上，还是有欠缺的。现在从国家到地方，对这个问题也都看到了，希望能解决问题。科研有规律，科研评价也有规律和特点，评价科研质量，希望以后不要尽数数了。

人才不分亲疏远近

我们都是从大学出来的，我个人对教育也非常关心。过去在教育中我们发现有特别好的人才，适合做研究或教学的，就舍不得让他走，想方设法留下他，这种传统很好。人好不好，有没有才，"自己人"是最清楚的。现在，好像很多大学都不愿意要或直接不要自己培养的学生，有的甚至连国内毕业的学生都不要，一定要招具有国外经历的学生，来了很快就给教授职称，这种观念、这种做法，我个人觉得值得商榷，值得思考。我在一些场合提出过这个问题，我说哪怕有三分之一的比例是国内的、是自己培养的人也好。如果"一刀切"这么做，那就是教育上的形式主义。自己培养的人才也可以通过后期的外派交流学习机会开阔视野，提升水平。其实，我们国家在第一线上的，不管是搞教育的还是做科研的，第一线的主要力量还是国内的科研工作者。现在是，将来是，永远是。而且，"学生应贤于师"也是我们在教育中一直追求的目标，我们为什么不能自信地让自己的学生贤于师呢？前些年我们批判高校的"近亲繁殖"，很多学校"一刀切"地扼杀了毕业生留校的机会。我觉得"近亲繁殖"要理性分析，不能机械，不能"一刀切"，不能把个别现象导致的问题全加到"近亲繁殖"上。举贤不避亲，师门传承，这也是我们的优良传统，我们要做到英雄不问出身，人才不分亲疏远近。

引进人才不能挂"假牌照"

我们的教育应当有自己的方向，中国的教育应当按照中国的情况去办。我们现在不少孩子从小就去国外读书了，这个不能说是好是坏，不反对。问题是，其中的大部分就变成"外国人"了，而我们的环境到目前为止不足以把最优秀的人才吸引过来。现在的人才引进政策很好，但要防止漏洞和被钻空子，投到科技和教育上的经费不能浪费，这需要时间和过程，需要慢慢地去完善和营造。尽管前面的路坑坑洼洼的，但是也必须得走。现在一些人先在国内培养成型，然后到国外拿个头衔再回来，为的是享受一些人才政策。要把国外真正的优秀人才请回来，不能挂"假牌照"。教育要实事求是，不能拔苗助长，人才也要实事求是，不能"挂牌助长"。国内还是有一大批踏踏实实、勤勤恳恳的人才，他们也有理想和追求，为社会做着贡献，不能给他们打击和挫折感。人才不分出身、不分内外，要把有理想有追求的人留在国内，不能把优秀的老师和学生逼走了。

我个人觉得，高校里面的师资队伍建设，现阶段还应以国内培养为主，因为这些人是主要的力量，他们可能还没有那么有名，没有出什么大成果，但他们集体的力量是巨大的，是他们在为我们国家做着巨大贡献。我们不要再想着从国外回来的才是"钱学森"。谁都期望回来更多的"钱学森"，但怎么可能呢？时代发展了，社会进步了，现在国内也是人才辈出了，我们先把这一点做好，要相信国内有条件有能力培养创新人才了。

实验室是人才的诞生地

大学的教学科研都要有针对性的、有能够叫得响的东西，有能够真正解决国家重大问题的东西，像清华、北航，都有几个标志性的东西，具有代表自己属性的东西，这些东西是院校形成自己特色的基础，也是我们该推动的工作。北京市属高校，像信息科大那边，这些年发展挺好，也很不容易，该校的祝连庆教授还拿了国家科技进步二等奖。我们评奖的时候都知道，竞争对手是很强大的，很多单位要什么"帽子"有什么"帽子"，要多大效应有多大效应。我倒不是鼓励市属高校一定去拿奖，但应该根据自己的特点，在一些技术上取得突破，尤其是关乎国计民生的领域。有突破了，不管拿不拿奖，学校就有自己的发展空间，特别是在部属院校云集的北京，没有几个代表性的成果、没有自己的一点儿特色，怎么在这里发展呢？北京市属高校的科研环境是挺不错的，建议一定要加强对中青年教师的支持和培养，建设一些高层次的平台、实验室。实验室水平高了不但可以解决问题，还可以育人，是人才的诞生地，是发展的突破口，它对学校也好，对学科建设也好，是有益处的，实验室是可以以点带面的。北京市还是应该在这方面考虑加大投入，积极去做。

大学管理要"顺其自然"

目前，高校在推动国家科技创新方面还没有充分发挥出应有的作用和贡献，高校的科研人员还没有真正承担起国家科研主攻方向，在为国家科学技术进步和发展去脚踏实地培养人才方面还有很多工作要做。从顶层设计与管理来讲，最好不要对高校做一些硬性规定，必须怎么样，只要是能服务于国家的发展，能踏踏实实培养人才，"怎么样"应该是一个顺其自然的样子。

比方说，大学里真正出成果一般需要有一个团队，大学老师要有团队意识，别单打独斗。但现在受评价机制等因素的影响，不少老师自己搞点东西、发表几篇文章，遇到点什么就去争，这不是我们希望看到的。大学老师在传道授业的时候，还应想着怎么传德，怎么把国家利益放在前面。现在评教授、评职称就像是过一座独木桥，所以大学老师都是先把自己保护起来。还有科研经费，给老师制造的障碍很大。有人说有的人会把科研的钱放自己兜里，肯定有，但肯定少之又少，绝大多数肯定不是这样的。我相信大学老师基本上都可以为人师表，相信他们拿国家的钱为国家做着贡献。有时候出现些问题，我们也该想想政策环境等因素，我们要老师诚信，但在管理上，似乎一直不相信他们，把科研经费管得死死的。当然，管是对的，严也是对的，但从老师的角度来看，有些做法是相互矛盾的。所以我们在管理上一定要创新，不要严管之下都不作为了，最后只会耽误了发展，坑害了国家。可以形成一个制度，管理经费要严一点，不要流到个人的兜里去，这是底线。习近平总书记强调说的不敢腐、不想腐是对的，但我们在执行时不能让人不作为了。"一刀切"可能对管理部门来说最保险，什么都控制起来因为他要承担责任，最保险的就是什么都管起来。我们不能消极地落实中央的有关精神，那会变成官僚式的管理。

（2017 年 1 月 17 日）

黄克智

中国科学院院士

院 士 简 介

1927 年 7 月出生，江西南昌人。

清华大学教授、工程力学研究所所长。俄罗斯科学院外籍院士。曾任国务院学位委员会力学评议组召集人，国家教委科技委员会委员及数理学部副主任，国际断裂学会执委，远东与大洋洲断裂学会执委，国际理论与应用力学联合会理事，国际材料力学行为学会无任所常委。

力学家与力学教育家。在断裂力学方面，对工程中重要的幂硬化材料提出新的裂纹尖端奇异场理论，基本解决了国际上的难题，并提供了新的结构缺陷评定方法。在壳体理论方面，提出薄壳统一分类理论，发展了分解合成法与边界层二次近似理论，显著提高了壳体边界层的精度。在应用力学理论解决生产实际问题方面，首创的换热器管板设计方法被颁布为国家标准，比国际同类规范有重大技术性突破。主持国家级重大科研项目 7 项。在固体力学的板壳理论、压力容器强度、塑性力学、断裂力学、相变力学、应变梯度塑性（微米力学）、纳米力学、柔性电子元件力学等领域发表学术论文 420 余篇，出版专著 7 部。

曾获国际国内学术奖励 50 余项，其中国家级奖励 10 项，包括国家自然科学二等奖 3 项、三等奖 2 项和普通高校优秀教学成果特等奖。曾获全国教育系统劳动模范、人民教师奖章、清华大学首届"突出贡献"奖。

院 士 观 点

对于培养创新人才，我认为有两点最为关键，一是怎样让学生把基础打好，二是如何让学生有创新能力。

培养和造就拔尖创新人才是我们最主要的社会责任，加大力度培养基础学科领域未来学术领军人才，能促进基础学科的发展，也将为其他学科的发展提供动力。

科研人员既要顶天，又必须要立地，既要瞄准学术前沿，又要解决国家重大问题。

学术氛围在大学里要像空气一样，无处不在，不可或缺，否则就窒息了。

学科交叉非常重要，非常必要。科技要发展，人才要创新，必须要重视交叉，大学一定要重视这一点。

学术氛围如空气般不可或缺

人才培养要强基础重创新

对于培养创新人才，我认为有两点最为关键，一是怎样让学生把基础打好，二是如何让学生有创新能力。

首先得让学生们真正通过大学这几年能够把专业的基础学到手、学扎实，只有基础打好，才有创新的可能。因为创新要解决很多新的问题，如果没有这方面的基础，可能连新问题都提不出来，更别说解决了。所以，创新人才培养第一步是打牢基础。大家都知道西南联大，在那个艰苦的年代培养了那么多优秀人才，后来很多人成为学术大师、国家栋梁，包括杨振宁以及多位"两弹一星"元勋们，除了他们个人努力外，更多的是西南联大给他们打下的扎实的基础。在打基础方面，我觉得各个高校都要加强，现在有点不如从前了。

关于创新能力，这就要求学生们不仅要有创新的思想，而且还要有创新的能力，这和基础密不可分。现在学生们有个通病，就是只限于学老师教的东西，听懂课、复习好、写完作业、考好试，就觉得圆满了。其实这远远不够，很少有人能够把与专业课相关的经典名著找来自学一遍、研读一遍。我的体会是研究经典名著对培养创新能力非常有好处。中学时代学代数，课余时间，我自己找来一本《范式大代数》，感觉自己研读加上老师教的，收获比较大，后来学习、科研我一直如此。现在学生缺少主动学习的意识，仅凭老师的教课获取知识，并不能真正将知识学到手。主动学习的能力要从小培养，还要鼓励学生们不墨守成规，要大胆提出新问题，主动去寻找解决问题的思路和办法，这种训练对将来学习和工作都大有益处。我搞科研也是从大学毕业开始，在力学研究方面，换过很多方向，在每个方向也取得了一些成绩，应该说，主动学习让我受益一生。

创新人才培养实践

人才培养是高校的根本任务，关于如何提升高校人才培养质量，培养高水平创新人才，这个问题是中国教育界一直在研究、探索的。大家都知道"钱学森之问"，"为什么我们的学校总是培养不出杰出人才？"这是关于中国教育事业发展的一道艰深命题，需要整个教育界乃至社会各界共同破解。我认为，我们的基础教育还是非常成功的，高等教育发展也非常快，是高等教育大国，但算不上强国，与高教强国还是有些差距的，培养的顶尖创新人才还不够多，但这个问题比较复杂。

清华大学在培养和造就拔尖创新人才方面做过一些探索。2009 年，推出了"清华学堂人才培养计划"，分别建立了清华学堂数学班、物理班、化学班、生命科学班、计算机科学实验班和钱学森力学班，来探索拔尖创新人才培养模式。学校也非常重视这几个班，而且给予一定的政策支持。这个班的总体目标是遵循基础学科拔尖人才成长的规律，构筑基础学科人才培养特区，激励最优秀学生投身于基础学科研究，使学生成长为相关基础学科领域的领军人物。通俗讲，就是培养学生的创新能力。

事实证明，这几个班的学生质量在国际上都是不错的。我是搞力学的，一直关注力学班的情况。力学班的首席专家也是我的博士生，我对力学班要更了解一些，它每年大概招 30 个人。它的人才培养首先要解决的是如何提高学习质量，这绝对不是学生被动式接受知识，而是启发学生们的主动性。从这几年的毕业生来看，效果很不错，不少人进入世界一流名校继续深造。

到今天，这个计划实施多年来，总体来说我觉得成果是不错的。我们分析一下，这个计划里的各个班，最重要的就是做到了坚持以人才培养为根本。培养和造就拔尖创新人才是我们最主要的社会责任，加大力度培养基础学科领域未来学术领军人才，能促进基础学科的发展和研究水平的提升，也将为其他学科的发展提供动力。另外，"学堂计划"实行首席教授负责制，形成了鼓励创新、潜心育人的良好氛围。学生个性、学科个性、教授个性在这儿都得到了充分的发挥。我觉得这种人才培养实践可以尝试，我们可以在不同层面做，并不一定是完全一样的规格。

师资队伍是大学发展的关键

近年来，高校的创新能力已经有了很大提升，但与世界一流大学相比，与国家期望和要求相比，还有一定差距，我认为产生这种差距的原因与高校的师资力量有关。清华大学已经全面启动人事制度改革，有几个主要举措我觉得比较好，像突出岗位职责导向、分系列管理制度、通过薪酬福利制度改革、引导教师从项目导向转向学术导向，等等。这种改革的总体思路就是探索建立适应世界一流大学建设需要的教师队伍建设体系。国内很多高校也正在做人事制度改革，加强国际一流的师资队伍建设。仔细研究分析一下，我们现在与国外一流大学相比，生源质量不差，软硬件条件也差不多，主要差距可能就是师资水平。国外一些名校给学生上课的老师，有很多就是这个领域的创始人或主要参与者。我们现在当然达不到这一点，这在很大程度上影响了高等教育创新人才培养的质量，这种状况跟我们整个国家的科技发展有关系，也正在慢慢改变，但要达到国际一流水平，还需不断努力。等我们每所大学的教师越来越优秀，越来越出色的时候，就是我们大学真正走向一流的时候。师资队伍是大学发展的关键。

科研要顶天、立地

以前我经常做各种评审的评委，看到有些候选人的材料，里面列的一些成果都基本是在一个小的圈子里转，不是说这样不行，但有些成果是必须要与国外比一比的，要想在国际上有一席之地，需要我们加强与国际一流的高校和科研机构的学术交流与合作。尤其那些高水平的基础研究成果，要发在国际一流的期刊上，我说的这个国际一流并不是说一定是国外期刊，我也期望我们更多的国内期刊能够成为国际一流。当然，我们现在每年也在进步，中国人在国际一流期刊发的文章越来越多，我们自己的一些期刊的影响力也越来越大，但还得努力，搞基础研究就应瞄准学术前沿、以国际一流为目标，我们这方面的水平还需提高。

国家在科技创新方面除了继续加强基础研究外，还要鼓励和引导科研人员服务国家需求，重视目标导向的基础研究和应用研究。科研人员既要顶天，又必须要立地；既要瞄准学术前沿，又要解决国家重大问题，把科研成果及时转化为现实生产力。高校的科技创新和人才培养工作都要以顶天、立地为目标，不要偏废。

学术氛围如空气般不可或缺

我认为一流的高校要有一流的师资和一流的学术氛围。高校里面集聚了那么多优秀的学者，要营造良好的学术氛围，激励他们不断追求学术卓越，激励他们培养更多的有为青年。创造环境让学者们经常性地交流研讨，产生思想上的碰撞，产生新的学术，并激励青年学者，使他们更好成长。我从 70 年代起就在清华大学力学所创立了一个学术讨论班，每周讨论一次，最初只是老师之间的学习、交流与分享，后来发展成学术讲坛，一直坚持到现在。很多毕业生离校多年，都很怀念这个讨论班，说在这个讨论班开阔了眼界，锻炼了主动学习的能力。杨振宁先生也说过，在西南联大时，他有两个最要好的同学，黄昆和张守廉，常常在一起高谈阔论，这种和同学的讨论使他受益匪浅。杨先生说："我们当时无休止地讨论物理里面的种种题目，从下午喝茶到晚上熄灯，辩论不停。现在，我已经记不清争论的确切细节，也不记得谁持什么观点，但我清楚地记得三人最后都从床上爬起来，点亮蜡烛，翻看海森堡的《量子论的物理原理》来调解辩论。我觉得这就是一种学术氛围。"学术氛围在大学里要像空气一样，无处不在，不可或缺，否则会窒息的。现在高校也都非常重视这点，但还不够，学术氛围要更加浓厚。

学科交叉融合是高校创新发展的新动力

学科交叉非常重要，非常必要。科技要发展，人才要创新，必须要重视交叉，大学一定要重视这一点。钱学森先生说过，交叉学科是一个非常有前途、非常广阔而又重要的科学领域，开始时可能不被人理解，或有人不赞成，但最终会兴旺起来。只有推动学科的交叉融合，才能产生交叉学科，现在很多伟人的成果都是学科交叉或交叉学科产生的。这方面国内高校做得还不够，麻省理工学院（MIT）也是从 20 世纪中叶以后才大力发展交叉学科，使学校实力不断增强，成为世界一流大学。MIT 的一个重要经验就是跨学科的科研计划和研究组织，灵活机动的跨学科研究组织是科研计划得以实施和完成的重要载体，是 MIT 学科交叉融合的重要组成部分。在我们的高校里面，学科、专业、学院壁垒相对要森严一些，每位教师只能所属于一个学科、一个学院，所以说科研体制机制、人事管理制度还需要更机动灵活一些。清华大学最近也成立了几个跨学科交叉科研机构，比如智能无人系统研究中心、智能网联汽车与交通研究中心以及柔性电子技术研究中心，等等，这也是一种探索，希望他们把跨学科交叉做到实处，要"真交叉、真合作、真交流"，让不同院系的师生能深度融合地开展合作。

（2017 年 1 月 23 日）

毛二可

中国工程院院士

院　士　简　介

1934 年 1 月出生，内蒙古赤峰人。

北京理工大学教授、校学术委员会委员。兼任北京电子学会常务理事、总装备部科技委兼职委员、空军科学技术与人才培养顾问。

雷达、信息处理技术专家。在雷达系统及杂波抑制信号处理和雷达跟踪的信号处理方面取得重大的研究成果，提高了中国雷达动目标显示、检测性能及跟踪的精度和速度，对中国雷达技术的发展做出重要贡献。

曾获光华科技基金特等奖、何梁何利基金科学与技术进步奖，曾获国家发明二等奖 1 项、三等奖 2 项、四等奖 1 项，部级奖多项。曾获有突出贡献的中青年技术专家、北京市劳动模范、全国先进工作者、兵器工业系统劳动模范、全国优秀共产党员等荣誉称号。

院 士 观 点

科技创新应因校而异，因人而异，支持百花齐放。

需求导向的创新是接地气的，是容易成功成事的。

创新需要基础，需要底蕴，更需要不懈的坚持，可以说，它应该是科研人员一辈子的事业和追求。

创新人才是有科学梦想并去不断追求、有家国情怀并对国家有所贡献的人。

科学梦想要与国家需求相结合，要对国家有贡献，要与家国情怀相伴。

科学梦想要与家国情怀相伴

近年来，国家高度重视科技创新，把科技创新摆在国家发展的核心位置。高校是国家创新体系的重要组成部分，在国家科技发展过程中发挥了重要作用。大学发展搞科技创新不能一个模式，要因校而异、因人而异，创造条件和环境，发挥科研人员积极性和创造性。

创新应坚持百花齐放

大学集聚着丰富的科技资源和人才资源，是国家创新体系的重要组成部分，是科研创新的主力军，这个观点是社会共识。长期以来，对于大学应从事什么类型的科技创新活动，一直有不同声音。有人认为高校就应该做基础研究、搞理论创新；也有人认为高校应该做产学研，服务国家和区域经济发展。我认为都没错，但大学的根本任务是培养创新人才，科技创新到底是搞基础研究、理论创新，还是做产学研、做工程技术开发，都应该因校而异、因人而异。

各个大学有不同的学科积淀和科研积累，具有传统优势，当然也会根据国家和社会需求发展新的科研领域和方向。高校的每位教师个人科学素养有差异、创新能力和水平有高低、所处工作的环境也各不同，所以从事的研究类型也会不同。我觉得高校教师应该根据自己的优势和特点，干自己擅长的事情，扬长避短，只要是对国家、对社会有贡献的科学活动都应支持。要鼓励大学发展多样化，不能一个模式，不能要求每所高校都做科技创新，也不能让搞科研的高校都去做基础研究或都去做产学研，应支持百花齐放。高校考核教师科技创新也不能一把尺子，不能都只看论文或影响因子，要鼓励教师发挥所长。

创新要以需求为导向

我认为，结合国家需求导向，加强基础理论研究，解决国家实际问题是高校科技创新的发展方向。我个人从事偏工程研究多一些。我 1956 年留校，60 年代创办北京理工大学雷达技术研究所。雷达所做科研就是以国家需求为动力，解决国家迫切需求为目标。雷达所既要做基础研究、理论创新，研发各种新体制雷达，也必须结合国家需求进行系统和技术创新。国内大的雷达研究所的强项在雷达的大工程、大机械件方面，但这并非高等学校的强项和优势。近 60 年来，雷达所就一直坚持发挥自己的特色和优势，长期致力于在雷达技术领域把高水平的学术研究与国家和产业的重大需求结合起来，把研究前沿技术与培养优秀学生结合起来，努力为国家和社会输送优秀人才。我总结为一点，需求导向的创新是接地气的，是容易成功成事的。

创新是一辈子的事业和追求

尽管说创新是人的本性，但还需要一个良好的制度、环境和氛围，把人的本性、创新的积极性给激发和释放出来。

如何营造创新环境？还以雷达所为例。雷达所能发展到今天，应该说离不开北京理工大学给予的特殊政策所营造的创新环境和氛围。雷达所从创立到发展的过程中，学校一直非常支持，稳定地给予一定数额的科研经费，由雷达所独立自主支配，也不强求每年出多少成果。有了这样宽松的制度和经费支持，雷达所的科研人员就可以一直追踪国际前沿，并不断提出新理论、新思想，做出新产品，满足国家重大需求，承担新的科研任务，又不断创新，形成了良性循环。

我国现代科技发展起步晚，在相当长一段时期内，科技创新主要是以跟踪研究发达国家科学技术为主，经过几十年的发展，如今在一些领域、一些方向上已经与国际水平相当，在一些方向上甚至逐步形成引领态势。但我们一定要有清醒的认识，科学研究要脚踏实地、扎根中国大地，结合中国需求，万不可一味跟着热点走，不能让媒体过分炒作，不能一哄而上、一哄而散，不能狂妄自大，也不能妄自菲薄。创新需要基础，需要底蕴，更需要不懈的坚持，可以说，它应该是科研人员一辈子的事业和追求。

科学梦想要与家国情怀相伴

大学的根本任务是培养创新人才。什么样的人是创新人才？以工科为例，我认为就是有科学梦想并去不断追求、有家国情怀并对国家有所贡献的人。

创新人才首先要有科学梦想。青年人最富有朝气，也最富有梦想。青年人拥有追求梦想、实现梦想的健康的身体、旺盛的精力、充沛的时间和屡败屡战并勇往直前的无限可能。青年人将来要想成为对国家、对社会，甚至对全人类有所贡献的科研工作者，就需要有一个崇高的、纯粹的、追求真理的、造福全人类的科学梦想。当有科学梦想的青少年怀揣梦想、踌躇满志地进入大学，大学应为这些青少年提供追梦、圆梦的环境，帮助他们设计未来、实现未来。

梦想成于热爱，科学研究也成于脚踏实地、持之以恒的不懈努力与奋斗。我从中学时代就喜欢无线电，千方百计地从浩渺天宇中去捕捉神秘的电波，那是我感到最有兴趣的事情。之后，无论是读大学时的专业选择，还是后来关于电视实验发射、雷达系统、信号处理方面的研究都源于我的兴趣与热爱。因为这份热爱，使我能够脚踏实地围绕着自己的梦想不懈努力。自从走上了科学研究之路，几十年来我几乎没有休过寒暑假，每天也不太有上下班的时间概念。每当我成功地解决了一个科技难题，我就会获得一种巨大的满足感。实现梦想的过程是艰苦的，但又是充满快乐与获得感的。我们要有梦想，但仅仅有梦想又是不够的，如果你是梦想的巨人、行动的矮子的话，显然不可能美梦成真。

科学梦想要与家国情怀相伴。科学梦想对青少年非常重要，也是每一位科研工作者从事科研的初心。我认为科学梦想还要与国家需求相结合，科学家一定要有家国情怀，要对国家有贡献。只有这样，当你在科研生涯中，无论是遇到艰苦的科研条件还是社会风气的考验，无论是顺境还是逆境，想想自己是在为国家科技事业奋斗、为民族复兴贡献力量，就会支撑你不忘初心，继续前行。

（2017 年 2 月 8 日）

尤　政

中国工程院院士

院 士 简 介

1963 年 12 月出生，江苏扬州人。

清华大学党委常委、副校长。兼任教育部科技委国防学部主任、军委科技领域专家委委员、国防科工局科技委委员、科技部空天领域十三五规划专家组专家、国务院学位委员会仪器学科评议组召集人、中国微米纳米技术学会理事长、中国机械工程学会副理事长、中国仪器仪表学会副理事长、工信部工业强基专家组副组长、工信部智能制造标准化专家组组长等。

机械电子工程专家。在国内率先开展了微纳技术及其空间应用研究，在基于微纳技术的航天器功能部件微型化方面，研制了一系列具有国际先进水平的微型化、高性能的空间微系统并实现了在轨应用；同时在我国率先开展了微卫星技术创新与工程实践，作为总设计师主持完成了 NS—1 等多颗微卫星的研制，其中 NS—1 卫星是世界上在轨飞行的最小的"轮控三轴稳定卫星"（2004 年），为我国空间微系统与微卫星的科技进步做出了重要贡献。

曾获国家技术发明二等奖 2 项、国家科技进步二等奖 2 项、省部级科技奖 8 项等。

院 士 观 点

很多时候专业是因教师而设，而不是为学生，更不是为需求。

工科人才培养注重师父带徒弟，我们得先培养出中国好师父。

学生是用来培养的，不是利用的。

目前我们大学的评估体系，顾了那头没顾这头，这是有问题的。

我们的院校应该结合自己的国情、校情，要培养一批人，专心致志地解决中国的问题。

高校科研要先矫正自己的定位偏差，回归创新本源，以人才培养、技术孵化为主，加强自主创新能力，真正与地方经济发展结合。

比较要有针对性地比，不要"打包"去比，比较是找差距，比较是为了更好地发展。

建立基于国情的评价指标体系

从大方面来讲，我觉得大学教育工作有两个方面需要特别重视，一是知识的传承创新，要不断去更新我们教育人的知识结构；二是要清楚社会究竟需要什么样的人。这两点我觉得对推进教育工作非常重要。

专业设置不应随意

现在教育存在的问题，有两个方面我觉得比较突出。

第一个在人才培养方面。我们的培养方案，我们的知识结构远远不能适应现在知识发展的要求。为什么这么说呢？比如我们现在的教学，老师是从完成工作量的角度出发，有什么课就开什么课。像以前说的，有什么东西就卖什么东西，而不是说学生、专业需要什么样的知识结构，老师就去达到这种水平，去形成自己的课程。每个人按照自己科研的方向去开个相关的课程，对学生来说，这样的知识就很零碎，有时候老师上的课也基本上都是雷同的，学生得到的都是一个断断续续的东西，没有一个完整的链条能够把知识串起来。我们国家的教育先期学欧美，后来仿苏联，一直在跟踪模仿。别人改革了，我们还基本按老路走着。现在很多学生的知识面、知识结构不够好，这就影响到下一步的学习发展，影响到后面的创新。课程要随着时代变，应该有一种灵活的机制，我们现在在这方面做得还不够。

第二，我们的专业设置比较乱，比较自由随意。很多时候让我觉得专业是因教师而设，而不是为学生，更不是为社会需求。我做过一些调研，了解了一下国外的专业设置，德国的专业设置、美国的专业设置都是需要州政府批准的，论证很充分。我们呢？这个专业我竞争不过你，我就起个有一点儿差异的名字，做"另外"一个专业，最后弄出一个很大的"专业群"来。专业过细、很乱，其实内容完全一样。我们这么做更多的时候是在平衡利益，像绩效的考核、指标的分配，等等。我们这是不尊重学科和专业，没按规律办事，也没遵循市场的规律，从而造成了我们人才培养的错位，人才培养和市场需求脱节，没有把市场需求摆在应有的位置。

育人不应是命题作文

现在有些学校要求老师完成教学科研工作量，发表好文章，任务就完成了，实际上这是不对的。大学培养人是第一位的，我们不能上上课、做做科研，就算完成任务了，你要研究教育，你要研究培养出来的人将来能不能服务于社会、能不能服务于国家，你要反思自己的科研是否满足知识创新的需要、是否符合经济社会发展的要求。现在我们考虑这些东西考虑得比较少，都变成了一个命题作文、变成了一个带指标的作业，这导致的问题很大。工科人才培养注重师父带徒弟，我们得先培养出中国好师父，从跟着学、领着学，师父带徒弟，最后大家一起来干，到引领去干。像在我们的实验室，从来没有过说我有一个任务，学生只能干这个任务。第一年学生来了以后，都按培养计划学习，研究室所有的课题你都可以去参加，第二年的时候你可以根据你的兴趣去选择，研究室哪些题目跟你的兴趣是相关的，你选了以后有老师再指导去进一步发展兴趣。这样学生的面就稍微宽了一点儿，基本上，学生就是凭兴趣想干什么我们就让他干什么，并让他有机会了解参加所有的课题，这样他就有一个全面的知识结构，这对以后都有很好的影响。所以毕业以后跟别人相比，可能别人在从事的专业知识上花的时间比我们的学生多一点，但是我们的学生的科研能力可能比别人强得多得多。这种宽泛的知识面和视野对系统的管理、全局的管理，对于工程技术创新来说是非常重要的。

学生是用来培养的

现在由于受到各种考核指标的影响，不少单位把指标分解，分解完了以后，老师和学生之间真的就是雇佣和被雇佣的关系，老师考核学生就是看你完成指标怎么样，就是看每年发表几篇文章。这就出现了两个问题，第一是老师本身对学生的培养不够，功利目标性太强；第二是对学生的培养面很窄。再看那些文章，几百篇文章，都是不同的学生做出来的，其实最后没有形成什么系统性的东西。我觉得，我们应该让学生在多年后回过头来看时，想起的是老师教的方法、教的知识对他后面的事业发展有什么好处，而不应是多少篇文章。学生是用来培养的，不是用来利用的。培养人就要挖掘发挥出他的潜能，每个人的"坯子"不一样，不可能所有人都按照一个模式去走。所以做得比较好的老师，应让学生未来的志向和他的课题的研究方向、解决问题的能力有相关性，这就是我们常说的因材施教。每个学生的基础不一样、每个学生的能力不一样，毕业后的发展空间也是不一样的。

大部分的学生都是处于成长的某一个过程和状态中的，你要跟他交流，学生是希望和老师交流的。现在比较普遍的问题就是老师和学生是隔离的，学生和老师的思想差距大。有些学校现在实施导师制，一个导师带几个学生，一年见几次，哪怕见一次也行。你可以跟他说点儿真心话，让你的经历经验对学生的发展能够有助推，实际上更多的是老师的人格魅力对学生的影响，并没有太多的专业知识的交流，但这样做是有效果的。

人才培养需要引导

工科研究的问题和基础原创性的研究成果实际上是紧密结合的，不能割裂。工科发现了问题，实际上是给基础研究者提出了要求，而基础研究成果又支撑了技术创新。以前学校有很多较成功且有一定规模的团队，现在找出 10 个人以上的协同团队都比较困难，这就是导向问题，每个人都要做"第一作者"，每个人都需做第一完成人，才能完成任务、完成考核，这种导向影响是很大的。它在一定程度上调动了个体的积极性，似乎把整个体制机制搞活了，但是我觉得有些方向和导向我们把握得还是不够，影响了出大成果、出原创性成果的可能性，且对工程型或集成性成果的完成产生负面影响。

以前学校没太多的科研任务，只有一小部分人承担若干个国家项目，大部分人都在研究上什么课、怎么把课上好、怎么把人培养好。后来改革，人才培养五年改成四年以后，有些老师不能搞科研，他就把他不能上的课全压缩掉，把他能上的课留下来了，留下来的课，很多反而没什么用，整个课程体系也开始乱了。其原因，一是老师不愿意投入了，二是评估体系不注重人才培养的长期性。科研的事情我们出政策引导，有个导向，而人才培养靠这种简单的导向是不行的，必须在思想上有认识、行动上有落实，必须有体制机制的保障。我在教学科研一线，对此深有体会和感受，这个问题值得我们去关注，去想办法解决。

要有自己基于国情的评价指标体系

我们现在喜欢什么东西都拿国外的标准来套，比如说 ESI 排名，这会误导中国的大学，有可能会"超前"脱离社会需求。盲目去跟美国等国家去"拼"基础研究，带来的问题很大。美国的大学集中精力做基础研究，在原创领域领先世界，我们却拿着他们的指标来评估自己。我们现在大学的责任可以说比他们的多，而且我们现在重要的是要通过创新驱动发展，相应的评价标准肯定和他们的不一样。我觉得现在大学的评估体系，顾了那头没顾这头，这是有问题的。我们的人才培养、我们的科研，要从中国的发展、中国的国情、中国所处的历史阶段出发去定位、去推动。

我们的院校应该结合自己的国情和校情，去培养一批人，能专心致志地解决中国的问题。前提是高校要先矫正自己的定位偏差，回归教育本源，回归创新本源，加强自主创新能力，把教育科技真正与经济社会发展结合。我们需要培养放开去想、放开去做的人才。我们需要营造环境和氛围，需要创造条件。对一个国家来说，基础的原始创新、继承性创新，或者叫颠覆性创新，都是需要的。为什么我们的大学只强调一个，只强调ESI排名、QS排名呢？排名指标体系是根据他们的实际和需求来的，我们"改变自己形状"去适应它，肯定是有问题的。我们这么大一个国家、这么一个庞大的教育体系，有自己的实际情况，为何非按照别人的导向去做一个评估？按这个标准排在前面的就真的是好的吗？好在哪里？好在排名本身吗？能比的去比，不能比的按我们自己的来，很多事本来都没有可比性。我们不能不甚了解就不假思索地追赶"指标潮流"。像我们的桥梁建筑，全中国形成一个个流派，实实在在地在祖国大地上谱写篇章，有哪个国家在这方面能与我们比呢？其实从整个发展全局上来说，我们具有很好的基础，有很多能够为国家服务的技术，都做好了、解决了，我们也可以去引领世界的发展。

我们要建中国特色的大学，一定要抓到点子上。怎么样去培养人？是不是以培养人作为根本？是不是解决国家急需问题？国家需要人才，国家需要技术，我们是怎么去做的？这些应该是我们的目标导向，而不是舶来一些评价指标。我们要有自己基于国情的评价体系。

比较是为了更好地发展

我们现在可以说是"邯郸学步"，原来自己走得不错，结果学别人学得不会走了，教育发展上出现这个问题，说的人很多，但是解决起来是很难的。现在"双一流"建设没有所谓的申请了，是根据你前面的总体情况进行认定，这个相对来说就好一点儿。这些年，我们的学科评估好像就没有"差"的，过程和结果大家心里其实很清楚，有"做"的成分，不能客观反映学科本身的发展情况。其实，我们可以结合一流学科名单看看当时的学科建设成绩，一对比是很清楚的，是不是真的好。

很多人愿意拿清华和北大比，非要比个高低，我个人不赞成。两个人不在一个跑道上，比什么？北大文理为主，清华理工为主，理科可以比一比，其他怎么比啊？你18个学科第一，我16个学科第一，可是，有的一个学科可能有30人，有的300人，怎么按效率去比？根本就没必要。关键问题是你认为自己做的事情是不是做得最好的，是不是服务了社会、满足了国家需求，这个问题要搞清楚。其实，比较也是可以的，但要有针对性地比，不要"打包"去比。为什么不可以做对口比较？比较是找差距，比较是为了更好地发展。

教育有问题，但我们也不能只抱怨不去做，我们要去实践，去探索，去改变。

（2017 年 2 月 8 日）

王　越

中国科学院院士
中国工程院院士

院 士 简 介

1932 年 4 月出生，江苏丹阳人。

北京理工大学教授、名誉校长。国防科工局专家咨询委员会委员、"863 计划"国家安全领域专家组顾问、总装备部科技委顾问、中国电子学会会士。曾任中国兵器工业第二〇六研究所所长、北京理工大学校长。

雷达与通信系统专家。长期从事火控雷达系统、信息系统及其安全对抗领域的研究工作，曾担任我国多个型号火控雷达系统总设计师和行政指挥，主持研制完成我国多个军事电子工程系统，提出并初步建立信息对抗系统理论体系，在国内较早组建"信息对抗技术"专业，为培养中国信息安全专业人才打下良好的基础。

曾获全国科学大会奖、部级科技进步特等奖、国家科技进步一等奖、兵器工业功勋奖等奖项。曾获兵器工业先进工作者、国家级高等学校教学名师、全国教育系统劳动模范和人民教师等荣誉称号。

院　士　观　点

当前，如何把中华传统文化精髓发扬，与时俱进地在教育和科技创新中延承，值得我们思考。

优秀传统文化是我们中华民族的瑰宝，我们要传承好这一瑰宝，要让传统文化浸润、丰富我们每个人的精神世界。

好玉也需要切割琢磨，教育是一个磨玉的过程，是一个将文化与人的天赋结合的磨玉过程，好的教育就是磨玉。

现在到了将我们中华传统文化整体观发扬光大的时候了。整体观，交叉，系统，这些思维应该与我们的教育结合，应该与创新结合。

高等教育的根本任务是培养人才，高校首先应是培养人才的重要基地，理应坚持教学与科研和谐地对立统一。

我们要有文化自信、发展自信，摸清楚自身情况，坚定发展道路，盲目照搬国外某高校发展为本校发展模板，是简单的形而上。我们应该相信基本规律，遵循基本规律，结合本校实情有机发展。

好的教育就是磨玉

在教育和创新中延承中华传统文化

如果一个民族一个社会没有先进的文化，它就不可能处于先进地位。中华传统文化源远流长，是世界唯一至今仍很有活力的文化。两千多年前，我们的先祖提出的很多理念到现在都是普适的。比如，"世界大同""己所不欲，勿施于人""五音为和，和而不同"，这是说各种事物只有达到和谐统一才能更好生存发展，但是事物又各有不同、多姿多彩。我们国家提出"一带一路"倡议，携手不同国家共同发展，与此完全吻合。《孙子兵法》里"不战而屈人之兵""知彼知己、百战不殆"，这是说军事上只有掌握彼此的情况才能够战胜别人。在现代信息化战争中"知"就是掌握信息，它所反映的基本哲学规律符合几千年来各种战争机理和形态。当前，如何把中华传统文化精髓发扬，与时俱进地在教育和科技创新中延承，值得我们思考并付诸行动。

通过朴实的、深入浅出的中华传统文化教育，让小孩了经常受到中华文化的教育与熏陶，意义重大。比如，我觉得学校应该教学生学写毛笔字，写字时脑、眼、手要时空立体协调运动，才能写出美妙的字，对学生脑功能的发展是有益处的。我们的书法历史悠久，它是一门独特的艺术、综合性的艺术，学习书法也容易让孩子从小产生民族自豪感和自信心，书法的诸多要求对培养孩子优美的情感和高尚的情操都有重要的作用。近年中央电视台做的《中国诗词大会》也很好。我们一直提倡继承中国优秀的传统文化，但在教育中融合得不是很够，现在我们一般的人对《论语》《易经》等内容多是一知半解，接受度偏低；诗词来说好一点，容易接受，很多人能从中受到感染和熏陶。我们这些优美的诗词是美育文化的重要组成，是古人留给我们的宝贵财富，还涉及爱国家、爱民族、爱人民的伟大情操，对各类各年龄段的人都是有益处的，对青少年开发脑力、训练思维也有作用。如何把我们的这些优秀的中华传统文化贯彻到教育中，融入到教育教学中，是一个值得深入探讨的问题。优秀传统文化是我们中华民族的瑰宝，我们要传承好这一瑰宝，要让传统文化浸润、丰富我们每个人的精神世界。

钱学森先生提出的开放复杂巨系统理论认为，开放复杂巨系统的子系统也可能是开放复杂巨系统，其中很多是开创性无前例的，需要我们发挥文化优势和人的知识能力去创造。我们生活的社会是一个开放复杂巨系统，社会内的教育、科研也是开放复杂巨系统。对于教育和科研，不应流于表面，要深入到机理和文化中研究发扬。比如，美国基础教育并不完备，有的商店收银员不会做减法，只能通过递加计算找零，很多人不会用乘法口诀快速心算，但中国小学毕业的人都会。中国的珠算，一千多年前就建立了一种快速计算机理，在计算机未发明前在中国一直被有效地用于快速计算。当然，我们不能因为优秀就搞封闭，应该在保持自己核心文化的基础上，开放兼容，吸取国外优点。

好的教育就是磨玉

我们不少大学生很有天赋，但是如果这些学生只依靠天赋就会很被动。有天赋也要牢记"天道酬勤"，也要将自己民族的优秀文化传统与天赋结合起来。好玉也需要切割琢磨，教育是一个磨玉的过程，是一个将文化及其辩证思维与人的天赋结合的磨玉过程。进一步同源推理，形成优秀的教育单位也是磨玉过程，故好的教育就是磨玉。

辩证思维是中华文化的瑰宝。英国李约瑟院士认为，辩证法源于中国，对立统一思维在中国根深蒂固，老子、庄子便是杰出代表。老子的"道生一，一生二，二生三，三生万物"，万物皆生于有，而有生于无（规律作用中无形的前期超越性存在）。不仅如此，国外对源于中华文明的辩证法也特别重视。美国埃里克·詹奇教授《自组织的宇宙观》一书中，扉页摘有《庄子·秋水篇》一言："故曰：盖师是而无非，师治而无乱乎？是未明天地之理，万物之情者也。"就是讲，看待事物要注意对立矛盾面，既看重有秩序的治，也不能忽视破坏秩序的乱，通过乱才能有更好的治，否则就不明自然的道理和万物的实情。辩证法本质是批判性的，对立统一的。这句话的英文他翻译得非常贴切，他是真理解了这段话。美国自然科学领域的教授都能把我们的传统文化研究得这么透彻，我们更应该加力延承。当代大学生理应大力弘扬和继承中华传统文化，通过教育学习把辩证思维、对立统一论等优秀传统文化与天赋结合起来，为中华民族伟大复兴作出贡献。

"形而上谓之道，形而下谓之器"，大学生还要注意深入挖掘和培养能力，认识事物规律"道"，由此支持创新而非仅就事论事地培训技能。同时，还要有系统的观念，以规律引导发展之路，千万不要只知道拉车，不抬头看路；要注重系统整体，不要只见树木，不见森林。

应该发扬中华传统文化的整体观

西方哲学的基本思维方式倾向于分解，把整体分解成部分。西方哲学讲的"什么是存在，你怎么存在，我怎么存在"就是一种分解。在这种引导下，西医研究要分类分科，细胞、基因、染色体逐一研究透彻；物理学也是不断细分，一直研究到夸克。我们应该肯定西方哲学对人类文明作出了重要贡献，但是也要看到这种无限细化分解的局限性。德国著名科学家普朗克有句名言，"科学是内在的整体，它被分解为单独的整体不是取决于事物的本身，而是取决于人类认识能力的局限性"。老子说，"反者道之动"，矛盾着的对立物各自向着自己的对立面转化，如果分解不完呢？向相反方向走，突破分解的局限性，抓住事物互相关联、互相作用的特性，从整体角度去认识事物。

中华哲学正是讲求整体观和系统观的哲学。具体到医学，中医就特别注重整体性的研究，主要的施治方式都是综合性的，这种整体性在治病救人中发挥了重要作用，充分展现了找准事物间联系、系统整体地解决复杂问题的中华哲学智慧。

中国教育在古代是分析不足，在近现代是综合不足。中国近代教育学走西方之路，分析分解讲得比较多而综合提的少。这有多种因素，主要是由于我们近代科技落后，需要尽快学习和赶超，但是现在只讲分析肯定明显不够，还是应当注意系统观，注意分析与综合的对立统一。我认为，现在到了将我们中华传统文化整体观发扬光大的时候了。整体观、交叉、系统，这些思维应该与我们的教育结合，应该与创新结合。

教学与科研要和谐统一

当前理工科高校把科研看作学校发展的硬指标，相应支持力度大，这没有错，但高等教育的根本任务是培养人才，高校首先应是培养人才的重要文化基地，理应坚持教学与科研和谐地对立统一。现在教学型大学的社会重视程度不如研究型大学，这是不全面的。研究型大学更要注意培养高层次人才、延承文化，如果只出科研成果而没有延承文化，那么大学的意义将大打折扣！

美国研究型大学对人才培养特别重视。例如普林斯顿大学立校的根本目标就是培养领导型人才。科研很重要，但更重要的是人才培养。培养出的人才进入社会发展成功后，就会反思，成功怎么来的？是学校对我的教育，要回报母校！捐助母校是回报的重要内容之一。普林斯顿大学基金有 400 亿美元，多数是校友捐赠。高校培养人，人融入社会，成功后反馈回报，这就是美国著名学校融入社会、共同发展生存的机制。最近教育部批准，由著名科技专家倡议组织并领导的非公立培养高水平人才的西湖大学便是一个试用之例。

教学是对人进行系统培养的重要过程，涉及教师、学生、课程、教材、实验、培养环境等。提高教学质量，必须多方面有机结合，课时减缩、教材升级、教师水平提高、实验环境改善等等要全盘考虑。即便拿教材一项来说，也是很复杂的。举个例子，信息领域有一个专业基础课群，《信号与系统》是其中一门重要的基础理论课程，21 世纪过了这么多年，复杂网络发展迅速，与人的思维也已深度结合，但该课中"系统"内容还是立足于由少量元器件构成简单线性系统，而没有涉及现实以系统集成更重要系统的发展模式和概念。如何通过"师生共进"完成课时缩减、教学质量提升的要求是很复杂的问题。古语曰："师者，传道、授业、解惑也"，教师要传承规律讲好课，不仅要了解自己还要了解学生，把事情规律讲清楚、深入浅出。要适应不断发展的要求，就必须有艰苦的脑力劳动，一辈子不断努力进取，同时还需要改进评价激励体系，不断改善"师生共进"机制和效果。

教育部出台政策要求教授上讲台很必要。过去有不少教授只做科研，不上讲台。国外教授都是要上讲台的，重点是讲本科课，2016 年诺贝尔经济学奖获得者哈佛大学奥利弗·哈特教授和麻省理工学院本特·霍姆斯特罗姆教授，给本科生讲授契约理论的知识，内容很前沿抽象，来上课的人也不多，但即便这样也多年坚持上台讲课，向学生传播本专业重要基础知识，而普林斯顿大学应用科学工程学院电子工程系本科生一年级普通物理课的老师，也由两位获得诺贝尔奖教授担任。这一点我们应该向国外学习。

高校要遵循自身发展规律

契合社会发展，培养高层次知识人才是高校最本源的工作。我本人反对高校分散很大精力主办生产型企业，尤其是隐性侵占教学资源。高校不具备高科技转化大批量生产的条件，当前发展阶段我国大部分企业也没有能力投入大量资金到应用基础研究。因此高校最好的道路是深入企业，解决企业难以解决的"技术科学"支持的科技前沿（"技术科学"是钱学森先生首先提出的新科学门类，本文作者粗略解释为将相关科学基本原理向支持解决对应工程技术领域难题进行科学技术融合的新学科群），做科学技术发展生力军，与相关企业深度合作，支持企业作为技术创新主体在全社会生产链中发挥作用。高校与企业分工不同，各自有专长，就专长合作才能使发展更精深。上面提到，高校要把教学和科研做到和谐对立统一。这个目标我们尚需努力。

高校教师如分配主要精力创办企业，就应连同企业剥离教育事业领域，不能占全民公益性教育资源做企业的事，这不能混淆。教育资源是无偿的，占着教育资源就会造成一种不公平。对教师的待遇和激励都要按照国家规定贯彻执行，合理合法取得成果和专利的收益，是没有问题的。

高校发展要符合自身定位发展的基本规律。高校有科研项目和经费很重要，但是人才培养、文化建设等一些基本工作更重要。要独立自主依法办学，兢兢业业，一步一步向前推进，不能不经研讨调研就搞新机制和新改革。要以人为本，把学校优秀传统文化与人才培养和国家发展有机结合起来，而不仅就人才论培养人才。要有特色发展自信，摸清楚自身情况，坚定特色发展道路，盲目照套他人做法，效果很值得怀疑。再有，要经得起挫折，系统理论里讲"通过涨落达到新的有序"，即发展中经得起挫折，这样才能前进，才能达到新的有序发展。我们应该相信基本规律，遵循基本规律。

现在教育已有很大的发展，在中华民族伟大复兴中起到了不可替代的作用，但是深层次发展与创新驱动仍显不够。教育是开放复杂的巨系统，改革起来难度当然很大，只有不断探索，清楚地辨析矛盾才能不断改革前进；只有否定固化的现实，面对未来，不断否定之否定，才能持续发展。任务很重，面临众多挑战，需全社会齐心共同努力。

首都北京不仅是地理概念，更是政治、经济和文化综合有机统一的概念。作为首都北京的高校更应立足中国，放眼世界，延承中华传统文化，增强文化自信和发展自信，坚持教学与科研和谐对立统一，强特色，促发展，在中华民族伟大复兴中作出更多更大的贡献！

（2017 年 2 月 8 日）

包为民

中国科学院院士

院 士 简 介

1960 年 3 月出生，黑龙江哈尔滨人。

中国航天科技集团公司科技委主任。兼任中国惯性技术学会理事长，第十三届全国政协委员，曾任第十一、十二届全国政协委员。曾任研究所副所长、所长，型号主任设计师、副总设计师、总设计师。

制导与控制专家。国际宇航科学院院士。我国航天运载器总体及控制系统领域的学术带头人，为我国国防现代化建设作出了突出贡献。

曾获国家技术发明奖一等奖 1 项，国家科技进步奖特等奖 1 项、一等奖 1 项，国防科学技术奖一等奖 2 项、二等奖 1 项，第二届国防科技工业杰出人才奖等奖项。

院 士 观 点

创新的支持需要的是细水长流，很多时候，有的研究过程中发现的新问题因时间有限而无法深入，很多科研人员结题时都有意犹未尽的感觉，但多因没有后续支持而"半途而废"。

更多时候我们强调"赶进度"是为了花钱，却不是关注科研本身。

更多的教师适合教学，就应给他们这种机会，让他们去教育和影响学生，这更符合高校发展定位，也是教师和高校重要价值所在。

科研补助应放在明处，按项目承担情况合理分配，一方面激发科研人员工作积极性，另一方面可能会遏制一些经费使用乱象。

领军人才不是靠教育能培养出来的，而是要经多年学习和工作实践，在多方因素作用下成长起来的。

航天是锻炼人的大熔炉、大学校，"航天精神"和文化可以与教育联系起来。

弘扬"航天精神" 培育创新文化

科技创新是提高社会生产力和综合国力的战略支撑，必须摆在发展全局的核心位置。实施创新驱动发展战略，这是国家战略，也是一直以来国家所强调的。近年来，我们在科研创新工作中取得了一系列重大成就。通过实施"863 计划""973 计划"和重大科技工程等，鼓励和支持科研人员面向科学技术前沿、面向国家重大需求、面向国计民生，引进、消化、吸收、再创新，在各领域都取得了丰硕的成果。成绩有很多，但我们也要清醒地认识到问题，比如科技创新工作仍不完善，科研水平与世界强国仍有一定差距，科研创新体制机制仍存在着一些问题，等等。对这些问题我们必须给予足够重视。

科技创新机制体制亟待完善

一是科研活动过于急功近利。基础性原创性成果一般需要长时间投入，要有耐得住寂寞、坐冷板凳的精神。现在无论大项目还是小项目，无论是军用项目还是民用项目，"规定"的研究时间也就三到五年，经费投入也缺乏稳定性。创新支持需要的是细水长流，很多时候，有的研究过程中发现的新问题因时间有限而无法深入，很多科研人员结题时都有意犹未尽的感觉，但多因没有后续支持而"半途而废"。

二是科研方向过于"偏向"。我们现在的重点研发计划很好，通过加大投入和延长时间，给予科研创新更大支持，其基本思路是正确的。但有时候我们的一些重大重点计划涉及面较窄，过于偏向当前所谓的研究热点，虽有可能产生具有国际影响力的成果，但站在国家发展全局看，"偏向"的做法可能错过未来具有决定性影响的研究方向，对科研整体发展未必有利。

三是科研节奏与经费节奏"不合拍"。表面上看，我们现在各级各类的科研经费拨付"运行节奏平稳"，但是与科研本身要求相比，还是"不合拍"。花钱为了做科研还是做科研为了花钱？道理很简单，但我们在执行环节还是存在违背规律和不合情不合理的做法。更多时候我们强调"赶进度"是为了花钱，关注的是"经费绩效"，却不是关注科研本身，不是关注"科研绩效"。

四是自由探索还是较少。原始创新就应该鼓励解放思想、自由发挥，做指南往往会把思想框死，也不利于公平竞争。不可否认，指南过去确实为推动创新起到一定作用，但是以当前国家科研发展情况而言，增加自由探索的成分或许更为有利。

育人与科研要和谐结合

高校还是要以育人为本，科研在高校也很重要，但一定要紧密结合教学。习近平总书记对高校人才培养、科技发展提了很多要求，定方向，立目标。高校该怎么做呢？首先就是要把定位找准。高校人才培养和科技创新定位在哪里？不管什么样的定位都不能让老师直接去搞产业搞工程，不能让教授们一天到晚为课题费写本子，围着评审答辩团团转。

我们不能"强行组织"教师做科学研究。利用高校资源组织实施科研项目满足国家重大需求固然很好，但是应该考虑教师自身特点完善评价标准。更多的教师适合教学，就应给他们这种机会，让他们去教育和影响学生，这更符合高校发展定位，也是教师和高校的主要价值所在。我们要把育人和科研创新结合起来，但这种结合更多的是一种自然需求。

科研补助应放明处

现在强调科研经费要为科技创新人员服务，要让科技创新人员生活得体面，国务院也出台了一系列政策，但是感觉落实起来难度较大。现在科研经费改革，地方高校行动有些缓慢，人才流失比较严重。究其原因还是没有解决好一个核心问题，即如何提高科研人员做科研的积极性。我认为，科研补助应放在明处，按项目承担情况合理分配，一方面激发科研人员工作积极性，另一方面可能会遏制一些经费使用乱象，提高经费使用效率。创新是人做的，人是最关键的。比较国外同类型和级别课题，他们经费配套少很多，但经费大部分都用于人员补助，总体效果上要比我们好。我们呼吁提高研究生补贴，保护科研积极性，其实，对从事科研的人来说，积极性也需要采取不同的举措去激发。

教育要鼓励创新

教育应切实重视因材施教，鼓励教育的个性化。现在青少年从小学读到大学毕业，基本按照一种模式培养，进入工作单位时往往被磨平了创新棱角，成了一个样子。很多孩子小时候有很多想法、敢于大胆尝试，但按照一个尺度教育到最后，个性化的东西没有了，设计、试验和揭示新规律都变得无从谈起。

教育就是要保护每一个学生的创新个性和思想，同时给予他们必要的知识，而不是时时惦记着要培养什么行业领军人才。我们不要再去歪曲钱学森先生的意思，领军人才不是靠教育能培养出来的，而是要经多年学习和工作实践，在多方因素作用下成长起来的。不要给教育过多不属于它的责任，即使强加上去实际也做不好。

高校要想办法提高学生的动手实践能力。现在的学生不太注重实验科学，都在按指挥棒引导写文章，比谁的 SCI 论文更多。习近平总书记说要把论文写在祖国大地上，就是说论文不能只为了发表和引用，要面向国家和行业需求，为社会发展所用。我们要相信年轻人有能力，只要加以正确引导，提高动手实践技能，定能进一步推动国家科技发展。

弘扬"航天精神"

这些年大家比较强调"航天精神"。60 多年来，我们的航天事业从无到有、从小到大、从弱到强，走出了一条具有鲜明中国特色的发展道路，培育形成了"航天精神"，这可以说是民族精神与航天实践相结合的产物。20 世纪 50 年代是自力更生精神孕育了我国最初的"航天精神"，后来航天人做了新的概括和提炼，"自力更生、艰苦奋斗、大力协同、无私奉献、严谨务实、勇于攀登"；90 年代末，我们阐释了"两弹一星"精神，"热爱祖国、无私奉献、自力更生、艰苦奋斗、大力协同、勇于登攀"；2005 年"神六"成功后，我们把"航天精神"进一步概括："热爱祖国、为国争光的坚定信念，勇于登攀、敢于超越的进取意识，科学求实、严肃认真的工作作风，同舟共济、团结协作的大局观念和淡泊名利、默默奉献的崇高品质"。

其实，不管如何表述，"航天精神"和文化都讲求的是实事求是。火箭和卫星不能造假，造假就上不了天。我们发现质量问题，就一定要按照"定位准确、机理清楚、问题复现、措施有效、举一反三"的标准检查改正，才能算彻底解决问题。"航天精神"和文化讲求爱岗敬业、无私奉献。老一辈科学家不畏艰苦，放弃国外优越生活条件，为国家和民族振兴，隐姓埋名、埋头苦干几十载，开创了中华民族伟大的航天事业。年轻人加入航天，经过多年工作洗礼，打上"严慎细实"烙印，思考和处理问题都会比过去严谨细致。航天是锻炼人的大熔炉、大学校，"航天精神"和文化可以与教育联系起来。

作为一名合格的航天人，除了和其他科学领域一样需要基本技能外，还需要具备以下几点。一要热爱祖国，热爱自己从事的航天事业。二要能够融入航天文化、树立"航天精神"。航天文化和精神内涵很丰富，刚才说了，这些文化和精神是老一辈航天人创造并传承下来的宝贵财富。三要有良好的心理素质。航天人既要能面对成功的喜悦，也要能承受失败的压力。正是在不断成功和失败的考验当中，航天人一次又一次攀登上航天科技的高峰。

（2017 年 2 月 9 日）

林 群 / 中国科学院院士

院 士 简 介

1935 年 6 月出生，福建连江人。

中国科学院数学与系统科学研究院研究员。发展中国家科学院院士，美国工业与应用数学会会士，第九、十届全国人大代表。曾任中国数学会副理事长、人教社数学初中版主编、科普中国科普百科顾问。

数学家。主要从事计算数学研究，应用于反应堆和经济学；致力于数学普及。

曾获中科院自然科学奖一等奖、何梁何利科技进步奖、华罗庚数学奖、波尔查诺数学科学成就金奖、2017 年首届全国创新争先奖状、2017 中国教育电视优秀课例一等奖等奖项。曾获 2015 年度十大科普人物、2016 年度中国科学十大新闻人物等荣誉称号。

院　士　观　点

教育是创新的准备，是创新之根。

科普是每一位科学工作者的天职。

科研工作探索未知，原本就有风险，它不像盖楼、搞工程项目，可以指定进度或目标，创新不能大跃进。

科学需要继承、发展与创新，不是凭空创造、连根拔起，是在相对真理基础上的再创造。

要转变观念，推进科教融合，既能培养学生，也能锻炼科研队伍。这是当务之急，也是大势所趋，科研与教学的联系，是天然的、直接的。

教育是创新之根

科学是一个追求真理的过程，科技创新需要长时间的积累和准备，而教育就是这样的一个准备过程。教育是创新的准备，是创新之根。要提高我们国家的科技创新能力就必须深入地推进教育改革，培养大量创新人才，有了人才，国家才能创新。

科普是科学工作者的天职

我的数学先天不足。小学阶段在日寇铁蹄下度过，没有受过正规教育，所以数学基础差。幸亏抗战胜利后的初中教育还不错，特别是新中国成立后进入福州一中，那里的数学教师与众不同，每堂课有半堂讲故事，半堂讲数学。学得少，记得牢，而且对数学很向往。大学则是满堂灌，学得多，记不牢。我毕业的 1956 年，恰逢中央提出"向科学进军"的口号，我有幸进入了中科院数学所，那里有三条龙：华龙、关龙、吴龙（即华罗庚、关肇直、吴文俊——编者注）。他们的思想方法与看家本领，使我茅塞顿开，我尽力追随。但我的科研还是做得不够好，身边有陈景润这样的同事，常令我自叹不如，羞愧万分。

我也出过国，有两件事给我震动很大，甚至影响了后半辈子。

一是到柏林访问，东道主给我一张条子，说德国人认为，一个好的演讲应该分几个部分：第一要使中学生懂得你干什么，第二要使大学生懂得你的成果，第三要使研究生和专家都不懂，因为那是你的最新成果，最后部分你自己也不懂，因为那是没有解决的问题。此后，我做专业演讲时，非常注意这些步骤。我才知道科普实际上是每一位科学工作者的天职。但我的专业主要用到微积分和一点泛函分析，所以我就必须把微积分和泛函分析讲到让中学生能懂。直到有一次，我参加一个参观团，在树下受到了导游的启发，才悟出微积分的道理。关于泛函分析，是一次陪关肇直先生回家路上，他突然对我说，泛函分析其实就是平面几何。这句话对我触动很深，收获很大，我觉得这一句顶一万句，胜读十年书。

另一次是到巴黎，东道主反复说：一个数学证明超过四行就不要讲。当时我觉得奇怪，证明无论长短，只要证明出来不就行了吗？哪有这样的规定？后来一想，太有道理了，于是我就努力这么做，发现只要功夫下够、千锤百炼，还是做得到的。所以后来我的微积分习作，都要把证明降到四行，甚至两行。但无论如何，微积分的结论早已被牛顿等做出，不需要新发明、新创造，不需要高手，只需要你多下功夫，只要有心，人人都做得到。

创新需要积累和准备

科学发展有其自身规律，实质性的进步需要积累、准备和机遇，往往是几代人的努力，大家不断地推进，到了即将突破的前夜，"山雨欲来风满楼"，最后才有个别幸运儿"站在巨人的肩膀上"摘到苹果。牛顿、爱因斯坦的出现也非偶然，那个年代不是牛顿、不是爱因斯坦也会有别人，所以伟人或重大成果是时代的产物，不是一经投入就能产生出来的。况且，科研工作探索未知，原本就有风险，它不像盖楼、搞工程项目，可以指定进度或目标，创新不能大跃进。

科学是追求真理，追求真理有一个过程，是通过相对真理来接近绝对真理。人类追求真理，一下子也达不到纯粹的地步，而是不断去认识相对真理并逼近绝对真理。科学需要继承、发展与创新，不是凭空创造、连根拔起，是在相对真理基础上的再创造。所以要学习前人已经达到的相对真理，学习是创新的准备阶段，教育是学习最有效的方式。所以说，国家要创新驱动，一定要把教育做好。

科教融合是当务之急

师资是育人的关键，要加强研究、提升教学质量、培养创新人才。这个研究，不单单是科学研究，还包括教育、教学的研究。现在高校里普遍存在"重科研轻教学"的现象，教学是大锅饭，科研是自留地，教学出工不出力，都去干科研。这是评价与考核的问题，没有科研项目、没有基金资助，教师就不能提职加薪，所以都争取项目、发论文，不愿意在教学研究上下功夫，这对人才培养非常不利。

要转变观念，推进科教融合。既能培养学生，也能锻炼科研队伍，这是当务之急，也是大势所趋。科研与教学的联系，是天然的、直接的。教师在育人过程中，要转变思想观念，进行科学研究，从一团乱线里头找到一个线头，让学生拿出线头，打开乱线。所以导师做研究的根本目的应该是提升自身水平、提升育人水平，使自己成为一个学科的带头人，这是对学生最大的爱护。

科学是浩瀚的海洋，真理是海底的珍珠。我们要通过观念的改变和创新，把海水抽干，让真理露出水面，水落之后才能石出，让广大学生都享受科学的财富，而不是让学生看不懂、听不懂科学，甚至惧怕科学。

大道至简。我们要博采众长、融会贯通、整合创新，让世界更简单。

（2017 年 2 月 13 日）

柴之芳

中国科学院院士

院 士 简 介

1942 年 9 月出生，浙江宁波人。

中国科学院高能物理研究所研究员，苏州大学教授。

放射化学家。长期从事放射化学和核技术研究，提出分子－中子活化分析法，发现一些与生物灭绝有关的铱异常事件，并根据异常铱的化学种态，提出混合模型。用中子活化、同位素示踪和同步辐射等核方法，在细胞、亚细胞及分子水平上研究了微量元素分布特征及其相关效应。现从事乏燃料后处理复杂体系中锕系元素化学研究，以及放射医学/核医学的应用基础研究。

曾获国家自然科学二等奖、国家科学技术进步二等奖以及中国科学院自然科学一等奖等奖励。2005 年获国际核化学和放射分析化学最高奖——George von Hevesy 奖，是发展中国家第一个获奖人。

院　士　观　点

从社会分工讲，科学研究是一项公益活动，从事这项公益活动的科学家应当认识到，我们的科研成果必须回报社会。

现在科学发展的学科界线模糊、学科相互渗透、科学问题全球化、科学家国际化，我们需要建立真正开放、大型、国际化、多学科综合性的研究基地。

强调协同就是要求实验室不能封闭运行，不能"肥水不外流"，而是必须与高校等其他部门紧密合作。

我们很多时候将"偏科生"这样的问题以"制度和操作很难把握"为由就搁置了。很多规定，结合时代发展来看，不一定是科学合理的，现在的教育体系上有很多需要修改的地方。

繁多的"人才计划"看上去好像重视了人才的培养，最后却可能会把这代人整个毁掉。最后的结果就是这代人头衔一大把，学问科研表面化。

学校兴衰，一取决于人才，二取决于体制，三取决于校园文化。

名师是"双一流"的名片

要坚定办学自信

习近平总书记说，我们要坚持"四个自信"，在办大学这个问题上我们一定要自信。我们国内高校目前最大的问题是，都往一个模式走，各种不科学的评比将高校办成了"千校一面"。为了在评比中过关，高校都往同一个目标努力，结果是缺乏特色。现在我们的确缺少应有的自信。大学不自信，都去一味地模仿所谓西方名校，忘了大学发展肯定不止一条路。看看前些年流行专科变学院、学院变大学、大学变综合性、综合性变研究型大学，好像研究型大学就是最高、最好的，是这样吗？真的没有必要。各个学校就看怎么样办，办出特色就可以。习近平总书记说过，我们不要把北大办成哈佛、清华办成剑桥，这个没有必要，北大就是北大，清华就是清华，哈佛当然非常不错，我们大家可以互相学习。现在我们的高校需要静下心，认真思考如何办出特色。

建议加强北京高校与中科院的实质性合作

北京高校的有利条件太多了，中科院一百多个所，三分之一多在北京，我认为北京高校应该加强与中科院的实质性交流合作，而不是虚的，不能光是在一起搞个签字仪式，弄个合作协议就算是完事了。合作要从最基层一直到最上层，基层就是人对人、组对组，相互聘用。现在中央也提出来加强北京高校跟中科院在北京的研究所的互聘，进行实质性的合作。现在也是有合作的，但是合作的层次不够。科学院的实验室都是比较好的，是比较高级的平台，跟高校的教学科研也有密切的关系。像美国，在这个方面做得很好，美国的 NSF（美国科学卫生基金会——编者注），相当于我们的国家自然科学基金委，NSF 的申请书里面要求必须有一条，你对学校的贡献是什么，你对教学的贡献是什么。我们现在申请书没有这个要求，没有人在申请书写上我对北大有什么贡献、对清华有什么贡献、对中小学生有什么贡献。

"肥水必须外流"

说到合作，我一直认为"肥水必须外流"，我们现在的"肥水不外流"，是谁拿到项目就是谁的，有时候要求协同也只是拿出很少一点钱给别人，自己拿80%、90%，等等。国外不少项目有规定，50%要给学校，从制度上来保障，这样做就比较好。现在科学发展的学科界线模糊、学科相互渗透、科学问题全球化、科学家国际化。一批学科需要高度交叉，我们现在还没有一个真正开放、大型、国际化、多学科综合性的研究基地。习近平总书记曾指出："我国同发达国家的科技经济实力差距主要体现在创新能力上。提高创新能力，必须夯实自主创新的物质技术基础，加快建设以国家实验室为引领的创新基础平台。"这完全符合当前科学发展潮流，也是中国创新战略的重大需求。

美国能源部对国家实验室的要求是什么？"国家实验室应当更注重科学领域的交叉点，而不是各学科内部。在于它们可从事大学或民间研究机构无法或难以开展的交叉学科的综合性研究"。国家实验室不是组合体，更不是虚拟实验室，国家实验室和国家重点实验室不同，无须依托单位，体量相对较大、大型设备和装置较多、人员众多、运行经费高，因此是具有法人地位、财务单列的独立实体，具有独立性，强调协同。强调协同就是要求实验室不能封闭运行，不能"肥水不外流"，而是必须与高校等其他部门紧密合作。实验室的客座人员多于固定人员，至少1∶1，甚至2∶1。它规定将50%甚至更多的项目经费分配给外单位，尤其是高校。也就是说，规定"肥水必须外流"，这就从制度上强化了国家实验室与高校等部门的紧密合作，非常有利于人才的培养。不仅如此，实验室也有助于地方经济的发展，美国布鲁克海文国家实验室（BNL）的经济审计数据表明，该实验室对纽约州GDP的投入产出比大约为1∶2.5。由于国家实验室从事的是重大前沿交叉科学问题的研究，因此其成果不是以每年发表多少篇SCI文章，也不是以影响因子有多少点来衡量，它们的目标是科学问题上的原创性、颠覆性突破。这样一旦成功，就能产生诺贝尔奖等级的成果。美国的国家实验室中大多拥有多位诺贝尔奖得主，例如贝克莱实验室现有13位诺贝尔奖获得者，有近百名美国国家科学院、国家工程院和医学院院士。我曾到该实验室参观，看到一面墙上悬挂了众多诺贝尔奖得主照片，下面还空了一大片，该实验室人员自信地说，以后还会产生不少诺奖得主，这块偌大的墙面就是为以后的得主保留的。国际性是国家实验室的又一个标志。它们不仅是国家的重器，也是国际科学中心，来自世界各国的科学家会聚在这样的实验室，就像是一个大熔炉。

给"偏科生"一条路

我们现在经常提"钱学森之问"，关于这个问题大家有很多思考，我觉得这是一个时代的问题，具有时代性，我们可以回头去梳理一下当时我们在高等教育方面的一些做法。钱先生那个年代，一是人少，二是那时发现的人才往往不是全才，尤其是一些用现在的话来说的"偏科生"。比如说钱伟长先生，他在清华大学一开始进的是历史系，他英语不行，0分，物理考了个5分，历史考了满分，汉学考了满分，他就能被清华录取，最厉害的是他最后转到了物理系。我们现在大学生出来是一个模式，哪一门课考不好都不行，入学不行，毕业也不行。你可以哪门课都不突出，但必须每门课都要过关。我们分析一下国内外在学术上或者其他领域比较有名的人，可以说都有一些"与众不同"，但不一定是全才啊。所以我就想，我们高校里面是不是真的可以考虑，拿出1%或者2%的比例，为"偏科生"开一条路？这样至少不会埋没人才。像我们自己也是这样，我可能哪个地方好，哪个地方不好，世上哪有全才，真全才了就不叫才了。我们很多时候将"偏科生"这样的问题以"制度和操作很难把握"为由搁置了。我想说，我们现在的很多规定，结合时代发展来看，不一定是科学合理的，现在的教育体系上有很多需要修改的地方。

减少评估

我在苏州大学干了快五年了，我觉得现在有的教育主管部门有很多东西搞得比较虚。拿评估来说，评估是必要的，但我们的评估有时候搞得太多、太虚，逼着学校弄虚作假，这个没有意义。尽管再三强调说不要弄虚作假，但是第一你没有办法查证清楚，第二你的导向又诱导学校要去弄虚作假。学科评估，各个学校花了多少时间来准备这个材料，"东挪西借"、拼拼凑凑，这样的评估本来就没有意义。还有一个问题，谁应该来领导科学、领导学术？我们现在有些管理部门拿着 ESI、SCI、IF、Nature Index 等所谓的定量化指挥棒乱指挥，到最后我们发现其实是一些国外的商业公司主导了我们的学术导向。这些公司做这些东西，可以看看、参考一下，但不能受制于它，更不能围着它转。我们一定要淡化这些指标，也不是说绝对不闻不问，可以关注，但只是一个参考，绝不能被它指挥着乱转。

人才计划虚火旺

现在有一个问题，学校整个行政体制没有充分发挥学术的引领作用，这怎么办？学校、学部、学院、系、所，层次繁多。很多时候一个学术问题最后变成了行政处理，必然导致效率低下。另外，学校的非学术会议太多太多，我估计这是通病。我 5 年前到苏州大学帮忙，很多老院士知道后，对我很关心，他们说你现在到苏州大学，苏大发展很快，非常好，这个是肯定的，但要避免国内一些高校的虚火，一定要注意夯实基础。不少老院士指出，发虚火通病不是少数，有相当一部分高校就是虚火。虚火是什么？比如说招聘人才，现在非常浮躁。比如说地方高校，如果一位院士去，可以给多少钱呢？大约 150 万元，再加上一套房子；有的地方更高。院士来 200 万元，给房子。我了解几所南方的地方高校，提出了一些不切实际的发展目标，然后开始在国内"挖人"，"杰青"给 120 万元，院士给 200 万元，等等，这种做法真的不对，但现在已经成了一种风气。日本这几年出了那么多诺贝尔奖，几乎每年都有，但就是获奖了有头衔了，从东京大学转到京都大学待遇几乎没有变化，从东京大学到一个所谓差的学校大概工资也是这样。我们呢？动不动就用金钱诱惑，这样对年轻人有很不好的影响，其结果是使年轻人浮躁，让人急于求成，哪个地方有热点就去做什么，哪个地方钱多就去哪里。结果比较难的、需要十年磨一剑的工作没有人做，大家都去追求"短、平、快"

的东西。我们现在的文章发表数量不得了，再下去肯定世界第一，现在有些已经超过美国了。化学超过美国了，纳米超过美国了、材料超过美国了、物理可能也是第一，生物医学在全世界大概排第四第五，我估计很快都能上去；但是真正重大的原创性我们还是不够，这是令人担忧的现状。各种人才计划为激励人才发展是好事，但这个事一定要有统筹，不能"各自为政"，否则这么搞肯定是乱的。最后会怎么样？尽管看上去好像重视了人才的培养，最后却可能会把这代年轻人整个毁掉了。后果就是这代人头衔一大把，而学问、科研表面化。有些年轻学者的名片上头衔一大堆，把一张小小的名片填得满满的，好像不这样，就不能显出他的地位和水平。反观一些受人尊敬的老院士的名片，就列出某某大学教授或某某研究所研究员，十分简洁。

科研必须沉下心来，这一点大家都知道。我最近在《科技导报》上发了一篇文章：《科学研究是一项公益事业》。我认为，从社会分工讲，科学研究是一项公益活动，从事这项公益活动的科学家应当认识到，我们的一切科学活动都是由广大纳税人支持的，我们的科研成果必须回报社会。科学是实在的、质朴的。科学研究不是一个任人打扮的小孩，更容不得任何造假和虚构。我们要鄙弃不求甚解的学风，提倡实事求是、与时俱进。我们不要被纷纷扰扰的外部世界所迷惑，不为众多的头衔所动。有志于科学研究的人要安心、要清净、要踏实，不能为了奔头衔，把科研最根本的目的忘掉了。我们社会、高校、科研机构要创造一个良好的氛围，清除学术环境中的各种污染，让年轻人专心致志、踏踏实实搞科研。不要制造一种纷纷扰扰的环境，逼着年轻人做"短、平、快"、急功近利的研究。

名师是"双一流"的名片

关于"双一流"，我有一点自己的看法。"双一流"不在于你的学校怎么样，学校有多大，"双一流"最重要的就是老师，名师是"双一流"的名片。名师的名片有两个，一是学问好，二是为人好。名师是"双一流"文化的代表，"双一流"的关键是要有优秀教师。刚才说现在各高校都在加大吸引人才的力度，我们需要思考拿什么吸引有文化、有品位、有思想、有担当、有奉献的人才，用金钱吗？还是用文化氛围？大学并不是要求所有院系、学科专业都是一流水平，在资源配置上一定要科学。金钱并不是至高无上的，重要的是从上到下要有一种文化，尤其是从学生开始，就要有一种"舍我其谁"的文化。一流是相对产物，不怕不识货，就怕货比货，要找参照物，不能满足于自己的小圈子里做老大。"科技兴则国家兴，科技强则国家强"，这句话是习近平总书记去年在院士大会上讲的。对学校也是一样。学校兴衰，一取决于人才，二取决于体制，三取决于校园文化。现代校园文化要求"探索、开拓、创新"。好的高校应有一流教学水平、一流科研水平、一流管理水平、一流文化氛围。2014年，香港投资者陈乐宗向哈佛大学公共卫生学院捐赠了3.5亿美元，这是哈佛建校378年以来收到的最大笔捐赠。他在捐赠仪式上讲了这么一句话，我对你们的建议是用思想，尤其是伟大的思想丰富你们的人生。这句话挺好的。大学重要的是从上到下有一种文化，尤其是从学生开始就要有一种"舍我其谁"的文化。

我们目前的差距是什么呢？老师的素质偏低，很多年轻教师都是博导，这个现象在国外很少看到。我大概去过三十来个国家，像在荷兰，要当教授很难很难，很多我的好朋友水平比我高，到最后还是一个副教授。像在德国也是这样，德国大学一个系里面就一个教授任职。日本很多系都是这样，一个系就是一个教授，还有一个副教授，下面叫助教授。我们现在教授太多了，但是已经评了，不能拉下来，这个很难做到，但以后是不是不能这样了，不是说年轻不能评，是说不能乱评，不能轻易评。

另外还有一个是研究生招生问题，我们条条框框太多，学位办规定只能招二十人，或只能招三十人，能招多少自己不知道？这个根本不用管。

能不能招研究生，看有没有项目，有没有课题，有没有足够的经费。倒可以规定，如果招一个研究生，必须有 50 万以上的经费。美国的教授实际上就是这样，美国教授跟我聊，我问他现在怎么样，有多少学生。他说我今年一个课题都没有申请到，今年没有学生。过了一年，说今年我运气很好，我拿到了两个课题，现在可以招学生了。我们现在有些高校的博士生指标根本用不掉，导师没有课题、没有经费，而有能力带博士生的导师却没有研究生指标，或者少得可怜。没有必要规定那么严，不要那么多条条框框。

教授上课天经地义

学校的根本任务是什么？教书育人。老师要做什么？教学和科研。我建议在大学里，年纪大的可以多上课、上大课。年轻老师可以上课，上辅导课或讨论课。因为年轻人不见得能把一门大课讲得很好。可以更多地鼓励年轻人做科研，主课给有教授头衔的年长教师去讲。不能让一个青年讲师去讲一门主课。年轻人做科研有优势，他们有创新性，初期以搞科研为主，科研中去积累学习，等到一定程度以后，也可以去讲课，这样感觉会不同。现在我们很多学校，年轻的三十岁左右就要开一门主课，这个我觉得不好，讲课还是应该要德高望重、学历比较丰富的教授来讲。教授给学生上课，这本来就是教授的职责所在，现在有的学校教授上课都成了一种"特殊现象"，这很不正常。

关于科研，我曾写过一篇小文章，我认为科研活动要坚持几个原则。一是研究工作应以科学为基础，以目标为导向。换句话说，就是科学研究要"顶天立地"。我们选择的研究方向最好是处于重大科学问题探索和国家重大需求的交汇点上。二是要有创新性和想象力。想象力是创新的基础和源泉。爱因斯坦在《论科学》一文中指出："想象力比知识更重要，因为知识是有限的，而想象力概括着世界上的一切，推动着进步，并且是知识进化的源泉。严格说，想象力是科学研究中的实在因素。"如果说知识代表着过去，想象力则代表着未来，没有想象力就没有科学的未来。三是要明白"工欲善其事，必先利其器"。俗话说，"磨刀不误砍柴工"，就是这个意思。没有先进的仪器和方法，是无法作出重大原创性成果的。我们的科学研究高度依赖国外仪器的情况现在虽然正在改变，但仍十分严重，已成为制约中国攀登科学顶峰的一个瓶颈。四是交叉学科是创新的源泉。当前的科学发展态势是学科界线逐渐淡化，学科相互融合日益显著。新的生长点往往产生于学科的交叉点中。据统计，诺贝尔奖获得者中有一半以上具有交叉学科背景，这就是一个证明。然而我国的科研体制、科研机构、科研评价、科研活动等仍程度不同地受到传统学科分工的束缚。我们亟须组织多学科高度交叉的国家实验室，这是中国科学研究实现国际领跑的基本保障。

（2017 年 2 月 13 日）

王志珍

中国科学院院士

院 士 简 介

1942 年 7 月出生，江苏吴县（今苏州市）人。

中国科学院生物物理研究所研究员。曾任九三学社中央副主席，十一届全国政协副主席。

生物化学与分子生物学家。在蛋白质折叠，折叠酶和分子伴侣胰岛素 A、B 链相互作用及重组等研究中做出重要贡献：（1）提出"蛋白质二硫键异构酶既是酶又是分子伴侣"的假说，为该酶固有的分子伴侣活性提供了最早的实验证据，并证实和区分了该酶的二种活性在帮助含二硫键蛋白折叠中的作用，打破两大类帮助蛋白的界限，总结出折叠酶新的作用模式。（2）最早成功地用蛋白质二硫键异构酶催化同一基因编码的两条肽链的正确重组，提出"胰岛素 A、B 链已经含有足够的结构信息而能相互识别和相互作用，并形成结构最稳定的天然胰岛素分子"。

曾获国家自然科学奖二等奖（2 项）、中国科学院自然科学奖一等奖和二等奖、发展中国家科学院基础科学奖（生物学奖）、何梁何利基金科学与技术进步奖等奖项。曾获全国三八红旗手、中国十大女杰等荣誉称号。

院　士　观　点

　　不同的学校，应该按照自己的定位、自己的目标去管理，明白自己最重要的事情是什么。

　　一定要发挥每一个人的特长，让每一个人都觉得自己从事的工作有奔头，都是同样地高尚，同样地有用，同样地受人尊敬。

　　"人才"变得有身价了，换一个地方加一层价码。国家应该尽快出台政策引导，遏制这种恶性竞争。

　　弘扬爱国精神、民族精神、奉献精神，弘扬科学和实事求是精神，这种精神现在尤其需要提倡，需要传承发扬。

　　教书是要有本事的，不是说什么人都可以教好书的。

　　那些写在大地上、写在市场里、写在天空中、写在兵器上、写在人民心中的论文是真有价值的。

用科学精神发展科学和技术

这里我只是根据你们的问题，谈谈个人的肤浅认识以及周围人们的议论，只是反映一些问题，没有涉及全面的讨论和分析，所以很可能是片面的、偏颇的。

大学必须分类发展

大学必须分不同的类型去发展，世界一流或国内一流大学毕竟是少数。如果说大家都是一流，也就都不是一流了。我个人认为一流大学首先要有一个非常深的大学精神的积淀、大学文化的积淀、大学学科的积淀，尤其是人文精神的积淀。不是一流大学的大学总是多数，但不是不重要，有的确实还是非常需要的。当然，我们想把自己的大学办好，朝着一流努力是没错的。从国家的顶层设计和管理角度来看，大学要分不同的类型，培养人才的目标、开设的课程、管理的方法等等都随之而不同。我们需要北大、清华、中国科大等研究型大学，也极其需要各种其他的非研究型大学和专科大学。不同的学校，应该按照自己的定位、自己的目标去管理，明白自己最重要的事情是什么。对工科大学，毕业生的市场需求和就业率很重要。我们的社会是包罗万象的，学校也好，个人也好，本来就应该是不一样的。学校都是育人，只是培育具有不同专业技能、为不同行业服务、不同层次的人才。最近，教育部的预测表明，未来十年十大制造业重点领域人才缺口就是3000万。所以，要有各种不同的学校来培养制造业以及各种产业界，特别是服务业的人才。

我们国家现在太缺少有高超技术的、有工匠精神的"灰领"和"蓝领"。为什么德国的产品在世界上的声誉那么好？德国对职业教育非常重视，拥有一技之长的专业人员（"灰领""蓝领"），在企业界受欢迎，在社会上受尊敬，生活水平属体面之列。他们的教育从中学起就分两路走了，一路是上普通大学，比较偏学术性的；一路则是将来较多做具体工程技术方面的工作。两条路没有高低之分，只是兴趣不同、特长不同的选择。在发达国家的一些行业，蓝领工资甚至比白领还高。我们上海以前八级老师傅在人们心目中的地位和工资比大学生技术员还高啊，什么难活都能在八级师傅的手里解决。可是现在社会上有一种"灰领""蓝领"不如"白领"的错误观点，孩子一定要读"大学"，不读"学院"。这与我们前些年把"学院"都改成"大学"的做法有关，似乎一夜之间改名为"大学"就真突变成大学了。要知道世界上最好的一些大学恰恰是没有"大学"之名的，如 MIT（麻省理工学院），CALTECH（加州理工学院），等等。我们现在一些年轻人大学四年出来都不知道自己要干什么，生活目标不明确，也没有专长，工作也不好找。职业无高低和贵贱，"劳心""劳力"都是劳动。一定要发挥每一个人的特长，让每一个人都觉得自己从事的工作有奔头，都是同样地高尚、同样地有用、同样地受人尊敬。其实，最正确的也是最聪明的做法就是做适合自己的性格、自己的兴趣、自己的特长的事情，千万别随大流、赶时髦，盲目攀比。我们以前有过现在也有许多工人出身的发明家、技术能手，应该多宣传这些。正确的求学观念需要我们去教育、去引导。

人才恶性竞争的局面必须遏制

人们常说，所有的竞争都是人才的竞争。但是近些年来我们已经出现了"高薪挖人"等恶性竞争局面，"孔雀东南飞，麻雀也东南飞"，连教育部长都亲自出来呼吁一些单位要"手下留情"，不要再抽人家的血了。这影响了一些对国家十分重要的科研院所的发展，也造成了非常不好的社会风气。"人才"变得有身价了，换一个地方加一层价码。一些知识分子将科学研究当作"跳槽"的手段来提高自己的"卖价"。国家现在有钱了，问题是这个钱是否用在刀刃上，很多钱是浪费掉的，真是可惜了。再说如此挖来的"一流"是真实的吗？靠得住吗？国家应该尽快出台政策引导，遏制这种恶性竞争。

"讲条件有余，扬精神不足"的氛围要改变

现在引进人才必须首先谈清楚房贴、工资、实验室面积、启动费、配备人员数、头衔，等等。建国初期回来的那一大批大专家，像钱学森、邓稼先他们，是毫无条件要求的。可以说他们中的许多人还是"背叛"了自己的家庭，回来为新中国服务，他们是骨子里真正的爱国。五六十年代的美国和中国的差距要比现在的差距大得多，他们舍弃极其优越的生活和工作条件回到一穷二白的新中国，是拥有多高的精神境界和奉献意识啊！邓稼先对中国发展贡献是无价的，他只领取过 20 元人民币的奖金，原子弹 10 元，氢弹 10 元。我们可以去看看中关村 12 号、13 号、14 号的灰砖小楼，那里先后住过钱三强、郭永怀等一批科学界的巨擘——可以想象他们的生活多么简单朴素。我强烈呼吁把那个地方做成一个博物馆、纪念馆，弘扬爱国精神、民族精神、奉献精神，弘扬科学和实事求是精神，这种精神现在尤其需要提倡，需要传承发扬。年轻人可能不喜欢我们这些人

老说历史、历史人物，觉得我们跟不上时代，老拿很久以前的事说事。问题是精神层面的东西是永恒的，历史不能忘记。

"一刀切"的评价标准必须改变

评价是指挥棒，要分类、分人，才能鼓励各行各业的人，促进各行各业的发展。中国的医生一天要看上百个病人，哪有时间和精力发 SCI 论文？而这却是评职称的硬指标。于是多次出现一些中国医生的论文因学术造假等不端行为被撤稿的现象，玷污了中国医生在国际上的形象，这里有深层原因。更触目惊心的是学术论文造假已形成一条产业链，但可怕的是至今没有受到打击。不同性质、不同级别医院的医生应该可以分两条线评职称。有爱心、医术高、受患者欢迎的就是好医生。一些大医院和医学研究院所的医生还是需要在做好临床医生的同时，做好的转化医学研究，发表好的研究论文，以促进临床医学的发展。大学教师，认认真真备课、教课质量高、学生评价好，也是高级教师。现在许多教师为了发 SCI 论文，消极对付本来是主业的授课，学生旷课频繁、教学质量降低，大学还怎么办？教书是要有本事的，不是说什么人都可以教好书的，科研做得好未必就一定能教好书。有的人科研做得好，又能教书；有的人科研做得不一定很好，但善于教书。不同类型的人，就让他发挥自己的特长，做他最适合的工作。大家多次呼吁应建立符合科学规律的人才评价体系。只看发表了多少文章（有些不过是烧钱的垃圾文章），只看文章发表在什么杂志上，能看出什么呢？要看文章本身的科学意义和对科学发展的贡献，只看 SCI 的点数和只数文章数绝对是一种误导。科学研究是探索未知的过程，只有脚踏实地、执着追求，才能厚积薄发，取得突破。简单的量化不符合科学研究规律，会使许多科研人员急功近利、心浮气躁，乐于做"短、平、快"，而不愿搞"高、精、尖"，甚至还催生出种种学术不端行为。我们需要建立与不同科研领域特点相适应的人才评价标准，延长评价周期，给科研人员较宽松的工作环境。具体事情都要具体分析，不要"一刀切"。

有的高校评价一个教师看他争取到了多少钱，却不怎么关注投入产出比。要知道我们都是花纳税人的钱在做研究。有的人拿比较少的钱，但做出了很好的工作；有的人学术水平不高，却通过不正当手段谋取了很多经费，不知道该怎么花，只能当"包工头"，以至于都出现了学术"腐败"，这种情况并不少见。项目不代表成果，不应该讲究"立项"，而应该讲究"交账"。尊重纳税人的这个观念需要大大增强。

论文必须强调质量

我们的论文数量目前已是世界第二，但我们应该清醒地认识到，真正代表一个国家科技能力和科技影响力的不是发表文章的数量，是质量，是真正解决了多少关乎国防安全、国计民生的实际问题。可以分析一下，真有很高科学价值的、有技术突破创新的到底有多少，真正有用的东西有多少。也许其中有很多就是为了一个职称而凑来的，为了一个项目的结题而应付的。学界现在对于必须要有 SCI 论文的评价标准有许多议论，SCI 杂志的影响因子从 0.00X 到 XXX，差几个数量级，光说发表了一篇 SCI 论文有什么意义？我曾听一位工科大学教授说，为了学生毕业，他每年都要花几十万版面费，而文章发表的杂志的影响因子也不高，这些论文的价值在哪里呢？国外一些人很懂得中国人讲究 SCI 论文的现状，于是为中国"量身定制"了各种杂志，某"国际"杂志登的文章 70% 来自中国，从中国人那里收取到巨额版面费。

还有一个成果转化问题，大学的工作往往做到能获国家科技进步二等奖就算有了成果，到此为止了，因为再向下要投产进入市场则还有"万里长征"要走呢，教师也不熟悉如何应对这"长征"中的各种坎坷。在美国和德国的大学，有专门办公室帮助做研究的人去申请专利，做对接和转化，他们科研成果的转化率比我们高得多。那些写在大地上、写在市场里、写在天空中、写在兵器上、写在人民心中的论文是真有价值的。

按教育规律统筹幼儿、小学、中学、大学、研究生的教育

谈教育总会提到中小学教育。我们可以做个调查统计，认真研究一下那些"有成就"的人是否真是因为"赢在了起跑线上"，看看他们是否都是像我们现在这样对待孩子而成长的。著名数学家杨乐院士说，数学与很多学科相关联，学好数学很重要，但小学生"全民奥数"完全没有必要，不但加重了学生负担，还让不少学生厌恶数学。我个人也赞同这个观点，我们学点基础数学是有好处的，可以训练我们的逻辑思维能力。但通过这种"奥数"方式是培养不出数学家来的，甚至还会扼杀创新能力。数学本来就是少数人善于学的东西，许多人数学不好，不等于他们成不了别的学科的大家。由于在中小学"受苦受累"太厉害，到了大学，父母管不了了，不少孩子就玩疯了。本来大学应该是最需要用功的时期，获取专业知识和其他各种知识，培养独立思考能力和解决问题的能力，开始认识并学习处理社会人际关系，等等。大学应该是宽进严出，现在恰恰是严进宽出，只要进了大学，好像没有不能毕业的，这个不对。大学为什么不可以有肄业生呢？即使肄业，也只是对大学学习的判定，人生路长，还不知未来可以干出什么惊天动地的事情呢。当然，不是每个人都可以成为乔布斯和比尔·盖茨的，对一般人来说，这个阶段的学习还是重要的，是准备承担未来的社会重任。教育是一种专门的行业，科学家不一定都是教育家。我不懂教育，但这么多年的工作和生活经历，也有一些体会。我们对儿童的基础教育主要应该是作为中华人民共和国公民的法制教育、爱国的教育、公民的权利和义务的教育、遵纪守法的教育、社会公德的教育，让孩子从懂事开始就把这些深深刻在心里，这样我们建立法治社会才会有根基。

（2017 年 2 月 16 日）

李家洋

中国科学院院士

院 士 简 介

1956年7月出生，安徽肥西人。

中国科学院遗传与发育生物学研究所研究员。发展中国家科学院院士，美国科学院外籍院士，德国科学院院士，国际欧亚科学院院士，英国皇家学会外籍会员。曾任中国科学院副院长、党组成员，农业部党组成员、副部长，中国农业科学院院长。

植物分子遗传学家。研究领域为高等植物生长发育与代谢的分子遗传学。主要以粮食作物水稻和模式植物拟南芥等为材料，着重研究植物生长素和独脚金内脂的合成途径与信号转导途径和高等植物株型形成的分子基础，并致力于水稻的分子品种设计，培育高产、优质、高抗、高效新品种。

先后获得国家杰出青年基金、中国科学院"百人计划"、国家自然科学基金委员会优秀团队研究基金；1998年享受国务院政府特殊津贴，2001年被评为"863计划"先进个人，2003年获中央组织部、宣传部、统战部、人事部、教育部与科学技术部联合授予的"留学回国人员成就奖"；2004年获全球华人生物科学家大会生命科学成就奖和何梁何利生命科学奖，2005年获国家自然科学奖二等奖、发展中国家科学院讲演奖、长江学者成就二等奖，2011年获"十一五"国家科技计划执行突出贡献奖、美国植物生物学家协会终身会员奖，2013年获中国科学院年度杰出科技成就奖。

院 士 观 点

科学、技术和工程三者是不同类型的科技创新活动，有着不同的发展规律，体现着不同的价值，需要不同的评价标准和支持政策。

原始创新难度大、风险高、周期长、见效慢，但未来产生的影响深远，所以在体制机制上要给予保障，它需要涵养，需要孕育。

"数数"的考核评价机制，一方面使科研人员只做"短、平、快"，疲于奔"数"，另一方面严重阻碍协同创新。

评价要"扬长"，不要总去"揭短"。要支持"十年不鸣，一鸣惊人"的项目。

政策的导向作用很强，这是优越性，但在具体实施中也容易出现问题，所以一定要用好这个"指挥棒"。

既不要把一些名誉、荣誉、利益都集中在少数人身上，也不要天天喊着"反学霸"，应该回归科研本质，回归正常，让科学的事情由科学来决定。

高校与科研院所应该开展实质性合作，优势互补。

创新需要涵养

科技兴则民族兴，科技强则国家强。近些年国家在科技创新方面取得了显著成绩，今天的中国正阔步走在中华民族伟大复兴的历史征程上。但是我们要正视发展中存在的问题，需要来一次全面深入的分析，进行一次系统的改革，走出一条中国特色的自主创新道路。

创新需要涵养

现在大家经常讲创新、处处讲创新，但其实创新是有不同的，包括文化创新、制度创新、思想创新、科技创新，等等，我国正在大力实施创新驱动发展战略，这个创新更多是科技创新。从本质上讲，科学、技术和工程三者是不同类型的科技创新活动，有着不同的发展规律，体现着不同的价值，需要不同的评价标准和支持政策。科学以探索发现为核心，主要是发现、探索研究事物运动的客观规律。技术以发明革新为核心，着重解决"做什么、怎么做"的问题。工程着重解决"做出了什么"的问题。对于建设科技强国来说，最重要的就是要增强原始创新能力。

我们是发展中国家，现在转方式调结构、建设现代产业体系、培育战略性新兴产业等方面的需求，更多要靠科技来驱动，靠创新来引领。所以，我认为应该鼓励科研人员的科学研究选题要面向国家和社会的重大需求，从国家的重大需求中凝练科学问题，才能更加彰显研究意义。

增强原始创新能力，国家要有顶层设计，对纯科学研究要有政策支持、机制保障，去支持和保障一批科学家做最前沿的科学研究。科学发现，特别是纯科学的原始性创新突破，也就是纯基础研究，在于人们对科学真理的自由思考和不懈探索，往往不是通过人为地计划和组织来实现的。原始创新难度大、风险高、周期长、见效慢，但未来产生的影响深远，所以在体制机制上要给予保障，它需要涵养、需要孕育。

评价要"扬长避短"

科学研究有自身的规律，重大科技成果的出现绝非朝夕之功，需要长期积累、坚持不懈。现在我们很多科研人员都在找项目，项目周期短、经费不稳定，再加上考核评价标准较为单一，出成果的压力很大，导致基础科学领域部分科研人员专做"短、平、快"的项目，不碰"高、大、深"的科学问题。为了鼓励科学家挑战科技前沿，国家应该根据各单位从事不同性质的创新活动给予一定比例的稳定经费支持，高校和科研院所是基础研究的主力军，稳定科研经费支持比例应该高一些，一些做工程应用、产品的要面向市场，去争取竞争性经费。要支持"十年不鸣，一鸣惊人"的项目。

要在科技管理制度上，给予科研人员更大的自由度，为他们营造良好的学术研究氛围。科学研究都是探索未知的活动，不像盖大楼，在科研管理和经费管理上，不宜采用工程管理的方法，不能赶进度，编过死、过细的预算，要给科研人员自由度，根据科研任务的变化灵活调整，这一点对从事基础研究尤为重要。当然国家已经重视到这个问题，中央也出了文件，但具体落实还有个过程，要尽快，要真落地。

在考核评价上，要支持科研人员潜心研究。原始创新的评价，关键是创新性，要看这个创新能否得到国内外领域内同行专家的公认，这是国际同行的惯例，而不能把论文数量和影响因子作为主要标准。实际上，国际一流的科研机构和高校选拔创新人才，也看论文所在期刊的档次，看影响因子，但最重要的是看他从事的科学研究是否在科学前沿，要选拔最一流的人才。一流人才，对一个国家、民族至关重要，每个学科都需要，各个领域都需要科学家或者科学大师。"数数"的考核评价机制，一方面使科研人员只做"短、平、快"，疲于奔"数"，另一方面严重阻碍协同创新。现在大的科学问题，一般情况下，不是一个人一个单位能够解决的，需要协同创新，得集团作战。我们现在"数数"的考核机制，大家都去争第一单位、第一作者，怎么协同？明显违背协同创新的要求。

评价要"扬长"，不要总去"揭短"。比如说，某个基础研究做得非常好，长远来看是会产生重大成果的，但经常是中期评估时，专家让你做应用，或者是应用性项目，说你基础理论没有突破。正确的做法是，如果基础研究有新发现，就应该给予更多的支持，让他做到世界上最好；如果应用研究有新突破，那就加把火让他做出新的应用方案、新产品，这才是评估专家应该做的。任何项目的研究过程与结果可能都会有美中不足，但我们更要看到它的成绩，肯定成绩、鼓励前行，才是我们实施项目评价的目的。

科研资源要"量力而分"

现在很多单位在科研资源分配时讲究均等化，不论你有多大能力，实验室空间、研究生指标、仪器设备都要均等，我认为绝对的均等化不利于好的成果产生，应根据实际情况，不要"一刀切"，能力有多大就给他多大舞台，要"量力而分"。国际上有两个常见的科研团队模式，一种是美国的 PI 制，一个 PI 负责一个小团队，带领几个研究人员和博士后，这样的模式比较适用于自由探索，探索未来的科学研究。另一种是德国马普研究所模式，一个研究所分为几个系，一个系围绕一个主攻方向，构成了一个大团队，系主任（所长或副所长兼任）全权负责，建立一个良好的机制，能够让所有人去发挥能力和潜力。国内经常走极端，经常既树立典型，给科学"大牛"无限荣耀和支持，又每天嚷着要"反对学术权威"。做科学研究要实事求是，既不要把一些名誉、荣誉、利益都集中在少数人身上，也不要天天喊着"反学霸"，应该回归科研本质，回归正常，让科学的事情由科学来决定。

大学要分类发展

现在国家在统筹推进"双一流"建设，各省也出台了各自的实施方案，很多大学也都纷纷把"双一流"确定为自己的发展目标，要建一流高校、一流学科，挖人才、抢资源、做科研。尽管各校建"双一流"没错，但并不是都要去搞科研、都去建研究型大学。大学要分类发展，比如有些高校具有较好的历史积累、较强的科研能力和综合实力，可以主要承担科技创新、"高、精、尖"人才的培养，这是一类；另一类可以面向区域经济发展，解决区域重大需求和人才培养需求；还有一类可以培养高素质技能型能人才，发展应用型大学。总体来讲，大学发展要百花齐放，教育主管部门不能拿一把尺子去量每一所学校。在我们国家，政策的导向作用很强，这是优越性，但在具体实施中也容易出现问题，所以一定要用好这个"指挥棒"。

高校与科研院所应有实质性合作

在科学研究的实施中，高校与科研院所应该开展实质性合作，优势互补。我们国家因为体制原因，科研院所和高校是两个系统，这是一种国家科研体系结构模式，具有鲜明的特点，也有很多优势。另一种模式是西方模式，从大学里衍生出科研机构，科研机构与大学紧密结合，也有一些国家或私立研究所就建立在大学里，这种模式能够充分发挥科研和育人的协同。我们应该积极推进大学与科研院所的实质性合作，比如建立联合中心、联合实验室、联合团队等，加强科研基础条件和人才资源的开放共享和利用，一方面相互促进提高水平，另一方面也能提高科研资源使用效率，避免重复建设和资源浪费。

（2017 年 2 月 18 日）

王小谟

中国工程院院士

院 士 简 介

1938 年 11 月出生，上海金山人。

中国电子科技集团公司科技委副主任，中国电子科技集团公司电子科学研究院研究员。第九、十届全国人民代表大会代表。曾任电子工业部 38 所所长、信息产业部电子科学研究院常务副院长。

雷达工程专家。中国现代预警机事业的开拓者和奠基人，60 年代创造性提出脉内扫描方法，使雷达系统大大简化。70 年代担任 JY－8 雷达主持设计师，研制成功我国第一部自动化引导雷达。80 年代主持设计的 JY－9 雷达，具有较好的低空性能，在国外的演习和综合评分中名列前茅，获得了国内外多部订货，是国际上优秀低空雷达。从事雷达研制工作 50 余年，先后主持研制过中国第一部三坐标雷达等多部世界先进雷达，在国内率先力主发展国产预警机装备，提出中国预警机技术发展路线图，构建预警机装备发展体系，主持研制中国第一代机载预警系统，引领中国预警机事业实现跨越式、系列化发展，并迈向国际先进水平，为军事电子工业的发展做出了重大贡献，被誉为"中国预警机之父"。

曾获国家最高科学技术奖，国家科技进步奖特等奖、一等奖、二等奖，国防科学技术特等奖、一等奖，何梁何利科学与技术进步奖等。曾荣获全国五一劳动奖章、全国百名优秀共产党员称号等荣誉称号。

院 士 观 点

科研创新不仅要揭开事物的神秘面纱，发现规律，认识世界，更要解决国家的需求，解决我们自己乃至世界所面临的挑战。

要创新，首先应该创新一下资源的配置方式，用好这个指挥棒。

我们现在不少的项目都拆分了，经费撒了，效果令人担忧，钱是国家的钱，单看一个不多，加起来这不是"小钱"，即使"小钱"也一定要利用好，这个很重要。

创新的最终目的是服务于社会，应该注重成果转化，但转化是创新的自然和偶然结果，我们不能急于求成。

很多时候我们创新的事、科研的事，当事人说了不算，得按照"标准要求"和"标准指标"去做，这是不合理的。

大学以办学水平拼高低，以特色论输赢，特色决定了竞争力，反过来竞争力又更加彰显特色，两者相辅相成。

导师，这个称谓很好，要求也很高，但概括起来可以说，导师就是学生的引路人。

特色是大学的核心竞争力

我对有关教育和科研的问题还是比较关心和感兴趣的。现在咱们国家创新驱动讲得比较多，创新始终是推动一个国家、一个民族向前发展的重要力量。科研创新不仅要揭开事物的神秘面纱，发现规律、认识世界，更要解决国家的需求，解决我们自己乃至世界所面临的挑战。

科研机制亟待改革

我们是一个发展中大国，首先要清楚国家的科技到底发展到了什么程度。通过这几十年的积累，可以说我们在不少领域已经达到国际先进水平了，已经从一个模仿跟随的阶段往并跑和领先的阶段前进了，但是在很多领域还是不够的，特别是说要领先，这个比较难。习近平总书记讲我们要建设科技强国，我觉得是希望我们起码在并跑和领跑之间。他曾讲，我们要紧扣发展，努力赶超，力争缩小关键领域差距，形成比较优势，为此要强化激励，大力集聚创新人才，深化改革，建立健全体制机制。我觉得，这是最重要的，我们的科研体制，是时候有所改变了。

目前科研体制存在的问题和我们国家创新发展要求是不匹配的，我觉得这是影响科技创新最大的一个问题。习近平总书记也讲过，我们最紧迫的是要破除体制机制障碍。现在这个阶段，我们的科技水平要提高到建设科技强国行列，就必须有自主创新的东西，必须从国情出发确定跟进和突破策略，超前规划布局，加大投入力度，有所为有所不为。

要用好资源配置的指挥棒

在自主创新上要有所为有所不为是比较难的。首先来讲，需要人，需要能创新的人。现在大家是不是真在创新？说要改变机制体制，那机制体制上的弊病在哪？高校和科研院所应该分别做哪方面的研究？在一些科研院所里谁在搞科研？我们现在对基础科研的投入相对来说还是偏少的，所以很多人愿意去搞工程，而且，相比基础而言，工程也容易出成绩。从某种意义上说这算是"不务正业"了，国家给的条件和资源应该是去专攻基础研究的，是要去做原始创新的。高校干吗？育人，做基础研究应该更多一点儿。如果高校也愿意搞工程，那就说明我们的制度安排有问题了。我们的很多问题最后都可以归结到资源配置上，这是一个指挥棒，是个导向。所以，要创新，首先应该创新一下资源的配置方式，用好这个指挥棒。

现在所有的经费，包括基础研究的经费到底是该谁管？都在争。像在高校，当一个校长可不容易了，为了学校发展需要到处跑经费和项目。科研院所也是一样的，不跑可能就没有经费。像清华、北大，每个学校都有它的特点和需求，要做什么按理说应该是自己最清楚。但我们定了个统一的标准，各个层面都有，指挥着一切，层层管，层层叠叠以后，经费就被"科学地"乱分了。

我们有 16 个国家科技重大专项，像航天的专项搞得比较好，为什么呢？航天是独此一家，别无分号，当然也是国家重视。但有的做得就比较糟糕，为什么？多头管，谁都管，谁都又不管。主管领导经常换，立项多请专家帮忙出主意，但专家也是"有代表性"的，结果就是搞平衡，搞"内部分配"。最后就是事做了，钱花了，但做出了什么呢？所以，我觉得资源配置上我们要有所改变了。在当人大代表的时候，我曾经写过一个议案，我认为更多的科研投入应该从项目制变为基金制。我说的基金不是我们现在这个基金形式，现在的基金还是跟项目一样的，要有很多题目，那么科研单位还是没有话语权的，应该让科研单位在科研创新的资源配置上有自己的话语权，设置这样的基金，把权限放下去比较好。其实，改变了科研经费的渠道，各个单位的积极性可能会好一点，成果会多一点。

现在很多单位有创新想法和长远目标，但为了资源配置，有时候不得不做一些容易立项的东西，只做看得见的东西，只做国外已经开始了的东西，这样永远只能是跟踪和模仿。但就是这种跟踪和模仿的项目倒容易立项，而我们自己需要原始创新的东西却比较难得到支持。原始创新在哪里？被我们自己扼杀了。习近平总书记讲过，政府在关系国计民生和产业命脉的领域要积极作为，加强支持和协调，总体确定技术方向和路线，用好国家科技重大专项和重大工程等抓手，集中力量抢占制高点。在落实层面，我觉得还有很多环节需要改进，不能"分而食之"，做得"四不像"，大项目、小项目都不能这样。我们现在不少的项目都拆分了，经费撒了，效果令人担忧。钱是国家的钱，单看一个不多，加起来这不是"小钱"，即使"小钱"也一定要利用好。

转化是创新的自然和偶然结果

学校的主要任务是育人，做学科建设、专业建设，做科研，进行科教融合，但让老师搞工程就比较难，人财物、机制现在都不行。虽然可以联合做，但也是有问题的，容易把老师变成"学术打工仔"，没有一个系统的方向，很难成长，很难形成特色。大学或科研院所也有成果转化做得比较好的，但非常少，原因很多。实际上，无论是基础研究、应用研究，还是技术创新，有了成果，都是有可能直接或间接实现转化的，但这更多的是一个顺其自然的结果。创新的最终目的是服务于社会，应该注重成果转化，但转化是创新的自然和偶然结果，我们不能急于求成。

项目各责任主体要勇于担当

我们的管理也有问题，很多时候一个项目多头管理，管事的要成果，管钱的要效益，就事论事，就钱论钱，各管各的，最后就是谁都不管，或者管得让人无所适从。经费是要为保障科研顺利完成呢，还是科研要顺着经费的要求把钱花完？这两个事儿我们始终捏不到一块去，各说各话，所以，出了很多矛盾，出了很多问题，而各个方面都有话要说，都觉得自己委屈。像高校的科研，该拿什么指标去证明做得好？拿不出来就生拉硬拽，去凑指标，最后结果就是量化指标很好看，每个项目都有好看的指标交差。可要做的事情呢？还是没有解决。其实有时候我们可以换个角度思考问题，比方说研究一个技术问题，结束时不用去刻意证明取得了什么成绩，因为有成绩是必需的，但要先说清楚还有什么问题没有解决，还需要做什么。某一个领域的项目很多人都在做，都说自己有重大突破、有技术革新，可问题还是在那里摆着，接下来还会有人继续去做、去研究。如果大家都说清自己解决了哪一部分、哪一环节，还有什么没解决的，目标会不会更清楚些呢？这是统筹的问题，创新管理机制的问题。很多时候我们创新的事、科研的事，当事人说了不算，得按照"标准要求"和"标准指标"去做，这是不合理的，这个现象值得深思。我们这样会让做管理的也累、做研究的也累，因为最后的表现就是都打着科研的旗号做一些和科研创新无关的事。我们可以思考一下，很多时候我们为结项而提交的论文、专利和要解决的问题有多大关系呢？而且，层层的评审会实际上是一个推卸责任的借口，责任的主体不能是评审专家，项目的责任主体应该勇于担当、有所担当。

特色是大学的核心竞争力

我们对高校的要求不能和对建筑的要求一样，不能当工程来看待。盖的房子可以是一样的，但教育和科研不能这样，要有特色的。全部一个模式、一个标准，这不是教育，更不会有好的创新。可以有一部分是统一的东西，但一定要有一部分是自己的东西，这就是我们说的特色。现在大学缺乏特色，为什么？既有大学自身的原因，也有管理的原因。一方面大学自己"急于求成"，都想有跨越式发展而违背规律；一方面也是指挥棒的导向驱动和"标准化"的"一刀切"考评体系所导致。每个大学的教学、科研等是有差别的，职能是不同的，使命是不同的，定位应该也是不同的。在这么多不同的基础上，却有了今天的"千校一面"，这个问题，各方都该反思了。我们常说的国外一些名校，年轻的也有一百多年历史了，都是一点点沉淀积累起来的，都有自己特色。特色是大学的核心竞争力，连特色都没有，我们拿什么去竞争？大学以办学水平拼高低、以特色论输赢，特色决定了竞争力，反过来竞争力又更加彰显特色，两者相辅相成。大学要发展，必须找准定位、彰显特色，走差异化、内涵式的发展道路。

导师要做好学生的引路人

关于研究生培养我有一点儿看法。导师让研究生参与自己的课题研究不是不行，参与一下大部分时候对双方都有好处，但一定要处理好这个关系，把握好一个度。现在有的导师带研究生并不以培养他们为目的，更多的时候是把他们当成了科研劳动力，把自己拿到的项目分解一下，让研究生去做，这应该不是以培养人为根本出发的。跟随导师做课题可以，但不能让研究生只围绕着导师的课题来做。导师要真正担负起指导研究生的责任，要对研究生的培养全面负责，学术、思想的指导与引导，工作方式方法的带领与培养，工作态度与精神的感染与熏陶，等等，这是应有的要求和目标。我们一直倡导分类培养、因材施教，研究生阶段更需要这样了。每一位学生都有不同的可以挖掘的潜能，要针对不同类型的学生分类制定培养目标，做到分类指导、有针对性指导。导师，这个称谓很好，要求也很高，但概括起来可以说，导师就是学生的引路人。

另外，现在我们大中小学各个环节的基础教育没有得到应有的重视。大学生的基本功、小学生的写字、我们的传统美德，这些在教育中都没有放到应有的地位。社会发展了，观念改变了，但这些不能丢了。教育应该培养有独立思维的人、能够创新的人，基础学不好是不行的。

（2017 年 2 月 21 日）

柴天佑

中国工程院院士

院 士 简 介

1947 年 11 月出生，甘肃兰州人。

东北大学学术委员会主任，国家自然科学基金委员会信息科学部主任，中国自动化学会副理事长，《自动化学报》主编，IEEE Fellow, IFAC Fellow。曾任国际自动控制联合会（IFAC）技术局成员及 IFAC 制造与仪表技术协调委员会主席（1996—1999）。

控制理论与控制工程专家。长期从事复杂工业过程控制、优化和综合自动化的基础研究与工程技术研究。提出了多变量自适应解耦控制理论与方法，与智能控制、计算机集散控制技术相结合，主持研制出智能解耦控制技术及系统；提出了以综合生产指标优化为目标的全流程智能优化控制理论与技术，主持研制了生产全流程智能优化控制系统和综合自动化系统，并成功应用于流程工业，取得了显著的社会经济效益。

已培养博士 90 余名，硕士 210 余名。以第一完成人获国家技术发明二等奖、国家科技进步二等奖共 4 项，省部级特等奖、一等奖 11 项；两次获得全国五一劳动奖章，2002 年获何梁何利基金科学与技术进步奖，2003 年获辽宁省科技功勋奖，2005 年获全国先进工作者荣誉称号，2010 年获第一届杨嘉墀科技奖一等奖，2007 年在 IEEE 系统与控制联合会议上被授予控制研究杰出工业成就奖，2017 年获亚洲控制协会 Wook Hyun Kwon 教育奖。

院　士　观　点

　　我们的大学不能一味地跟着国外跑，不能生搬硬套国外的一些做法和标准。基于国情，我们的教育必须走自己的道路。

　　教育是需要良心的，做教育就是做良心活。我们可以有规章制度去保障，但却不能用量化指标去考评"良心"。

　　教师待遇要上去，应该让他们安心从事教育，热爱教育，对教师的考核应该是多方面的，不能完全倚重科研的数字量化指标。

　　我们科研队伍足够大了，不能重复投入、分散投入了，科研创新一定要分工分类。

　　我们应该更加注重创新型人才培养以满足社会发展对人才要求的提高，要引导学生对自己从事的研究怀有热忱，将自己的兴趣爱好和社会需求相结合。

大学发展要立足国情

大学发展要立足国情

当前，国家出台了一流大学一流学科建设方案，这是个很宏大的目标和计划，各个层面都应该做好顶层设计和规划。首先应该认清我国的国情，理清楚我国与国外的差别，明确我们的优势和劣势，然后在这个基础上，确定发展的目标和使命。我国大学不能一味地跟着国外跑，不能生搬硬套国外的一些做法和标准。

比如对于工科来说，如何建设工科的一流学科？从技术创新的角度来讲，一流工科必须要创新出前沿高技术。工科与理科不一样，理科是要揭示自然规律，而工科是改造自然，改造自然就得有创新的技术、创新的系统和创新的产品。发达国家（如美国）的前沿高技术一般都掌握在该国家的一流企业之中。这些企业建立了强大的实验室和技术研发中心，从事未来需求的前沿高技术研发工作。企业为了保持市场竞争力，对技术是保密的，大学并不完全掌握前沿高技术。大学的主要任务是培养创新人才，培养学生的科研精神、创新能力和学术水平，大学教授主要从事的是以培养人才为目标的科研工作，企业培养学生从事技术创新的研发能力，大学和一流企业在创新人才的培养方面是有分工的。而我国的现实情况与之完全不同。改革开放四十年以来，我国企业的技术创新能力显著提高。虽然一些高技术企业已经发展成为全球有影响的企业，但是大部分企业缺乏技术创新的研发能力和技术创新人才的培养能力。企业希望学校培养出来的人才不仅具有良好的学术水平，而且具有技术创新的研发能力。国家在一些大学设立了国家重点实验室和国家工程技术研究中心，并设置了与企业合作的重大科研项目，鼓励大学的学术带头人从事技术创新的研发工作，各级政府与企业积极创造条件，促进大学的科研成果转化。这些举措为学术带头人从事技术创新的研发工作和技术创新人才的培养创造了有利条件，为工科大学的师生提供了从事技术研发工作的实践机会，也为我国工科发展成为创新前沿高技术、引领企业技术发展方向、培养技术创新人才的一流工科创造了有利条件。但是，与此同时，这也对学术带头人提出了更高的要求，他们不仅要具备培养学生学术研究能力的学术造诣，而且要具有培养学生技术创新研发能力的技术水平，这不是每个大学教授都能做到的。对绝大部分的教授来讲，从事的科研工作是以培养人才为目标。然而，在我国的大学里，行政主导的色彩还是较重，存在"一刀切"的现象，对每个教授的要求基本都一样，往往忽略了教授之间的差异。只有搞清楚我国和发达国家之间的现状和差异，才能在学科定位、学科建设和评价标准上不盲目模仿他人，建设符合国情的一流工科。

关于大学排名。在国外所有做大学排名工作的都是公司，大学排名涉及相关利益，我们要保持头脑清醒，不能盲目跟着走。这并不是否定国外的大学排名，有些评价指标我们可以借鉴，但一定要有自己的评价指标和评价标准，条件不一样、需求不一样，培养人的模式也不一样，如果盲目借鉴，最后只会成"四不像"。我国的教育必须基于国情，走自己的道路，这也是习近平总书记强调的"扎根中国，有中国特色"。

评价要看贡献

如何评价一个学科的好坏？最重要的标志是什么？论文要看，但这肯定不是全部，不能简单地拿可量化的指标进行学科排名。以工科为例，评价一个学科，首先要看这个学科的发展有没有引领相关产业的技术发展；其次，要看这个学科有没有一些能够在相关技术领域起引领作用的教授；此外，还要看这个学科培养出来的人才对社会的贡献。

大学教授的主要任务应该是培养人，大学教授从事的科研工作首先应该是与人才培养相结合。但是，当前我国相当多的大学对教授的评价注重的是可量化的科研成果，绩效津贴的发放、教师职务的晋升主要看可量化的科研指标，如发表了多少论文、什么级别杂志的论文。人才培养的质量能用这些指标衡量吗？事实上，通过量化指标去评价教师仅仅是使行政管理部门易于操作和掌握。现有的量化指标评价机制造成了教师之间的相互攀比，比谁的指标高，而管理部门也是简单地依据指标进行资源配置，这反过来又刺激了大家一味追求指标的"积极性"，阻碍了教师从事教学改革的积极性、创造性和提高自己因材施教培养人才的能力。培养一个学生，把他的科研精神和兴趣激发出来，培养他的科研素质和科研能力，提升他的学术水平，这是一个潜移默化的过程，是难以用可量化的指标衡量的。所以我们常说，教育是需要良心的，做教育工作就是做良心活。我们可以制定规章制度去保障，但却不能用量化指标去考评"良心"。

让教师安心从教

应该让最优秀的人才进入大学做教师，这样才有可能培养出优秀的人才。这就需要提高教师的待遇，让他们安心从事教育、热爱教育，在从事人才培养的工作中不断提高自己的学术水平、科研能力和因材施教培养人才的能力。对教师的考核应该是多方面的，不能完全倚重科研的量化指标。要深入改革我国现有的评价体系，对教师应该分类进行考核，对一般教师的考核既要看他反映学术水平的科研成果，又要看他授课、编写教材、改进教学实验和培养人才的成果。对于教师学术水平的考核也应该与他从事的研究工作的类型相结合，对从事基础理论研究的教师和从事技术创新研发工作的教师应该建立不同的科研成果考核标准。

任何一个学科要发展为一流学科，一定要有学术大师，学术大师产生于学术带头人。对于工科来讲，要创新出引领相关技术领域的前沿高技术，必须要有好的学术带头人，培养学术带头人对于学科发展至关重要。因此，需要建立培养学术带头人的考核体系。这就需要将组建和引领团队、承担与完成重大科研项目、产生有影响的科研成果、建立国家级研究基地等纳入考核体系。

对于大学里的学科带头人而言，一个很重要的职责是引领学科发展方向、培养优秀教师和优秀学生。我对团队、青年教师和学生的要求是：第一，首先得过学术关，自己不能写好论文，将来怎么能指导学生写出好的论文？特别是要培养从实际问题中提炼科学问题、开展学术研究、发表学术论文的能力。第二，研制进行科学研究所需的实验系统、开展所提出的理论与方法的实验研究和应用验证研究、不断改进研究成果，这样才有可能创新，才有可能将创新的成果应用于实际。第三，上述科研工作必须要与教学相结合，与培养人才相结合，否则的话，大学和科研院所有什么区别？

科研创新要分工分类

大学、科研院所和企业从事的科研工作，岗位不同，目标不同，应该有不同的要求，不同的考核标准。但是现在的考核体制基本是"一刀切"，看重科研成果的可量化指标、看重论文，这种引导不利于科研人员踏踏实实、认认真真地专心投入在某个研究方向上。只有在某个研究方向上坚持不懈做下去，而不是"打一枪换一个地方"，跟着论文指标跑，才有可能做出有影响的成果。

当前，我国已经建立了足够庞大的科研队伍，应该按从事科研工作的性质、目标进行分工分类，将科研队伍按从事人才培养的科研工作、解决国家发展中的重大科技问题的科研工作和解决企业发展中的重大科技问题的科研工作进行分工，围绕各自的目标建立科研项目投入机制、考核机制和薪酬机制，避免重复投入、分散投入，使科研人员按各自的科研目标认认真真、踏踏实实地从事研究与开发。要改变过去将教授作为体现各类研究与开发人员科研水平的标志，以往是谁的科研水平高谁就是教授。虽然科研水平是教授的必要条件之一，但并不等于具备这一条件就能当教授。教授还需要具备讲好课、培养好学生、能够因材施教的能力。

创新型人才培养需加强

以自动化专业为例，我国要实现从制造大国向制造强国转变，就必须走以综合自动化技术为支撑的新型工业化道路，这就需要我们培养从事综合自动化技术的专业人才。发达国家的高校一般不设立自动化专业，主要在其他工程专业培养人才，从事自动化技术研究的教授也多为其他工程专业出身，从事控制理论研究的教授主要在其他工程专业讲授控制理论课程。而在我国，自动化专业学术带头人中从事控制理论研究的多，从事自动化技术研究的少，而且重传统控制理论，轻自动化技术。在人才培养过程中也是偏重于讲授传统控制理论，自动化技术课程传授不足，导致我国能够解决重大自动化工程问题的人才匮乏。因此，我们应该更加注重创新型人才的培养，以满足社会发展对人才要求的不断提高，要努力培养创新型人才的创新意识、创新精神和创新能力，引导学生对自己从事的研究怀有热忱，将自己的兴趣爱好和社会需求相结合，培养浓厚的科学研究兴趣，自觉提高自身知识生产力，培养提炼和归纳问题的能力、自学能力、逻辑思维能力和实践能力。这就需要建立科学研究与教学深度融合、学科建设与人才培养深度融合的培养创新人才的机制，从课程建设、实验系统研制、学生培养以及国际合作与交流等方面进行改革，培养从事综合自动化系统设计与开发的系统工程师和从事面向自动化系统功能提升的新算法研发人员，以使具有中国特色的自动化专业处于国际先进水平。

（2017 年 2 月 22 日）

高 福

中国科学院院士

院　士　简　介

1961 年 11 月出生，山西应县人。

中国疾病预防控制中心主任、中国科学院微生物研究所研究员、中国科学院北京生命科学研究院副院长、国家自然科学基金委副主任。曾任中国科学院微生物研究所所长。

病原微生物与免疫学家。长期从事病原微生物与免疫学领域研究，特别是在病原与宿主的相互识别和相互作用方面进行了系统性和原创性工作。揭示了包括流感病毒、冠状病毒等在内的重要囊膜病毒侵入、融合和释放机制，为新一代抗病毒药物开发提供潜在靶标；揭示了重要病原跨宿主传播与致病机制，尤其是 H5N1 和 H7N9 禽流感病毒突破种间屏障的生态学与分子机制；揭示了 CD8 等重要免疫分子受体与配体的互作机制以及流感等重要病原细胞免疫机制。

曾获发展中国家科学院（TWAS）基础医学奖、首届"全国杰出科技人才"奖、第三届树兰医学奖、全国创新争先奖章等奖项。

院 士 观 点

科研需要抓基础、抓优势，营造自由环境、树立正确评价体系。

基础研究是一切创新的根本。对基础研究，再怎么重视都不为过。

宽松良好的科研氛围是很关键的，环境是营造的，是按照需求去做配套，不是想象着去做规定。

我们缺乏恰当的评价体系，在科研上总是显得匆忙和浮躁，缺乏"精、深、透"的科学精神。我们有创新的心，但是在创新的思想和理念上，还有较长的路要走，有较多的障碍要扫。

科研领域的很多政策都很好，就是落实起来有问题，这值得我们好好深思和研究，该如何破解，我们不能只把它作为话题。

科研敏感性是科研人员重要的素质。敏感绝不是一时的头脑发热或者冲动，它需要理性判断，而要对科研方向做出准确判断，没有深厚的积淀是不行的。

优秀的科研工作者往往以"天下兴亡"为己任，真正做到"匹夫有责"。

科研需要敏感性和责任感

明确科学与技术、创新与创造的相互关系

我们在很多问题上都会存在概念不明确的时候，比如科学与技术，比如创新与创造。

科学是什么？科学是在求异，更多时候是解决理论问题。怎样叫求异呢？就是发现、探索，这是一个不断前进的过程，研究事物之间的关系。当你找到和别人不一样的地方时，就是发展，就有可能推动科学的进步。科技这个词是两层意思，即科学与技术，技术是科学的延伸和应用，解决实际问题。比方说制作水壶，把一些理论知识运用到实践中去，变成技术，提高水壶的隔热保温作用，使用起来更安全。可以说，科学是技术的铺垫，技术是科学的应用和转化，两者是联系在一起的，但是科学和技术之间是有区别的。科学更注重发现和探索，通过科学家对已有事物表象的观察、领悟和钻研，形成一种系统有规律、可以继承发展的理论，它更偏向于知识层面。技术是科学的延展和延伸，是将理论知识转化的一种创造行为。所以我们搞科研，对这个概念层面的问题要始终保持清醒的认识，模棱两可不行，一定要明确科学与技术的相互关系，它影响着我们能

做什么和做成什么。

我们在工业界也好，教育界也好，创新与创造经常混为一谈，创新与创造是两回事。科学研究过程就是创造，发现事物的本质以及事物内部之间的因果关系，就是科学创造过程。客观规律本来是什么就是什么，我们的任务是去发现它，真正的创造是从无到有的过程，是前所未有的；而创新呢，它是原有基础的改变，是和原来不一样的，也就是原来已经有了一个"模板"，尤其在工业界，说创新，就是含着"成果效益"在里面。回到教育上来，我们在对学生传达创新理念和精神的同时，往往忽略创造的意义和它的重要性。分清创新和创造，给学生们营造创新的氛围，让学生们敢想、敢说、敢做，有创新精神，才能去创造，才能不断出成果。具有创新能力的人才一般是思维灵活、创造力非凡的，创新和创造不能混为一谈，要明确其中的关系和先后顺序，认清现实状况，结合自身能力和素质，有目标、有方向地发挥自己的创新、创造能力。厘清这一对概念很重要，我觉得这是我们谈科技创新工作如何发展的前提。

基础研究是一切创新的根本

科研需要抓基础、抓优势，营造自由环境、树立正确评价体系。为什么说要紧抓基础、抓优势呢？拿我们古代"四大发明"和美食来说，四大发明确实非常伟大，为人类的文明进步作出了巨大的贡献，但是对我国古代科学技术的发展并没有太大影响，也没有产生科学研究方法，倒是被外国借鉴去了不少。为什么呢？没有抓住核心，没有抓住关键，本来具备的优势失去了继续发展的时机，更谈不上创新、创造了。中国的美食却正好相反，从古到今，烹饪技术在世界一直是很有影响力的。两种事物截然相反的结局可以说明一个道理，基础是关键，四大发明的出现并没有引起人们对基础科学的重视，没能进一步去挖掘，发明就仅仅是发明，没能进一步创新，而中国老百姓用的食材是人们生活所需，地大物博就是优势，从饱腹的食物到色香味兼具的美食，这种文化在人们日复一日的劳作中磨炼得越来越"圆满"。所以紧抓基础，发展优势才能把平凡的事情做好，如果都循着这个路子去创新、创造，科学发展、科研进步就是可以期待的事情了。基础研究是一切创新的根本。对基础研究，可以说，再怎么重视都不为过。只不过我们对基础研究的投入可能需要很长时间才能看到效果，在现行的绩效管理体制下，这事儿做得还是有点儿艰难。

让创新理念落地生根

我们的科技要想领跑世界，必须要有正确的评价体系作支持和支撑，宽松的科研环境相当重要。评价体系不要走形式主义，行政干预要减少。比如在科技评价体系方面，很多规律、规定、规则，我们做科研的人也好，做管理的人也好，心里肯定都清楚，但是现实中呢？我们一直强调诸如 SCI、强调排名，强调一些不该强调的东西，一堆的"清规戒律"，这能使科研进步吗？很多时候评到最后成了形式主义，陷入了只求数量而忽视质量的地步。所以，宽松良好的科研氛围是很关键的，环境是营造的，是按照需求去做配套，不是想象着去做规定。国外很多突破性的科研成果都是经历很多次实验和理论验证后得到的，很多历时长达十几年、甚至数十年，没有精雕细琢，科研是很难出成果的。我们呢？有这样的评价体系和耐心吗？我们缺乏恰当的评价体系，在科研上总是显得匆忙和浮躁，缺乏"精、深、透"的科学精神。我们有创新的心，但是在创新的思想和理念上，还有较长的路要走，有较多的障碍要扫。就像习近平总书记所强调的，发展理念是发展行动的先导，是管全局、管根本、管方向、管长远的东西，是发展思路、发展方向、发展着力点的集中体现。发展理念搞对了，目标任务就好定了，政策举措也就跟着好定了。对创新来说，也是这样，理念、思想非常重要，我们一定要创造条件，营造环境，让创新理念真正落地生根。

该大力破解科研政策"落实难"问题

我们有很多好政策，但有时不能完全落到实处，多飘在半空。怎样把它落到现实中来，让大家觉得是和自己有关、能够参与、能够出一份力呢？首先激励机制要做好，做到尊重知识尊重人才，需要对人才进行适当物质激励，把目标当成精神食粮可以，当成果腹的对象就很不现实了。顶层设计可以自上而下，改革发展要自下而上。下面的积极性、主动性、创造性起来了，事情就好办了。那么积极性、主动性与创造性怎么起来？建立与实际相匹配的权责体系，完善符合规律的考核评价和激励机制。好的表扬肯定，错的也要宽容，真正营造起一种鼓励创新、宽容失败的氛围。其次，政策的落实绝不能仅仅聚焦眼前的某个问题，尤其像科研这样的工作，涉及方方面面，可以说现在的科研问题都不是科研本身的问题。如果仅局限于某一点，就是出台了政策，最终也根本实施不了，或者实施的效果非常不好。其实我们科研领域的很多政策都很好，就是落实起来处处有问题，这值得我们好好深思和研究了，该如何破解，我们不能只把它作为话题。

我们的科研计划落实经常存在信息不对称现象。有些人对科研创新的目标和相关信息了解不够，存在"东边吹号往西跑"的现象。另外，在推进科研发展的过程中，单位领导或部门负责人的态度和水平非常重要，不少单位的领导，很多时候觉得念念方针政策、喊喊口号，工作任务就完成了，这肯定是不行的。如果领导对工作认识不深刻、理解有偏差，又缺乏服务意识、战略定力和创新精神，那政策落实一般就会"走样"。

此外，知识产权保护是提高科研积极性的重要措施，把知识、技术当成宝贝一样爱护，科研工作者的积极性也就水涨船高了。知识产权保护做好了，有利于激发大家的原始创造力，国外在这方面的做法值得我们借鉴。

科研需要敏感性和责任感

我一直和研究生强调科研敏感性。科研敏感性是科研人员重要的素质，有高度敏锐的科研观察能力和分析能力你才知道应该研究什么，你花大力气去追别人一直在做的东西，有意义吗？关键是你要发现新东西，去发展它。科研敏感需要我们的长期坚守和科学积淀。敏感绝不是一时的头脑发热或者冲动，它需要理性判断，而要对科研方向做出准确判断，没有深厚的积淀是不行的，没有准确的判断力是不行的。敏感性告诉你地球是圆的，但是如果没有想过沿着一个方向一直跑下去是没有尽头的，那你就会转圈圈，没有收获。现在社会飞速发展，信息瞬息万变、稍纵即逝，如果还按以前的模式按部就班，没有一定的科研敏感性，就有可能与重大科技创新机遇擦肩而过。

做科研，除了敏感性，社会责任感也非常重要，这是基本的东西，是科研人员前进的重要动力。优秀的科研工作者往往以"天下兴亡"为己任，真正做到"匹夫有责"。哈佛大学和牛津大学对于科学未知探索的理念和态度，是非常独特的。他们的理念是做科研就等于"Marry to Science"，意思是"女的嫁给了科学，男的娶了科学"，这种对科学的态度与思想、对未知科学的探索与执着对我影响很大。我在牛津大学十年，见过很多科学家，他们一辈子只做一个小分子，一辈子就做一两个氨基酸，但他们做得津津有味。这种精益求精的科学精神令人感动。科研人员应该保持这样的工作热情和决心，有担当才能把工作做好。科研工作往往枯燥，但是如果心中装着责任感，科学进步的路上肯定会迎来春暖花开的时候。

（2017 年 2 月 22 日）

方维海

中国科学院院士

院 士 简 介

1955 年 12 月出生，安徽定远人。

北京师范大学化学学院院长。兼任南京大学教授、中国化学会理论化学专业委员会主任、亚太地区理论化学家联合会会士（Fellow）。

物理化学家。长期从事光化学、光生物以及材料光响应过程的理论和计算模拟工作，发展和改进了势能面极小能量交叉结构优化方法、旋—轨耦合矩阵元计算方法、直接从头算非绝热动力学方法，解决了有机光化学、生物光化学和材料光响应的一些基础理论问题，为理论光化学学科的发展做出了有意义的贡献。

曾获教育部自然科学奖一等奖 2 项。曾获全国高校优秀骨干教师等荣誉称号。

院 士 观 点

对于科研真正关键的在于点滴的积累和磨合，当基础变得扎实、平台逐渐提高、视野不断扩展时，自然而然在某些地方就能够有突破，有创新。

科研不怕走弯路，辉煌的事业总要经历一些曲折，但是很多时候我们做事情都存在原地打转的现象。

很多时候我们都在用荣誉和利益去"刺激"年轻人，这让我们创新人才的成长环境变得不单纯了。科研非常需要内生动力。

科研创新和发表论文并不等效，将发表论文与个人荣誉和利益紧密相连，短时间内的确能提高论文数量，但长远看，不利于真正的创新，而且这种做法也催生了一些学术不端现象。

"四有"好老师的成长，既需要以老师的理想信念为内驱力、以加强自身修养为基础，也需要良好外部环境的支持，以社会共识等良好氛围作为支撑。

现在大学发展的外部驱动性特别强，但是内在主动性不行。如果大学都千篇一律，那谈创新就很困难了。

让创新成为一种自觉

科研创新总是以螺旋式上升

做事情不能一蹴而就，对科研来说，积累非常重要。这是个系统工程，是全社会都要一起努力的事情，是一个整体。尽管这些年我们国家的投入很大，各级部门也非常重视，但是就当前我们的创新能力、成果显示度而言，与我们的科研大国的定位、我们国家的投入、我们的期待都还有很大的一个距离。其实，对于科研而言，真正关键的在于点滴的积累和磨合，你会发现通过长时间的积累和尝试，当基础变得扎实、平台逐渐提高、视野不断扩展时，自然而然在某些地方就能够有突破，有创新。所以，这就是为什么尽管我国改革开放有 40 年了，和西方发达国家相比，我们的创新能力和成果仍然存在不小的差距，因为我们在积累上还是远远不够的。

科研不怕走弯路，辉煌的事业总要经历一些曲折，但是很多时候我们做事情都存在原地打转的现象。任何事物的发展都不是一帆风顺的，总是以螺旋的方式上升，科研创新也同样如此，但是一定要有前进的意识和计划，暂时遇到的困难都不要畏惧，总有闯过去的时候。

让创新成为一种自觉

总体上来说，目前整个氛围是不完全适合创新人才成长的，创新氛围和土壤还没有形成，特别是创新拔尖人才成长的环境还要大力打造。很多时候我们都在用荣誉和利益去"刺激"年轻人，拿各种各样的科研帽子给大家戴，这就让创新人才的成长环境变得不单纯了。科研非常需要内生动力，但现在我们的外在力量和干预比较多，各种头衔对科研人员来说好像更有吸引力。这样的激励也不是不好，至少出发点是好的，科研创新需要激励，但它的影响有不好的地方，甚至还比较大。我没有做过广泛调研，但据简单了解，相当一部分年轻人做科研的出发点、动机都是为了获得一些荣誉、得到一些牌牌、得到一些"帽子"。这样的话就会导致科研创新上的急功近利，不能沉下心来，这一点也是我们与欧美这些国家相比不足的地方。我们现在还是缺少作为价值观念形态的创新文化，缺少真正的科学精神。创新文化和科学精神需要积累传承，也需要政策制度保障，我们应在全社会培育创新意识、倡导创新精神，把创新文化的价值追求融入个人的基本价值追求之中。让创新文化深入人心，让创新成为一种自觉。

科学的发展需要科学的评价体系

科学评价体系与人才成长紧密相关。怎样评价科研工作，如何确定科研贡献，影响着人的认知和行动。现在我们的评价体系实际上是关注文章的数量和档次，这些定量的数据是一个硬实力的体现，要看，但是关键在怎样合理有效地用这些"数据"把科研成绩提高，如果就是奔着这些科研指标，科研评价体系就名存实亡了。对科研工作进行评价时，同行专家的意见有时候更为重要。无论指标还是同行，都要做到不偏不倚，能把真正高水平的人才选拔出来，营造出公平的环境，把积极因素都串起来就好。

对发文章给奖励这个问题，我觉得值得商榷，它不应是正常科研状态下该有的。看数量就给奖励，这是正常的科研工作本身吗？好像现在学校都是发一篇奖一篇。不看成果带来了什么、改变了什么，只看数量和所谓的是否权威，那怎么行？有成果有贡献给相应的奖励，可以，人才激励是需要的，但要做好这个激励，不能机械。科研创新和发表论文并不等效，将发表论文与个人荣誉和利益紧密相连，短时间内的确能提高论文数量，但长远看，不利于我们真正的创新，而且这种做法也催生了一些学术不端现象。做科研本来就应该是自觉的行为，不能用一些指标去强迫。科研评价应该是一种学术评价，不是指标评价，也不是行政评价。大部分科研人员都希望能够安心做科研，科研活动需要评价，但这种评价是要深入到科研活动中的学术评价。

要做"四有"好老师

教育的原点就是爱，学校根本任务是立德树人，老师具体肩负这一重任，老师有爱才有责任，爱教育、爱学生是每一个老师应尽的义务。2014年的教师节，习近平总书记来北京师范大学看望师生，我当时在场并作了发言。总书记在座谈会上特别强调了教师的重要性，他说，教师的工作是塑造灵魂、塑造生命、塑造人的工作。我们学校的校训，"学为人师，行为世范"，老师是标杆、是灯塔、是榜样。总书记说，一个人遇到好老师是人生的幸运，一个学校拥有好老师是学校的光荣，一个民族源源不断涌现出一批又一批好老师则是民族的希望。他提出了做好老师的"四有"：要有理想信念，能用自己的学识、阅历、经验点燃学生对真善美的向往；要有道德情操，做学生道德修养的镜子；要有扎实学识，能够在各个方面给学生以帮助和指导；要有仁爱之心，把自己的温暖和情感倾注到每一个学生身上，让每一个学生都健康成长。我想，"四有"好老师的成长，既需要以老师的理想信念为内驱力，以加强自身修养为基础，也需要良好外部环境的支持，以社会共识等良好氛围作为支撑。

大学发展要有主动性

与欧美等发达国家相比，我们国家的科技创新能力相对薄弱。我认为其中一个主要原因是在创新性人才的培养方面有差距。几十年的教学和科研经历使我对教书育人有了深刻的理解。教师不能只满足于师生之间"一桶水和一杯水"的知识传授关系，一定要培养学生的创新意识和创新能力。良好的科研训练有利于培养本科生的创新意识，有利于开发他们的创新潜力。在培养创新意识的同时，会使他们的基础知识更扎实、更全面，并能学以致用。

现在大学发展的外部驱动性特别强，但是内在主动性不行。教育部统一要求后，高校很多时候是照葫芦画瓢，课程怎么设置、专业有什么要求，等等，都一样，这样做没有风险，但到头来就是没有创造性。当然，需要按着教育部要求走，但要发挥主动性，寻找衔接点。政策是宏观的，落地是微观的，要具体问题具体分析。如果大学都千篇一律，那创新谈何容易。

（2017 年 3 月 1 日）

高 文

中国工程院院士

院 士 简 介

1956 年 3 月出生，辽宁大连人，原籍山东牟平。

北京大学博雅讲席教授、信息与工程科学部主任。鹏城实验室主任，中国计算机学会理事长，新一代人工智能产业技术创新战略联盟理事长，全国专业标准化技术委员会副主任，数字音视频编解码技术标准（AVS）工作组组长，香港中文大学（深圳）理事会成员，美国计算机学会会士（ACM Fellow），电气电子工程师学会会士（IEEE Fellow）。曾任国家自然科学基金委员会副主任，计算机学报主编，国务院学位委员会计算机学科评议组成员，中国科学院研究生院常务副院长。第十届、十一届、十二届全国政协委员。

计算机专家。主要研究领域为人工智能，长期从事计算机视觉、模式识别与图像处理、多媒体数据压缩、多模式接口以及虚拟现实等的研究。在面向对象视频编码、可伸缩视频编码、人脸与手语模式识别、AVS 视频编解码国家标准等方面做出重要贡献。

曾获国家技术发明二等奖 1 项、国家自然科学二等奖 1 项、国家科技进步二等奖 5 项、中国计算机学会王选奖等。

院 士 观 点

育人做得好不好，教授有没有回归育人的本质工作，我认为才是高校最应该去关心和追求的。

科学研究和技术创新有着不同的判断准则，科学研究侧重于发现，而技术创新侧重于成果转化。

科学研究实力与技术创新能力之间在宏观上具有一定的正相关关系，大学科学研究对技术创新具有一定的拉动作用，有高水平科学研究才有可能有更高水平的技术创新成果。

我们应该把培养对社会有责任感的人放在最重要的一个位置。学生有责任，有担当，国家才有前途。

我一般要求学生在毕业前要培养好"四个能力"：寻找兴趣点进行研究的能力，论文写作能力，演讲与解释研究成果的能力，以及团队协作的能力。

我们有了"211工程"和"985工程"建设的积累，下一步的发展需要内涵和质量了，这需要上有强有力的政策，下有具体可行的对策。

应该建立一种机制，让存量的人才安心，让人才有增量的发展，"盘活存量，发展增量"。"活"不是挖来挖去，跑来跑去。

人才队伍建设要健康有序

育人是根本

高校的主要任务是教育，是育人，这是根本。育人做得好不好，教授有没有回归育人的本质工作，才是高校最应该去关心和追求的。把人变成有用的人，变成适应时代发展的人，这是我们办大学的目的，也是大多数大学应有的发展类型和方向。世界上大多数的名校，都将育人作为头等大事、最重要的事。耶鲁大学在其办学宗旨的报告中曾说，"一个人除了以职业来谋生以外就没有其他追求了吗？难道他对他的家庭、对其他公民、对他的国家就没有责任了吗？为了让学生完成本科教育，他的专业教育有可能会有所推迟，可是这种牺牲难道是不值得的吗？它所换来的是全面教育与片面教育之间的巨大差别。"还有一类，大家常说的研究型大学，研究型大学它核心的任务也是教书育人，只是在育人的时候，在知识传授时候，还承担了一项重要的责任，就是要对人类未知的一些事情进行探索，发现新的东西，解决一些关乎经济社会发展的实际问题，实现一些理论或技术的创新。

社会责任感教育亟待加强

我们培养人首先最应该让他有社会责任感，而不是说要学会怎么多赚钱，学会怎么样当好一个企业的 CEO。先让学生成为一个有社会责任感的人，然后在这个前提下，掌握了知识、有了能力，以后慢慢去发展，去做其他的。现在我们在整个人才培养的环节中，对社会责任感的培育是有所缺失的，这个环节抓得不是很到位。回头看看，我们高校培养的人有多少说我甘心情愿为国家、为社会服务不讲条件的？大多数都是先讲条件，看看条件让不让自己满意，而不是去思考这事儿到底对国家有多重要、对社会有多重要、是不是应该承担这个责任，而是更多地把自己摆在前面，说这件事对我怎么样。我认为这是我们的教育还欠缺的地方，我们应该把培养对社会有责任感的人放在最重要的一个位置。这个需要一个大环境，它是整个社会的问题，不单是学校的问题，家庭教育也很重要，都是互相影响的，需要共同地营造。学生有责任、有担当，国家才有前途。

夯实理论基础，提高实践能力

现在社会发展变化快，知识更新也快。很多人进入社会以后，发现不能立刻上手做事，可能还要经过一年到两年的再培训和适应，有的可能都要三四年、四五年才能进入最佳状态。有人说现在博士生的动手能力和 20 年前本科生的动手能力差不多。这个说法可能有点过，但确实有这样的现象。前些年的扩招使学生培养名额迅速扩大，但其他相应的教学条件却没有配备到位。同时，由于学校教育和社会应用有些脱节，当前不少毕业生的实习都流于形式，学生不能获得一手经验。这些都是目前教育快速发展过程中跨不过去的问题，需要用时间来突破。我一般要求学生在毕业前要培养好"四个能力"：寻找兴趣点进行研究的能力、论文写作能力、演讲与解释研究成果的能力，以及团队协作的能力。我觉得这几个能力都达到了，才有可能在工作中比较快地进入角色。一句话，夯实理论基础、提高实践能力是我们在人才培养中应该关注的重点。

科学研究实力与技术创新能力存在正相关关系

我们有时候对创新的理解有些偏颇，对它的理解还不是本质上的。创新是一种认识能力和实践能力，是推动社会发展的动力，整个教育过程可以说就是一个创新的过程。但我们现在一说创新就是去看结果，看一些物化的东西，看谁做的大，却不去想创新包含的内容可能比这些结果复杂得多。把钱变成知识，这是研究，就是拿到项目，做一些科学研究或者技术研究，最后把它变成知识，回答了一些原来没有回答的问题。创新呢？创新是把知识变成钱。从这个意义上说，高校是不应该做创新的，这不是高校的责任，高校是培养人，是去发现未知、解决问题，把知识变成钱是企业该做的事。所以我们现在都宏观地去讲创新，但并没有把创新本质说清楚。高校在创新过程中是把知识转移出去，做的是前半段的事，所以我个人比较认同成果转移、技术转移这些说法，高校不应该自己去办企业，不过它可以参与。怎么参与呢？实际上就是以你的研究成果参与到有资本的那样一个群体和团队里去，是去提供知识，但不是自己去把知识变成钱。高校科研人员在整个创新体系里应该对自己的研究有这样一个定位。

科学研究和技术创新有着不同的判断准则，科学研究侧重于发现，而技术创新侧重于成果转化。就技术创新来讲，我们现在和美国的转化率相差不多。据美国自然基金会统计，每年政府投入仅有5%左右可以完成技术应用转化。在这一方面，国内还略高一点。然而，从整体上讲，美国的技术转化率仍远高于我国。其中，两国技术资本体系的差异是重要原因之一。环境是技术创新植根的土壤。在国内搞技术创新，目的是为了上市，因此销售额成了公司的关注焦点。而在美国，如果小公司技术足够好，就有机会被大公司收购。由于技术资本体系的差别，专业技术公司在国内不容易成功，因为如果产品过于专业，反而可能失去市场竞争力，而商业公司更容易成功。但在美国，技术越专业，以技术为资本的公司成功率就越高。以互联网与信息技术公司为例，很多知名企业都是以技术"立家"的。谷歌以搜索出身，微软做系统起家，苹果做设备成名。提起以上公司，大家都可以联想到相应的技术。但在中国，网络与设备仅是一个商业平台，公司的自有技术比较少，大多依靠别人的技术来挖用户。不是中国公司没"能耐"，培养不出专业的技术公司，而是中国应该培养以技术为资本的创业模式。总之，科学研究实力与技术创新能力在宏观上具有一定的正相关关系，大学科学研究对技术创新具有一定的拉动作用，有高水平科学研究才有可能有更高水平的技术创新成果。

学科应自主发展

现在大家都在讨论"双一流"，这是个好事，需要好的政策和举措去落实。我们有了"211 工程"和"985 工程"建设的积累，下一步的发展需要内涵和质量了，这需要上有强有力的政策，下有具体可行的对策，这个上有政策和下有对策是正面的，不是以前我们说的应付。实事求是，科学实施。这里面无论是遴选还是将来的淘汰，都有一个评估的问题，这是大家尤为关注的问题。评估怎么评呢？以前大家对学科专业评估是有经验和教训的。很多单位都怕这个，一来评估，基本上几个月甚至半年，就什么事也干不了，基本全是在整理材料。我认为学科专业评估让大家自己报材料绝对是一个值得商榷的做法。其实大家心里都明白，这些材料的内容是如何来的，它能反映什么，大家都知道，但都在认认真真走程序。这个评估在特定历史时期，确实对中国的高等教育起了非常大的推动作用，有非常大的贡献，但是，到今天，它的做法和作用已经有点"偏负"了。真正的好学校，也做评估，但不会下那么大的力度。还有一个最大的问题，我们现在很多学科的划分是人为的、是组织出来的，不是自然形成的。学科应该是自然形成，不能说今天为了申请这个点，把所有资源弄到这儿，明天为了申请另外一个点，再把这些人弄过去，我特别怕这种组织行为，这就是作假啊。为了资源配置，大家都在争一级学科。拿到一级学科和拿不到一级学科，那是天上地下的区别。为什么天上地下呢？主要是教育部门是按这个来进行资源配置的，所以大家就抢这个东西。实际上一级二级是通过指标比较出来的，并不代表真实水平。该反思一下，为什么非要弄一级学科？把一级学科取消了，或者不用取消，什么是一级学科，什么是二级学科，让学校自己说了算不可以吗？

关注人才增量发展

现在的大学管理让老师和管理者都觉得有压力，觉得是在折腾。看这几年人才的非良性竞争，到处挖人、高薪挖人。人才明码标价，标的是人才啊，还是"帽子头衔"？我觉得这个不应该。增量不变，学校间来回挖人，价格一个比一个高，最后得到的效果会好吗？这两天有人说可以采取足球的转会制，挖人要给所在单位一笔钱，我觉得这种事没法操作，不是一回事。其实我们冷静下来分析一下，那种跑来跑去的人一般不是真的人才，真的人才他不会这样，一般不会为了高薪跑来跑去，尤其是在教育领域，高校人才队伍建设要健康、有序。教育领域有竞争，但这种竞争不同于企业间的竞争，关于人才的"争夺"就不能有价格战。挖来挖去还是那么多人，只会浪费国家的钱，还会让大家变得浮躁、会把学术氛围弄浮躁，对个人、对单位、对国家都没有利。应该建立一种机制，让存量的人才安心，让人才有增量的发展，"盘活存量，发展增量"。"活"，不是挖来挖去，跑来跑去。习近平总书记指出，"人才是第一资源。古往今来，人才都是富国之本、兴邦大计"。"要树立强烈的人才意识，寻觅人才求贤若渴，发现人才如获至宝，举荐人才不拘一格，使用人才各尽其能"。

在人才队伍建设上，我们首先要树立正确的人才观，要做到唯才是举，因才用人。人才是学校改革发展的重要保障，我们必须在人才工作上下好功夫，让人才队伍发展健康、有序。

（2017 年 3 月 6 日）

丁烈云

中国工程院院士

院　士　简　介

1955 年 12 月出生，湖北洪湖人。

华中科技大学校长，中国建筑学会副理事长兼工程管理研究分会理事长，教育部科学技术委员会管理学部主任。曾任武汉城市建设学院党委书记兼院长、华中科技大学副校长（正厅级）、华中师范大学党委书记、东北大学校长。第十三届全国人大代表，第十二届全国政协委员。

土木工程与管理专家。长期从事数字建造与工程安全风险管理研究，重点解决地铁建设工程安全风险的识别、预警与控制问题。提出地铁建设工程系统安全的能量耦合理论，建立安全风险"识、警、控"技术体系，以及基于 BIM 的安全风险集成管理模式。其研究成果在我国多个地铁建设工程中成功应用，并推广应用到其他土木建筑工程，为提升工程建设安全风险管理水平作出了重要贡献。

曾多次获国家科技进步二等奖、省部级科技进步一等奖。

院 士 观 点

虽然国内外的一些大学排名有其局限性，但也反映出我国高等教育这些年的发展情况。如何看待这些排名，我们一定要保持清醒，不能被这些指标和排名迷惑和绑架。

到"两个一百年"奋斗目标实现的时候，这些起引领作用的大学肯定也是世界一流大学。

在建设世界一流大学过程中，我们要遵循两个"规律"，即自转规律与公转规律。要写好两篇"论文"，一篇是发表在学术杂志上的论文，另外一篇是发表在祖国大地上的论文。

科技创新必须坚持走中国特色自主创新道路，面向世界科技前沿、面向经济主战场、面向国家重大需求。这"三个面向"为我国科技创新指明了主攻方向。

研究型大学的优势是其科研资源、学科资源非常丰富。现在的主要问题是如何把优质的科研资源、学科资源转化用于人才培养。如果没有强大的科研资源做支撑，很难培养一流的创新型人才。

学生是立校之本，学者是立校之道，学术是立校之魂。

大学精神根植于传统，是传统的升华。

大学建设要遵循两个"规律"，
写好两篇"论文"

当前，我国的高等教育进入了一个非常好的发展时期，也是一个高速发展的时期。在科技创新方面，一些指标反映出我们的科技创新能力在不断增强，比如发表论文的数量、科技与经济的对接程度、科技成果转化水平、科研投入占 GDP 的比重，等等。虽然国内外的一些大学排名有其局限性，但也反映出我国高等教育这些年的发展情况。如何看待这些排名，我们一定要保持清醒，不能被这些指标和排名迷惑和绑架。

遵循"规律"写好"论文"

对现状的基本判断是我们看待教育问题的立足点。有了基本判断和立足点，我们才能思考高校该往哪儿走，该怎样建设一流大学，怎样提高教学质量和育人水平，怎样在国家经济发展过程中发挥支撑或引领作用。习近平总书记曾指出，立足中国大地来办高等教育，立足中国大地来办世界一流大学。

世界一流大学与一个国家的强大具有很强的相关关系。现在世界上最好的大学主要是在美国，然后是欧洲、日本。一所大学的发展与国家经济社会发展能够同步，甚至是引领发展，这所大学就是一流大学。因为能够为国家的经济建设、社会发展提供强大的人才支持和强大的科技支撑，就是一流大学。如果我们国家实现了经济强国、科技强国目标，而我们国家的大学却很落后，这不符合国家和教育发展的逻辑。只有立足中国大地来办大学，使我们的高等教育让人民群众满意，为现代化强国建设培养一流人才，出一流的科技成果，到"两个一百年"奋斗目标实现的时候，这些起引领作用的大学肯定也是世界一流大学。这是我对习近平总书记说的扎根中国大地办大学的理解。

在建设世界一流大学过程中，我们要遵循两个"规律"，即自转规律与公转规律。自转规律即高校的内部关系规律，体现在大学是学生、学者、学术的大学；同时还要重视创新基地的建设，发挥国家重大基地优势，面向世界科技前沿，力争取得世界一流成果。公转规律即外部关系规律，要服务发展、支撑发展、引领发展，做好科技与经济的对接。

我们还要写好两篇"论文"，一篇是发表在学术杂志上的论文，另外一篇是发表在祖国大地上的论文，这两篇"论文"都要写好。建设创新型国家，基础研究再怎么强调都不过分，它是源头创新，是推动技术创新的基础；而科技创新服务经济社会发展，转化为生产力，变为实实在在的经济社会活动，才更有现实意义。所以这两篇"论文"不可偏废，尤其是在当前，我们的技术创新和转化还比较薄弱，需要更接地气的创新。

师资队伍建设要处理好人才与人事的关系

当前，高校在发展过程中基本都面临着人才缺乏的问题。如果按照世界一流大学的标准，我们还需要进一步提高师资队伍水平。没有一流的师资怎么能说是世界一流大学呢？目前我国高校没有足够的经费去全面提高教师的待遇，但我们要发展、要争一流，有时需要用与世界发达国家同等或者接近的待遇去引进人才。

我们的人才梯队比较复杂，现在有"四青"人才——就是青千、拔尖、青年长江、优青，上面还有长江学者和杰青，再上面一个层次就是院士。国外没这么复杂，教授工资都差不多。我们的教授，如果是"人才"教授，收入就高一些，不是"人才"的教授收入相对就低一些。什么时候把人事跟"人才"并轨，整个教师队伍基本就是人才队伍，那个时候我们师资队伍的整体质量与水平就提高了。所以，要不断扩大人才队伍的比例，先把人才和人事分开，慢慢地把人才队伍做大，然后慢慢并轨，最后整个学校的师资队伍都是人才队伍了。一些知名高校是按照这么一个思路做的。现在这方面有些矛盾，这需要看学校的把控能力了。人才队伍极少的时候不会对主体有冲击，人才数量达到一定规模，它的冲击是比较大的，这个难题需要我们破解。

当然这个问题与高校的定位有关。大部分高校并没有必要去构建这么一个"人才"队伍，甚至去并轨。一切要从实际出发，每个学校的实际不一样，每个区域的实际也不一样，一定要因校制宜。

科技创新既要自由探索，也要结合国家重大需求

关于科技创新，习近平总书记讲过，必须坚持走中国特色自主创新道路，面向世界科技前沿、面向经济主战场、面向国家重大需求。这"三个面向"为我国科技创新指明了主攻方向。但在前进过程中，有很多问题还需要我们去探索、去创新。比如说我们的创新体系、创新机制。我们如何鼓励面向世界科技前沿的自由探索？如何推进面向经济主战场和国家重大需求的有组织创新？

做好面向世界科技前沿的自由探索，首先能不能在学校里构建一个自由宽松的学术环境，这是非常重要的。怎么构建呢？假如我是一个年轻人，很有冲劲，你的人才待遇那么有诱惑，我能早一点发论文，何必要晚一点呢？我只要能达到你的标准就行。所以，人才的导向对年轻人有很大的诱惑。有的项目需要十年磨一剑，可能在前面几乎就没有什么成果，十

年以后也不一定会有大的成果，还要看运气，科学探索不能保证百分百都能成功。怎么能让一批年轻人安下心来去做更远大、更长远的事情？这是一个难题。解决这个难题，需要我们定位更高一点，看得更远一点。具体到实践来说，能不能选出一部分优秀的年轻人，给他们划定一个特区，让他们进行面向世界前沿的探索、进行长时间的研究呢？我们学校正在尝试这样一种探索，建一百个左右的面向世界科技前沿的团队，组织国际评估来挑选开展前沿研究的团队，一个团队大概三个人，老师带一批学生。不看他们原来的身份，看他们做的这些事情有没有意义，看他们的基本能力是否具备。通过国际评估后就纳入特区管理，学校就按照"人才"计划来给他们待遇，他们可以报项目，也可以不报项目、不考核、不数论文，每年只对他们做状态评估，看看做了什么事、有什么进展。有人问过我，这么弄行吗？我觉得没问题。如果这一百个面向世界科技前沿的团队能够成功几个，哪怕是三五个，这就很好，其他的团队也得到了培育和锻炼。

面向经济建设主战场和国家重大需求做好有组织创新，不同于自由探索，而是"大兵团"作战，需要跨学科交叉融合，需要"很牛"的学科带头人，需要"大项目、大团队、大成果"，需要紧密结合需求。在这方面，我们学校也做了一些尝试。我们实施了"登峰计划"，整合校内资源，选出优秀科研团队，鼓励他们面向经济主战场和国家重大需求产出一批高水平、有影响的标志性科技成果，更多地"把论文写在祖国大地上"。

科教融合，有教无类

目前对研究型大学而言，要处理好科研与教学的关系、学科建设与专业建设的关系。科研更多是面向学科，人才培养多指本科教学。关于教学与科研的关系，不少人认为它们是矛盾的，因为如果要搞科研，就没有精力去搞教学；要搞教学，就没有精力去搞科研。我认为这不是主要矛盾。研究型大学的优势是其科研资源、学科资源非常丰富。科研任务多，必然要牵扯一部分本科教学的精力。但我理解，这种关系如果处理得好，对人才培养就是促进的关系，如果处理得不好，就是削弱的关系。现在的主要问题是如何把优质的科研资源、学科资源和人才培养融合好。科研和教学都没有错，问题是如何把这两者打通。不是说这个花的精力多了，那个就花的精力少了。如果没有强大的科研资源做支撑，很难培养一流的创新型人才。创新型人才一般都有一个基本特征，要受一些基本的训练，比如说要受发现问题和提出问题的训练，受解决问题的训练。课堂上老师出题他去解题，就少了发现问题、提出问题的环节。他要通过参加科研活动来发现问题、提出问题。但科研活动有科研活动的规律。科研活动是有门槛的。什么门槛？一是时间门槛，科研需要时间，需要持续，这是科研的特点；二是水平门槛。但人才的培养应该是无门槛，有教无类就是这个意思，每一个人都应该享受到。无门槛最典型的就是图书馆，任何人都可以到那里，可以借任何书，不分专业。现在人才培养能不能把科研资源通过转化变成教学资源，让学生自由来学习，而不是老师在科研活动中选择学生。把科研资源变为类似图书馆的资源，任何一个学生都可以去学，他们的选择没有门槛，没有任何专业门槛，没有任何时间门槛，没有学习成绩的门槛。我想，这是我们在科教融合中可以探索尝试的。

另外，在投入方面，对于那些探索性的设施应该加大投入。从实验来看，一般有演示性实验、验证性实验和探索性实验。现在很多学校在演示性和验证性训练中都能做到无门槛。但是探索性的实验，很多学校受师资队伍或空间的影响，做得不是很好，这个应该加大投入。要把最优质的资源向学生配置，要贯彻这么一个理念。当然，还是一切从实际出发，从校情出发，工科有工科的特点，理科有理科的特点。

大学精神植根于传统

大学的"学"字实际上包含三方面要素：学生、学者和学术。学生是立校之本，学者是立校之道，学术是立校之魂，这三者是紧密相关的。拥有大学者和大学术，其目的都是为了培养学生。而培养优秀学生、培养具有创新性素质的学生，就是大学的使命。所以，大学就是学生的大学、学者的大学和学术的大学。其实最根本的就是"以人为本"，所有的工作都是围绕人展开的。

在"双一流"建设中，学校不要去盲目攀比，要有自己的认识和定位，尤其是要理性看待各种评估和排名。这里面肯定有压力，来自各方的，还有各种诱惑，但哪些该做，哪些不该做，到底有多大的力量和水平，要从实际出发，要有正确的理念。在任何时候，理念正确，就自然能够找到一些好的办法、正确的办法，否则会欲速则不达，甚至会适得其反。学校不一样，办法也会不一样，没有万能的方案，没有统一的做法。要想有特色，得先有特点。对大学来说，最重要的是要办出特色，不能简单地追求综合性。特色的形成一定要从大学自身实际出发，不是一两代人就能形成的，它需要积累、沉淀，是一种延续和传承。它的一个重要体现就是我们所说的大学精神，这种精神根植于传统，是传统的升华。

（2017 年 3 月 6 日）

方精云

中国科学院院士

院 士 简 介

1959 年 7 月出生，安徽怀宁人。

北京大学教授、理学部副主任。中科院植物研究所学术所长、中科院生命科学与医学部常委、中科院学部咨询评议工作委员会成员，北京市学位委员会副主任委员，第十三届全国政协委员。

生态学家。主要从事全球变化生态学、生物多样性和生态遥感等方面的科研和教学工作。系统地开展了中国陆地生态系统碳循环的研究，发展了我国陆地生态系统碳储量的计量方法，为评估中国陆地碳收支奠定了方法论基础；对中国植物物种多样性进行过较为系统的调查，完善和发展了生态学代谢理论；较系统地研究了中国植物化学元素的计量特征，提出了"限制元素稳定性假说"。近年来，对中国和世界主要国家的碳排放进行了较为详细的测算，并为中央政府制定我国的气候变化政策提供了咨询建议；受邀担任国际科学院理事会 IPCC 报告评估委员会成员，对 IPCC 报告进行了独立评估。

曾获国家自然科学二等奖（2004）、"长江学者成就奖"（2006）、"何梁何利科学技术进步奖"（2007）、中国出版政府奖图书奖（2011）等奖项。

院 士 观 点

基础研究是科技发展的重要基石。国家要对基础研究给予持续稳定的财政支持，保证他们安下心来坐得住"冷板凳"。

科研经费要砍掉繁文缛节仅仅有提法有办法还不行，关键是要执行，要有法律制度的保障，要张弛有度，有理有据。

实施"中文科技刊物振兴工程"，让中文科技刊物在中国强大起来，让中文科技刊物"脱颖而出"。

科研要不得虚荣。很多时候需要一辈子只做一项研究，如此的坚持和奉献才能出系统性、原创性的成果。

在科技评价上，我们应该有自己的话语体系和话语权。好不好，我们自己应该知道。有句老话，"知人者智，自知者明"，我们应该有"自知之明"。

正常的人才流动，无论对个人来说还是单位来说，都是好事，但好事要"多磨"一下，不能把好事变成坏事。

科技评价要有"自知之明"

基础研究要"另眼相看"

基础研究是科技发展的重要基石。我们国家不少产业大而不强，关键核心技术受制于人，其中一个重要原因，就是基础研究积累不够、原始创新能力不强、科技创新源头供给不足。总体来说，在我们国家做纯基础研究的科研人员还是偏少的，可能有两个方面的原因。一方面是与我们的市场导向、社会需求有关系，基础研究的成果和实际应用有较大的距离，所以，经济效益、社会效益也不那么容易地在短期内体现出来，因此，对它的重视程度可能不如应用研发和技术推广这方面的工作。另外一方面，也反映出我国在科研体制机制上的一些问题。比如说，国家很难对纯基础的研究做到长期稳定的支持。因此，科研人员往往就转到其他的任务里面。比如说，植物经典分类工作，认植物，或者怎么辨识植物，这个学科是纯基础性的工作，经费获取很难，我们的经典分类人员往往难以集中精力去做他应该做的事。我认为，对于基础研究，国家要"另眼相看"，给予持续、稳定的财政支持，能够保证一批科研人员安下心来，能坐得住冷板凳，把学问做好。同时也要有措施保障做这类研究的人后继有人，要有

"长江后浪推前浪"的可能。

科研经费管理要有制度保障

现在大家都在埋怨，科研经费管理得太死，没有办法做科研了，有的甚至说以后不做科研了，反正也没有什么特别强制性的评估。想想确实如此，现在我们做科研，确实很困难。要做研究、要做实验、要获得数据、要写文章、要带学生、要学会做会计、要学会做审计、要做好管理。前两年我主持的一个国家重大研究计划项目结题，当时有两个年轻的老师帮着做材料准备工作。花了近两个月来这里审核材料，所有的发票要复印，出租车票还要在上面写从哪儿到哪儿。好在现在这方面已经开始放开。总的来说，砍掉繁文缛节，仅仅有提法、有办法还不行，关键是要执行，要有制度的保障。

中文科技刊物要"脱颖而出"

目前，我国科技人员超过世界科技人员总量的1/4，每年发表的学术论文已超过世界 SCI 论文总数的15%，排名世界第二，但这些论文多为英文，并且多以在国外出版的英文学术刊物上发表，导致大量高水平创新成果外流，国内科研人员、机构和企业获取成果困难。我认为，这在很大程度上影响了我国科技事业的发展，阻碍了创新驱动发展战略的有效实施。

为什么这么说？想想看，将科技论文投向国外，实际上首先是满足了国外，特别是方便了西方发达国家的科研人员和研究机构。由于语言和交流渠道等问题，发表在国外的文章显然是不利于、不方便中国人自己获取的，这无形中也加大了中西方科技水平的差距。尽管国外的研究人员也发论文，但他们是在用他们自己的语言发表论文、用自己的语言阅读论文、用自己的语言获取科技信息。而且，由于语言障碍，中国的科研人员在英文论文写作和阅读上需要花费大量的时间和精力，不仅形成巨大的时间成本和经济成本，影响学术交流效果，也影响了科研成果的及时传播和转化效率。

这里面还有一个很现实的问题——费用问题。国外很多刊物是收费刊物，以营利为目的，发表论文需要交纳巨额的费用。有些杂志，发表一篇论文竟要交付数万元的版面费。而另一方面，为了获取这些文献资料，中国又要交付巨额的版权和使用权费用。据粗略估算，中国科技人员每年在国外发表论文所交付的版面费等费用高达数十亿元人民币，购买国外杂志所支付的费用也高达数十亿元。这些真金白银就打着"学术"的旗号流到了国外出版商手里。

很多科技成果都发到国外，有些工作在国内连个中文的记录都没有。用自己国家的语言记录自己的研究是天经地义的事，但我国的一些科研工作连这点都没做到，实在说不过去。我们知道，语言与文化，语言与思维都有紧密的关系，语言是文化的载体，我们的科技人员，在竭尽全力用外文写作的同时，已自觉不自觉地在外来文化中失去自我。

在现行以 SCI 论文为导向的科研评价政策和英文学术刊物的双重挤压下，中文科技刊物正在被弱化和被边缘化。这对中国的科技、文化和教育事业，对推动社会经济发展都是极其有害的，也阻碍了中华文化的传承和发扬。所以，我们国家到了该花点儿力气、花点儿心思去办好我们自己的中文科技刊物的时候了。

拿出足够的力度，在一些重要学科领域扎实办好一批重点中文科技刊物，使国人能更加快捷、便利、低廉地获得科技成果和科技信息。在海内外遴选一批专业水平过硬、责任心强、作风正派、公平公正的学者，组成高水平的编辑团队，严把论文评审关。不少人可能担心的是我们常见的"走人情""拉关系"等不正之风该怎么办，两个字——严惩！在这方面，必须要做到"有法可依，违法必究"，确保刊物的权威性和影响力。

这些年我们为什么有这么多人都要往国外的杂志发文章？评价考核导向的问题，晋级、评奖、评优，各种考核测评，都或直接或间接地去这么要求。所以，相关部门要有理性的判断和认知，应该去引导一下科技人员将其重大原创成果优先发表在我们自己的中文刊物上。这件事说起来简单，做起来比较复杂，万事开头难，建议国家可首先实施"中文科技刊物振兴工程"，统筹推进一下这项工作，让中文科技刊物在中国强大起来，在世界强大起来，让中文科技刊物"脱颖而出"。

科技评价要有"自知之明"

科技评价是科技界的一个大问题，如何评价科研工作的真实水平，如何有效引导广大科技人员为国家服务，一直是百家争鸣，却无结果。

现在国内的评价，可以说严重依赖国外。美国科学情报研究所的科学引文索引（SCI），这个国内做科研的无人不知、无人不晓。自然出版集团（Nature）的"自然指数"（Nature Index）对全球的科研机构进行排名；世界上最大的出版集团爱思唯尔（Elsevier）的"中国高被引学者榜单"，对中国学者个人的所谓科研能力进行排名。可以说，中国的科研评估完全被国外公司所左右。关键是国人都还很"尊崇"这些排名，这不能不让人警觉和悲哀。

在新中国成立初期的科技创新，成就巨大。"两弹一星"既解决了重大的国防安全需求，同时带动了物理、化学、数学等基础学科的极大进步；人工牛胰岛素的合成、青蒿素的发现、陈景润对哥德巴赫猜想等，都是世界级成果，杂交水稻、汉字数字化激光照排技术等重大成果的产生，均与 SCI 评价指标无关。可那个时候我们很自信，我们能说自己好，敢说自己强。到今天，我们反而不敢了，我们高度依赖国外的一些"科学指标"，把我们的科技创新工作碎片化、短期化、数字化。大家都明白 SCI 指标仅反映论文的发表和引用情况，不能反映科技工作的最终目标，并且它忽略了学科和领域间的差异，但我们"揣着明白装糊涂"，都信它。科技评价工作过分依赖SCI，助长了"短、平、快"论文的快速产出，忽视了重大科技问题的长期积累，导致基础研究难有重大突破；同时，在一定程度上催生了学术不端行为，助长了科技人员急功近利、浮躁心理的产生。

欧、美、日等科技发达国家并未将SCI这一简单的指标用作科技评价的重要标准，日本甚至仍在"固执"地坚持科技工作的"计划经济"体制，不受SCI指标的影响，这成就了日本学者能够多年如一日地执着于科学问题的研究，保证了诺贝尔奖等重大成果的不断产出。科研要不得虚荣。很多时候需要一辈子只做一项研究，如此的坚持和奉献才能出系统性、原创性的成果。我们在量化考核的指挥棒下，逼着科研人员做了一点儿小东西就急着发表，这怎么能做好？

科学研究有其自身特殊的发展规律，科技工作的评价标准为科技活动的指挥棒，引导着科技工作的发展轨迹和质量。我们有自己的国情，我们有自己的需求，我们也应该有自己的话语体系和话语权。好不好，我们自己应该知道。有句老话，"知人者智，自知者明"，我们应该有"自知之明"。

在科技评价这个问题上，一方面我们要弱化、取消SCI等指标在我国科技评价中的作用。SCI、自然指数、"榜单"等不能作为我国科技评价的主要依据。科技主管部门、科研机构、高校也不宜提倡此类指标和排名，在工作评价和项目组织工作中不能将其作为主要评价指标。另一方面，我们要尽快建立适合我国国情的科技评价体系。按研究性质不同，进行分类评价。比方说，基础研究工作应以解决科学问题为导向，应用研发和技术转移工作应以解决国家经济发展需求为导向，长期基础、公益科技数据与知识积累工作等方面的工作应以满足社会发展需求为导向。要充分发挥学术群体在科技评价中的作用，加强科学家群体之间的定性评价，避免机械的、量化指标的评价方式。

人才流动要"好事多磨"

近年来，人才引进工作成为各地方政府、科研机构和高校的重要业绩之一。同时，以建设"双一流"为目标导向，很多高校和研究机构以各种优厚条件，如高薪酬、高房补或直接提供住房、配套研究平台等，不计成本地吸引人才。"人才争夺战"逐渐白热化，无序竞争的乱象越来越突出。而部分引进人才为获取个人不当利益，频繁跳槽于不同单位或兼职于数个单位，不仅在学科建设和科学研究方面没有发挥应有的作用，更给国家和用人单位带来巨大的财物浪费，造成诸多的棘手问题。如人才跳槽后，其他团队人员的安置问题，严重干扰了正常的科研和教学秩序，侵蚀了我们本已脆弱的学术生态环境，应引起国家和政府有关部门的高度重视。

非良性的人才流动有很多不好的影响。一是它造成了国家科研资源的严重浪费。目前各类人才的科研启动经费少则数百万，多则数千万元，再加上研究平台建设、住房补贴、团队建设等，我们在人才引进工作上投入了巨额资金。二是它严重扰乱了正常的科研和教学秩序。由于用人单位投入大量资金引进人才，导致单位的人财物资源发生不合理的重新分配，这本身已经对该单位的学科布局和科研教学秩序产生了不利影响，而引进人才的不正常跳槽不仅浪费了为其建立研究平台和研究团队所花去的巨额资金，而且进一步扰乱了原本已经受到影响的学科建设和科研教学秩序，对该单位的损伤可谓是"雪上加霜"。三是它侵蚀了引进单位的科研创新文化。相对于国内培养成长起来的人才，海外引进人才在薪酬待遇、实验平台、团队组建等方面已经享受了足够优厚的待遇。然而，部分"引进人才"缺乏基本的职业道德，不认真履职，单纯追逐更高的个人利益，频繁跳槽。这种"追名逐利"的做法破坏了引进单位的科研文化氛围，损害了公平竞争的学术环境，其对学生和年轻学者的影响尤为恶劣。

正常的人才流动，无论对个人来说还是单位来说，都是好事，但好事要"多磨"一下，不能把好事变成坏事。所以，我觉得，当务之急要解决几个问题：一是要建立规范的人才薪酬激励约束机制。在国家层面建立合理的薪酬指导体系，确立相对规范的待遇标准。除国防科工等特殊领域的人才外，设定人才年薪上限标准，如不得高于所在单位职工平均工资的多少，避免人才单纯为追逐个人利益而频繁跳槽；对于住房等福利待遇，也应按照国家的相关政策进行统一监管，不得重复享受住房等福利待遇。二是要建立引进人才约束及补偿机制，避免单位之间无序竞争。一个单位引进人才通常会付出较大代价，因此对约定服务期未满的人才，调入单位应征得原单位的同意并给予原单位合理的经济补偿，类似于足球俱乐部的转会费，以减低资源浪费风险，避免无序人才抢夺的乱象；经济补偿应该包括实验平台、团队建设与人才培养成本等。三是应研究建立全国系统配套、有效衔接的人才政策体系。国家应该统筹人才经费管理，将地方性人才计划经费纳入中央财政统一监管，专款专用，建立经费公示制度，避免重复性支持；建立全国相对统一的人才引进待遇标准，遏制一些单位滥用纳税人的血汗钱，无序、随性、不合理地为引进人才提供高得离谱的待遇等乱象，以减少国家财产的浪费和流失，保证学术生态环境的相对纯洁性。

（2017 年 3 月 6 日）

何 友

中国工程院院士

院 士 简 介

1956 年 10 月出生，吉林磐石人。

海军航空工程学院教授，海战场信息感知与融合技术军队重点实验室主任。兼任中国航空学会信息融合分会主任委员，中国电子学会会士，IET Fellow 等。曾任海军航空工程学院院长。

信息融合专家。长期从事信息融合理论与技术研究、工程建设与人才培养，是我国军事信息融合领域的主要开拓者之一。在雷达目标融合检测、多传感器多目标跟踪、多传感器航迹关联、辐射源识别、无源定位、信息系统仿真、大数据及应用等方面取得系列创新成果，广泛应用于雷达、情报处理和指控等国家重大工程中。主持研制了测控信息融合系统、跟踪雷达、大型航空模拟训练机等多型工程系统，全部装备部队。

曾获国家科技进步二等奖 4 项，国家级教学成果一、二等奖各 1 项，军队科技进步一等奖 7 项，省级技术发明一等奖 1 项，省部级教学成果一等奖 3 项。

院 士 观 点

在大学发展这条路上，不要做随从，不要做跟随者，即使不是全方位引领，也要有自己的一技之长，有自己的特色。

在教育资源分配上，锦上添花是好的，但雪中送炭更要紧。

教育是解决贫困代际传递有效的途径。对孩子来说，对下一代来说，我们应该为他们"平等起点"的教育去努力，去创造条件和可能。

作为导师，既能导"方向"、导"方法"、导"创新"，更能指导学生"做人"。

人才流动要考虑市场的需求，但也不可完全无序，不能不考虑教育领域的特殊性，不能无视教育的公共职能。

个人和社会都要把教育看得重一点，不要那么随随便便。

大学发展不要做跟随者

大学发展不要做跟随者

改革开放以来，我们在大学建设上取得的成就还是很明显的。在教育条件、人才培养、师资队伍，包括一些办学的理念等方面，变化很明显。国家层面的一系列计划和工程在这个过程中起到了很重要的作用，提供了条件和动力。当然，有成绩，也要看到问题，比如说大学发展的同质化问题。现在大学发展都是根据一个标准，按部就班地去进行。当个别发展显出一定特色和优势后，大家又都开始跟风学习。这会导致一种什么结果呢？越学越不像自己，也不像别人。大家相互模仿和攀比，最后渐渐失去自己。为什么？因为大家相互之间比规模、比地盘、比经费、比人头、比队伍、比论文、比成果，都是数字，比大小、比多少、比高低，并没有去比理念、比思想，没有去比一些内在的东西。不挖内涵，多看外在的东西，不实事求是分析自身条件，那怎么行？大家层次不同，你有的资源恰巧是他的短板，他的短板可能是你的长处，但比的时候都是在形式上依葫芦画瓢，到最后只能是弄巧成拙、东施效颦。所以，大学建设不要一味跟风，在把基本情况把握好后，找到自己的长处。在大学发展这条路上，不要做随从，不要做跟随者，即使不是全方位引领，也要有自己的一技之长，有自己的特色。

教育资源配置要雪中送炭

让大学自由发展，做出自己的特色，这当然不是说说就成了的，除了政策，还需要人财物，"巧妇难为无米之炊"，没有充足稳定的资源和条件，谈发展是不现实的。教育资源分配问题也是影响大学建设发展的一个重要因素。现在国家很重视教育，投入也非常大，但有时候多的多、少的少，差别还是比较大的。教育是全社会的，是每一个人的教育，在保证择优育优、择强扶强的同时，还要注意公平，不是要吃大锅饭，也不是要锄强扶弱，但每一个类型、每一个层次的教育都要配置好资源，发展好特色。条件可以有区别，但都应各得其所。具体到投入，锦上添花当然是好的，但雪中送炭更要紧。我们应该更关注一下那些欠发达地区的高等院校，只有整体的大学水平提升，整个国民的教育才能上去、国民的素质才能上去，这是个简单的道理。办大学还是要集合各种力量，除了国家的统筹外，更要发挥地方的积极性、发挥社会各界力量。我们可以通过税负等政策引导社会力量加大对教育的投入，这一点国外做得比较好，很多企业对学校有很大的赞助，如果说国内的企业也开始能持续关注高校发展，支持一下软硬件建设，那么我们的教育氛围会更好。

平等起点是教育应有的意义

我一直在为"弱势群体"呼吁，希望我们的教育政策与投入对农村和偏远地区适当倾斜。我是从农村出来的，深知农村孩子的艰辛与不易，对他们来说，无论到什么地方，有一个发展机会是很不容易的，甚至可以说，教育是他们"走出来"的唯一途径，是一个难得的机会。通过教育走出大山的孩子，他的正面带动效应是显著的，这不单单是教育问题，它涉及更深层次的社会问题。"不怕一代穷，就怕代代穷"，比贫困和落后更可怕的是贫困代际传递，当这种现象成为一种常态，就会形成恶性循环，加剧社会不公，引起很多矛盾，更影响全面建成小康社会目标的实现。我认为，教育是解决贫困代际传递有效的途径。对孩子来说，对下一代来说，我们应该为他们"平等起点"的教育去努力，去创造条件和可能。所以，对农村，对偏远地区的教育资源配置应有所考虑、有所偏向。我想，这也是教育本身应有的意义所在。

导师要做学生的良师益友

研究生培养是高等教育的一项重要任务，研究生导师责任重大。作为导师，既能导"方向"、导"方法"、导"创新"，更能指导学生"做人"。作为学生，不仅要学习治学之道，更要学习为人之道。导师在学术上要率先垂范、追踪前沿，在科研上要积极进取，大胆创新；在指导学生时更要量体裁衣、因材施教；要有志存高远、敢于拼搏的精神，有甘为人梯、无私奉献的情怀；要努力营造众志成城、团队协作的科研氛围；不仅要当学业导师，也要做生活益友，要努力培养研究生戒骄戒躁、脚踏实地的科学作风，勤于思考、善于总结的工作习惯；要鼓励学生广泛交流、博采众长；培养学生敢于置疑、勇于探索的创新精神；锤炼学生坚韧不拔、锲而不舍的品性；激励学生珍惜机会、勇于挑战。一句话，导师应该是学生的良师益友。这些是我自己作为导师的一点儿感受，与大家共勉。

人才流动不要随随便便

我们谈教育资源配置，其中很重要的资源是人才，人才都流失了还谈什么发展？现在不少西部地区高校的年轻人在拿到了项目或者取得了

"资质"后都会流向一线和沿海城市，这给西部地区教育发展造成很大困扰。人往高处走无可厚非，大城市确实能提供很好的资源和机会。但从整个国家来说，怎样让人才安心在偏远地方教书育人做科研，应该有些指导性的政策和具体的举措。现在有些人才项目向这些地方倾斜，但力度和效果都还不是很大，"孔雀东南飞"现象还在加剧，什么时候"孔雀西北飞"？现在的流动隐含着恶性挖人、急功近利等问题。人才流动要考虑市场的需求，但也不可完全无序，不能不考虑教育领域的特殊性，不能无视教育的公共职能。我们要尊重人才，但我们更要尊重教育、尊重教育对人才需求的规律和现实、尊重人才流动的规律与现实，个人和社会都要把教育看得重一点，不要那么随随便便。

我们常说，要有所为有所不为，在人才流动这个问题上，到了必须要有所为的时候了。其实，还是刚才讲的资源配置问题，如果在资源分配上就有问题，如果还是单纯地看"数字发展"，学校自身不转变思想观念、不调整发展战略，政府不强化顶层设计和相关举措，仅凭呼吁，改起来可能比较难。

（2017 年 3 月 6 日）

钱 锋

中国工程院院士

院 士 简 介

1961年4月出生，江苏扬中人。

华东理工大学副校长，化工过程先进控制与优化技术教育部重点实验室主任，过程系统工程教育部工程研究中心主任。国务院学位委员会控制科学与工程学科评议组成员，中国石油和化工自动化应用协会副理事长。全国政协第十一届、十二届、十三届委员会委员。

过程控制和过程系统工程专家。长期从事化工过程资源与能源高效利用的制造系统智能控制和实时优化理论与关键技术研究。创新研发了乙烯装置智能控制与优化运行技术和软件，在国内乙烯行业全面推广应用，成效显著；突破了精对苯二甲酸装置全流程优化运行关键技术，实现工业装置大幅度节能降耗；发明的汽油管道调和优化控制技术，实现了调和过程实时优化系统长周期高效运行。研究成果已在数十套大型石油化工装置上成功应用，取得了显著经济和社会效益。

先后获得4项国家科技进步二等奖、10项省部级科技进步一等奖、20余项省部级科技奖等，授权国家发明专利40项，登记国家计算机软件著作权70项，获得2项中国专利优秀奖、2项上海市发明创造奖发明专利一等奖。曾获何梁何利基金科学与技术创新奖、全国发明创业奖等。曾获上海市科技精英、上海市劳动模范、上海发明家等荣誉称号。

院 士 观 点

　　政府教育主管部门要制定相应的政策，通过相关举措，推动每所高校厘清定位，实现错位发展。

　　培养社会需要的人，推动经济和社会发展，不断为国家做出贡献，高校要有为，有为才能有位。

　　工程教育要培养工匠精神，打造"大国工匠"。

　　高校要增设工科教师招聘中的工程背景入职门槛，不断健全工科教师考核评价体系。

　　学科评估不能简单地排出个一二三名，而应该是以评促建，帮助学校发现问题、解决问题，否则只会起副作用。

　　工程人才是我们实现创新发展依靠的中坚力量，工程教育是国家创新的重要引擎，未来社会发展的速度与质量在很大程度上取决于工程科技创新能力。

　　学术创新和学术道德影响一个国家人才培养的整体水平，影响青年人的学术行为，影响一个国家科技创新的能力储备。

　　"双一流"建设对内要推动我国经济社会的创新驱动和转型发展，对外则要进一步提高我国高等教育的国际竞争力和影响力。

加快建设一流大学和一流学科，
培养一流工程科技人才

高校要有为有位

高校科技创新被国家寄予厚望，也被社会广泛关注，但高校科技创新到底应发挥什么样的作用？我认为可以从内部和外部需求两个方面进行分析。

就外部需求来说，高校科技创新是国家经济社会发展的需要。国家实施创新驱动发展战略，统筹推进经济建设、政治建设、文化建设、社会建设、生态文明建设都迫切需要创新发挥更大的作用，高校则是国家和区域创新体系的重要组成部分。从内部需求来讲，科技创新是高校实现"培养担当民族复兴大任时代新人"这一新要求的重要途径。高校的任务是培养满足国家和区域经济发展、社会发展需要的创新型人才，但人才培养不能仅仅通过课堂教育来实施。我们看"双一流"的五大建设任务：建设一流师资队伍、培养拔尖创新人才、提升科学研究水平、传承创新优秀文化、着力推进成果转化，其本质是以人才培养为中心，其他任务都是围绕培养什么样的人、如何培养人展开的。

具体而言，我认为无论是中央高校还是地方高校都应该为国家的需求和区域经济的发展服务。每个学校都应该有自己的定位。政府教育主管部门要制定相应的政策，通过相关举措，推动每所高校厘清定位，实现错位发展，围绕国家和区域经济、社会发展彰显自己的特色和优势。培养社会需要的人，推动经济和社会发展，不断为国家作出贡献。高校要有为，有为才能有位。

工程教育要打造"大国工匠"

立德树人是高校的根本任务。习近平总书记在 2016 年的全国高校思想政治工作会议上指出，我国高等教育肩负着培养德智体美全面发展的社会主义事业建设者和接班人的重大任务。我国已是世界第二大经济体和第一制造大国，随着经济结构从要素驱动转向创新驱动，经济发展方式的转变、产业结构的调整升级，目前需要大量具备较强创新意识和实践能力的高素质工程技术人才。我在工程科技和工程教育领域工作数十年，对工程技术人才的培养情有独钟，我认为完备而高水平的工程教育对一个国家经济社会发展来说非常重要，正是由于工程科技的持续发展进步，我们的生产力才有了革命性飞跃，我们的生产方式和生活方式才发生了根本性变革。工程人才培养体系需要与时俱进，不断完善。工程教育要培养工匠精神，打造"大国工匠"。

我们要正视工程人才培养体系存在的问题。首先是创新能力不足。虽然目前我国高等工科教育的规模已居于世界第一，但培养出来的毕业生存在知识技能结构不完善、实践能力弱、创新意识和能力不足、环境适应能力差等问题，高层次创新人才严重匮乏。其次，我国工程科技人才缺乏在国际上的竞争力。瑞士洛桑国际管理发展学院公布的《世界竞争力年鉴》表明，近 10 年来，在 60 个国家和地区中，我国科技研发人员国际竞争力徘徊于中游，合格工程师列于后位。另外，我国工程科技人才的培养还远不能适应企业的实际需求。有调查分析，我国企业中 58.8% 的工程师认为，大学教育不完善。工程专业的学生创新能力不强，重论文、轻设计、缺实践，工程实践岗位上不适应需求的问题普遍存在。

出现这样的问题，我们应该对当前高校工程人才培养模式进行认真反思。例如，当年我读大学的时候，会有认知实习、生产实习和毕业实习等内容，而且每一个实习都持续很长时间，现在的工科院校有多少这种实习？如果企业不提供这样的实习平台，学校是否应该多加强这方面的建设？否则学生怎么可能有实践机会和实践能力？

对于如何完善工科人才培养模式，我觉得可以用"四位一体"来形容，即从学生的创新学习能力、创新知识基础、创新思维能力和创新技能等方面帮助学生提高创新能力。以专业知识为主体，围绕基础知识、专业知识、交叉学科知识和创新知识等建构知识体系；通过多种形式培养提高学生的逻辑思维、批判思维、直觉思维能力和创新想象力；以创新性实验为载体，鼓励学生参与老师科研课题研究，参与科研项目；以企业实习实训平台为基地，实地或通过网上虚拟实验平台参与企业实践，通过组织学生参加学科和创新大赛，培养创新意识、提高创新技能。总而言之，要尊重学生，鼓励他们独立思考、自由探索，同时，一定要改变已有的评价方式，不只是以分数高低论英雄。

要着力解决工科教师"非工化"问题

除了增强学生的实践能力外，还应优化高校工科教师结构，提升工程教育水平。比如我们读大学的时候，有很多的老师都有工厂经历，有丰富的实践经验。但现在的老师，尤其中青年教师，"非工化"倾向越来越严重。这些老师本身缺乏实践经验，学习和成长经历是从学校到学校、从上学到教书，加上高校对教师的招聘或考核主要看学术、看论文，老师本身就缺乏工程实践，又怎么来培养学生工程实践能力呢？所以，我认为，首先是要完善政策，明确工科教师入职条件，要通过一些特殊政策等推动企业向高校师生开放工程实践与实训，促使企业树立社会责任意识。其次是高校要增设工科教师招聘中工程背景的入职门槛，不断完善工科教师考核评价体系。对于已经在职的工科教师，要通过定期到企业蹲点实践和承担校企合作研究课题等形式，弥补工程实践背景与经验不足等问题，加强工程实践的继续教育。最后要健全校企合作体制机制，优化工科教师队伍。制定有利于企业高层次科技管理人才到高校任职的政策与制度，为到企业实践的教师提供培训与实践的条件保障与支持。企业与高校的合作除了联合攻关开展科研以外，还可以通过为高校设立"实践讲习教授""企业导师"等方式将一批具有丰富工程实践经验的专家派送到高校任教。通过定期组织对专职教师进行业务培训和技术指导、开设专题讲座、走进课堂等，促进高校和企业在人才技术和文化上的沟通与交流，进而解决工科教师"非工化"的问题。

工程教育的改革发展任重而道远

当前，工程人才培养体系仍需健全，面向实际的工程训练不足、实践教学不足，工科学生综合素质有待提升，工程人才的本硕博培养机制也需要进行改革和探索。我曾到过加拿大滑铁卢大学访问，这个学校的本科生分为学术型和工程型（co-op 合作教育学士）。学术型的学生学制是四年，工程型学制是五年，学生在企业的实习时间可以长达一年，如果我们能做到工程技术人才的本硕博环节打通，也可以做到让学生拥有一年的实习期，这对学生的成长将大有裨益。

实际上国外也有很多成熟经验，德国的应用技术学院毕业的本科生可以免试直升到慕尼黑大学、慕尼黑工业大学等一流大学读硕士。法国最好的学校是 9 所工程联盟高校。这种情况在我们国家太少了，北京市也有很多应用型学院，一般很难被推荐到北大、清华读硕、读博，这就是体制机制的问题。一定要逐渐改变这种局面，为国家的发展、区域的发展培养各类工程技术人才。

工程人才是我们实现创新发展依靠的中坚力量，工程教育是国家创新的重要引擎，未来社会发展的速度与质量在很大程度上取决于工程科技创新能力，取决于工程科技人才这一创新主体的质量，可以说，我们工程教育的改革发展任重而道远。

学术不端行为严重违背科学精神

学术创新和学术道德影响一个国家人才培养的整体水平，影响青年人的学术行为，影响一个国家科技创新的能力储备。加强学术道德建设能够增强自主创新能力、促进学术繁荣发展，对良好社会风气的形成具有示范和引导作用，所以要对学术道德上存在的问题高度重视。这些年大家也看到了一些现象和案例，杜撰、篡改和剽窃等现象在学术研究中时有发生，这些学术不端行为严重违背了科学精神，扼杀了创新活力，不仅有损科学研究的诚信和正常的学术秩序，而且严重损毁了学术界的社会公信力，贻误人才的培养，甚至加剧社会腐败。科学研究的主要目的是追求真善美，在科研诚信和学术风气上存在学风浮躁、学术不端行为，如果听任其发展下去，将会严重污染学术环境、影响学术声誉、阻碍学术进步，进而影响社会发展。对学术道德的监管，国际上一些国家有了一些比较成熟的做法，在遇到及预防学术道德问题方面有一些值得借鉴的经验和举措，在这方面，我们可以多做一些工作。高校一定要转变育人理念，要从急功近利的人才培养模式转变为重视长远发展的人才培养模式，从追求论文数量到鼓励学生十年磨一剑的转变，从培养千篇一律的工匠到培育有科学精神的大师的转变。

"双一流"建设须突出学科特色优势

何为学科，何为一流学科，我一直在思考，也在多种场合跟同行们交流。对于学科，有很多种定义，教育部目前是根据学位的方向，通过授权学位点的形式来定义学科，而国家自然科学基金委员会则是通过领域来定义学科，这是两个不同的概念。举个例子，现在都在强调智能制造、"互联网＋"、智慧城市、智能交通等概念，如果某高校有个团队，把智能交通涉及的方方面面问题都解决了，那这个团队肯定是一流了吧，但"智能交通"它属于哪个学科？交通是交通运输工程一级学科，智能属于什么学科？它包含了通信、控制和计算机等，这样智能交通就无法归类，也没有评估的标准和体系。所以在评价一流学科时，应该评价的是领域。事实上，每个产业核心竞争力的提升或国家重大工程的实施都依赖于多学科的交叉与融合，只有这样才能把技术产业化，把问题解决，把产品拿出来。所以，什么是一流学科，不能简单量化，简单看排名、看论文，要与解决国家重大需求，推动产业进步，突破关键共性技术和人才培养等紧密结合起来。我们要以产教融合实现教育与产业同步发展，支持各类高校与我国"走出去"的行业、企业实行合作办学。做到培训围着项目走，在项目建设所在国办学，把高素质人才培养与项目建设密切结合起来。

我们现在讲"双一流"建设，一定不要忘记"世界一流"前面有"中国特色"。所谓"中国特色"，就是扎根中国大地办大学。学科评估不能简单地排出个一、二、三名，而应该是以评促建，帮助学校发现问题、解决问题，否则只会起副作用。"双一流"建设首先要特别强调引导和支持高校优化学科结构，凝练学科发展方向，突出学科建设重点，创新学科组织模式，带动学校发挥优势、办出特色。在确定"双一流"建设给予哪些学校重点支持和支持力度等问题时，一定要重点考察该大学对国际学科前沿领域的发展、对推动我国经济社会的创新驱动和转型发展起到了怎样的作用。此外，"双一流"建设对内要推动我国经济社会的创新驱动和转型发展，对外则要进一步提高我国高等教育的国际竞争力和影响力。高水平大学要坚持"分层分类"建设，既要培养通晓国际规则、承载国家使命的高端人才，也要培养一大批适应"一带一路"基础项目建设的高素质技能人才。高等教育的发展现在需要回归，要不忘初心。教育的初心是什么、高等教育的初心是什么，都是现在需要思考的问题，更是需要我们去实践的问题。

推进高校治理体系和治理能力现代化

高校改革的关键是要推进高校治理体系和治理能力的现代化。要落实简政放权，实行资源、权限和职能重心下移，政府要将更大自主权下放给高校，高校要在事业发展、人事管理、经费支持、工作岗位、人员考核聘用、资产使用等方面要给学院更大自主权。具体来说，高校可以制定相应的规则和标准，在管理模式上由"校办院"向"院办校"转变，在激励方式上由"学校主导发展"向"师生自我实现"转变，完善以制度和权利为主线的大学治理结构，加快构建创新人才成长体系、科学技术创新体系和思想文化创新体系，这样就会大大增强学院的办学活力。比如，我在学校主管人事工作，在制定好相关制度和规则后，把绩效津贴和岗位津贴全部下放到学院，允许学院根据自身的定位和发展进行调整，现在从效果上看还是很不错的。

当然，高等教育的很多方面都在发生变化，也在不断完善，都在向期望的方向转变，我对高等教育未来的发展充满信心。

（2017 年 3 月 6 日）

百位院士谈教育

[下卷]

李善廷 / 编著

一年之计，莫如树谷；十年之计，莫如树木；
终身之计，莫如树人。

人民出版社

房建成

中国科学院院士

院 士 简 介

1965 年 9 月出生，山东费县人。

北京航空航天大学副校长。兼任中国科技法学会副会长、中国发明协会副理事长、中国惯性技术学会理事、中国宇航学会飞行器惯性器件专业委员会副主任委员、中国自动化学会空间及运动体控制专业委员会委员、国家军用惯性技术标准化委员会委员、中国航空学会陀螺惯导专业委员会委员。

导航、制导与控制专家。主要从事航天器姿态控制磁悬浮惯性执行机构和惯性导航技术研究工作。提出了基于新型混合磁轴承的高精度、低功耗磁悬浮惯性动量轮和控制力矩陀螺的设计方法，主持研制成功我国首台五自由度主动控制磁悬浮惯性动量轮和磁悬浮控制力矩陀螺；提出了捷联惯性测量系统的快速精确对准新方法及其组合测量系统的滤波新方法，提高了机载捷联惯性位置姿态测量系统的精度。

曾获国家技术发明一、二等奖和国家科技进步一、二等奖。曾获全国五一劳动奖章、国防科技工业杰出人才、全国杰出专业技术人才等荣誉称号。

院 士 观 点

一个大学好不好，不单单要看它有多少辉煌的科研成绩，更重要的要看它能够培养出多少对社会、对民族、对人类有用的人。

大学之所以是大学，之所以作为一个独立的部门存在，就是因为要培养人才，大学重在育人。

大学是基础前沿领域的"创新极"，是原始创新的重要发源地。

我们既要有创新的精神，也要有创新的勇气，只有不怕失败，容忍失败，才能有更好的创新。

创新是时代赋予我们的使命，我们要有这种时代的使命感，使命感驱动下的创新是值得期待的。

真正地把科技评价工作完善到实处，不拿一把尺子度量，建立起合理的分类评价机制，推动科技评价回归正确导向。

创新要有使命感

大学重在育人

大学既要强调原始创新和知识发现，又要有在工程技术创新方面的水平和能力，当然，这是对不同大学的要求，不是说要每一所大学都成为"全才"。除了创新，我们的大学还要培养科学家，也要培养具有创造力的工程师，更多的可能是要培养大量默默无闻奉献社会的人。一个大学好不好，不单单要看它有多少辉煌的科研成绩，更重要的要看它能够培养出多少对社会、对民族、对人类有用的人。我个人很重视科研，但对大学来说，科研再怎么重要，大学的根本任务还是人才培养。大学之所以是大学，之所以作为一个独立的部门存在，就是因为要培养人才，大学重在育人。我认为大学的育人，还不是说简单地培养一些有"一技之长"的专业人才，它是培养有责任、懂感恩、有能力、高素养的人的地方。

大学是基础前沿领域的"创新极"

在全国科技创新大会、两院院士大会、中国科协大会上，习近平总书记指出建设世界科技强国有三个面向，面向世界科技前沿、面向经济主战场、面向国家重大需求，这是走中国特色自主创新道路、建设世界科技强国的根本指南。同时，总书记也提出了几点要求。他要求要夯实科技基础，在重要科技领域跻身世界领先行列。为什么这么说？可以说这么多年来我国科技创新能力与科技发达国家的差距主要还是原创能力不足，可以说是科技源头有效供给不足。那怎么办呢？这就需要进一步激发我们创新的信心和勇气，需要我们充分发挥出广大科技人员的积极性和创造性，切实在提升原创能力上下功夫。他要求强化战略导向，破解创新发展科技难题。这一点，我想，借"双一流"建设的契机，我们的大学应该有所为，要真正能够持续涌现一批重大原创性科学成果。他要求加强科技供给，服务经济社会发展主战场，把论文写在祖国的大地上。服务经济社会发展和广大人民群众是科研工作的出发点和落脚点。创新一定要瞄准经济社会发展的重大需求，既要考虑长远，更要服务当前。我们说大学服务社会，这是一个很重要的方面。现在我国科技创新体系已发生重大变化，企业是技术创新的主体，尽管这方面体现得还不是很好，但我们也可以看到，个别企业正在逐步攻入行业无人区，即将处在无人领航、无既定规则、无人跟随的创新环境，按任正非的话说，这也是一个困境。不过，就像他说的，重大创新是无人区的生存法则，没有理论突破，没有技术突破，没有大量的技术积累，是不可能产生爆发性创新的。而大学呢，我认为它是基础前沿领域的"创新极"，是原始创新的重要发源地。我们一定要准确把握住大学在国家创新体系中的这一定位。

自主创新是根本

我们既要有创新的精神，也要有创新的勇气，只有不怕失败，容忍失败，才能有更好的创新。我们有时候对国内没有基础的技术总是担心研制不成，患得患失，干脆就不支持不去做了，这是不对的，越是没有基础越应该去做。北航在一些技术上的突破就是这样，就是靠自己干的，只有靠自己干，不怕，也不能怕，去大胆创新，去奋勇拼搏，我们就成功了，不仅干出来了，而且干得比国外还好，方案更新，性能更先进。坚持从国家重大需求、重大工程中凝练科学问题，发现关键技术瓶颈，确定研究方向，进行自主创新，这是优良传统，是被实践和历史证明了的正确做法，也可以说这是大学家国情怀的一个表现。无论哪个领域，包括航天，尖端技术不可能从国外进来，他们对我们是严密封锁的。以前我去过几个国家，就研究的一些问题想谈合作，想了解情况，他们根本不谈，看都不让看，有时候都不让你去参加学术会议。引不进、买不来，怎么办？只能靠自主创新去解决，这是根本。"不要失去信心，只要坚持不懈，就会有成果的。"这是钱学森先生的名言，是钱先生留给我们的宝贵精神财富。梦想没有边界，创新永无止境。我们要做的，就是铆足劲儿，打起精神，自主创新。

创新要有使命感

对大学也好，对国家也好，只有实施创新战略才能赢得未来发展，当今世界各国的竞争，实际上就是创新的竞争。如果意识不到这一点，就无法在竞争中立于不败之地，大学的发展、科技的进步也就无从谈起。拿北航来说，北航诞生在一个理想飞扬的年代，它肩负着祖国人民赋予的重任，北航人素有的报国情怀也是这所学校根骨上的精神。无论时代如何变迁，北航人强军强国的理想不会改变，北航人航空卫国的初心不会改变，北航人求索创新的道路不会改变。"处大事贵乎明而能断，临大势贵在顺而有为"。可以说，创新是时代赋予我们的使命，我们要有这种时代的使命感，使命感驱动下的创新是值得期待的。

科技评价一定要回归正确导向

我们扎根中国大地办一流大学，必须要构建扎根中国大地的评价体系，这个是非常重要的。我们一直呼吁的分类评价一定要尽快落实，不同的创新活动实行不同的评价标准和评价方法，这是很自然也很简单的事情，可我们却一直在口头上讨论。不少部门一谈这个问题就说要进一步"松绑"，这种理念就是不对的，为什么说要进一步"松绑"？再松，那也还绑着啊，问题是为什么要"绑"呢？可以说过分强调论文考核是当前科技评价的"牛鼻子"问题，相关部门这次一定要抓住这个时机，以习近平总书记关于科技创新的新理念新思想新战略为指导，更加担当，负起责任，真正地把科技评价工作完善到实处，不拿一把尺子度量，建立起合理的分类评价机制，推动科技评价回归正确导向。

（2017 年 3 月 7 日）

孟安明

中国科学院院士

院　士　简　介

1963 年 7 月出生，四川大竹人。

清华大学生命科学学院教授。中国动物学会理事长，中国遗传学会副理事长，*Current Zoology* 主编，*Journal of Cell Science*、*Journal of Biological Chemistry*、*Open Biology* 等学术期刊编委会成员。曾任中国科学院动物研究所所长。

发育生物学家。主要利用斑马鱼为模式系统，研究脊椎动物胚胎早期发育的分子调控机制，包括母源因子的作用、胚层诱导与分化的调控机制等，相关知识有助于理解和预防人类不育不孕和出生缺陷。

曾获国家科技进步二等奖、北京市科技进步一等奖、农业部科技进步三等奖、何梁何利基金科学与技术进步奖等奖项。

院 士 观 点

如果定位不清，大学发展就没有起统领作用的"灵魂"，就只会"照搬照抄"，盲目模仿，亦步亦趋，形成不了自己的特色。

对教师来说，做人是第一位的。教师的精神素质好不好，人品好不好，学习能力强不强，会通过各种方式在学生面前体现出来，这种影响，比教授的知识更大更深远。

基础研究除了需要经费、时间和长期的沉淀以外，它还"需要"失败，创新性的研究是一种自由探索，可能成也可能不成，有"谱"也可能没有"谱"，所以它需要宽容和理解。

不同文化背景的人，思维方式、看问题角度很不同，而不同产生的共鸣、碰撞出的火花正是创新发展所需要的。

大学国际化是一种行为选择，不是大学的终极目标，所以不是每所大学都必须有高度的国际化，这个不能勉强，否则将会有害无益。

我们从不缺少创新基因，只是暂时缺少一些创新的环境和氛围。

定位是大学发展的灵魂

　　大学最重要的任务是培养高素质、有专门知识的人。这里强调的是人而不是人才，因为人才是在某一方面特别优秀的人，大学不完全是以培养特别优秀的人为出发点，而是围绕培养社会发展需要、有专门知识、高素质的人。实现这个任务，大学首先要定位准确，最重要的是要有一批高素质的教师，有一批真正为人师表的教师。

定位是大学发展的灵魂

　　国家现在有 3000 多所大学，它们的发展水平是不一样的。基于发展水平确定发展定位，自然就不能搞"一刀切"的发展模式，每个学校都应当实事求是，结合资源禀赋、发展实际和未来趋势，明确自身定位。比方说各方面实力都比较强的清华和北大，就应定位于培养最高端的人才，让这些素质最好、能力最强的人才毕业后能够在不同地方、不同岗位发挥辐射带动作用，而更多的地方大学应侧重于培养促进国家发展的"支持性"的人，让他们毕业后能够支持和服务社会经济建设。所有的学校都去搞研究型大学、综合性大学是不现实的，也是行不通的。现在有些地方大学，包括民办大学，定位却不甚清楚，培养了很多看似高端的研究生，但实际上根本没法保证培养质量。大学定位一定不能盲从，一定要结合实际，唯如此，它的人才培养和科技创新的使命才能真正得以履行。

其实到今天，国内的不少大学都还是没有清晰的定位，如果定位不清，大学发展就没有起统领作用的"灵魂"，就只会"照搬照抄"，盲目模仿，亦步亦趋，形成不了自己的特色。从某种意义上来说，定位就是大学发展的灵魂。如果有优胜劣汰，没有自己特点和个性的大学是很难立足生存的。多样性是大学适应经济和社会发展需要的必然结果，这是很自然和正常的。大学定位是大学发展的"指南针"，是推动大学发展必须解答的重大问题。每所大学都应根据自己的定位明确自己的位置，扮演好自己的角色，完成自己的责任和任务。

师德是教师素养的核心

大学能够培养素质相对更高、有一定专门知识的人，还有一个重要的原因是它有一批高素质的教师，有一个完整的教师队伍，他们能够具体执行好培养人才的任务。教师传道、授业、解惑。传道是道德教育，授业是技能教育，解惑是包含传授知识在内的人生教育。教师应具备"授之以渔"而非"授之以鱼"的能力。知识无穷无尽，我们永远也学不完。只有教会学生独立思考，提高他们辩证思维能力，通过认识和分析问题并能够解决问题，才是教师应有的修养，学生最大的受益。大学教师要有这样的修养，就需要放弃照本宣科，超出书本看实质，清楚现在学界的重大问题是什么，正在攻取的前沿研究是什么，并应用新鲜的知识、丰富的手段培养学生的创新性思维，调动他们带着问题学习的意识，引导他们在实际应用中想办法找答案，一步一步地提升他们改变世界的能力。

现在大学聘用教师，有时候更看重的是他们拥有的学位、技术和头衔，却忽略了他们的基本素质，这是一件很可怕的事情。试想如果一个教师自身素质不高，那么他能教出什么样的学生？我一直认为，对教师来说，做人是第一位的。教师的精神素质好不好，人品好不好，学习能力强不强，会通过各种方式在学生面前体现出来，这种影响比教授的知识更大更深远。所以，教师素养是核心。

基础研究更需要宽容的环境

科技创新，特别是基础研究类的创新最大瓶颈还是经费投入不足。我国投入基础研究的经费只占到研究和发展经费的5%，而国际上的科技强国一般要占到10%至15%。和美国基础研究的投入相比，我们现在投入的强度还不够。基础研究原则上是不能靠企业和社会，而要靠中央财政的投入，也可能地方政府会有一些投入，全世界大多数国家的基础研究主要靠中央财政。

我们都知道，任何一种事物的变化，都有从量变到质变的过程，科技创新也不例外。如果我们基数大，有更多的人能够开展研究，就会出现"东方不亮西方亮"，总有一定的人能够取得突破。十年前大家都还在比谁发表的论文更多，因为全国在《科学》和《自然》上发表的论文也就十多篇，而现在很多高校和研究所都在比较高水平论文，全国《科学》和《自然》论文每年已超过一百篇。为什么会有这样的变化？就是因为投入增多，开展高水平研究的人变多，高质量成果产出机会自然增长了。现在我们每年投入基础研究约有300亿元，平均到每个科研人员还是不多，很多高校和研究院所的一线人员还拿不到足够的经费。基础研究产出重大成果的机会很低，但一项重大成果对社会进步和经济发展将会是革命性的。我们要有战略眼光，放长远眼光来思考。我们一直强调基础研究，但投入还是不足。

另外，基础研究除了需要经费、时间和长期的沉淀以外，它还"需要"失败，创新性的研究是一种自由探索，可能成也可能不成，有谱也可能没有谱，所以它需要宽容和理解。我们的社会氛围好像还没有那么宽容，所以也希望有关部门真正能够营造宽容一点儿的氛围，让做基础研究的人能够更放心大胆地去做，能够做一些真正的自由探索。

大学国际化是一种行为选择

大学一定要有开放性，有开阔的胸怀，不封闭自守，要积极吸引国际优秀人才，充实教师队伍，要积极吸引有潜力、干劲足的青年优秀人才，鼓励引导他们做出创造性成果。与美国等国家的大学相比，我们大学的国际化程度明显不足，缺少来自全世界的优秀人才。不同文化背景的人，思维方式、看问题角度很不同，而不同产生的共鸣、碰撞出的火花正是创新发展所需要的。我们一直在找创新力不强的原因，这应该算一个。

大学的国际化程度较低，瓶颈在哪里？我觉得根本上讲还是经济问题，而不是文化背景问题，尽管也许有一点儿原因。学生国际化代表我们的教育水平，师资国际化代表我们的经济实力，我们招收留学生，首先看能力，还要照顾到公平，如果能力水平相当，却给留学生特殊的高待遇，势必打破内部人才心理平衡，从而影响工作积极性。因此，只有我们的国民待遇与欧美发达国家基本相当，引入更多留学生才会是水到渠成的事情。现在讲完全的国际化还是太超前，国家还没有发展到那个阶段。同时要注意到，大学和科研院所既不能把发展目标定太高，也不能定太低，太高可能会欲速不达，甚至花了钱什么也没得到，太低则不能激发科研人员工作热情，还是需根据自身条件，因地制宜，量体裁衣，一步一个脚印踏实向前。大学国际化是一种行为选择，不是大学的终极目标，所以不是每所大学都必须有高度的国际化，这个不能勉强，否则将会有害无益。

我们从不缺少创新基因，只是暂时缺少一些创新的环境和氛围。我们也不是一个懒惰的民族，为了发展，我们可以不断地付出。我对国家发展充满信心，相信随着经济社会发展进步，科技创新和人才培养会有更好更大的发展。

（2017 年 3 月 9 日）

唐长红

中国工程院院士

院 士 简 介

1959 年 1 月出生，陕西蓝田人。

中航工业第一飞机设计研究院总设计师，中国航空工业集团公司科技委副主任、副总工程师，"鲲鹏"运—20 大运输机总设计师，上海交通大学航空航天学院院长，北京航空航天大学兼职教授，全国政协委员。

飞行器设计专家。长期从事飞机气动弹性、结构强度、总体设计工作。先后主持和参与了"飞豹"飞机、运七—200A 飞机、MPC—75 支线机、AE100 飞机等多项型号的研制工作。JH7A 总设计师，国家重大科技专项某型飞机总设计师。由其担纲设计的具有完全自主知识产权的新"飞豹"飞机被誉为"最好用的飞机"，填补了我国对海、对地精确打击装备空档，是我国空、海军通用的进攻型主战机种。

曾获国家科技进步奖一、二等奖，中共中央、国务院、中央军委"高技术武器装备发展建设工程重大贡献奖"金奖。曾获全国五一劳动奖章、全国先进工作者等荣誉称号。

院 士 观 点

我们应该让教育回归安静的品性，让学校静下来，让老师静下来，让学生静下来，才会有有价值的教育。

办好中国的世界一流大学，必须有中国特色。没有特色，跟在他人后面亦步亦趋，依样画葫芦，是不可能成功的。

高校若想承担国家重大项目和工程，必须要充分依靠团队力量，只有组织起大规模的团队才有可能做出重大科技创新成果，尤其是做工程技术创新。

高校应该创造环境，组建创新团队、凝练科研方向，让每个人都嵌入其中，取长补短，发挥创新价值。

对于高校来讲，主要是通过产学研合作，通过工程实践，提炼出科学理论、提炼出科研方向，培育创新人才；工业部门要发挥技术创新和科研队伍优势，集中搞技术攻关与产品创新。

大学是培养人才的地方，但人必须要经过磨炼才能成才，经过实践锻炼的人更容易成才。

让教育回归安静品性

改革开放以来，中国经济增长速度举世瞩目，高等教育也取得了长足发展，尤其是经过"211 工程""985 工程"等重点工程建设后，一批重点高校和重点学科建设取得重大进展，带动了我国高等教育整体水平的提升，为经济社会持续健康发展作出了重要贡献。如今，国家实施"双一流"战略具有重要意义，将有力提升我国教育发展水平，增强国家核心竞争力。

大学的根本在育人

近年来，各种大学排行榜纷纷亮相，部分大学非常在意自身在各排行榜的名次，社会上也将排行榜看作大学实力的象征，家长和学生都将各排行榜作为择校的重要参考，而这些排行榜中大学论文的数量、影响因子和引用量等是评价指标体系中的重要组成部分。其实，大家应该都知道，大学的办学水平不能完全看排行榜，尤其不能简单用论文来衡量。大学的根本在育人，这应该是所有高校的基本遵循。

以工科高校为例，大学应该是紧密围绕国家需求培养急需人才。从这个角度上来说，真正去评价一个学校，不是看它发了多少篇论文，更不是看在国外的杂志上发表了多少篇论文，引用了多少，而是看这个学校毕业的学生有多少对社会作出了重要的贡献。简单来说，毕业多年以后，还有多少人在从事大学时的专业，如果工科院校培养出来的学生，最后都没有从事自己的所学，那是非常令人遗憾的事情。

让教育回归安静的品性

习近平总书记说，要把论文写在祖国的大地上，就是要求我们科技创新应解决国民经济和社会发展面临的关键科技难题，为国家现代化建设作贡献。现在社会上对高校以及高校教师的评价很多都主要靠论文、靠数数来评价，这种评价制度听起来比较科学，多少篇论文，多少影响因子，一目了然，但我认为靠数数来评价绝对是一个简单粗暴的管理办法。这些论文到底有多少价值、多高水平，绝不是几个冷冰冰的数字就能表征的，这样的评价方式也影响了学术风气，一些不严谨的学者就会一稿多投，甚至一篇论文拆多篇，目的很简单，就是多发几篇论文。教师，为人师表，这种学术不端若影响到他的学生，那将是灾难。可以说，我们现在就是缺少一个安静的教育环境。

评价的关键要让高校和教师们能够静下心来干自己最该干的事情。高校的根本任务就是立德树人，为国家培养栋梁之材，教育有自身规律，高校自身最懂如何办学。而教师作为知识分子，他们最知道别人的长处或者自己的短处，也是最能在心里边掂量同行同事的能力和贡献。心底的认可比什么指标都有说服力。所以任凭评价如何烦扰，高校要静下心来办学治校，教师要静下心来做学问、育人才。心不静，难成事。我们应该让教育回归安静的品性，让学校静下来，让老师静下来，让学生静下来，才会有有价值的教育。

高校应以特色立校

我国许多高校在长期的办学实践过程中不断创新、发展，形成了较为稳定的发展思路与办学理念，在学科建设、人才培养、科学研究和社会服务方面形成了鲜明特色，为行业、区域发展作出了重要贡献。前些年，一些高校贪大求全，盲目升格，随意更名，肆意合并。现在国家实施"双一流"计划，又有些高校开始动起了合并的心思，谋求通过合并提升学校的排名。我认为有些合并是符合高等教育改革发展的逻辑和规律，但有些改名、合并的本质，还是利益作祟、面子作怪，与学术、育人倒没有太大关系。有些高校在合并、更名过程中，丢了特色，没了底蕴，学校实力非但不增，知名度还下降了。习近平总书记也讲过，办好中国的世界一流大学，必须有中国特色。没有特色，跟在他人后面亦步亦趋，依样画葫芦，是不可能成功的。

世界知名高校大多靠长期积淀，形成自身特色，并不是因为大而全，大学不会因为论文多了，排行榜上名次靠前了，就是真正的一流了。"合"出来的排名意义不大，而且排名不是评价高等教育、评价育人的最佳方式。政府、社会、高校要改革，要想办法减少教师的压力，让教师安心地教育、安心地育人、安心地从事科研工作。但很令人遗憾的是，近些年折腾得太多，各种评价评比太多，纷繁芜杂，应该有个顶层设计、有些指导政策出台了。

团队是创新的基石

对于理工科高校来讲，科技创新应该是持之以恒的追求，丝毫不能投机取巧。在科学问题上，在工程技术问题上，都是不能投机取巧的。我们国家也正是依靠广大科技工作者长期不懈的努力和持之以恒的创新追求，才取得了今天的成就。我们现在已经是科技大国，但还不是强国，同建设世界科技强国的目标相比，发展还面临很大瓶颈，一些关键领域核心技术亟待突破，原创能力亟待提升。党中央已经确定了我国科技面向 2030 年的长远战略，决定实施一批重大科技项目和工程，高校应该积极参与这些重大科技项目和工程，围绕国家重大战略需求，着力攻破关键核心技术，抢占事关长远和全局的科技战略制高点。

高校若想承担国家重大项目和工程，必须要充分依靠团队力量，只有组织起大规模的团队才有可能做出重大科技创新成果，尤其是做工程技术创新。从某种意义上来说，团队是创新的基石。高校的科技创新团队，要有拉动计划，让每个人在团队里都有位置，有创新主动性，能充分发挥作用。高校里面人才资源非常丰富，若每位教师都单干、散干，各人写自己的论文，做自己的专利，没有把很多人凝聚在一块，凝聚到一个方向去，那就是人才资源的极大浪费。高校应该创造环境，组建创新团队、凝练科研方向，让每个人都嵌入其中，取长补短，发挥创新价值。只有团队作战、协同创新、补齐短板、形成合力，才有可能打造一支真正能够解决受制于人的关键问题的技术队伍。核心技术买不来，就算能够买来也不可以只买不研究，不能因为落后就不投入、不研发，基础研究搞不好，就会受制于人，就会越来越落后。广大科技工作者包括高校的科研人员，应该将个人的科研兴趣、职业追求与国家发展紧密结合起来，在伟大的事业中实现个人价值。

产学研合作要共生共赢

现在政府经常鼓励高校、企业与科研院所搞产学研合作，但效果还不是太理想，政府、高校、产业、科研院所之间还存在脱节，各方在政产学研中的定位没搞清楚，关系没理顺，都从自己的角度考虑问题，去产学研结合。高校里做的科研、教的内容与实际工业生产距离较远。工业系统经常引进国外先进技术，高校却没有渠道和机制去了解。政府在鼓励和推动产学研结合的时候，政府认为企业是创新主体，政府、高校、工业部门大多都从自己的角度考虑如何结合，心没往一块走，劲没往一块使，效果自然不理想。

我认为，产学研结合不起来的一个重要原因是责任不清，利益不明。政府鼓励产学研结合，但结合在一起干什么、怎么办，干好了以后大家都分别有什么好处，没说太清楚。要使产学研结合真正取得成效，使科技成果更好地转化为现实生产力，就必须理顺各方关系，发挥各方的创新优势和主动性。对于高校来讲，主要是通过产学研合作，通过工程实践，提炼出科学理论，提炼出科研方向，培育创新人才；工业部门要发挥技术创新和科研队伍优势，集中搞技术攻关与产品创新。一句话，产学研各方要共生共赢。

人才培养要重基础强实践

长期以来，我们国家的教育比较偏重于知识灌输，从小学到中学一直是应试教育，不太注重培养获取知识的能力，不太注重启发求知、养成能力、人格塑造、理念培育，给大学创新人才培养带来很大压力，这也是我们国家人才原始创新能力不强的一个重要原因。当然，从研究的角度上来说，创新不是一日之功，冰冻三尺也非一日之寒。所以要重视培养学生的科学兴趣、激发学生的创造性，要有长期积淀，要静得下心来，持之以恒去追求，而且追求的方向还要正确。

随着国家经济社会发展，高校办学条件有了明显改善，各高校非常重视实验室建设，科研仪器设备与国外高校相差不多，但还应该重视教学实验室、学生实训基地建设，尤其对工科高校，更应该重视实训基地建设。如果一个学机械的大学生连基本的车钳刨铣磨都没掌握，简单的车床也不会操作，那他的动手实践能力应该是不过关的。现在很多高校都没有实训基地，没有必要的实习条件，有的实习也就是到机房转一转，看一看而已。大学是培养人才的地方，但人必须要经过磨炼才能成才，经过实践锻炼的人更容易成才。

（2017 年 3 月 11 日）

郑晓静

中国科学院院士

院 士 简 介

1958年5月出生，浙江乐清人。

西安电子科技大学党委书记，中国科协副主席。曾任兰州大学副校长、西安电子科技大学校长。

力学家。长期从事弹性力学、电磁材料结构力学和风沙物理力学研究。解决了大挠度薄板精确求解和近似解析求解的收敛性证明等难题，完善了板壳几何非线性问题的求解理论；系统建立了铁磁、超磁致伸缩和超导材料及结构在电磁场中的多场耦合非线性力学行为定量分析的基本理论模型和有效方法，解决了原有理论的预测与各类典型实验长期不符的问题；在风沙环境力学领域进行了系统的实验及现场实测，研究了沙粒带电现象及其对风沙运动的影响，提出了风沙流和风成地貌（沙纹及沙丘）形成及发展过程的理论预测方法，对一种工程固沙（草方格）方法给出了设计的理论公式。

曾获国家自然科学二等奖、国家科技进步二等奖等。

院 士 观 点

强国必先强教育，要办大学，更要办好一流大学。

我们不能以旁观者的姿态对所发现的问题简单地或者慷慨激昂地发发议论和抱怨，而应以积极地建设性的态度来寻求能使问题得以某种程度解决的途径和方案。

高校还是首先需要按照教育规律办事，满足国家需求，在服务国家大政方针的过程中实现自己的发展。

对青年教师的教育和培养是很关键的环节，要想老师所想。

帮助青年人找到自我发展的目标和道路，是大学教育的本质。

创新创业教育与专业教育不是两个隔绝的东西，而是应该将敢为人先、自强不息、艰苦奋斗的创新精神和文化有机融入专业教育之中，融入大学教育的各个环节。

给本科生上课，可以丰富你的想象力进而永葆科研活力，可以吸引优秀学生延续团队发展，可以带来持续不断的成就感。

应对教师根植教研相长共存的信念。

大学存在的根本

强国必先强教育

大学兴则国兴。自大学成立以来，世界范围内高等教育中心先后由意大利迁移至英国、法国、德国和美国。教育中心的迁移与大国崛起息息相关，一流的高等教育巩固了其科技领先和超级大国的地位。哪里是世界大学的中心，哪里就是世界的科技中心，其后该国就成为世界的强国。由此反观我们国家，当前，实现"两个一百年"目标，实现中华民族的伟大复兴，都迫切需要高等教育提供持久强劲的人才动力。能否拥有一个能够面向未来的强大的高等教育体系，将直接决定我国在将来国际格局中的地位。一流大学和高水平大学，由于是人才培养、知识创新、技术进步、文化传承、国际交流的重要载体和平台，是发明和创造的一个最重要的源地，所以更是肩负着强国梦实现的使命。强国必先强教育，所以要办大学，更要办好一流大学。

习近平总书记指出，历史和现实都告诉我们，青年一代有理想、有担当，国家就有前途，民族就有希望，实现我们的发展目标就有源源不断的强大力量。一个国家的强大，绝不仅仅是经济、政治、国防的强大，国民的素养和能力特别是创新能力是基础，更加关键。从某种程度上讲，没有国民素质的现代化，也就没有国家的现代化。在着力推动实现国家富强、民族振兴、人民幸福的今天，人们也越来越强烈地意识到教育的重要性。教育是基石、是先导，一定要办大学，要致力立德树人，不断提高大学的水平。

作为大学，作为大学教育工作者，无论我们的教育教学改革要如何创新，至少我们应该清楚地知道，教育到底是什么，教育的目的又是什么，我们要培养什么人，怎样培养人。而这些问题所指向的答案，就是我们工作、奋斗的目标和方向。改革不是为了改革而改革，也不是被要求改革而改革，而是从如何更好地促进人的全面发展、更有力地服务国家需求的责任出发，由解决自身问题而倒逼的改革。我们不能以旁观者的姿态对所发现的问题简单地或者慷慨激昂地发发议论和抱怨，而应以积极地建设性的态度来寻求能使问题得以某种程度解决的途径和方案。

在服务中谋发展

现在大家对高等教育领域存在的问题可以说是已经有了基本的共识，问题实实在在，大家的反映基本也都是一致的。摆在面前的就是需要我们进一步思考，弄清问题的根源是什么，问题的本质是什么，然后做出有的放矢的决策。

总体而言，高校还是首先需要按照教育规律办事，满足国家需求，在国家大政方针的指引下，在服务国家大政方针的过程中实现自己的发展。习近平总书记强调，高校要把握住办学方向，真正做到立德树人，为社会主义培养可靠接班人和合格建设者。这个把握的过程绝对不是空洞的，要真正使得高等教育能够为国家做好服务。

像我们学校，原来叫西军电，还是很有影响的。七七级以后培养的本科生成为两院院士的人数在全国高校排到第七位，当然这也只是一个指标数量。我来以后就分析这种"西电现象"，为什么能在培养的院士人数上做到跟北大一样？其实这个学校的学科很单一，就是电子信息。我认为关键就在于学校重视人才培养，鼓励师生服务国家需求，紧密结合国家需求。在出国大潮中，我们的学生从七七级以后可能更多地在国内成长起来，在各方面有所贡献，尤其是在航天、电子等领域。说到这样一种"西电现象"，目的不是说为国家做了多大贡献，而是强调如果我们想让学校和老师们沉下心来培养人才，就应该关注学校这些方面的特点和"素质"。

不论是"985 工程""211 工程""2011 计划"，还是"双一流"，都体现了国家对高等教育的重视，以及迫切希望高校在教育方面能够发挥引领作用。在中国特色社会主义建设的大背景下，这些工程能够体现出一种导向作用，即引导大学办出水平，然后为国家需求服务。在这个过程当中，大家都想为国家作贡献，包括学校和老师，这样就会出现竞争，竞争就要有各种评估。评估和判断过后，有学校进入，也有学校落选，几轮评估下来后，会造成学校跟着导向走的局面。尽管从主流上面来讲，"211 工程""985 工程"或者"2011 计划"会解决很多问题，提升一批学校的水平，但是发展的过程当中会带来新的问题，即学校跟着指标走。"双一流"建设会不会还是这样？这是很让人担心的事，好在学校和国家都在不断地反思和总结经验。在"双一流"建设过程中，学校自己一定要有定力，真像十八大提的要求一样，内涵式发展，办出特色、提高质量。

该想老师所想

我最近一直在思考，为什么老师要"盯"着科研经费？有个别老师为什么想从中为自己"改善"呢？国家想管好，就管严了，管严了大家就会有意见，为什么？我们应该往更深层面去想，是不是我们的教师待遇还不够？很多教师生活得还不够体面？还是一些教师的思想教育没跟上？我们得好好想想了，应该意识到这个问题，对教师，该加强思想引领的、教育的，要做；该提高待遇的，要做；该提高教师社会荣誉感的，要做。作为老师，除了物质激励，还应该有精神激励。当然达到这种程度是一个过程，一步到位也不行。但确实也可以看到，从精英教育变成大众化教育后，有些老师的境界和追求还是需要提高的。人都是会变的。比如刚刚毕业的博士生，最初进入高校的时候可能不知道怎样去当老师，然后在一大堆任务压力下不断成长，在这个过程当中即便是很好的苗子也会发生变化。现在看很难看准，第一看不准，第二看准了也会变。所以我觉得对青年教师的教育和培养还是很关键的环节，要想老师所想。当前环境下，老师进入高校开始工作后，照葫芦画瓢去发展，一是静不下心，再者压力也大。我们在这个快速的特色发展过程当中存在着发展过程的压缩问题，矛盾会集中体现。但是主管部门、教育部门需要清醒认识到这种现状是正常的，而且也是需要扭转的。任何问题的出现都是有原因的，国家现在还是慢慢能够注重到这一块。

教师队伍需要理想主义者

在高校教师队伍里，确实需要有一些理想主义者。实际上学校领导也好，老师也好，现在更多的是需要定力，需要按照规律和正确理念去做事情。任何改革都不可能让所有人都满意，我们需要看的是这个学校应该为社会做什么贡献，而不是高校群体都在为自己的利益考虑。我们这个社会还是需要有一些理想主义者，否则高校或者在高校工作的人，都没有引领社会、推动社会进步的这种理想理念，那我们培养的学生又怎么会有呢？你们可以去看我的简历，我觉得我自己就是一个理想主义色彩浓厚的人。我从武汉调到兰州大学，科研方向也变了，原来做的是数学、物理方面的基础研究，但到兰州大学后开始做风沙沙漠化的研究。对于风沙的研究，环境还是很艰苦的。我的两个眼睛早就出现白内障，我们一家也一直在兰州待着。我的学生和其他人都不理解，出国回来为什么跑到兰州？原来做数学物理的基础研究，为什么要去搞沙漠化？我讲这些不是要求大家都要像我这样，也不是宣传自己，而是觉得我们国家还是有这样一批人，在党的培养下成为知识分子，有着一种家国情怀。我原来在兰州，自己感觉挺好，为什么？因为我不用跟别人比成果，只做自己愿意做的事，结果出来以后不论被不被认可，自己心里觉得充实就好。

那么，我们应该怎么做，才可以让社会有更多的理想主义者，或者说大学的管理者和教师如何有一种更高的境界？我们要分析当前为什么会有一些负面的情况存在，是不是环境造成的？其实我们当初稿科研也蛮有压力。原来我在兰州的时候，周边总会有人提到好多人都出国了，孔雀也东南飞了。我个人觉得自己不是最好的，应该不是孔雀，就算是麻雀，是麻雀就要做麻雀的事情，就默默坚持搞研究。所以我觉得国家应该慢慢地去倡导一些东西，从本质入手，而不是不断地调整政策，让人显得无所适从。

创新创业教育不是应景之举

当前，我们强调的基于激励和引导学生走上自我发展之路的教育体系，就是要通过学校的激励、引导和帮助，使得学生能够不断认识自己，充分激发他们想象的空间，帮助学生把知识建构进他自身独特的意义结构中，形成探索性思考的能力，而这也是当前创新创业教育改革的关键所在。创新既不是少数人的专利，也不是高不可攀的"空中楼阁"，创业没有特指的行业，也没有特殊的群体，不能狭隘地将创新创业理解为只是针对少数有志于创业学生的单独"处方"，更不能简单地把创新创业教育看成一种为了促进就业的应景之举，创新创业教育与专业教育不是两个隔绝的东西，而是应该将敢为人先、自强不息、艰苦奋斗的创新精神和文化有机融入专业教育之中，融入大学教育的各个环节。

如果真正通过大学的教育，能够培养他们的创新思维、激发创新意识、造就创业本领，能够激励和引导学生更好地认识自己、发展自己，走上自我发展之路，那么，未来他们必将能够成为有批判性思维和脚踏实地解决问题的建设者，为国家创新驱动发展战略给出更强、更大的贡献度和支撑力，并且在今后的人生道路中，也一定能够始终找准方向、为之努力并最终成就更好的自己。

教授值得为本科生上课

我一直强调教授应该为本科生上课。但是，尽管我们在岗位聘任、职务晋升条件以及对各学院教学工作的考核中有了明确要求，但仍有一些教授要么以各种理由放弃这一职责，要么备课不认真、不深刻，效果不好。他们的想法也很显然：觉得相对于完成科研任务所带来的"实惠"，为本科生上课"不太值得"。有时他们也往往托词强调：我带研究生也是在进行人才培养啊。

哈瑞·刘易斯曾说，"对于研究生而言，重要的不是如何找到自己的人生定位，而是如何在学术发展道路上找准自己的位置。在研究型大学，教授指导研究生得心应手，因为他们本来就是干这一行的。本科生的情况则不同。教授需要传授的知识完全不是现存的。"我理解这里的知识是启迪、激励和引导学生自我发展，将书本知识转化为学生心智的知识，由于学生群体的不断变化，启迪心智的过程和方式方法也就不一样。从教授自身发展的角度来看，教授也是值得为本科生上课的。给本科生上课，可以让你对本学科的理解更加全面更加深刻，可以让你的学术表述更加严谨更加易于理解，可以丰富你的想象力进而永葆科研活力，可以吸引优秀学生，延续团队发展，可以带来持续不断的成就感，欣慰自己价值的体现。

科研跟教学从来就不矛盾

科研一定要紧跟问题导向。我觉得我们学校现在的问题就是科研越来越"软"。像我们这样一个长期为国防军工科研服务的学校，就是要产出不可替代的、国家急需的成果，而不是去追求 ESI 的排名，或追求 SCI 论文的数量，我们需要去真抓扎根中国大地的学科建设和人才队伍培养。教师做出了新的科研成果后，融入到教材和课堂中去，融入到本科生培养中去，那学生接受的自然就是最新的东西，科研跟教学从来就不矛盾。

我个人认为，教学质量提升的基础是学术研究上水平。说白一点，不搞学术研究的老师往往课堂效果不会很好，教学效果好的老师往往其学术研究也做得好。但这个命题反过来不一定成立，即学术研究搞得好的教学就一定好。当然，不是所有学科专业都是这样。

科研是提高教育教学质量的基础。科研是教学的源头活水。钱伟长先生说过，"教学没有科研做底蕴，就是一种没有观点的教育"。之所以说科学研究是源，教书育人是流，是因为教学的内容来源于科学研究。从事过相对深入的科学研究的教师，往往会对所教知识点的发现和形成过程体会更深，并且相对熟悉这些知识点在发现形成后被应用被推广被转化的过程和结果，同时他可能相对比较了解目前这些知识点在本学科前沿的作用和地位。这样就容易把课讲"活"。这里值得我们关注的是目前教材方面存在的问题。一是只有结果，没有过程。我们的教科书往往是告诉我们什么东西该是什么样的规律，但是缺少这些规律创造的过程。没有过程，就没法讲清楚得到结果的思想和思考。一个缺少思想的人，是不会创造的，因为任何的创造，绝对不是简单的逻辑推广，而一定是思想的创新和突破。因此，充分地说明前人得出结果的过程，对于创新能力的培养更为重要。它启发思考并教给学生如何思考。否则就只会造就盲目的崇拜者和被动的接纳者。二是只有当时，没有前后。我们的教科书往往只选择最精华的部分来描述，那些前面的历史铺垫和后续的作用，很少涉及。这是一种不科学的历史观，对于理解科学的进步尤其有害。在任何科学的进步上，都不存在远远超越于那个时代基础的发明。

每一个科学的进步，既有其历史的原因和合理性，也有其局限性。教科书不能明确地描述前因后果，就不能让学生真正理解：这个成果需要哪些积累？为什么是在这个阶段由此得出这个结果？其高人之处在哪里？等等。三是只有胜者，没有败者。失败是成功之母。不讲失败，就不理解科学道路的曲折，就容易把科学家"神秘化"。这种"神秘化"的一种可能后果就是往往使学生认为自己难以超越神圣，不利于培养学生的质疑精神和挑战精神。

大学教育的一个重要方面是智慧的培养。怀特海说过，"智慧是掌握知识的方法。它涉及知识的处理，确定处理有关问题时所需知识的选择，以及运用知识使我们的直觉经验更有价值。这种对知识的掌握就是智慧"。智慧高于知识。在大学里，学生们缺乏的正是处理和运用知识的智慧。而从事科研的教授在这方面更有体会也更有经验，他们比较了解或者擅长将书本知识转化为新知识、新技术，他们比较会将书本知识成功运用来解决实际问题，他们也比较擅长敏锐地发现问题。这些是不做科研和科研做得不太成功的老师往往缺乏的，也是学生成长所需要的，但是往往又是靠自学难以获得的。大学的使命在于继续塑造学生使其成为富有学识、智慧、能为自己的生活和社会承担责任的成年人。如果大学要实现自己的使命，就必须对教师根植教研相长共存的信念。

大学存在的根本

如果换一个角度，立足"人"来看大学，或者说透过"人"，特别是透过青年人的角度来反转思考"青年人为什么值得接受大学教育？"也许会对现行大学教育带来全新审视。大学能带给我们什么？大学教育可以助航职业规划，帮助青年人作出职业选择；可以奠基立身之本，帮青年人获取未来安身立命的专业知识和各种能力；可以提升转化能力，帮助青年人学会或实践将知识转化为力量；可以涵养精神气质，滋养着青年人的精神世界，又外化于他们的言行举止；可以浅尝人生社会，为青年人成长提供一个可尝试、可体验的，从依赖家庭到独立走向社会的真实过渡区。这几个层面，既是青年人之于大学的期许，也是大学存在的根本。今天，全面深化教育综合改革，正是要改变当前大学教育对此根本目的在不同程度上的偏离。而反观大学之于青年人成长的意义，并借此深思大学教育发展所有问题的答案，正是我们通过改革回归教育本质、坚守大学理想所不懈奋进的目标和方向。

大学有别于义务教育最直观的一点就在于，它是家庭和社会之间的一个过渡区，更加贴近社会。青年人经过此过渡区的洗礼之后可以更好地认识自我，大学教育的过程就是一个自我发现的过程，是帮助他们了解自我、探索自己生活的远大目标，成为一个更加成熟的人的过程。从某种意义上说，帮助青年人找到自我发展的目标和道路，是大学教育的本质。

怎么让他们找到自我并成为更好的一个我？应该有这么几个层面的意义：一是在职业层面，为学生提供更加广泛丰富、更加系统深入、与社会联系更紧密的各类课程，帮助他们发现自己的兴趣点，更加成熟地选择和规划自己的未来；二是在专业层面，对他们进行严格的专业训练，帮助他们获取未来安身立命的专业知识；三是在思维层面，帮助他们掌握逻辑理性思维、批判性思维、创造性思维在内的思维习惯和思考方法，学会将书本和他人的"知识"转化为自身的"知识"和改变社会的现实力量；四是在精神层面，通过大学这样一个富有文化气息之地，提升品位、涵养底蕴、品味和思考人生的价值，最终树立正确的人生观、价值观和世界观；五是在实践层面，让他们在多元文化的互动、理解和包容中经历"南来北往"、见识"南腔北调"，体验失败、分享成功、学会求同存异，慢慢将人类社会积累的丰富经验和智慧内化为自我成长的重要组成部分。

我曾对毕业生讲过这么一段话，"我希望你们不要只是为个人的生活安逸而奋斗，而是要真正找到生命的意义并为之付出自觉主动、持续不断的努力和坚持，永远'知'在高远处，'行'自点滴中。无论处在人生的哪个阶段哪个位置，都能努力发出自己的光、以自己的方式做出自己力所能及的贡献。"

（2017 年 3 月 9 日）

陈凯先

/ 中国科学院院士

院 士 简 介

1945 年 8 月出生，江苏南京人。

中国科学院上海药物研究所研究员、学位委员会主任，上海中医药大学教授、学术委员会主任，上海市科学技术协会主席。曾任中国科学院上海药物研究所所长、上海中医药大学校长。

药物化学家。主要从事药物化学和创新药物研究，是我国该领域的学术带头人之一。进行药物构效关系和生物活性小分子化合物结构预测的研究，与研究组同事一起提出和改进了多种计算机辅助药物设计的方法和技术，包括分子疏水作用力场和药物构象研究的方法、药效基因搜寻方法、利用计算机构建具有结构多样性的分子库和模拟筛选的方法等，并将其应用于多种药物与生物大分子相互作用的分子模拟和理论研究。开展了基于药物与受体三维结构的药物设计研究，其中一些受体三维结构模型和新药的分子设计得到了实验的验证，发现了多种有望发展成新药的化合物。这些创新的研究工作促进了药物化学、生命科学和计算机科学的跨学科研究，受到国内外学术界的良好评价。

曾获法国生物物理化学研究所尼纳·舒可伦奖、何梁何利科技进步奖、国家技术发明二等奖、首届全国创新争先奖等奖项。

院 士 观 点

应当改进现有的评价体系，切切实实地分类衡量学校发展，鼓励它们结合自身实际按照自己目标去特色办学。

科技创新的相关制度建设也永远在路上，关键是当前我们能做什么，能改什么。

如何避免人才无序发展，让人才计划收到实效，真正鼓励人才安下心来，扎扎实实地努力提高，努力做贡献，确实需要认真思考了。

一个不崇尚英雄的国家是没有前途的国家，一个不崇尚英雄的民族是没有希望的民族。

态度决定高度。我们对科学家的态度，在某种程度上也会决定科技创新的高度。

创新之要　首在人才

大学要科学定位分类发展

　　人才培养、科学研究、服务社会和文化传承创新这四个方面是大学的基本功能，这个在社会上已有共识。对大部分大学来说，这几个任务的要求应该是基本相同的，但具体到每一所大学来说，还是有所侧重有所差别的。基础好的大学，研究水平高、力量强的大学，可能除了把人才培养这一主要任务做好以外，社会对它在科学研究和服务等方面也有较高的期待。从其自身来讲，这也是它应尽的责任和义务。一些偏应用、创新力量薄弱一点儿的大学，科学研究就不一定也非得成为主要任务，不一定非要去追求这个。也就是说，不同类别的大学要根据实际情况来确定自己的发展方向和目标，大学有共同点，但是一定要有自己的定位。

　　一段时间里，我们的大学发展方向发生了一些偏离，造成了高等教育结构失衡与单一化。不一定所有的专科都要升本科，本科都要办研究生院，有了硕士点又非得拿博士点，盲目地追求"高大上"，在"一刀切"的指标下变成"千校一面"。其实，教育原本应该有不同的目标、不同的方向，应该培养多层次的人才。都走到一条路上去，如何能适应社会各方面多样化的要求？我们现在讲起来，好像上海就那几所大学，北京就那几所，除了这几所好像就没有好学校，弄得其他高校没有奔头，社会没得选择，从而导致人才培养失衡。国家需要多方面的人才，人也是不同的，既要有学术性人才，又要有应用型人才；既要有本科、硕士和博士，又要有专科、职业技能和"大国工匠"的培养。我觉得应当改进现有的评价体系，切切实实地分类衡量学校发展，鼓励它们结合自身实际按照自己目标去特色办学。

科技创新制度建设永远在路上

改革开放以来，历届国家领导人都对科技创新非常重视，把科技创新放在国家发展战略的高度。除了加大支持投入以外，国家层面也不断进行科技体制的探索和改革。经过近四十年发展，科技创新取得了很好的进展，国家科技创新体系也已搭建起来。现在我们的大学越来越重视科技创新，特别是一些高水平大学在人才储备、科研条件等方面有很大的发展。科学院等研究机构、大学的一些研究中心等也已成为国家科技创新的重要力量。去年，国家又强调要加快建设以国家实验室为引领的创新基础平台，并将国家实验室定位于体量更大、学科交叉融合、综合集成、聚集国内外一流人才的高地。国家实验室是将来我们抢占科技创新制高点的重要载体，代表国家的水平，在国际上发声的平台，这是我们可以期待的。

以上我们说的是成绩，问题也有，我们的科技创新工作仍存在一些不足。

第一，我们的科技评价体系单一，缺少分类，尤其过于重视论文。评价是指挥棒，它与大学、研究所，与每一位科研人员的发展紧密相关。评价导向哪里，科研院所和相关人员就会跟向哪里。现在它的首要问题就是缺乏分类，没有根据不同专业、不同性质、不同个人来进行不同的评价，用"一刀切"的办法考核取得的成绩，从而形成了一些不良的导向。此外，现在的评价也过于注重论文等书面的成果，不太关注实际应用，导致不少本来能够为国家发展做实际贡献但难以发表论文的应用性项目，没有多少人愿意去做。短期不容易取得效果的"硬骨头"项目，需要扎扎实实地研究，不少研究人员也不愿意做。

第二，成果转化政策不够细化，转化效率偏低。科研转成产品之间有一条鸿沟，不能很顺利地跨过去。不过现在我们走出了很大的一步，就是把科研成果的处置权、收益权和分配权交由成果产生单位自主决定，国家不再向单位直接提取转化收益，并鼓励把转化收益50%甚至70%交给个人。这在过去难以想象，因为实验室是国家配备的，你的工资是国家给你的，你上班研究出的成果当然都应是国有资产，转让发生后给点奖励可以，但是主要还是国家的。近年来在这方面进行了改革，表面上国有资产有"流失"，但改革激发科研人员创新创业积极性，成果转化效率就会提高，国家创新实力和竞争力就能增强，产业发展就能升级，社会就业就能扩大，总税收就能提升，总体上对国家是有利的。像我所在的上海药物研究所，作为国家科技成果转化试点单位，近两年取得了一定的成绩，但是由于缺少细化的政策支持，成果鉴定、评估、转让等配套政策不足，造成科研人员向企业转让成果时有后顾之忧，部分成果转化项目仍难于实施。

第三，科研经费管理过于烦琐，耗费大量时间和精力。无论大学还是科研单位，大家都对科研经费管理抱怨了多年。科研需要探索，有很多不确定性，不像工程项目能完全按照计划行事，管理的矛盾导致了科研人员把大量时间耗费在琐事和杂事上。去年习近平总书记在院士大会上讲，要让科研项目和行政管理围绕科研人员、科研活动转。大家热烈鼓掌，是出自内心的，非常地热烈，但是现在看起来真正落实起来并不容易。把领导讲话精神落实好，使科研人员将主要精力真正地集中到研究上来，确实还是有不少工作要做。

我们的科研体制改革取得了不少成就，这一定要肯定。对于科研评价、成果转化、项目经费管理等方面的不足，也要有清醒的认识，还需要在体制机制建设上继续探索，不断完善。机制的改革，环境的营造，还在路上。其实，科技创新的相关制度建设也永远在路上，关键是当前我们能做什么，能改什么。

创新之要，首在人才

习近平总书记说，当前我国比历史上任何一个时期都更接近实现中华民族伟大复兴的宏伟目标，也比历史上任何时期都更加渴求人才。创新之要，首在人才。但现在的人才，具体说，人才流动方面有点儿问题，有点急功近利、虚夸浮躁，有时候有些形式主义。为什么会这样呢？国家对人才和人才工作极为重视，我们各方面也就重视，组织实施了很多人才计划。国家级的，省部级的，甚至还有县一级的，形成了庞大的不同层次和水平的人才计划。这么做的出发点是好的，但现在来看各种名目的计划反而扰乱了人才队伍的正常秩序。获取人才头衔就像"戴帽子"一样，有了"帽子"，"身价"就不一样，所在单位的"身价"也跟着不一样。基地平台评估，看人才如何，主要看有几个"戴帽子"的，"帽子"人多，那成绩就大。这样单位都千方百计地去吸引"人才"，你出100万元/年，那我就出150万元/年、200万元/年。引进来真正起多大作用呢？却似乎没有人考虑得那么认真，有时候明知人来不了，只要肯把名挂在这里，也不去追究，反正申报评估多了"人才"，你好我也好。没有这些帽子的时候大家还是能扎扎实实做科研的，现在反而不少人都不能潜心工作了，有了一个"帽子"还想另外一个"帽子"，哪里给的年薪高就去哪里，没出成果不要紧，无非过一两年再换一个地方，这种现象现在已经不少了。如何避免人才无序发展，让人才计划收到实效，真正鼓励人才安下心来，扎扎实实地努力提高，努力做贡献，确实需要认真思考了。另外，不同人才要有不同的培养目标和考核目标。要有耐心，要给他较长时间来潜心研究，不要今年引进，明年就要出多少成果，这样让他也不敢选择真正有挑战性的问题研究，就弄一些急功近利的事情，最后对个人对国家都不利。

人才工作该怎么做，总书记已经讲了，要在全社会大兴识才、爱才、敬才、用才之风，要积极营造尊重、关心人才的良好氛围，让各类人才各得其所，让各路高贤大展其长。那怎么营造呢？应该不是简单地提出一些计划、给一些头衔和经费就可以的吧。

对科学家的态度决定着创新的高度

我们国家一直很重视知识分子，重视科学技术，重视创新驱动发展，但是现在社会风气与科技的重要地位却不一致，功利主义、实用主义的观念越来越强，一部分人没有远大志向，没有理想追求，只要实惠。很多高中生就是为了上好大学而学习，为了找好工作、赚钱或出国而上大学，不理解学习和上大学的真正意义。我们的年轻一代，如果在学生时代缺乏对科学的崇敬、对科学家的尊敬和敬仰，对待学习仅以高分、名校为目标，我们未来的科研事业如何做到后继无忧，如何实现全面赶超和引领？李四光、华罗庚等知名科学家已渐渐被大多数人淡忘，这应该引起我们全社会的关注。关注的目的不是为了"科技追星"，而是为了国家和民族的发展大计。其实多数科学家并不愿意在聚光灯下抛头露面，他们更愿意默默无闻、踏踏实实地为国家多做一些工作，但是如果我们的社会为此将他们放在一边，最终受到危害的就会是今后一代甚至是几代人。

去年两会期间我接受采访时曾说，我们的媒体忽视科学和科学家精神的弘扬。我认为一个不崇尚英雄的国家是没有前途的国家，一个不崇尚英雄的民族是没有希望的民族。英雄光环应该更多地给予哪个人群？全社会应该有一个基本的共识，那就是能够引领社会前进、国家发展的人，科学家是其中之一。在美、俄、英、德等科技强国，那些大科学家就是国家的英雄、民族的英雄，一直受到国民的尊敬和青少年的崇拜仿效，因为他们明白一个国家少几个"明星"没关系，但是少了站在世界科技前沿的科学家却万万不行。常言道，态度决定高度。我们对科学家的态度，在某种程度上也会决定科技创新的高度。

（2017 年 3 月 10 日）

郑兰荪

中国科学院院士

院 士 简 介

1954年10月出生，江苏吴江人。

厦门大学化学系教授，无机合成与制备化学国家重点实验室学术委员会主任。教育部化学专业教学指导分委员会主任。全国政协常委。

无机化学家。主要从事原子团簇科学研究。运用激光溅射、交叉离子－分子束、离子选择囚禁等技术，设计了独特的激光溅射团簇离子源，研制出多台激光产生原子团簇合成装置，发现了一系列新型团簇，研究出它们的特性和规律。建立了液相电弧、激光溅射、辉光放电、微波等离子体等多种合成方法，制备了一系列特殊构型的团簇及相关纳米结构材料。通过合成与表征一系列富勒烯形成的中间产物，研究了C_{60}等碳原子团簇的生长过程，发现和总结了原子团簇的统计分布规律，建立了团簇形成的动力学方程及相关理论。

曾获国家自然科学奖二等奖、何梁何利科技进步奖等奖项。曾获全国先进工作者等荣誉称号。

院 士 观 点

现有的科技评价体系在一定程度上阻碍了科技的发展，科技体制的改革根本在于科技评价体系的改革。

在一段时间内，现行评价方式确实对我国基础研究的发展起到了明显的推动作用。不过我们也看到，这种评价方式的弊病也在日趋显现。

科研的效益和个人的名利是有关系的，但是教师对教学的投入更多要凭教师的职业道德和良心。

建立高校毕业生跟踪反馈机制，动态统计各学科培养的学生毕业后的工作与专业的相关性，动态了解培养学生在工作岗位上所取得的成绩和成就，征集毕业生对学校与专业的意见和评价。

创新发展需要改革科技评价体系

科技体制改革的根本在于科技评价体系改革

应该说，这些年随着我国经济社会发展水平的提高，高校的科技研究条件有了极大改善，研究水平也同步提高，有了更快的发展。我一直在高校工作，对此深有体会。基础研究水平的提高体现在发表论文等方面，不仅数量提高了很多，质量也提高得很快。不过从国际上看，在绝大多数领域还没有达到领跑的程度。尤其是在应用研究方面相对比较不足，在满足国家需求和服务地方发展方面做得还不够。现有的科技评价体系在一定程度上阻碍了科技的发展，科技体制的改革根本在于科技评价体系的改革。

为什么对科学研究水平的评价会看重论文？其实对于一位研究人员的研究水平，他的同事和同行应当是心里有数的，但是大家往往碍于人情，不容易做出客观准确的评价。在这种情形下，在 SCI 期刊上发表的论文，尤其是论文发表刊物的影响指数，似乎显得既定量又客观。SCI 是一家美国公司搞的，也不是美国政府倡导的，但是却特别"适合"中国的国情。虽然有些无奈，却与社会文化环境和发展阶段有关。在一段时间内，现行评价方式确实对我国基础研究的发展起到了明显的推动作用。不过我们也看到，这种评价方式的弊病也在日趋显现，一些研究人员容易滋生浮躁的心态，片面跟踪国际研究热点，难以潜心从事原创性强的高水平研究。基础研究应当是科学前沿的国际学术竞争，需要的是精干的研究队伍。由于现行的科技评价体系，我国从事基础研究的队伍已经过于庞大，大多数研究人员找不到有特色的研究方向，一窝蜂地跟踪国际科学界的研究热点，大量的重复科研浪费了国家的人力、物力和财力。我曾建议应当提高基础科学研究的门槛。地方院校应将科研的重点放到为地方经济发展服务上，即使是重点院校，其中相当一部分研究力量也完全可以从事应用研究。还应当鼓励和倡导高水平的研究人员及其团队在开展基础研究的同时，也能将一部分精力用于应用研究，并尽可能将两者结合起来。

在以论文为主要评价标准的体制下，应用研究很难得到重视。现在很多年轻教师从研究生起就将发表论文作为唯一的研究目的，不了解企业的实际需求，也缺乏解决企业实际问题的能力，愿意并且能够从事应用研究的教师越来越少。

为此，应当对基础研究和应用研究分类评价，但是对于应用研究，不容易找到客观和准确的评价方法。如果根据合作企业开出的相关经济效益的证明，往往可信度不一定很高。如果采取第三方评价的方法，评价的成本会比较高，实际操作的难度也比较大。为了让科学研究更好地契合国家和地方经济发展的需求，制定一套适应我国科学研究发展的评价体系，特别是适合于应用研究的评价难度，难度很大，还需要深入调查和研究。

高校应当重视教书育人

基础科学研究还可以用论文评价，但是教学却不容易得到合适的评价。尽管教育部很重视高校的教学质量，开展过多种形式的教学评估，但是还没达到应有的效果。科研的效益和个人的名利是有关系的，但是教师对教学的投入更多要凭教师的职业道德和良心。高校的第一要务应当是教书育人，但是教师的教学水平也同样不容易评价，高校的水平也更多地显现在研究成果上。虽然大多数教师还是认真教学的，但是能够花时间去研究教学、重视教学水平的教师确实越来越少了。我已担任十多年教育部化学类专业教学指导委员会主任，对全国的化学教学研究的情况还是比较了解的。现在，即使在全国范围内，对化学教学有研究且达到一定水平的年轻教师已经很难找了，而且化学专业的情况可能还比其他专业好一些。

现在，我们所培养的学生毕业后往往希望去当公务员，或者去高校等事业单位，希望在一种比较稳定的体制下、比较舒适的工作环境下工作。与之相比，选择去企业等生产一线，尤其民营中小企业工作的学生却比较少。这种现象和趋势对我们国家的创新发展显然是不利的。

如何评价某所高校的某个学科？目前的评价方法基本上采用数"帽子"、数论文、数项目、数奖项的方法。这催生和助长了教师的浮躁的心态和不良的风气。正在开始的高校"双一流"建设，使得学科评估更为重要，学科评价体系的影响也更为重大，建立符合教育发展规律和科研规律的评价体系显得更为急迫。

构建毕业生跟踪反馈机制

在市场机制下，评价企业主要根据企业的产品。高校虽然也有科学研究等任务，但是最重要的"产品"还是培养的学生。因此，对学科的评价，最重要的是对学科所培养的学生质量的评价。我们如何真正建立高校毕业生的跟踪反馈机制？动态统计各学科培养的学生毕业后的工作与专业的相关性，动态了解培养学生在工作岗位上所取得的成绩和成就，征集毕业生对学校与专业的意见和评价。调查和统计结果可以更全面地反映高校的培养质量，可以成为相关学科评估的重要依据。以目前的信息技术水平和条件，建立这样的机制并不困难，成本也不高，而相应的结果有可能为高校学科的建设和良性发展作出有益的贡献。

（2017 年 3 月 11 日）

李 卫 / 中国工程院院士

院　士　简　介

1957 年 12 月出生，河南洛阳人。

钢铁研究总院副总工程师、教授级高级工程师，稀土永磁材料研究室主任，国家科技重点专项（稀土材料专项）专家组专家。兼任 IEEE 及国际稀土永磁及应用委员会委员、亚洲磁学联盟委员会委员、中国稀土学会理事、全国磁性材料与器件行业协会副理事长。

磁学与磁性材料专家。长期从事高性能稀土永磁新材料、产业化关键技术研发和创新工作，获得了低温度系数、高磁能积钕铁硼永磁材料、特殊取向稀土永磁环和新型铈永磁体等多项核心技术创新成果，率领团队为我国稀土永磁产业发展壮大作出了重要贡献。

曾获国家科技进步一等奖 1 项、国家科技进步二等奖 3 项、国家发明三等奖 1 项、中国工程院光华工程科技奖等。曾获国家中青年有突出贡献专家、全国劳动模范等荣誉称号。

院　士　观　点

对高校来说，第一大任务，育人。如果说有两大任务的话，第二才是科研，而且科研也是要为育人服务的。

不同的学校一定要有差异化的发展和评价体系，要有差异化的"指挥棒"。

学校的科研还是要考虑布局的，每个学校要有每个学校特色，把特色办得最好就是最合适的。

这些"帽子"本身没有坏处，可以鼓励创新和科研，是我们把它戴坏了，是我们自己打乱了自己的"计划"。

评估评价体系对创新的导向至为重要，它是科技创新体系中具有基础性和导向性的重要环节，是"指挥棒"。

评估评价体系改革涉及面广，比较复杂，牵一发而动全身，改革难度可以想象，但改革难，才更有改革的必要。

要尽快改革科技评估体系，提升自主创新成效，要让评价"指挥棒"有力有方。

让评价"指挥棒"有力有方

特色发展需要分类施策

这些年，高校的科技创新有很大的进步，很多大的原创性成果都出在高校，可以说它在国家的科技创新体系中占了很重要的地位，成绩是客观的。我们的科研人员数世界第一，现在的科技投入也很大，然后我们的论文、专利数也是数一数二，科研条件在很大程度上有了改善。但是我们也要看到问题。问题在哪里？同质化，少特色。同样的东西，我们大量低水平重复，没有自己的特色，还是盲目追热点，重数量。这似乎是个没办法的事情，因为考核的体制是这样，到底应该怎么做，是应该好好讨论，好好想想了。

对高校来说，第一大任务，育人。如果说有两大任务的话，第二才是科研，而且科研也是要为育人服务的。所以，不同的学校一定要有差异化的发展和评价体系，要有差异化的"指挥棒"。学校育好人，做好原创性的基础性的研究，也可以配合我们国家的产业去做一些研究。但学校里的科研不可能所有的都做，我们的企业在科技创新中发挥的作用还不够好，学校暂时多承担了一些。学校的科研还是要考虑布局的，每个学校要有每个学校特色，要突出个性，把特色办得最好就是最合适的。这对管理部门来说，可能就要做大量的工作，要更细化，要因校施策，因专业施策，一校一策，一个行业一策，考评也更要有针对性。否则，"一刀切"的模式只会导致我们的成效不高，浪费钱，浪费机会。

创新环境需要继续改善

我们的科研环境也还存在一些不利于创新的地方。第一个，政策多，变化快。改革开放以来，针对科技创新的体制机制等问题，出台了很多改革政策和意见，描绘了科研工作的美好蓝图，但是"飞在天上的多，落到地上的少"。从国家宏观政策颁布到执行细则出台往往要很长时间，到了基层对政策执行又变了样。有时刚刚明确如何执行，政策又变了，尤其是不少地方行政部门的政策相互打架，可以说是政策满天飞，让人目不暇接，疲于应付，许多部门工作人员自己都云里雾里。第二个，由于各种原因，我们的科研人员队伍总不稳定，很多人跑来跑去。科研项目经费缺乏稳定和持续性，项目的立项分"大小年"，大起大落。不稳定、少持续，这样很容易导致重复劳动多、效率低下等问题。再一个，我们有时只认"一"，不认"二"。论文发表时只有第一作者被认可，科技评奖时第一获奖人比其他人荣耀高出十倍不止。这种只认第一的做法，扼杀了科研工作中应大力提倡的合作精神。其他还有类似"科研人员无暇做科研""科研经费超高虚报""项目申请重宏观、轻细节；检查重形式、轻内容；结题重数量、轻质量；成果重文章、轻转化""项目评审投票决策机制往往会导致评审结果折中平庸化"以及"科研公关风盛行，从项目立项评审到结题总结再到科技评奖，评审专家往往都被各种打招呼、走关系所困扰"等现象。这些问题要逐一解决，创新环境还要继续营造和改善，创新之路还比较漫长。

让评价"指挥棒"有力有方

影响科技创新的因素很多，有教育的，有文化的，有财政的，有环境的，但是最重要的是指挥棒，如果指挥棒错了，就在做无用功，做负功。很多论文只是为了完成考评的结果，为了结题，真正对社会的贡献，对创新的贡献在哪里呢？当然，我们也说没有数量哪来的质量，但现有数量有了，我们该追求质量了。现在好像论文发了就是好的，尤其是发在所谓的高水平杂志上，这种简单的评判值得我们深思。不管论文写了有用没用，发了就"有用"，论文和各种考核挂钩。不少人做科研都是以能不能得优青、杰青、长江等去的，有目标是好的，问题是为了目标去凑数了。其实这些"帽子"本身没有坏处，可以鼓励创新和科研，是我们把它戴坏了，是我们自己打乱了自己的"计划"。

评估评价体系对创新的导向至为重要，它是科技创新体系中具有基础性和导向性的重要环节，是"指挥棒"，很多问题就是因这个"指挥棒"而产生的，所以评价体系建设和完善至为重要。一是可以强化第三方专业评估机构，加强对科研管理部门及管理人员的考核评估。考核内容包括对政策理解的准确性，贯彻实施的时效性，科研项目布局及创新驱动战略的科学性，科研管理的合规合法及公正性等。二是建立与完善分类评价体系，对科研成果的评估要差异化、多元化。从原创性、成果实效性、预定目标完成度、论文专利影响度等多个维度，综合评估科研成果，并进行项目结题几年后的再评价。对于大学、科研院所及企业类研发机构，在考虑其科技成果的综合价值时，要有不同的偏重性。应允许研究人员自主选择最适合的评价方式，更多鼓励协同创新。三是加大项目评估的成本投入，实现全过程、全方位的动态评估，这种投入一定会起到事半功倍的效果。评审不仅要追求程序公正，还要追求结果正确。要确保专家组有足够的专业知识和对项目的准确理解，鼓励质疑与讨论。还要辅之以市场评估与大众评估，必要时应将科技创新的成果以及专家组的评估考核意见公示于众，接受社会与大众的监督。四是真正实现科研信用管理。建立科研项目管理全过程的信用制度，特别是建立评审专家信用制。重大项目探索项目首席评审专家负责制，让每个重大评议项目都有实质上的"甲方"。对科技创新的"法官"建立考核问责和责任倒查机制，从根本上消除项目评估中的人情票、关系票、随大流票等不公平、不负责任现象，形成不想、不敢也不必打招呼的健康科研文化。

评估评价体系改革涉及面广，比较复杂，牵一发而动全身，改革难度可以想象，但改革难，才更有改革的必要。今天，科技评价体系改革正当时，我们要尽快改革科技评估体系，提升自主创新成效，要让评价"指挥棒"有力有方。

（2017 年 3 月 12 日）

田中群

中国科学院院士

院 士 简 介

1955 年 12 月出生，福建厦门人。

厦门大学教授、2011 计划能源材料协同创新中心主任。发展中国家科学院院士，国际电化学学会（ISE）主席，英国皇家化学会会士，中国科学院化学学部常委，国家自然科学基金委化学部咨询委员会委员，教育部科技委战略研究委员会副主任，*Chemical Society Reviews* 和《中国科学—化学》副主编，*J. Am. Chem. Soc.* 等十余个国际学术刊物顾问编委。曾任第十一届和第十二届全国政协常委。

物理化学家。主要从事表面增强拉曼光谱、谱学电化学、纳米化学和分子组装等方面的研究。系统发展表面增强拉曼散射光谱技术，基本解决了该领域四十余年未决的应用瓶颈问题；发展电化学拉曼光谱的实验及理论研究方法和建立有关联用技术，揭示各类界面电化学结构问题；建立和发展食品安全快速检测光谱仪器与技术；针对分子自组装体系，提出催组装新概念等。

曾获香港求是基金会"杰出青年学者奖"、英国皇家化学会法拉第奖章、国际电化学会 Tacussel 奖、法中成就奖、日立公司光谱学创新奖、美国化学会光谱分析奖等。曾获全国五一劳动奖章、全国师德先进个人等荣誉称号。

院 士 观 点

现在我们对人才的定义比较狭窄，这非常不符合我们现在的历史方位，与国家对人才的需求不相适应。

应该冷静地用倒逼法去分析，我国在走近世界舞台中心的过程中，高校如何凝心聚力办大事，推动最需要的人才特别是人才团队的形成。

我们要梳理清楚，哪些机制和政策是该推进的，哪些则是该刹车或过时的。

要改变"重引入、轻使用""管理多、服务少"和"宣传力度大、保障力度小"等现象，创新人才激励机制，真正建立起"有感情"的服务保障体系。

不管是从培养人才的角度，还是从科技创新的角度，都需要重新去自我审视，以树立正确的人才观。有了源源不断的人才优势，我们的教育事业必定会健康快速发展。

高校人才观亟须谋变

2015 年，习近平总书记针对当前中国发展的历史方位提出了"我们前所未有地靠近世界舞台中心，前所未有地接近实现中华民族伟大复兴的目标，前所未有地具有实现这个目标的能力和信心"的"三个前所未有"论断，我们需要明白自己处于什么环境、站在什么方位、面临什么挑战。既然是前所未有，那也意味着我们可能会遇到很多以前没遇到的问题，这是一个爬坡过坎阶段。这对高校也就提出前所未有的要求，目标是不是更高？方式是不是更新？这样一个阶段和要求，既考验我们高校的办学水平，又考验我们实现目标的战略布局和战术推进能力。在这个过程中，政府和教育部门都要有所为有所不为，关键是要有正确的方向目标和积极的措施，认识一致方可行动一致。

人才评价机制亟须深化改革

习近平总书记说，我们要有凝心聚力办大事的自信，要把最好的资源凝聚起来，发挥各类人才的智慧，聚天下英才而用之。但现在我们对人才的定义比较狭窄，这非常不符合我们现在的历史方位，与国家对人才的需求不相适应。我们好像越来越倾向把诸如论文数量、被引次数等数字指标"神圣化"，认为在国外学术刊物上发表论文多或者被引用高的这批人就是人才，甚至就是"英雄"。我认为这是一个很狭隘的人才观，人才是一个宽泛的概念。我们应该冷静地用倒逼法去分析，我国走向并最终站立在世界舞台中心的过程中，高校如何凝心聚力办大事，指导和具体推动最需要的人才特别是人才团队的形成。这显然是一个全方位的人才团队乃至"集团军"的需求，需要各行各业、不同层次的、不同领域的人才队伍。发表论文，这仅仅是其中的很窄的一部分，而且一些发表很多论文且引用率很高的学者便是追逐所谓热点的高手，他们不见得就是好人才。我认识的一些国内外同行，对此也是有看法的，特别是有些所谓的高被引的人，甚至是利用小圈子里的"互引互助"，这不但没有参考价值，而且是违背学术道德的事情，是很不好的事情，已在国际学术界引起反感和负面影响。所以，我们不应当刻意和过多地宣传，这具有误导倾向。

人才是要本领域同行的认可，让大家"口服心服"的，而不单是看论文的发表和引用的数字。同行的评价的维度虽然看似较虚，但其实是最科学的，因为同行们最了解。在国际学术界，看谁是一流谁不是一流，绝不会去数文章和看引用率。当讲到某一个研究方向时，大家自然而然在脑子里就会浮现出一位或几位学术带头人。这可能是听过他们的报告，觉得很有见地和原创性；可能是读过某人的文章，觉得其观点非常有前瞻性；也可能是在某些获奖或者科技项目里，发现这个人的成果对于该领域最具突破性和引领性；甚至可能是大家在私聊中体现出对有关成就的钦佩等。这种综合各种因素形成的"学术印象"，就是同行的内心认可和客观评价，显然跟发表论文数量和引用并无直接关联。

不同的学科需要不同的评价人才体系和标准，例如工科有自己的特色和发展规律，但目前基本用理科的评价标准来衡量。理科的评价标准已不科学，用到工科的偏差就更大了。对于工科而言，判定是否为一流人才，还有一个很关键的维度，即是否为国家的大战略和国家与地方发展作出实质性贡献。因为工科要解决的是非常实际和复杂的具体问题，所以一般需要有大团队，需要团队里各类人才之间分工合作，方可协同攻关，实现确定的目标。

当前我们有很多人才需要不一样的评价体系，因为他们无法写论文，但研究方向和内容又确确实实是我国非常急需解决和突破的难题。还有很多教学一线、工程一线和医疗一线的人才，他们干得非常好，但是不想写或"不会"写论文，若只拿论文数目去考核要求他们，这合适吗？指挥棒要是错的话，这部分人就不愿意或者不能安心继续做事情，这不是培养人才而是摧毁人才。还有我们常说要"啃硬骨头"，要攻克学术和技术的基础性难题，这是往往需要 10 年、20 年才啃得下来的"骨头"，真正做对科技发展有重大突破的基础研究是要坐"冷板凳"的，这部分人才该怎么鼓励和培养？在当下的高校，相当部分人所做的事既不是具体而重要的应用开发研究，也不是开辟推动学科发展的基础研究，就是为发表论文而发表论文的"研究"。这话说得似乎有点儿过，但现状确实就是这样。我们的人才评价机制仍存在分类评价不足、评价标准单一、评价手段趋同等问题，亟须深化改革。

人才服务保障要到位

解决一些国家重大需求需要大团队，要有很多各个层次的人员的支撑，他们都是人才。我常说，对于高校特别是一些已具有实力的科研平台，我们与其要 10 个教授，不如要 10 个优秀工程师。因为非常多的原创性实验，需要自己研制新仪器或改造已有设备，这都需要工程师来参与实施。这类人才便属于我们现在谈论比较多的工匠，这种真正高水平的人，即工匠人才在哪里？他们受到的社会尊重和领导重视体现在哪里？他们在我国的人才培养使用和保障体系里面又处在什么样的位置？我们在高校里看不到，几乎没有。

我觉得应该针对我国的定位和目标，用倒逼法的方式来考虑人才的定位，人才的认定，人才的保障，等等。若没有搞清楚要办何等大事，没有想明白到底需要什么，我们去做评估评价为了什么。从这个角度来讲，我们要梳理清楚，哪些机制和政策是该推进的，哪些是该刹车或过时的。当前这种人才体系，"头衔"是不是已经过多了？我们已经看到这让很多年轻人不安心了，整天想这个头衔那个头衔，有了这个又再追求下一个。他们可能思考的角度是，我现在做的这件事能不能对我争取下一个头衔有利，如果觉得不是的，就放掉，非常地"势利"。不知不觉地把科研和技术工作成果当成了一个垫脚石，如果都这样，如何真正在科学与技术上做出一些真正突破和引领的工作呢？

我们要大力推进人才工作，但人才是个宽泛的人才，评价是个多元的评价，而且，我觉得，评价人才的部门应该少一点，"帽子"更要少一点，不要把年轻人引往一个不该引的地方引去。人才的培养需要正确引导，人才团队的形成更需要精心扶持。我们需要为国家走向并站在世界舞台中心集聚人才，在这方面还有很多工作要做，最重要的就是人才政策和服务保障，这个一定要到位。要改变"重引入、轻使用""管理多、服务少"和"宣传力度大、保障力度小"等现象，创新人才激励机制，真正建立起"有感情"的服务保障体系。

我们国家现在处在一个难得的非常好的发展时期，但这机会不会总给我们，所以要把握好，需要凝聚人心，凝聚人才。现在不少高校在人才方面的竞争已经远远不是良性的了，与相关部门的指挥棒还没有用好有关系。这些都很值得考虑，不要太轻易出台政策，不要太轻易使用排名，头衔不要太多，评估评价不要太多。该思考一下如何发挥好政策引导作用，把"双一流"建设引向符合历史地位和使命的新高度。

全方位培养国际战略人才

当今国际形势动荡，错综复杂，良机不可错过。故迫切需要调整我国人才强国的战略定位和布局，培养具有国际引领能力的领军人才和团队。当前我国逐渐从人才匮乏、人才外流步入到人才逐渐回流的阶段。从教育部对留学人数统计可以看出，出国与回国人数比例已从 2006 年的 3.15：1 下降到 2015 年的 1.28：1，且呈现人才加速回流态势。未来 5 年，中国可能迎来"进大于出"的历史拐点，但是，我们仍不可感觉良好，必须要有从量变到质变的提升。我们仍缺乏可支撑我国站在世界舞台中心的一些战略高地、关键技术和人才团队，故很有必要有针对性地调整我国的人才战略和途径，通过系统的顶层设计，从简单的"派人出国学习"提升为"派什么人？到哪里去？学什么？"这需要拓展"派出去"战略的新内涵。

目前，公费出国的留学项目虽已出现指定派出的机构，但仍缺乏整体上与国家战略急需专业精准对接的部署。面向我国未来要占领的国际战略高地，坚持长远布局，把信念坚定和具有浓烈家国情怀的最优秀的人才派到国际相关的引领科研机构和企业，系统学习最先进的知识和技术。为此，通过搭建国际联盟、合作平台、专项计划和专家咨询等多种途径，定向遴选适时地派出最优秀人才，并辅以优厚稳定的待遇和回国后良好的工作生活保障。这样既顺应了人才回流和吸引力逐步提升的新形势，更为国家创新驱动发展战略和"双一流"建设提供了人才储备和支撑。

拓展建设高校的国际专业体系

近十年来，我们的对外关系专业和对外贸易专业的建设成效显著、发展势头良好，为国家培养输送并储备了大量具有一定国际交流与国际贸易能力的人才。然而，伴随着"一带一路"建设的全面铺开和我国科技实力的稳步提升，仅仅由具有人文经贸背景的人才参与到国际对话和各种事务合作中已不能满足国际形势和经济社会发展的需求。为更好地在国际大舞台发挥作用，建议增设诸如"国际技术与工程"之类的专业，为培养具有国际驾驭能力的优秀科技和工程人才队伍提供坚实的保障和专业支撑。尽快将我国从世界最大的人才流出国转变为优秀人才的吸收国和特殊人才的输出国，逐步成为国际人才竞争格局中的重要一极。

拓展和改进"引进来"的人才战略

既然要站到国际舞台中心，必然需要能真正吸引汇聚优秀国际人才的平台和环境，这一点我们正在做，有成功也有值得深思和改进的地方。现在有这样一种现象，不少国内学校盲目地去"傍"国外人才，迷信海外人才"光环"。通过各种渠道请一些"老外"过来，但效果并不是很好。更多情况是做个报告或者请来当个名誉教授等，希望挂个名后能不能帮助在申请项目和建立平台时做成什么。但如果仅在这样层面上就完了，他们前面几次可能会客客气气地到你这里来看一看或学一学，但每次来都只是跟你聊一聊，吃一吃，转一转，若仅做这类事情，他们很快就慢慢冷淡地离开了。特别是真正的一流学者都不需要这样的，会离开得更快。当然，也有一些善于利用人际关系的"流动老外"，像走穴似的到多个单位做项目建中心，他们绝不是我们真正需要的优秀国际人才。

为了实现国家目标和办成大事，我们该聚集什么样的国际人才和该如何聚集他们，也许我们真的还没有完全想清楚和准备好，相关部门和高校在考虑这个问题时需要更宏观些，要有大战略和大格局。

我们需要提高对优秀外籍青年人才引进的关注度和支持力度。站在更长远宏大的战略格局上，从政策制度上加大对优秀外籍青年人才的吸引力，提升其工作生活环境使他们愿意长期在我国工作学习，加速我们自身国际化建设进程。一方面，这些优秀外籍青年人才与国外的血缘关系和多方面沟通联系将成为让世界全面认识、了解中国的一个较为直接高效的宣传渠道。

我们需要自问的是，如何真正吸引到国际优秀人才，如何能够使用好，能够完全引进来，我们有这样的一种环境吗？我们现在的条件，可以说，物质和科研条件是够了，很多时候国外的人都很羡慕我国的科研条件，那他们为什么不愿意来呢？很多的软环境问题还没有解决好。我觉得现在到了去解决这些问题的时候了，软环境要跟上。

做科学和学术研究主要是人对事的关系，但是现在的实际情况是，在申请科研项目和各类人才头衔甚至建立科研平台时，往往要花大量精力和时间去应付人和人的关系，建立各式各样和各种级别的"圈子"。我想，对国内的人来说，都不应这样，尤其对国外的人来说，非常不适应，很难接受，就是来了也很可能再离开。现在通过各种人才计划吸引的海外华人也存在这种情况，尽管是通过计划引进回来，但回来后有些水土不服，没办法适应各种人际关系和评价考核方式，导致一些真正顶级的人才不愿回来。这也是我们常说的东方较接受的熟人文化和西方较认可的生人文化问题。

总之，"前所未有"的实现需要前所未有的做法，不管是从培养人才的角度，还是从科技创新的角度，都需要重新去自我审视，以树立正确的人才观。有了源源不断的人才优势，我们的教育事业必定会健康快速发展。

（2017 年 3 月 12 日）

汪景琇

中国科学院院士

院 士 简 介

1944 年 5 月出生，辽宁抚顺人。

中国科学院大学资深讲席教授，中国科学院国家天文台研究员，*Research in Astronomy and Astrophysics* 主编。1969 年毕业于北京大学地球物理系，1987 年获中国科学院北京天文台理学博士学位。

太阳物理学家。长期从事太阳磁场和太阳活动研究。与合作者系统地提出了对太阳向量磁场研究的方法、概念和表征量，定量描述太阳活动区磁能积累过程；发现活动区磁剪切具有总体规则性，对活动区磁螺度最早给出定量估计；由向量磁场观测，发现太阳低层大气中磁重联存在的证据，提出太阳活动中存在两阶段磁重联的思想；通过前所未有的定量测量，提出太阳网络内磁场是区别于黑子和网络磁场的内禀弱磁场分量，对太阳总磁通量的研究有重要贡献。

曾获国家自然科学奖二等奖、中国天文学会张钰哲奖等奖项。

院 士 观 点

特点、特色就需要特别的对待，不能搞"一刀切"的管理和发展模式，不能平均用力，不宜统一要求。

每所大学都应善于挖掘自己的长处，凸显自己的特色，在相关领域做到最好，大学的自我认知和定位应该达到这种程度。

应该鼓励更多的科学家到大学做兼职教授，充分释放高校和科研院所科技人才优势，切实构建起协同培养创新型人才新模式。

如果只从数字上考量，客观的数据可能并不"客观"，有时候甚至还不如主观判断来得真实和有效。

科学评价要回归到它的本源，通过评价要自己知道自己的水平，要做到自己"心中有数"。科研工作不能"化妆"。

人的创新素质在少年时代就已经被塑造了，从小孩子开始，把未来人才培养好，帮助他们打好创新根基。

求学时代塑造的品格，是一个人将来发展的基础和根基。教育绝不仅是为工作铺路，更是为人的一生奠基。

教育为人生奠基

特色是大学立校之本

除了教学这一根本任务外，科学研究是大学最重要的任务了。现在我们谈论哪个大学，很多时候都看它"主打的"或者最有亮点的研究领域和方向在哪里，特色学科的优势和特点在哪里，有没有国家级或者国内外知名的研究中心，等等。现在国内的大学多多少少都有自己的长处、特色和优势，有的表现得可能弱一点，有的表现得比较隐蔽一点。特点、特色就需要特别的对待，不能搞"一刀切"的管理和发展模式，不能平均用力，不能统一要求。就像人要因材施教一样，科研也要分类管理，分类评价，这是个很简单的道理。每所大学都应善于挖掘自己的长处，凸显自己的特色，在相关领域做到最好，就像每一个人都有自己的追求，把自己最好的一面展现出来一样，大学的自我认知和定位应该达到这种程度。我们国内的大学，现在提起来，几乎没有哪个院系就敢称自己就是全国甚至全世界第一，这是不可以的，学校总要有一两个特点。总的来说就是大学需要有一些有特点、排得上名次的学科，能够让大家一提及某个学科或某方面特色就能想到一些大学，特色是大学立校之本。

构建协同培养人才新模式

现在在研究条件方面，大学不比研究院所差。尽管我个人与大学的交集比较短，比较少，但我觉得，在大学里老师的时间可能会相对宽松一点，有更多的时间在自由式的基础研究上做得更为深入，而且有很多富有创新力的年轻人可以参与其中。无论做基础还是应用，还是技术，老师一般都有教学任务，不会丢掉基础研究。当然，这些年我们也听到一些大学老师的"抱怨"，事情比在科研院所还"杂"还多，科研压力太重，负担太重等等。研究院所专门做研究，但是方向上往往是紧迫的前沿研究，对于自由式的基础研究可能还是大学老师更有条件去做。大学最大的优点就是拥有丰富的人力资源，有杰出的学生资源，而且容易发现在科研上有潜力的人，这对充实科研人才、培养科研团队来说是很关键的。这是学校的优势，也是老师的责任。另外，应该鼓励更多的科学家到大学做兼职教授，充分释放高校和科研院所科技人才优势，解放和增强人才活力，促进人才发展与经济社会发展的深度融合，切实构建起协同培养创新型人才的新模式。

科研工作不能"化妆"

科研评价体系非常关键。如果没有各种因素干扰，科研评价应该不是一件复杂的事情。不涉及人为因素的简单评价方法就是数数，看文章的数量或者不同影响因子的文章数量。但如果只从数字上考量，客观的数据可能并不"客观"，有时候甚至还不如主观判断来得真实和有效。所以，科学评价要回归到它的本源，我们做科学评价的目的是什么？不是为了排个一二三，我们要激励，尤其是激励年轻人在科学上往前冲，我们通过评价要自己知道自己的水平，要做到自己"心中有数"，不是让别人去看你的数。所以，这些指标不要去凑，不要去"做数"，不要为了好不好看，科研工作不能"化妆"。数据务必真实，评价务必公正，做了什么，做出了什么，解决了什么，实现了什么，这些内容才是最为重要的。

教育为人生奠基

百年科技强国是个很宏大、高远的目标。这就意味着 2049 年那些正当年的科学家们，也就是现在的孩子们或者还未出生的这一代人，是整个战略目标最为核心的人才资源。所以，教育问题变得非常重要，如果教育跟不上，百年科技强国战略就没有希望。我们要不拘一格地把年轻一代培养成有不懈科学追求、有强烈好奇心和独创精神的创新型人才。人的创新素质在少年时代就已经被塑造了，正如梁启超先生所说，今日责任不在他人，全在少年，少年志则国志，少年富则国富，少年强则国强。从现在开始，从小孩子开始，把未来人才培养好，帮助他们打好创新根基，培养团队合作和追求奋斗的精神，真的非常关键。教育是国家和民族发展的根本，培养创新型人才，建设创新型国家，提高我国在世界经济舞台上的核心竞争力，都离不开教育。

求学时代塑造的品格，是一个人将来发展的基础和根基。教育绝不仅是为工作铺路，更是为人的一生奠基。

（2017 年 3 月 15 日）

简水生

中国科学院院士

院 士 简 介

1929 年 10 月出生，江西萍乡人。

北京交通大学教授，光波技术研究所创始人。

光纤通信和电磁兼容专家。长期从事光纤通信技术的教学和研究工作，首创了对称电缆消除螺旋效应的屏蔽理论。创立的 JN 函数和 IK 函数，简化了光波导折射率多层分割的计算理论。主持研制了异型钢丝超强型、蜂窝型等一系列束管式新型通信光缆。研制成功 3 万至 30 万像素的石英传像光纤、平滑低色散光纤、宽带光纤光栅色散补偿器等光电子产品。在宽带光纤光栅色散补偿技术方面取得了多项重大技术突破，做出了创新性成果；在光纤生产新方法研究方面形成了无氢过程激光精准加热预制棒新型生产工艺平台，取得了突破性进展；在全光网方面进行了首创性研究。领导研制的光缆预警系统为建国六十周年国庆首都阅兵装备方队指挥部的安全保卫做出了贡献。

曾获邮电部、铁道部和北京市科技进步奖等奖项。曾获北京市劳动模范、全国铁路优秀教师、国家有突出贡献的科技专家、全国"五一劳动奖章"、全国优秀教育工作者、全国铁路优秀知识分子等荣誉称号。

院 士 观 点

知识分子理应把个人的事业、人生追求与国家发展紧密结合起来，要想国家之所想、急国家之所急。

创新，关键是要不断提高自主创新能力，自己创造出更可靠、更稳定、更高效、更可信的核心技术。

要培养学生严谨的科学精神，要像爱护生命一样爱护自己的学术声誉。

人才要有精、气、神，有热情，有精神，有能力，热情能提升一个人的能力，精神是能力的保障。

关键、核心技术永远需要自主创新，我们一定要有自尊心和自信心，敢于担当重任。

人才要有精气神

今年两会期间，习近平总书记在看望政协委员听取意见和建议时说，我国广大知识分子要以时不我待的紧迫感、舍我其谁的责任感，主动担当，积极作为；全社会都要关心知识分子、尊重知识分子，营造尊重知识、尊重知识分子的良好社会氛围，他希望广大知识分子积极投身创新发展实践，尤其是提到要让知识分子充分表达自己的意愿，哪怕不对的地方，也要多一些包涵和宽容。我学习了，备受鼓舞，这将有利于在全社会形成尊重知识分子的良好氛围，也将进一步释放知识分子的才华和能量。我认为知识分子理应把个人的事业、人生追求与国家发展紧密结合起来，要想国家之所想、急国家之所急。我们应该紧紧围绕经济竞争力的核心关键、社会发展的制约瓶颈、国家安全的重大挑战，不断增加知识积累，不断强化创新意识，不断提升创新能力，不断攀登创新高峰。回头看看，我这大半生基本都是在围绕国家经济发展的急需问题、核心技术卡脖子问题、国家重大安全问题进行科学研究和人才培养，将全部心思都扑在这件事上，且在科研的希望与失败之中不断研究、不断创新，一直生活在希望中，不知老之将至。

创新捍卫网络安全

目前互联网无处不在，为人类的科学技术和文明的进步作出了重大的贡献，成为人类社会不可或缺的重要组成部分。但互联网仍需要革命，有两个原因。一个是现在的互联网传输是通过光纤，而交换却采用电的路由器，需要先将光变成电，交换后再变成光。互联网的容量受限于核心路由交换机容量，而它的容量又受限于电交换容量瓶颈。随着互联网容量的超高速发展，其中 70% 以上都是高速图像传输，4K、8K 电视将进入家庭，而 VR 和 AR 的带宽约需千兆比特，而且丢包率要求达到 10^{-6}—10^{-8}，只允许纳秒级的抖动，现有的路由器的交换丢包率只有 $\leqslant 10^{-3}$，多种技术指标都不能满足要求，出路只有一个，就是实现全光交换。互联网的另一个问题是网络安全。现在的网络结构中，有先天缺陷，任何一个用户都可向其他任意用户发送任意信息，而其他用户在一般情况下也无法拒绝其他任何端机向他发来的信息。随着网络的商用化高速发展，逐渐形成了各种恶意代码和黑客的各种攻击，最后形成了网络犯罪的泛滥，现在网络的指导思想是自由主义和无政府主义的，是不可控和不可测的，严重影响国家网络安全。习近平总书记说，没有网络安全就没有国家安全，没有信息化就没有现代化。建设科技强国、网络强国，要有自己的技术，有过硬的技术。这些哪里来？创新，关键是要不断提高自主创新能力，自己创造出更可靠、更稳定、更高效、更可信的核心技术。

人才要有精、气、神

人才培养是大学的根本任务，人才是实现中华民族伟大复兴的重要基础。高校必须担当起为国家发展、人类进步培养栋梁之材的重任。从教以来，我培养了 70 多名博士，80 余名硕士，现在还带了 3 个本硕博连读、产学研结合创新试点班，目前看来很有成效。在培养学生这个问题上，我一直坚信并努力做到这几点：一是要培养学生科学报国的热情。只有把自己有限的生命融入国家民族发展大潮之中才有意义，只有为国家为人民利益而奋斗的人才会前途无量。二是要培养学生严谨的科学精神，要像爱护生命一样爱护自己的学术声誉；获得知识的途径有曲有直，时间有长有短，有一点是肯定的，就是来不得半点弄虚作假。三是要培养学生独立解决问题的勇气和能力。在科学研究中，遇到困难是家常便饭，要鼓励学生坚定科学信念，勇于创新、允许失败、鼓起勇气克服困难。要注重创新实践能力的培养，让学生们到一线亲自动手搞工艺，把新的构思和设计做出来。我有很多研究生是做光纤研究的，他们的每个毕业论文题目都是结合国家需求提出来的，最后毕业时我都要求他们要把自己设计的特种光纤在实验室做出来，做出真正可用的东西。人才要有精、气、神，有热情，有精神，有能力，热情能提升一个人的能力，精神是能力的保障，我认为这三点要求对学生来说，是一个基本的内容。

信心是创新的动力

现在国家提出要建设世界科技强国，我认为非常必要，中国科技创新到了这个阶段了。我坚信中国人的脑子不比外国人笨，要有自信。上世纪 50 年代我留学苏联，在做毕业论文时，我对一个关于屏蔽计算的理论产生怀疑，与导师意见相左，但"吾爱吾师，吾尤爱真理"，经过四年苦心钻研，我第一次提出了与当时苏联的"反射理论"不同的消除螺旋效应的屏蔽理论。60 年代主持研制成功新一代的小同轴电缆，材料价格只有原来同类产品的五分之一，抗干扰防卫度赶超国际先进水平。80 年代研制动态单纵模激光器、研制 3 万至 30 万像素的石英传像光纤，90 年代初研制"束管式光缆"，后来做特种光纤、光纤陀螺等，取得了一系列原始创新成果，相关产品均达到国际先进水平，打破了国外封锁。要相信外国人不能做到的，我们也可以做到。2016 年 5 月，我们首次建立了"不需路由器、与波长无关、通过能力将可达到 10^{15}bps、无阻塞、可扩充、有信令系统并可大量节省能源的信息安全的光路交换网络"的演示系统，受到了中央网络安全与信息化办公室、两弹一星历史研究会国防论坛、火箭军和海军有关部门和领导的高度关注，并提出要实现"集成化、模块化、小型化"，尽快实现实用化，目前我们在全光交换的主要器件已经实现了"集成化、模块化、小型化"，而且具有很高的性能价格比，还解决了光纤传输每个波长百 Gbps 的多个极其重要的难题，发展空间将是巨大的。近期正在创造条件研制我们所发明的新型陀螺等课题。看看这些年，我们国家很多领域的创新都非常好，能在世界科技前沿占一席之地了。关键、核心技术永远需要自主创新，我们一定要有自尊心和自信心，敢于担当重任，报效祖国，坚定敢为天下先的志向，为实现中华民族的伟大复兴贡献我们的一切。

（2017 年 3 月 16 日）

徐叙瑢

中国科学院院士

院 士 简 介

1922 年 4 月出生，山东临沂人。

北京交通大学教授，北京交通大学光电子技术研究所名誉所长。曾任长春物理研究所所长、中国科学院长春分院副院长、《发光快报》《发光学报》主编、中科院长春物理研究所名誉所长、吉林省科技协会副主席、天津理工学院材料物理研究所所长、中科院激发态物理开放实验室主任、北方交通大学光电子技术研究所所长。1945 年毕业于西南联合大学物理系，1955 年获苏联科学院列别捷夫物理研究所副博士学位。

发光学家，中国发光学奠基人之一。提出分层优化方案，发现固态阴极射线发光。在发光机理上，尤其是在导带电子性质及其在场致发光作用上有系统、独创研究。对发光学基础建设、人才培养、国内外学术交流、学会及学报创办都有重要贡献。

曾获中国科学院科学技术进步奖二等奖、何梁何利基金科学与技术进步奖、首都精神文明奖、国家科学技术进步奖二等奖、教育部自然科学奖一等奖等奖项，曾获联合国教科文组织"科技之星"、北京市教育系统优秀共产党员等荣誉称号。

院 士 观 点

教育要从小抓起，家庭教育、学校教育和自我学习全做起来才好。

中国的发展情况和需求与欧美不同，机械按照他们的指标和标准建设一流大学，只会把我们高校办学定位和方向搞偏。

中国可以学习借鉴的东西非常多。我们五千年的文化里头很多好的东西，有什么问题，我们都可以从这里头找出答案来。

是不是一流大学不是外国人说了算，是我们自己摸索探索出来的，中国人应该知道怎么才算一流，中国教育要走中国道路。

学科要有重点发展方向，加大投入发展苗头好的学科，不要全面铺开，尤其不要每个学校都想全面开花，不现实也没有必要。

科研工作者必须加强团结意识，懂得团结互助。

我们现在的学生从小到大都是先理论灌输再重复做习题，没有在创新氛围中成长，也就没有养成创新的习惯。

我鼓励年轻人出国深造、增长见识、提高才干，去学习外国先进的东西可以，但去的目的是将来更好地回国效力。

中国教育要走中国道路

我"七七事变"后，十五岁离开山东，因时局原因，未能去成陕北，后来选择在西南联大读书。回顾读书岁月，我感到西南联大能够取得很大成就，最重要的是有两个原因，一是坚持自由民主风气，二是治学严谨新颖，学生类似于研究生管理，读书没有具体教科书，教师只讲某门学问有什么问题，学生要想了解仔细，就必须查阅文献认真研究，自己得出答案再由老师评判，一切教学皆做得井井有条。西南联大读书的时候，有三位教授对我的影响很深。一位是王竹溪教授，他特别强调学习时概念一定要清楚，不能张冠李戴。一位是黄昆教授，他是我老师的助教，做事情非常认真负责。最后一位是许宝路教授，他特别善于学习，讲课提纲挈领，内容非常丰富。

家庭教育、学校教育、自我教育要结合

西南联大对我一生影响很大，但教育也不能上大学再抓，要从小抓起，家庭教育、学校教育和自我学习全做起来才好。拿自己来说，家庭教育方面，我父亲一直秉持"诗书继世长，忠厚传家远"，要求我们兄弟做人心中有他人、做"人中人"。我哥哥北大数学系毕业，也常与我写信，

要求我努力做好人。后来慢慢明白，自己只是大海中的一滴水，这样态度一直谦逊诚恳，工作心情愉快。儿时念书，老师有一次让我出题目给同学练习，我自己没事干，就跑到孔子庙里玩，老师发现后批评我，"一瓶水不满，半瓶水晃荡"，我一辈子记住了这句话，学习就有了警戒线，终身受益。自我学习方面，我十六岁时进四川，走的路都是沿江而修，我受启发由此思考并悟透因果联系的道理，参加工作后到苏联学习，基于因果联系的基本原理，解决了有关材料发光问题，当时这个问题英国和苏联科学家争论已久。自学、爱思考对我一生工作意义重大。

中国教育要走中国道路

长期以来，欧美都用自己的标准定义世界一流大学。他们搞的一流大学排名，就是让全世界向他们的学校看齐。我反对我国高校盲目参照欧美标准进行大学排名。我们高校的任务是要服务国家建设，培养国家需要的人才。中国的发展情况和需求与欧美不同，机械按照他们的指标和标准建设一流大学，只会把我们高校办学定位和方向搞偏，耽误我们自己的发展。我们改革开放是结合自身实际，"摸着石头过河"来的，我们高校也要有这样的认识，按照社会发展实际，制定适合自己的标准来发展。是不是一流大学不是外国人说了算，是我们自己摸索探索出来的，中国人应该知道怎么才算一流，中国教育要走中国道路。我觉得，中国可以学习借鉴的东西非常多。我们五千年的文化里很多好的东西，有什么问题，我们都可以从这里找出答案来。我相信就像我们经济大幅进步后经济话语权就增强一样，我们高校走出自己的路来，也定会赢取世界高等教育的话语权，让别的国家学习我们。此外，建设一流大学和一流学科，还是应首先解决好建设一流学科的问题。我们虽然经济条件改善很多，但依然还不富裕，学科要有重点发展方向，加大投入发展苗头好的学科，不要全面铺开，尤其不要每个学校都想全面开花，不现实也没有必要。

校长和教师要各司其职

高校要充分发挥校长的领导作用和教师的学术作用，要各司其职，各尽其责。在德国，大学校长或院长一般是管理学专家，学校发展建设、人才引进等问题，都由校长或院长决定，充分发挥他的管理才能。教课、科学研究等学术问题，校长或院长是不能插手的，完全由教师决定，学校充分相信他们的能力，发挥他们的学术作用。现在很多的"双肩挑"，我认为是不合适的，缺乏一种做研究的责任心。应该改革现有的政策，充分发挥领导作用，担任领导即不再从事科研，为教师安心工作提供好服务。领导要相信教师、相信科学家，他们绝大多数都在勤恳工作。要改变现有人才奖励自我推荐，避免个人到处申请等问题，公平公正对人才贡献进行评价，并给予合适的肯定和奖励。同时充分发挥教师和科学家作用，鼓励他们开展"关公战秦琼"式的交流讨论，不断提升学术水平。

做科研要发挥团结互助的集体主义精神

科研工作者必须加强团结意识，懂得团结互助，强调团结和集体主义。我在学校里不止一次提到，要发挥团结互助的集体主义精神，支持科研设备共有、科研成果共享。我在当所长的时候，每星期都要组织学术研讨会，加强人员交流，通过交流碰撞思想、分享经验，共同提高科研水平。现在学校科研人员开展竞争上岗，搞"你上来我下去"那一套，我认为并不很好，容易影响交流进步。应该开展竞赛上岗，以竞赛切磋业务水平，同时提拔有团队精神的同志担任领导，确保团队和谐团结，共同进步。探讨科学问题是为了科研水平提高，也不应只限于本单位内部。国家自然科学基金委项目评审，申请人对评审意见有不同看法，要允许申请人与评审人进行讨论。通过讨论评审意见会更清晰，申请人与评审人的知识水平也会得到提高。现在评审意见为不通过，一般都没有当面交流，缺乏对待科学的民主精神，意见问题很难处理好。另外，现在学校对教师的指挥也有偏差，引导老师都去搞研究，都去发表学术论文，忽视了教学的重要性。

要培养学生创新意识和能力

当前人才培养情况不是很好。招收研究生的单位要有人才培养的长远目标，研究生是预备研究的战士，提高研究生的研究水平，目标要明确，还要愿意投入大量时间培养。现在有的单位培养目标不明确，要么把学生拉进来任其自由发展，要么让学生做拿来的课题、来"打工"，不论达标与否赶快促成毕业。要明白与本科生教育不同，研究生做科研的结果是不确定的，需要在老师指导下发挥能力去闯。我以前带学生，会告诉他们，在科学的道路上要经过三个阶段：一是批判文献，从中看到不足，找出应该发展的路子；二是批判导师，找出导师的不足之处，学生应从学习导师起直到分析导师的工作；三是批判自己，知道自己的不足，做到知己知彼，才能在探索科学真理的过程中到达炉火纯青的高度。

我们现在的学生从小到大都是先理论灌输再重复做习题，没有在创新氛围中成长，也就没有养成创新的习惯。学生也很难分清创新不仅有大小，还有核心与外围之分，一般还有先实践再理论、理论再到实践的过程，应多做牵一发而动全身的全局性工作。

还有就是我们的人才外流比较严重。像北大清华一些名气比较大的学校，优秀的人也比较多，但培养出的人不少都去国外工作定居。读书为了什么？出国是为了什么？我鼓励年轻人出国深造、增长见识、提高才干，去学习外国先进的东西可以，但去的目的是将来更好地回国效力。

（2017年3月16日）

翁宇庆

中国工程院院士

院 士 简 介

1940 年 1 月出生，江苏常熟人。

中国金属学会名誉理事长，钢铁研究总院名誉院长，国家"973"项目顾问组成员，国防科工局技术委员会委员，俄罗斯工程院院士。曾任钢铁研究总院院长、冶金部副部长，全国政协委员，连续两届担任中国金属学会理事长。

钢铁材料专家。从事钢铁结构材料研究 40 多年，在超细晶钢研发领域作出重大贡献。担任过十多项国家和部级科研项目负责人，连续三次担任国家攀登项目和国家"973"项目有关钢铁材料的首席科学家（1996—2009）。

曾获国家科技进步奖一等奖、中国冶金科技奖特等奖、国家发明奖三等奖、省部级科技进步奖一等奖（3 项）、香港求是科学基金"杰出科学家奖"和先进材料制造加工国际大会"杰出贡献奖"。专著《超细晶钢》获中国图书奖及中国政府出版奖提名奖。

院 士 观 点

教师队伍对大学发展来说尤为重要，教师队伍的整体水平决定了大学发展的高度。

创新者要承受创新路上的孤独，但在前进途中，还是要结伴而行，要让创新不孤单。

做科研最怕走形式，频繁的考核评估对深入科研实在不是什么好事。砍掉科研管理中的繁文缛节，科研界的人都期待着。

高校最终是要为社会建设发展服务的，一定要明确各自所长，知道自己的特长，知道自己该专攻什么，然后根据需要进行通力合作，对社会发展的支撑才能保证。

对大学发展来说，一定要量力而行，保持理性的创新发展观念，才能有长远发展。

大学要理性发展

教师应具备的素质

教师队伍对大学发展来说尤为重要，教师队伍的整体水平决定了大学发展的高度，我个人比较看重这一点。想让花园里的花朵开得美丽，园丁很重要。高校要育人，要创新，老师很重要；学生的成长、科研能力的提升、校园文化的建设需要有一支高素质的教师队伍做支撑。所以，我觉得教师应该具备几个能力或素质。

第一，要有对科研事业的洞察力，就是创新的意识和能力。说到创新，不是做个项目就是在创新了，严格来说，创新应该是做别人没有做过的事，至少是你这个地区、你这个行业没有做过的东西，或者是有做的，但你所做的对已有的成果有质的提升。如果说你缺乏一个比较长远的，或者说比较宽广的理解，你又怎么去选择比较好的研究课题呢？所以，创新的自觉性和洞察力非常关键，有理解才有参与力，你不理解，不清楚，你就很难参与到其中。

第二，要有很好的自我修复、自我学习的能力。老师教给学生的知识，绝对不能是陈旧的，而应该是经他消化过的新知识。基础性的知识，学生们自学都可以，那老师的作用在哪里？老师需要有自我"加工"的能力，这也可以看作是创新。

第三，实践能力。实践的重要性不用多说了，对理工科来说尤为重要。在实践方面，老师需要起带头作用。我在清华大学的时候有 3 次实习。首先是认识实习，到工厂去参观，去了解你这一行；然后是生产实习，要在现场和工人、技术人员一起去干一个月，有比较深入地了解；最后是毕业实习。通过一系列流程，你对研究和实践会有更深刻的了解。但是现在来看，绝大多数工科院校已经没有实习了，这是个问题。时代进步了，社会变化了，但实习的意义不会变。如果说现在没有实习的环境和条件，这个我们也可以去创新，去改变，实习本身也可以与时俱进的。

第四，要有交流能力，特别是国际交流能力。既然要创新，你不能关着门自己弄，国内外会议，国内外活动，都要时刻关注，视野要宽。看看他人在做什么，你在做什么，潜心研究和抬头远望是不矛盾的，"进步"本来就是一个比较的概念。

第五，要有团队意识和组织能力。当然，可能并不是每个学科领域都需要这样。一个人知识有限，能力也有限，只能解决一方面问题，而且现在很多创新都是多学科交叉，难题往往需要团队来攻克。对单位来讲，也要重视团队的培养，否则解决不了国家大的需求。

当然还有其他的要求，我觉得这五个方面对育人和创新来说，是教师应该具备的。现在对教师的要求比较高，真的应该让教师这一职业成为社会上最令人尊重的职业。

创新不能孤单

我喜欢用"创新孤单"来描述现在的创新问题。什么叫"创新孤单"？就是单方面、单因素的创新。很多时候创新是一项复杂艰巨的群体劳动，需要协同完成，尤其是随着现代科学研究的深入，协同变得愈发重要。我说的协同既指人与人间的协作，也指领域间的融合。现在很多创新都集中在某一个领域，创新比较狭窄，覆盖面小。创新需要联动，需要尽可能把相关领域统一融合起来，那样才有更大创新可能，意义才更大。就像培养复合型人才一样，他可以搞经济，可以搞工业，也可以搞管理，在专业上遇到了别的问题的时候，可以融会贯通。我们现在很多单位百万年薪引进人才，如果没有团队，孤军作战也难以成事。所以，"创新孤单"对深入创新来说不是好事，尽管我们经常说另外一句话，创新者往往都是孤独的，创新是孤独的旅行。创新者要承受创新路上的孤独，但在前进途中，还是要结伴而行，要让创新不孤单。

科研管理制度要服务于科研

做科研最怕走形式，频繁的考核评估对深入科研不是什么好事，科研需要宽松的环境。社会要相信学校，学校相信老师，一线工作者有了可以创新的环境和基础后，科研自然会不断进步。但是现在的情况是各种条条框框、各种评价体系、各种考核考量把科研工作者搞得很累，哪里还谈得上创新、创造力呢？考核、监督都是需要的，过程管理也很重要，但这些都应是围绕着如何服务科研来的，现在的状态总觉得不是服务，尽管很多部门的出发点可能是想着去服务，但最后给大家的感觉总是来捆绑手脚的。大家都知道，科研管理制度应该是服务于科研的，绝不是用来束缚科研的，但现实的情况就是大家觉得处处受限。创新道路的探索比较难，但这不是创新本身的问题，我们没有让人和事各得其所。政府工作报告中说，要扩大高校和科研院所自主权，砍掉科研管理中的繁文缛节，这要看具体的执行了，科研界的人都期待着。

大学要理性发展

现在不少大学发展都存在着模仿跟风的现象，什么都想抓，就是抓不住重点。我们都知道，术业要有专攻，专攻很重要，但现在有专攻的大学真是比较少了，大家都想横着长，觉得五大三粗才是好，忘了要健康、要内涵发展。每个学校都有自己的特点和特长，术业要有专攻。高校最终是要为社会建设发展服务的，一定要明确各自所长，知道自己的长处、特长，知道自己该专攻什么，然后根据需要进行通力合作，对社会发展的支撑才能保证。大学一定要有理智。近些年高等教育大众化，发展极快，大学尤其是地方大学的同质化现象严重，特色渐失。一流不是指派出来的，它需要沉淀和积累。大学发展一定要量力而行，保持理性的创新发展观念，才能有长远发展。

（2017 年 3 月 17 日）

杨元喜

中国科学院院士

院 士 简 介

1956 年 7 月出生，江苏姜堰人。

中国导航应用管理中心研究员。国际大地测量与地球物理联合会（IUGG）中国委员会主席，《测绘学报》主编，第三代北斗卫星导航系统副总设计师，第十二、十三届全国政协委员。曾任郑州测绘学院教授、博士导师，国际大地测量协会（IAG）第四届委员会秘书，国家自然科学基金委员会咨询专家，中国科协科普委员会副主任，北斗卫星导航系统重大专项专家委员会委员。

大地测量专家。发展了相关观测抗差估计理论，构建了双因子等价权模型，提出了抗差方差分量估计，发展了抗差贝叶斯估计和抗差拟合推估理论。发展了自适应导航定位理论，该理论兼容了最小二乘平差、抗差平差、动态滤波、抗差滤波等。构建了四种自适应因子和相应的最优自适应因子。主持完成了"2000中国 GPS 大地控制网数据处理工程"和"全国天文大地网与空间网联合平差工程"，坐标框架点精度分别达到 3 厘米和 3 分米，使我国国家大地控制网及相应坐标系统步入国际先进行列。

曾获中国科协求是杰出青年实用工程奖、何梁何利科技进步奖—地球科学奖、国家科技进步二等奖（2 次）等奖项，曾荣获总参优秀中青年专家等荣誉称号。

院 士 观 点

急功近利的思想直接或间接地影响到了越来越多的单位和个人，逐渐体现于教学、科研等各个方面，甚至于成了"传统和共识"。

中国的大学发展需要结合国情体现中国特色，需要结合校情体现学校特点，需要实现高等教育的百花齐放，但这百花都要基于一个土壤——教育规律。

要相信做事的人，不要时时刻刻在考核上动脑筋，多想如何监督考核，不如多想如何避免出现问题。

我们不能逼着科研人员在工作之外动脑筋，项目不应是"挖空心思"弄来的，成果不应是凑数做指标得来的，不应再出现"集成创新""贴牌创新"了。

沉下去是科研的成功之道，虽然这样可能会让你觉得孤独和寂寞。

教育改革要动真格儿

大学发展要纠正两种倾向

大学教育是一个系统工程，要按教育规律办事，我觉得当前在教育科研领域有两个值得商榷的倾向。

一个是急功近利的倾向。近二十年来，国家不断加大对高等教育的投入，大力发展教育，这是好事，但在这个过程中，有些部门和单位显得比较着急，想在短时间内打造出国际知名的大学，有点儿急功近利。上行下效，慢慢地这种急功近利的思想直接或间接地影响到了越来越多的单位和个人，逐渐体现于教学、科研等各个方面，甚至于成了"传统和共识"。

一个是过分强调自我的倾向。特色发展，体现特点，这是我们应该倡导的，也是高水平大学应该具有的品质。但我们不能为追求特色、体现特点而违背了教育规律，违背了人才培养规律。现在有些学校打着特色发展的旗号，做着一些明显违背规律的事情，还能得到"叫好"，这是挺可悲和可怕的。中国的大学发展需要结合国情体现中国特色，需要结合校情体现学校特点，需要实现高等教育的百花齐放，但这百花都要基于一个土壤——教育规律。脱离教育规律的"特色"都是"错得有特点"，不叫特色。

这两种倾向互相交织、催化，产生了很多不良影响，扭曲了很多人对教育发展的判断和看法。

一些高校在建设发展中急功近利，迷失自我。有的学校"豪迈"地提出了三五年就成为国内或者世界名校的发展目标，却从未掂量一下自己的实际分量，从未好好分析一下既有的基础条件有哪些，没有耐心，不想孕育就想成长，不想一口口嚼饭就想一口吃饱。在管理层面，有的教育主管领导层急功近利的倾向体现在方方面面，包括人才引育、成果产出、教学科研评估等等。表面上看，主管部门对高校的管理是下足了功夫，各个部门都制定了详尽的考核指标体系，以此为指挥棒，但这个指挥棒却非常地简单和粗暴。用那么简单、粗放的量化指标去考核我们所有的大学，是否能够做到客观、公平、合理？我想答案不言而喻。为什么要采用这么一种简单、"一刀切"的量化指标？原因很多，主客观都有，但我认为最核心的原因是主管部门不愿担当，不想担当，不敢担当。量化指标看似客观，有无分明，多少分明，强弱分明，谁最多谁就是第一名，少一点儿就是第二名，谁也挑不出毛病，看起来公平公正。这样管理起来最简单，不需要动脑筋，不需要深入教学科研第一线全面了解学校的发展，只看数字表格就可以了，关键是出了问题好解释、好推脱。

教育管理不能完全指标化

现实中我们看到，上级部门定出指标，下面就一条一条按照指标去"实现"，形成了"上面定指标，下面造指标"的局面。这种考核指标体系就跟考试一样，只考察卷面上那些题，而且是有标准答案的题。这样会导致什么结果呢？举一个简单的例子，老师教学讲基础知识和基本技能的时候，学生可能不感兴趣，学生最感兴趣的是怎么能得高分，是考前划的重点。所以最终考试结果下来，成绩也许不错，但是真正对这门课有多了解？掌握了多少知识？掌握得是否牢固？考试是很难全面评价的。我们现在大学生英语六级测试通过率是多少，真正能灵活运用英语的有多少？当然，这些年这方面水平确实提高了。问题出在哪里？我们的整个教育体系都在努力提高学生的应试能力，在如何提高分数方面下了极大的功夫，但是基础能力方面的培养十分欠缺。

其实，我们目前大学教育的很多方面基本都是沿袭着这个套路。考核指标就是考试重点，主管部门一说要 SCI 论文，各个大学都舍得花大价钱去网罗那些论文高产学者来；如果教育部强调科技进步奖，大学就会组织和鼓励符合条件的学者尽力报奖，前些年个别人甚至可以每一年或者每两年申报一个科技进步一等奖。但是，真正的科研成果是一年两年能够做出来的吗？一个合格的人才是一年两年能培养出来的吗？一个月出一篇论文，这是什么样的论文？和教学和人才培养有什么关系？

另外，这种上级部门定指标，组织检查指标，不得不花费大量的人力和财力。评审要请大学教授做专家，越知名越好。评审的内容越详细越好，一次评审持续几天甚至几周。立项要评审，开题要评审，中期检查评审，结题要评审，结题后想鉴定和报奖还要评审。所以大学的教师忙找题（找经费），忙开题，忙总结，忙鉴定，忙报奖。忙来忙去，应付教育部门、科技部门、财务部门等等，忙各个部门组织的各种评审。被别人评审，也评审别人。哪来时间做科研呢？哪有时间准备教学方案呢？这种基于短期利益而设计出来的管理和考核评价体系也算是我们的独有特色吧。还有我们的教育科研投入理念——有产出就有投入，产出快就多投入，没产出不投入，产出少不愿投入。但是大家都知道，做教育不是搞生产，大学也不是工厂，教育的投入产出有自己的规律和特点。

这种指挥棒会导致我们教育系统的各种短视行为。大学的老师们，特别是知名的教授们，他们的精力不能集中于基本的教育和研究工作，他们必须把相当大一部分精力转移到如何去当老板，怎么组成一个班子，形成一个团队。这个团队要生存，必须要有产出，因此必须努力去争取经费，通过形成一个研究报告或者技术报告，集成整合一批论文，再争取拿一个稍微大一点的项目，接着就去申报一个科技奖励，之后再利用已有的基础申报更大的项目、争取更多的经费，如此循环。通过这样的循环，满足主管部门要求的所有考核指标，但是却没有足够的精力和时间在基础教育和研究方面下功夫。在这个过程中培养的研究生，并没有真正在科研能力方面得到显著提升，而是从导师那里学到了"如何跑项目""如何分包项目""如何包装成果""如何找门子托关系申报科技奖励"。显然，用现有的考核指标去衡量，这个团队的成果可能是显著的，团队带头人很容易成为"知名"教授，所在的大学得分也能相应提高。于是，能考试的学生多，能独立科研的人少，有开拓性思维的更少。这种指挥棒是不是容易导致方向性偏差？大学里愿意做科研的人多，愿意做短线科研的人更多，积极性也高；愿意在教学一线的人少，做长线科研的人也越来越少。因为做长线科研可能需要十年、二十年才看到成果，在目前的考核指标下，这样的学者干不下去。一没有论文，二没有奖，尽管这个教师讲课讲得好，学生喜欢听，科研做得扎实，但是这些都没用。他对学院没有"贡献"，甚至会在考核时"拖后腿"，主管部门没有耐心等，每年都要考核，连着几年考核不通过就只有淘汰。长此以往，如果都不做长线科研，没有雄厚的基础研究做铺垫，我们原始创新从何而来？

民国时期的北京大学、清华大学、西南联大这些大学，它们的知名度并不是来自各种考核结果，也没有逐篇去数论文，或者看获了几个国家奖。那会儿没有类似现在的考核指标体系，也没有各种层次的论文和奖项，但是它们的知名度很高，在国际上都很高。横向看，如果用科技奖来衡量，美国的哈佛大学、麻省理工学院一定比任意一所中国二流大学都要差，因为美国高校的科技进步奖是很少的。很多西方发达国家没有我们如此繁多的评奖和考核指标，但是，它们的大学却有很高的知名度。显然，学校的知名度和硬实力与评奖没有本质关系。美国没搞这么多评奖，德国的高等教育投入也不见得比我们高多少，可是人家的大学依然是知名大学，科技创新能力和人才培养水平有目共睹。

教育改革要动真格儿

我们真的离不开这些指挥棒了吗？我想应该可以离得开。怎么离？改！要动真格儿，要务实。

首先，精简和优化管理机构和模式。行政机关的工作以策划、协调为主，该减的减，该放的放，简化教育管理模式和科技管理模式。这里说的"简化"是指针对科研工作者的简化。主管部门要主动给科学家松绑，把自己的管理工作打磨好，为大学的发展保驾护航，为科学家服务。放手让大学自己去发展，让教师自由发展、自由探索。知人善用，人尽其才。要相信做事的人，不要时时刻刻在考核上动脑筋，多想如何监督考核，不如多想如何避免出现问题。事情按规律做了，按情理做了，出的问题自然就少了。我们不能逼着科研人员在工作之外动脑筋，项目不应是"挖空心思"弄来的，成果不应是凑数做指标得来的，不应再出现"集成创新""贴牌创新"了。

其次，人才要重质不重量。像教授的评选要注重质量而不能追求数量，我觉得现在我们大学里的教授数量太多。国际上很多知名大学，每个院系一共也可能就一两个教授，但是教学科研质量都很高，教授真正能起到学术带头人的作用。我们的大学现在教授"泛滥"，教学科研团队结构不合理，教授、讲师和助教的比例失衡。教授的评选要真正考察教学、科研水平，不能简单地看论文、专利、获奖等，不能唯指标论，也不要把教授的数量与申请博士点、硕士点和申请重点实验室等工作挂钩。

第三，理性看待成果。学术论文是衡量一个学者学术水平的重要方面，相对于一些奖励更能反映学术水平，但是论文的影响因子不能客观全面地说明学术论文的水平，这一点必须明确。影响因子高低，体现的是这个刊物整体的影响力，不代表某一篇论文的水平。举个比较极端的例子，某研究所的一位老学者在国内一个内部刊物发表了一篇文章，提出了一种算法，文章的影响力却很大，国外学者直接用该作者的名字命名了这种算法。但是如何论影响因子？这个刊物是内部刊物，没有公开发行。实际上，行业内学者是看水平，看是否管用，不是以影响因子高低来引用或应用某篇论文的成果的。此外，现在影响因子也可以"运作"，会"自动"升高降低，也有一批新生刊物，就是为了迎合中国学术界的 SCI 热潮，专门面向中国学者的。习近平总书记说要把论文写在中国的大地上，我们不能无动于衷。有关部门要鼓励中国学者把自己最好的论文发在国内的期刊上，这个指挥棒我们需要，但现在还没有。

最后，我有句话想和教育科研工作者共勉，尤其是年轻人。我们做教育也好，做科研也好，一定要尊重规律，眼光一定要放长远，信念一定要坚定，要沉下去，把教学科研的基础打牢。沉下去是科研的成功之道，虽然这样可能会让你觉得孤独和寂寞。沉下去，眼光放长远，打牢基础，迟早会有"出头"的一天。这个过程可能是漫长的，但在行进的路上，我们能感受到教学和科研所带来的快乐。

（2017 年 3 月 20 日）

岳光溪

中国工程院院士

院　士　简　介

1945 年 10 月出生，北京市人。

清华大学热能工程系研究员，国家煤清洁燃烧工程中心常务副主任，太原理工大学、长沙理工大学兼职教授。

热能工程专家。长期从事洁净煤技术研究。"八五"至"十二五"期间连续主持或指导国家循环流化床燃烧科技攻关项目，建立了全新的循环流化床燃烧理论体系，独立的循环床锅炉设计体系，开发出系列国产循环床锅炉产品，实现我国循环床设计技术出口。指导的世界最大容量超临界 600MW 循环流化床示范工程的成功是我国在本领域达到世界领先的标志性工程。近年又指导团队开发出新一代超低排放循环流化床燃烧技术，引领了循环流化床燃烧的新方向。指导团队在 2000 年后进入煤气化领域，开发了三代清华高压纯氧水煤浆煤气化炉技术，全面超越了国外同类产品，为我国燃煤节能环保作出了杰出贡献。

曾获国家科技进步一等奖、二等奖和光华工程奖等奖项。

院 士 观 点

大学好不好，不在于它大而全，而在于它有没有特色。

大学的主要精力还是应放在如何支持国家建设，不要提超出国力的目标，否则花了很多钱也做不好。

人才工作还是要实，要务实，要让真正的人才接地气，有底气。

教育需要管，更需要理，需要引导，需要为教书育人、学术的发展营造宽松的环境。

一个起码的信任该给科研人员，一个基本的科研规律我们该有所正视。

要相信群众，不要因为个别"坏人"推出一系列僵化、烦琐的框框制度，把多数群众管死，还是要放开和松绑，不能因噎废食。

建立服务学术的大学行政

我们的教育发展，随着国家经济社会的发展，经历了不同的时期和阶段，有不同的特征和特点，基本上是正常的。现在的成绩不小，虽然也遇到了一些问题，但大方向一直是正确的。特别是最近这些年，国家下大力气抓教育，教育改革不断深化，也非常符合现状和实际需求。习近平总书记在两院院士大会上的讲话，李克强总理在北京大学的座谈，核心内容就是改革、创新。实际上从世界大学发展史可以看出，大学搞得好不好，不在于它大不大，而在于它有没有特色、有没有特色学科。我们现在要做的，可能是先要纠正当前大学的膨胀和扩大化，真正实现大学的内涵发展。

大学要立地解决中国问题

对国家来说，教育的主要目标就是解决经济社会发展中的问题，为国家建设服务。随着国力的提升，我们也可以说我们教育的目标是为人类做贡献。我觉得，根据我们现在的教育现状，大学应该先做好为国家的服务，先立地，先扎根祖国大地。

现在不少大学都要争做世界一流，我认为有些过头了。我们的经济实力与发达国家比还有不小的差距，虽然总量上很可观，但是平均以后还是比较落后的。我们还处在工业化中期，即农业化向工业化转变的过程，并没有进入发达国家的后工业化时期，在这个基本问题上要有认识。因此，大学的主要精力还是应放在如何支持国家建设，教育和科研的主战场还是不能变，不要提超出国力的目标，否则花了很多钱也做不好，做好了也可能不是给我们自己做贡献，自己受益不多。我们的大学还是先要立地，达到国内一流，解决好中国最急切最急需的问题，再考虑世界一流。国内一流和世界一流是有联系的，不能剥离开来。国内一流都做不到，谈国际一流完全是不切实际的。

人才工作要务实

现在的考核制度对年轻老师很不利，我多次向校领导反映，不要再折腾这些年轻人，让他们按自我的意愿和兴趣发展，适合什么干什么，清华大学做得还算好。人才制度也有问题，先将老师们分类，规定这个人是研究系列，那个人是教学系列，出发点是好的，但效果却不好。拿我自己来说，我于1980年从企业转来留校，当时是工程师，之后教书多了就提副教授，再后来搞科研多了升教授，又转为研究员，而现在把人从年轻的时候就定下来，做实验员、做教授，待遇也区分开来，这种"贴标签"的做法是不是一种倒退？是不是与改革开放的精神相违背？另外，现在各种人才帽子也打乱了基层提职称的规律，东插一杠子，西插一杠子，造成教学科研人员思想极大的混乱，其实教师队伍里做得比较好的，都不是计划出来的，不是"戴帽子"戴出来的，为什么有个帽子就高薪、高待遇、高声誉？这种现象在世界上不多见。人才工作还是要实，要务实，要让真正的人才接地气，有底气。

教育改革的核心是去行政化

客观上讲，国内教育和科研存在一些偏向，没有完全按照规律和规章认真贯彻执行，这需要纠正。教育改革就是要让教育促进国家社会发展的需要。改革开放 40 年里，我们的大学发展很快，给国家经济高速发展提供了充足的人力资源和智力支持。大学规模扩大，招生数量增加，提高了我们科研人员和技术人员的教育程度，有力支持了国家经济建设，这些必须充分肯定。但在发展过程中，我们有一些做法，是违背规律和脱离现实的。围绕着问题大家也都在探索改革发展出路。从学术发展的角度来看，教育改革的核心应是去行政化，要充分信任知识分子、支持知识分子。教育需要管，更需要理，需要引导，需要为学术的发展营造好的环境。去行政不是说不要行政，不是说"放羊""自由化"，现实情况是我们行政味道太浓。比方说科研，从项目申请开始，就要填写各种各样的表格，不管填写什么内容，格式不对就被毙掉，申请到的项目经费使用也抠得死死的，这个不行，那个不行，每天都为应付这东西浪费一半以上的时间，花钱的时间比做事的时间还长，严重挫伤了科研人员的积极性。需求是多样的，学科也是多样的，为什么经费的使用就是一样的呢？做不同的事要按一个标准使用经费，这种规定值得商榷，我们是为了做事啊，还是为了花钱？一个起码的信任该给科研人员，一个基本的科研规律我们该有所正视。要充分调动科研人员干工作的积极性，让他们去想、去跑、去做。通过各种制度把他们都约束起来，像生产线上生产汽水瓶的工人一样，能指望他们做出什么来？那只会浪费大量时间，什么也搞不出来。中央现在又出文件了，有精神了，应该认真贯彻，坚决执行，尽快解放科研一线人员，给予他们充分信任，打破那些条条框框，松绑教学和科研活动。

其实国家一再强调要给科研人员松绑，但实际不是这样。下面的执行落地总是另外一个局面。现在的财务管理，似乎更多的不是要查问题而是要表功，证明他们做了很多工作，一道道手续程序严谨得很，好像很科学，这是典型的官僚主义，思想僵化。党和国家领导人强调一定要解决这个问题，但是为什么这么强调却一直得不到解决？党和国家领导人、基层老百姓都看到了问题，有共同的感受和意见，为什么执行层面就是解决不了这个问题？这可能与多数干部眼睛不是向下看而是向上看有关，但他们的向上看，不是看如何执行上面的决策，而是看自己的前途，不敢真正落实政策，怕出问题怕担责，怕惹麻烦怕出事。

大学需要解决很多问题，需要根据实际出台切实的办法，不能依靠行政手段设置一些不合规律的东西，这不但解决不了问题，还会导致更多的问题。在大学里，这样的行政管理还是要少一点，淡化一些。要相信党相信群众，多数人是好的，不要因为个别"坏人"推出一系列框框制度，把多数群众僵化住，还是要放开和松绑，不能因噎废食。改革开放前后，我们的国家为什么能有这么大变化？改革开放前，干部和群众的觉悟都很高，干事情的劲头儿一点儿不比现在差，甚至还比现在强，但是最后的结果是吃不上饭、穿不上衣。改革开放后国家经济才有了高速发展，最重要的原因就是放开，不把人禁锢住，真正信任群众能把事情干好。教育系统也适应这个理儿，教育系统是社会的一个缩影。信任教师，给他们松绑，教育和科研会有大变化、大进步。

（2017 年 3 月 20 日）

蔡美峰

中国工程院院士

院 士 简 介

1943年5月出生，江苏如东人。

北京科技大学教授、矿业工程国家一级重点学科首席学科带头人，国际岩石力学学会教育委员会主席。曾任北京科技大学土木与环境工程学院院长、国务院学位委员会矿业工程学科评议组召集人。

岩石力学与采矿工程专家。我国矿山地应力测量的主要开拓者之一，首次开发出我国具有自主知识产权的地应力测量技术，提出了以地应力为基础的采矿设计优化的技术体系、安全高效开采技术和矿山动力灾害预测与防控技术。

曾获国家科技进步二等奖4项、三等奖1项，国家技术发明三等奖1项，国家级教学成果二等奖1项。曾获国家级教学名师、全国模范教师和全国优秀科技工作者等荣誉称号。

院 士 观 点

高校从领导班子到普通教职工都应该强化责任感，增强紧迫感，提升使命感，勇于担当。

"双一流"建设不能盲目追求大而全，不能盲目追求"一流"的虚名，要踏踏实实、久久为功。

高校领导班子的领导能力与整体素质是影响学校创新发展的关键因素，对学校的进步和发展起着关键性作用，是学校进步、发展的重要动力源。

应该建立多样化的科研评价体系，分门别类，看实际贡献，充分发挥评价体系的正向激励作用，绝不能让评价成为束缚科研人员创新的枷锁。

学校的行政体系、管理制度、考核与激励应以服务教师教育教学、科研创新、学生成长成才为主。

学校发展要以人为本、久久为功

高校要有使命勇担当

科技兴则民族兴，科技强则国家强。2016 年，在全国科技创新大会、两院院士大会、中国科协第九次全国代表大会上，习近平总书记着眼新时期、新形势、新任务，深刻论述了建设世界科技强国的战略意义，明确了推动科技创新的五大任务，激发起了广大科技工作者的奋斗热情。坚定不移走中国特色自主创新道路，我国科学技术发展将迎来又一个春天。全国广大科技工作者深受鼓舞和振奋，对实现"两个一百年"的伟大目标充满信心和憧憬。

高校历来是国家科研力量的重要组成部分，是国家创新体系中举足轻重的力量，承担着培养高层次创新人才、开展高水平科学研究、产出高质量科技成果的重要使命。习近平总书记在讲话中强调，我国必须拥有一批世界一流科研机构、研究型大学和创新型企业。在我国推进创新型国家建设、世界科技强国建设的重要历史进程中，作为人才第一资源和科学技术第一生产力重要结合点的高等学校，重任在肩、责无旁贷。高校从领导班子到普通教职工都应该强化责任感，增强紧迫感，提升使命感，勇于担当，为建设世界科技强国而努力奋斗。

高校应充分发挥在战略性基础研究方面的优势，紧密围绕国家重大战略需求，主动融入国家重点研发计划全链条设计体系，积极参与国家重大科技项目和工程，着力攻破关键核心技术，抢占事关长远和全局的科技战略制高点。习近平总书记强调，现在国家对战略科技支撑的需求比以往任何时期都更加迫切。他以"深部开采"为例，指出向地球深部进军是我们必须解决的战略科技问题，吹响了"向地球深部进军"的号角，把深地开拓科技问题提升到战略高度。我个人从事深地开采相关领域研究，我们倍感责任重大、使命光荣。

我们经常说我国金属矿产资源总量较丰富，但人均占有量远低于世界平均水平，并且资源品位低、储存条件复杂，主要金属矿产资源国外依存度高，对我国国民经济发展构成潜在的严重威胁，必须广泛吸收各学科的高新技术，开拓先进的、非传统的采矿技术，创造更高效率、更低成本、本质安全和与环境和谐的采矿模式，最大限度提高劳动生产率和采矿效率，保证开采安全。这是一个持续发展的目标，需要我们"采矿人"不断努力，不懈奋斗。

"双一流"建设不能盲目求名

国家"双一流"战略对高校来说是一个很好的发展契机。高校应该根据自身实际，合理选择一流大学和一流学科建设路径，明确办学定位和发展目标，充分发挥优势和特色，不断优化学科结构，凝练学科发展方向，创新学科组织模式，力争在优势学科和特色学科上取得更多原始性创新成果、更多战略性技术突破，培养更多创新人才。"双一流"建设不能盲目追求大而全，不能盲目追求"一流"的虚名，要踏踏实实、久久为功。每个学校科学定位，在自己的特色优势领域不断取得突破，在提高核心竞争力上下功夫，才能整体提升国家创新能力。

领导班子应对学校发展起关键作用

高校领导班子的领导能力与整体素质是影响学校创新发展的关键因素，对学校的进步和发展起着关键性作用，是学校进步、发展的重要动力源。高校在学科建设、科学研究、人才培养和社会服务等方面的每一次提升和飞跃均需要领导班子的团结与智慧。高素质、高水平的领导班子是明确学校发展定位、形成先进办学理念、完善科学管理制度、推动学校走向一流的关键。

科研评价应分门别类

学术论文是反映科研成果的最直接载体，发论文是为了与同行交流切磋和学术发展，但现在我们却将其作为一个主要评价指标，并与奖金绩效、职称晋升、职务提拔等紧密挂钩，这种"唯论文"的评价方式非常不科学。科研活动有基础研究、应用研究和工程实践等之分，它们的成果形式必定不同，需要科学合理、适合其特点的评价方式和指标，若都用论文这一指标来衡量，对学校学科建设与科研发展危害极大。一方面将使部分科研人员为了完成年度考核、满足论文篇数的要求，挑容易出论文的"短、平、快"课题，不下现场、不做系统深入的试验、研究，只在办公室的计算机上做模拟计算分析、或在实验室做几个简单的试验，就能出来好几篇论文，这种急功近利的科研很难产生真正的创新成果，很难取得真正的创新突破；另一方面，高校里一些偏工程技术应用的学科或学科方向，主要是为了解决生产实际问题，很难出高影响因子论文，一些国防工程项目本身涉密更不能公开发表论文，"唯论文"将严重影响从事工程技术研究人员的创新主动性和积极性。我认为，应该建立多样化的科研评价体系，分门别类，看实际贡献，充分发挥评价体系的正向激励作用，绝不能让唯论文评价成为束缚科研人员创新的枷锁。

大学发展要以师生为本，确立广大师生在高校发展中的主体地位，建立相信、依靠广大师生办学的良好机制，体现"以人为本"的理念。学校的行政体系、管理制度、考核与激励应以服务教师教育教学、科研创新、学生成长成才为主，营造宽松的创新环境，让老师们能够潜心科研、踏实育人，而不是忙于应付各种考核，忙于填表格、报销、开各种与教育教学关联不强的会议，让学生们能够有一个安静的学习环境和积极向上的创新环境。做事，必须要有个良好的环境，让人无琐事、无烦忧，心情舒畅，这非常重要。

（2017 年 3 月 21 日）

汪旭光

中国工程院院士

院 士 简 介

1939 年 12 月出生，安徽枞阳人。

国家安全生产专家组副组长，全国安全评价工作委员会主任，公安部爆破专家组组长、消防专家组顾问，国际岩石爆破破碎委员会委员。曾任北京矿冶研究总院总工程师、副院长、学术委员会主任，中国爆破行业协会会长，中国有色金属工业协会副会长等职。

工业炸药与爆破技术专家。长期致力于现代工业炸药与工程爆破技术研究与开发，研制成功高威力田菁 10 号浆状炸药、EL 系列乳化炸药并广泛推广应用，研制适用于各种不同爆破作业使用 10 个系列、38 种乳化炸药以及配套工艺及设备，形成 BGRIMM 品牌。研发的乳化炸药、混装车、工程爆破等技术在国内外获得广泛应用，并首次实现工业炸药技术向国外转让。

曾获 35 届尤里卡发明博览会金奖，国家科技进步一等奖、二等奖，国家发明二、三等奖，国家优秀设计铜奖，全国科学大会奖等 30 余奖项。

院　士　观　点

　　高校办得好坏，不在规模大小，关键还是要看特色，形成自身特色的办学理念和风格。

　　学校特色发展应与经济社会发展变化需求动态协调，面对新需求和新增长点，相对稳定的特色优势要处理好变与不变的关系，做到有所为、有所不为。

　　高校要培养高层次的研究型人才，更要着力培养高素质的应用型、技能型人才，满足经济社会发展对不同人才的需要。

　　不架空做高精尖，能培养出工匠型高级人才也是成就。

　　教师可以从企业来，优秀的工程师、品德好的，可以做老师，不一定非要有博士学位。

　　培养大国工匠需要时间，需要氛围，需要精神，需要我们创新人才培养机制，重构工匠价值坐标，让工匠精神切实回归。

重塑工匠价值　培育大国工匠

　　我国高等教育事业发展取得了显著成就，有效推动了创新驱动发展，提高了全民科学文化素质，为国家经济社会建设作出了重要贡献。同时也要看到，高等教育事业发展依然存在一些不适应新时代发展要求的问题，高校办学求大求全、特色不明显，服务国家和社会战略需要能力不足，培养人才层次不分明、结构不合理等等，还需重点摸索解决。

高校办学要坚持特色

　　高校办学要以特色为主，不要大而全。高校发展归根到底是为了培养国家需要的不同类型人才。高校办得好坏，不在规模大小，关键还是要看特色，形成自身特色的办学理念和风格。美国麻省理工学院就是以理工科立校，把理工科发展成国际顶尖，一样是世界一流大学。清华围绕一流工科办出特色，北大在基础学科重点发展，北航突出航空航天，北理工突出兵器，各有所长各得其所，把工作做深做精，完全可以成为世界一流。高校发展没有特色，失去个性，就难有重大创新，高等教育也就没有整体高水平的提升。前些年合并的一些高校合并后反而丧失了长期积累的"名气"，之后又去搞独立招生，完全没有必要。有的学校原本某些学科实力雄厚、发展也有特色，但为求全变得体量庞大，现在却很难说出办学特色在哪里。

高校要形成特色，首先应站在战略发展的高度，根据经济社会发展要求，结合自身长期办学实践和现有实际，遵循高等教育发展规律和人才成长规律，选准所处的位置和扮演的角色，建设形成广泛认同的、有较高声誉的特色学科，达到人无我有、人有我优、人优我特、人特我强。其次应长期坚持已定的特色方向，把办学特色理念融入学校规章制度中，形成持久稳定的发展方式和特色发展制度体系。最后学校特色发展应与经济社会发展变化需求动态协调，面对新需求和新增长点，相对稳定的特色优势要处理好变与不变的关系，做到有所为、有所不为。

高校要服务国家和社会战略需要

我们国家正处于创新驱动的重要发展阶段，高校作为科技创新和人才培养的核心力量，必须主动服务国家和社会战略需要，推动经济社会的发展。历史表明，高校与国家经济社会发展同步。高校发展离不开国家发展进步，国家为高校基础设施建设、校园环境美化、师资队伍培养和人才发展平台构建提供全面支撑。国家发展进步同样离不开高校发展，高校承担起经济社会发展任务，解决发展面临的实际问题，特别是重大战略发展问题，推动国家和社会进步。当前雾霾问题已成为影响经济发展和人民健康的大问题，高校作为重要科研力量，就有必要对雾霾成因做出机理性分析，既要有地理位置、气象环境、生产生活等因素的综合研究，还要有定量分析，彻底了解雾霾，减小雾霾对经济发展影响和对人民健康危害。高校服务国家和社会战略需要，应针对实际需求，整合人财物资源，充分发挥科技文化优势，推动产学研合作，加强科技成果转化，激发科技创新活力，促进经济社会发展。

人才培养要分清层次

在高等教育普及背景下，人们受教育程度不断提高，人才培养呈现多元化发展道路。高校要培养高层次的研究型人才，更要着力培养高素质的应用型、技能型人才，满足经济社会发展对不同人才的需要。当前，军队院校人才培养层次划分比较清楚，地方院校层次划分相对不够突出，应该培养哪一个层次的人才，高校一定要有规划。人才培养层次一定要清晰，人才层级应该是呈金字塔型的。能够培养顶尖科研人员、引领国际科技前沿发展方向、产出最尖端的科研成果的高校永远是少数，大量应用型人才培养还是要依靠数量众多、具有地方和行业特色的高校，工程师、医师、农林科技员也一样是服务国家建设的重要人才。

培育工匠精神

国家提出培养大国工匠，正是由于缺少高级技工类人才。这个要求虽然提的晚了点，但非常好。高校特别是行业性高校应主动承担起培养高级技术人才任务，加快构建适应新兴产业、传统支柱产业、生产服务业发展需要、紧密对接行业技术人才需求的学科专业体系，坚持产学研合作育人，科教协同育人，进一步增强校企之间合作与资源共享，设计贴近生产实践的教学环节，提升学生专业技术素质以及创新能力，能培养出工匠型高级人才也是成就。有些高校可以再次审视一下自己的定位，培养工程师、培养技工可能更现实更有所作为。教师可以从企业来，优秀的工程师、品德好的，可以做老师，不一定非要有博士学位。我们现在不少工科教师没有实际工作经验，本硕博一路来的，让他们讲产业、企业技术动态，可能效果不是很好，从企业聘请兼职或者专职优秀人才进入教师队伍，我认为必要也可行。作为从事爆破技术研究的教授，我要求自己的博士生不能只关注顶尖论文发表，一定要结合行业发展需要，解决行业突出问题。与我关系密切的中国爆破行业协会就很重视培养工匠型人才，已在河南建立了人才培养基地，专门培养爆破行业高级技能人才，力求达到培养出的专业人才能在爆破遇到问题时准确定位问题所在。当然，要想把培养人才工作做到极致，需要长期的坚持，要注重引导学生结合兴趣激发自我潜能。一定要坚持，培养大国工匠需要时间，需要氛围，需要精神，需要我们创新人才培养机制，重构工匠价值坐标，让工匠精神切实回归。

（2017 年 3 月 22 日）

王成善

中国科学院院士

院 士 简 介

1951 年 11 月出生，黑龙江哈尔滨人。

中国地质大学（北京）教授、青藏高原地质研究中心主任，教育部科技委委员，国际地质科学联合会古陆指导委员会委员，中国青藏高原研究会常务理事，美国地质学会会士。曾任成都理工大学校长。

地质学家。主要从事沉积学等方面的研究和教学工作。在白垩纪古环境与古气候、构造隆升与沉积响应和含油气盆地分析方面取得系统性和创新性成果，提出白垩纪大洋红层和富氧作用（事件）原创性观点，建立青藏高原中部率先隆起的"原西藏高原"隆升新模式，对青藏高原含油气盆地进行了系统的分析和油气资源评价。

曾获李四光地质科学奖、全国先进工作者、全国五一劳动奖章、全国优秀教师等奖项和荣誉称号。

院　士　观　点

政策制度的束缚过多，现在要求给科学家松绑，具体执行层却未真正落实，预期目标与路径方法目前看起来还不是很契合。

急功近利和浮躁使我们更关注成果的数量而不是真正的质量，这是创新的大敌。

对学术领域造假等不良现象的处理应该不用迟疑，给社会给学者一个公正的交代胜过无数个规章制度和解释说明，我们在这方面的态度可以是断然和绝对零容忍的。

任何事情的解决都需要时间，大学发展有问题，就给大学点儿时间，别跟在后面呼来喝去，让它自我纠偏。

创新就是不同，只要研究不危害社会就应鼓励自由探索，如果觉得有风险有难度，重点关注就是，但不要限制和束缚了它的发展。

现在不顾一切投身科研的年轻人比较少，但我仍对年轻人充满厚望，因为终究一代比一代的基础更好、发展更强。

大学发展要自我纠偏

当前我们应该是处在科学技术创新的好时期，一定要好好把握住这个阶段。以习近平同志为核心的党中央深刻意识到科技创新对中华民族发展的重要性，在 2016 年召开的全国科技大会上的讲话对此已经做出充分总结。我们一定要认真识变、积极应变、主动求变，不要陷入战略被动，错失发展机遇，我们有这方面的教训。要如习近平总书记所说，要尊重科学研究灵感瞬间性、方式随意性、路径不确定性，不要以出成果的名义干涉科学家的研究，不要用死板的制度约束科学家的研究活动，不能用管理行政人员的办法来管理教学科研人员。唯改革者进，唯创新者强，唯改革创新者胜。

科研管理要有责任和担当

国家对科技发展高度重视，有好的发展机遇，这些年我们也取得了很大成绩，但是也还有一些问题。一个突出的问题就是政策制度的束缚过多，现在要求给科学家松绑，具体执行层却未真正落实，预期目标与路径方法目前看起来还不是很契合。我们一方面提出建设世界科技强国的目标，另一方面又人为设置了各种障碍，一直强调管理，却是只管不理。拿科研经费来说，现在每一笔经费使用报销都要经过相关领导签字审核，表面上看经费使用得到了严格管理，程序也很规范，管理似乎很科学，但实际上呢？增加了相关人员的工作量不说，没弄明白科研经费的目的，让项目的开展围着经费的使用转，为了花钱而花钱，不是为了事花钱，最后只会是浪费了投入，花不出应有的效益。我们很多关于经费的规定都超出了信不信任的问题，是完全不合理合情了。对经费的防范管理是应该的，但不是现在这样，我们可以加强事后审计，发现问题严惩便是。对每一个环节每一个人都以怕出事的心态去管，是管得严了，但却是管理的缺失，管理的不到位，是管理者的不担当。怕出事的心态可以有，但更要有不怕事的态度去尽好应有的责任，合规管理要合情合理。

急功近利是大敌

我们的科研和人才评价体系异化，过于急功近利。一进入教师队伍，从副教授到教授、博导、杰青，每一个层次都设置明确的"学术"要求，层层台阶，使得青年人为了职称和头衔做科研、发文章，为了追求文章引用率和影响力，将论文集中投到某几个特定期刊。急功近利和浮躁使我们更关注成果的数量而不是真正的质量，这是创新的大敌。我国是 SCI 论文产出大国，但是哪一项重大理论发现、普适性科学理论和科学技术体系的建立是出自我们？虽不能说完全没有，但数量非常少。不按数量按质量评价考核，需要高素质人才的支持，但在当下这种急功近利和浮躁的社会环境下，似乎涉及人主观判断就会更为复杂。科教界应该进行深思考、冷思考，无论是决策者还是科学家都认为，中国科技实力并没有跟国力发展相匹配，到底是什么原因造成的？针对这类问题，可以有一场大讨论。

急功近利与惩罚不够严厉也有关系。对学术领域造假等不良现象的处理应该不用迟疑，给社会给学者一个公正的交代胜过无数个规章制度和解释说明，我们在这方面的态度可以是断然和绝对零容忍的。应当明白，如果此类事件处理不好，将会极大破坏现有科研体系，造成不好的长远影响。有问题就一定要把问题交代清楚，解决明白，避免科技工作者重蹈覆辙。当前国内学术造假成本很低，相关责任人获得的巨大非法收益诱发了造假事件的不断产生。我认为学术本身在于求真，应建立诚信体系，采取零容忍态度和措施打击造假行为，这样才能抑制急功近利，逐步改善和净化学术生态环境。

大学发展需要时间自我纠偏

对于大学综合改革发展问题，原来我在成都理工大学时有过一点儿思考。能不能借鉴改革开放后三资企业带来先进管理理念、技术以及人才促进发展的实践做法，自上而下地尝试成立一些混合体学校。混合体学校以中国特色为基础，整合国内已有教学科研资源，对接国外相应领域有优势大学，引进来自世界各地的教授，招收来自世界各国的学生，集国内外之所长突破式发展，并向世界输出成果。办校中把学校管理权切实交给校长，给其时间、允其出错、真正放开。香港科技大学办校发展历史就是这样一种情况，在十年左右短时间内便取得了显著的成绩。学校管理权切实交给校长，需要管理部门能够客观对待学校发展中存在的一些问题，只要不涉及国家安全稳定和政治意识形态，就不要一出现"苗头"就立即问责，给学校充分信任和充足时间去判断、处理和解决。任何事情的解决都需要时间，大学发展有问题，就给大学点儿时间，别跟在后面呼来喝去，让它自我纠偏。

大学是国家实现创新型转变的重要力量，在创新型国家建设中具有举足轻重的作用。90 年代我曾在斯坦福大学访学两年，2013 年年底又去了一次。斯坦福大学也强调创新，还专门为学生开辟出创新实验区，那里涌现出了几十位奥运会冠军，几十位诺贝尔奖获得者，还诞生了非常多的高科技企业。对比我们的大学，可以反思一下。我们的投入也不少了，人才汇聚的条件也有了，为什么没有这样的效果呢？用千篇一律的模式要求去发展大学是不可取的。现在国内不少大学骨干教师的工资待遇和科研经费与国外基本持平，但是投入与科研成果的产出并不匹配，与国外同类学校比较相差甚远。这是为什么呢？环境，土壤。大学里的学术研究可以有一些"不同声音"，创新就是不同，只要研究不危害社会就应鼓励自由探索，如果觉得有风险有难度，重点关注就是，但不要限制和束缚了它的发展。

当下国内大学和科技领域国际人才多为海外华裔，要真正变成科技强国、教育强国，必须集聚全世界的人才。在这方面，无论与日本比较，还是与新加坡比较，我们做得都很不够。怎样以更为开放的姿态，真正吸引一些以欧美学者为代表的国际人才加入我国的科技教育事业，是需要我们思考和亟待解决的。只有把国际人才吸引来，走国际化道路才能水到渠成。

创新型人才培养要松严有度

我非常赞同"大学者，非有大楼之谓也，乃大师之谓也"这句话。但是产生大师的前提是要有好的氛围，环境不具备，学校就不可能产生大师。没有大师，没有学术氛围，培养创新型人才就很难。营造好的学术氛围也不容易，但我们可以从小处着手。国外在创新的学术氛围中培养学生，大学阶段的学生也最为劳累，而国内学生在大学时则进入相对比较轻松的学习状态，这方面我们一定要紧起来，可以宽进严出。国外学生磨炼十到二十年后，对科学研究充满激情，具有对自然探索的创新性以及对所有问题强烈的质疑心，而国内学生多数却忙着如何毕业与找到好的工作，效果高下立判，质量好坏分明。培养创新型人才还要注意开拓国际视野、建立职业道德和科学精神，同时对人才要报以宽容的态度。对于科学研究尤其基础科学研究，绝不要"炒冷饭"做重复工作，要多到国外去见世面，彼此联系沟通、启迪思想、开阔视野。与此同时，人成长成才的过程中难免会出现不同的想法，产生一些错误，要宽容和宽大。宽容学生跳出老师的势力范围，允许对问题有自己的看法，宽容学生犯下的错误，鼓励他们敢于试错，在试错中不断成长。

当然，试错不包括弄虚作假。对于创新型人才，一定注意培养他们的职业道德和科学精神，从最初起步阶段就要养成良好的道德规范。如果这方面基础打不好，就可能在发展过程中为了短暂的进步或外在的评价而迷失自我。现在不顾一切投身科研的年轻人比较少，但我仍对年轻人充满厚望，因为终究一代比一代的基础更好、发展更强。如何使年轻人执着于对科学精神的追求，而不将它仅作为未来的饭碗和回报父母的方式，值得我们思考。有了追求科学精神的指引，才能一天两天、一年两年甚至十年地坚持科研，热衷研究，不断奋斗和拼搏，永无止境而从不感枯燥，期望的成果才有可能收获。

（2017 年 3 月 23 日）

胡正寰

中国工程院院士

院　士　简　介

1934 年 7 月出生，湖北孝感人。

北京科技大学教授、国家高效零件轧制研究与推广中心主任。曾任中国机械工程学会塑性工程（锻压）分会理事长，政协北京市第五、六、七、八届委员。

零件轧制成形专家。长期从事轴类零件轧制成形研究与应用工作，是该领域的主要开创人，其成果使我国成为世界上少数全面掌握此技术的国家之一。该成果被列入《中华人民共和国重大成果选集》（1979—1988）。所领导的课题组已在全国 27 个省市推广零件轧制生产线近 300 条，其中 16 条出口到美国等国家。开发投产的零件 500 多种，包括汽车、拖拉机、摩托车等的轴类零件与球磨机、轴承、电镀中的球类零件等，已累计生产 500 多万吨，经济与社会效益显著。

曾获国家级奖 5 项，省部级一、二等奖 10 多项。曾获北京市先进科技工作者、国家级有突出贡献中青年专家、全国"五一"劳动奖章、机械工程学会与中国金属学会科技终身成就奖等称号与奖励。

院 士 观 点

加快破解阻碍成果转化的体制机制，理顺产学研用的相互关系，结合供给侧改革需求，提升技术，转化技术，加快科技成果的转化速度，真正发挥科技第一生产力的作用。

很多时候创新人才的脱颖而出就是从服务需求中来的。

评价看指标，看似简单公正，实际上却把评价异化了，把评价简单化了。

科学技术要真正转化为生产力，变成实实在在的效益，需要"政、产、学、研"的合力。

工程师是在实践中成长起来的，不是大学可以直接培养出来的，对这个问题我们要有深刻的认识，并相应调整我们的教育理念。

我们的工程教育思路还基本是按培养科学家的模式，工程教育的学术化比较明显。

努力让科研成果转化为生产力

真正发挥科技第一生产力的作用

目前我国经济发展已经进入新常态，我们现在推进结构性改革，尤其是供给侧结构性改革，这对科技创新提出了更高的要求和需求。对国家经济社会发展来说，科技创新要出成果，更要用成果，要做好成果的转移转化，就是要把技术转化为生产力。高校高素质人才多，专业覆盖面宽，有很多不错的技术创新，由于评价体系和激励机制等因素，这些成果转化、产业化缓慢。应该加快破解阻碍成果转化的体制机制，理顺产学研用的相互关系，结合供给侧改革需求，提升技术，转化技术，加快科技成果的转化速度，真正发挥科技第一生产力的作用。长期以来，科研和生产建设相分离，阻碍了科技创新驱动经济发展。国家也认识到这些问题，这些年也采取了一些举措，尤其是现在提出"三个面向"，可以说有了宏伟的规划、理想的蓝图，需要我们广大科技工作者投身其中了。

时势造英雄，需求出人才。科技创新要积极服务国家和社会的需求，承担国家重大项目，解决重大问题。很多时候创新人才的脱颖而出就是从服务需求中来的，这是双赢，满足了需求，培养了人才。人才从需求来，需求从企业来，从社会发展来。我们的评价引导机制还要完善，我们的指挥棒要改，要让科研人员埋头，让他们安心。这个大家都在呼吁，也出了一些政策，推了一些改革，效果还不是很好。不是不要论文，是不能"唯论文"，不能只有论文。评价看指标，看似简单公正，实际上却把评价异化了，把评价简单化了。

我们强调科学技术是第一生产力，但真正落到实处时，有些政策还是跟不上。真正要把科技成果转化成生产力，需要有政策和环境，现在的科研机制体制是成果不能及时转化为生产力的核心问题。科研与生产互相脱节，"两张皮"现象长期存在。我们的高校和科研院所里有很多基础研究和应用基础研究，但开发试验机构不配套，学校、科研院所研究自己的，企业忙自己的，没有通畅的沟通渠道。科研单位做研究游离于企业需求之外，企业需要技术却自身创新能力又较弱。科学技术要真正转化为生产力，变成实实在在的效益，需要"政、产、学、研"的合力。

工科教育需要深刻转型

推动科技创新需要把发挥人才的作用放在突出位置，把他们的创新活力充分释放出来。高校的创新要落地，这是创新的出发点和落脚点。现在我们要建设制造强国，需要众多的优秀工程技术人才。但这些年我们工科生的培养有点儿跟不上，工程类毕业生的知识与能力脱节。工科生离不开实践，我们现在实践少，不过这已经引起了广泛重视。工科教育要深刻转型，要让毕业生具有较强的工程实践能力，能适应当今科技飞速发展的需要。可以说，缺乏特色和个性是工科教育存在的主要问题。工程师是在实践中成长起来的，不是大学可以直接培养出来的，对这个问题我们要有深刻的认识，并相应调整我们的教育理念。发达国家都比较注重培养满足自己国家需要的专业工程师，注重工程教育和工程技术教育。我们的思路还基本是按培养科学家的模式，工程教育的学术化比较明显。我觉得研究人员、工程人员与技术工人，这三类人是离不开的，也是不能离开的，在创新链条上，他们要紧密联系，这也需要机制去促进去完善。另外，工科实验室在高校里非常重要，它可以培养学生学习方法及基本技能训练，可以进行科学研究和社会服务，是学科建设和科技创新教育的重要基地。在高校里一定要加强对实验室的建设，要使实验室资源在教学、科研及科技创新人才培养上得以充分利用。

（2017 年 3 月 23 日）

顾国彪

中国工程院院士

院 士 简 介

1936 年 6 月出生，上海市人。

中国科学院电工研究所研究员、学位评定委员会主任。1958 年毕业于清华大学电机系发电厂及电力系统专业。

电机学专家。长期从事大型电机蒸发冷却常温自循环系统的研究与产业化工作，建立了相变传热应用于电机冷却系统的理论基础。从科学实验到工程实用，创建了我国自主研发、拥有自主知识产权、国际领先的常温自循环蒸发冷却技术。2000 年，在法国举办的国际大电网会议（CIGRE 例会）上，其技术被评议为"旋转电机的四项新进展之一"。带领团队保障了云南大寨的两台 1 万千瓦蒸发冷却水轮发电机（1982 年—1983 年）、陕西安康的 5 万千瓦蒸发冷却水轮发电机（1992 年）以及李家峡 40 万千瓦蒸发冷却水轮发电机（1999 年）的安全运行。2011 年至 2012 年间，又成功将蒸发冷却技术应用到长江三峡两台 70 万千瓦水轮发电机组中，亦安全运行至今。

曾获 1978 年科学大会奖、国家科技进步二等奖（3 次）、部委级一等奖（3 次）、四部委突出贡献奖、何梁何利基金科学与进步奖、中国机械工程学会科技成就奖等奖项。

院　士　观　点

要原始创新，就要转变"外国的月亮圆"思想，改变"国外没有的就不可能实现"的认识，树立民族自信。

实践教学是培养学生实践动手能力、培育创新精神和保证人才培养质量的关键所在。

在当前社会条件下，进行社会责任感教育有很强的现实针对性，如何引导年轻人树立正确的理想信念、端正人生价值目标、强化自我约束和控制力是教育必须深入探索和解决的问题。

只有按照各行业领域不同发展特点，细化评价分类，评价成果的价值，评价要真评"价"，才能真正激发和引导科研人员创新热情。

科技创新的最终目标，不是为了发表论文，而是为了在同等资源条件下提高生产力水平，促进经济和社会发展。

一流是个目标，是个相对概念，一流的身份最好不要固化，要充分调动高校积极性，不断向一流目标发起冲击。

科研评价要真评"价"

在当前历史发展阶段，科技创新成为国家经济社会发展的核心动力，在改造和提升传统产业中发挥着关键作用。如何做好科技创新以驱动国家发展是需要我们科技工作者不断思考和实践的问题。

创新首要树立自信心

科技创新可以有原始创新、集成创新和引进消化吸收再创新。过去我们在起步阶段，强调集成创新和引进消化吸收再创新，这是没有问题的，但是随着科技实力提升，随着科技目标由跟随转向引领和赶超的转变，我们就更多地需要原始创新，因为引进来的技术总是落后的，改进很难引起质的跨越。而要原始创新，就要转变"外国的月亮圆"的思想，改变"国外没有的就不可能实现"的认识，树立民族自信，推动创新发展。

我们中国人勤奋，而且富有创造力。中国的文化理念中崇尚谦虚内敛，后经历近百年的落后挨打，使得我们或多或少对自己有了些不自信。其实，现在中国科技在很多方面已经走在世界前面，比如量子通信、载人航天、探测等等，应当坚信，中国有强大的原始创新能力，国外没有的我们也能做出来，国外有的我们做的水平能更高。当然，树立自信心与向国外学习不能对立起来，还是应虚心学习国外先进的科学技术，同时分析判断，把学习继承与分析改进结合。

实践教学当重视

高校在教学过程中应加入实践创新环节。现在工科高校一般都设置实习设计，但是受过分强调基础理论学习的影响，老师与学生重视程度都不够，加之时间和资源条件等限制，多数实习都成了走过场，这与五六十年代我在清华大学学习时的教学风气完全不同。当时学习完基础理论课程后，老师要根据实践应用布置研究课题，通过贴近实际的问题研究，培养学生理论与实践结合、学以致用的能力，既使学生加深了对基础理论的理解和认识，也提高了学习兴趣。学习专业课程后，老师还要带领学生去工厂实习，与工人师傅们一起工作，学习工厂生产具体过程，完成工艺改造课题，也为工厂提高了工艺水平和生产效率。时代发展了，社会进步了，但我们对人才实践动手能力的要求并没有改变，但当前一些高校实践教学环节存在实践教学基础条件投入不足、专任教师普遍缺乏工程实践经验、校外实习单位难寻且岗位难找、大学生校外实习面临边缘化等问题。实践教学是培养学生实践动手能力、培育创新精神和保证人才培养质量的关键所在，尤其是在应用型人才培养过程中，一定高度重视实践教学的作用，要构建起以应用能力为导向的实践教学体系。

社会责任感教育应加强

人是社会的，都需要承担一定的责任。每个人都必须为家庭、为社会、为民族、为国家负一定的责任。近四十年间，我们的经济取得了极大发展，物质生活水平跨越式提高，但同时也产生了一些较为浮躁的社会风气，名利追求过热，有的人甚至丧失了理想信念和奋斗目标，一切都是向钱看。在当前社会条件下，进行社会责任感教育有很强的现实针对性，如何引导年轻人树立正确的理想信念、端正人生价值目标、强化自我约束和控制力是教育必须深入探索和解决的问题。我认为结合当前社会状况应从几个方面入手加强社会责任感教育。第一是引导家庭正视人的价值。父母是孩子的启蒙老师，对孩子的成长具有最直接、最重要的作用。父母首先要有正确的价值观，放平心态，对子女有一个合理的成长期望，时刻教育子女把国家、民族和家庭放在心中。第二是全面加强学校社会责任感教育。学校应把社会责任感教育纳入必修课，并对学生在校期间奉献时间和精力帮助他人、服务社会的行为进行测定和评价。第三是加大学生社会责任感教育保障。高校应通过奖学金、全额助学贷款、在校生活补贴等方式对生活困难、成绩优异的学生加大支持，减少家庭出身对学生求学的影响，让他们受到社会责任感教育的同时，感受到社会的温暖。有句话说，缺乏责任感，人们对抗不了苦难，抵御不了财色的诱惑，导致犯罪或堕落。相反，在责任感的激励下，人们能够克服自己的弱点而变得坚强勇敢。社会责任感是所有品德中影响力最大，也是最基本、最必备的品质，一定要重视和加强。

除了责任感，挫折教育也应给予足够重视。现在不少学生心理素质不过关，抗压、受挫能力比较弱，遇到一些困难，往往想不开、走极端。一定要重视挫折教育，通过心理健康辅导、艺术爱好培养等手段，提升学生遇挫后及时放下心理包袱、调整心态继续前进的能力。

科研评价要真评"价"

科技创新制度层面，最需要的是改革和完善科研评价制度，由制度带动科研评价体制机制的改变，进而引导科研目标更加符合科研创新规律。首先要改变"一刀切"的科研评价局面，完善更有针对性、差异化的科研评价制度。对于基础创新研究，可以立足于以论文为重的科研评价，而对于应用创新、工程技术创新，应更多考察成果的具体应用情况。以论文为重的评价方式，要摒弃以数量为重的考核模式，兼顾论文质量和数量。以成果转化为重的评价方式，要支持科研人员学习掌握专利构架，提升专利编写质量，增强专利保护能力，形成以成果保护和转化为重的考核机制。为了更有针对性，评价制度也不能停留在基础研究和应用研究的划分层面，要进一步细化和深化，比如对于应用研究，信息电子技术与传统机械制造技术的评价要有区别。信息电子技术创新周期短、更新换代较快，相对而言创新性论文和专利成果较多，而传统机械制造技术创新周期在二十至三十年，更新换代较慢，创新性成果数量不占优势，但实际是工业转型升级发展所必需，那么评价考核时对论文、专利、成果转化数量和规模的要求就应有所差异，不能一概而论。只有按照各行业领域不同发展特点，细化评价分类，评价成果的价值，评价要真评"价"，才能真正激发和引导科研人员创新热情，促进不同学科、不同层次创新的百花齐放。

科技评价还需特别注意科技成果奖励的评定。现在普遍存在一种现象，国家和省部级的科技大奖，实际干工作的一线科研人员拿不到，即使拿到，排名也特别靠后。这严重破坏科研的公平、公正精神，削减一线科研人员的工作热情，诱导大家都去争当领导。我们应对此给予重视，完善现行的成果奖励举荐和评选方法，还一线科研人员以公平、公正的科研环境，让他们变"能干事"为"想干事、愿干事"，加速释放科技创新潜能。

做好科技创新，还要在团结合作上有制度保障。科技创新尤其是应用工程技术的创新，需要有一定数量、不同层级的科研人员组成团队、协同合作才能取得较大的成果。当前人才制度多数是鼓励和保障个人的制度，对人才团队支持的制度比较少，诚然鼓励个人的人才制度对科技创新确实起到了支持作用，但是对需要多方合作、配合要求高的重大成果的支撑却远远不够，今后我们应有所调整，以利于集聚众人智慧取得更大的成果。在科研单位之间，为了避免频繁出现的"零和博弈"，不必要地内耗大量国家科研资源，我们也需要有好的竞争合作制度，引导各科研单位既有竞争又有合作，形成确保国家投入收益、照顾彼此利益的良性发展局面。

产学研结合还要磨合

科技创新的最终目标，不是为了发表论文，而是为了在同等资源条件下提高生产力水平，促进经济和社会发展，让每一个人过上更好的生活。这就要求我们科研人员，尤其是做应用技术的科研人员，必须把握好创新方向，做好产学研结合，扎扎实实地凝结创新成果于产品，否则形成科研成果再多，也是海市蜃楼，浪费有限的国家科研资源，没有为经济和社会进步带来任何价值。

当前，我们的产学研结合还存在一些问题，有的地方做得还很不到位。国家提出企业是科技创新的主体，现在企业确实在顶层战略规划、科研资金保障上走在了前面，但是有顶层规划、有资金保障并不能说是已成为创新主体，反倒更像是一个项目总承包商、项目经费的"二道贩"，简单按照规划切分项目，再承包给其他科研院所做具体研究，完全没有体现自身的科技创新能力。长此以往，企业科技创新水平只会不断弱化。科研院所同样存在问题，以论文为重的评价和考核机制，迫使科研人员为了职称晋升、薪金福利等切身利益将主要精力放在论文产出上；知识产权保护建设不成熟，与部分企业合作出现专利内容被盗，科研成果权益付诸东流，客观造成企业与科研院所互信受到挑战，产学研"中梗阻"普遍出现。

做好产学研结合，促进科技创新发展，应在充分掌握现有国情的基础上，借鉴国外产学研合作模式，走出一条有中国特色的产学研结合发展道路。第一是明确企业和科研院所分工。企业贴近市场，对市场需求了解得更透彻，做技术创新主体应提升内部科研能力，将从科研院所拿到的成果进行适应市场的再创新和转化后再进行产业化。而科研院所肩负人才培养重任，也更贴近科技前沿，应把培养人才和产出前沿攻坚成果作为主要职责，为企业提供智力保障。第二是做好企业对研究成果和市场需求的转换衔接。现在企业多要求科研院所拿出"一步到位"的成果，直接转化赚钱。企业应谋求长远，主动做好成果与市场对接，按照技术成熟度，分批次完成转化和产业化。第三是完善科研院所激励和评价体制。完善鼓励科研人员"试错"的创新机制，让他们放下包袱，瞄准科技前沿不断探索，勇攀科技制高点。合理布局科研经费，支持政府经费保障基础创新、应用基础创新等创新链前端，企业和市场资金保障技术创新、成果转化和产业化等创新链后端。确保经费投入的长期性，对于有发展前景的项目，要有持续投入的耐心，支持科研人员通过多轮改进修正，掌握一批顶尖的产业技术。第四是处理好企业与科研院所的利益分配。制定合理可行的科研收益分配方式，对于不适于论文发表、甚至不适于形成专利的核心技术研究，可以给予相应的物质和精神补偿。

"双一流"建设要有新举措

关于"双一流"建设简单说几句。一流是个目标，是个相对概念，一流的身份最好不要固化，要充分调动高校积极性不断向一流目标发起冲击，从而带动国家高等教育整体水平的持续提升。要做好学科交叉发展，在现有一级学科框架下，为形成新的创新源点，灵活设置二级学科支持交叉发展，奠定国家未来科研优势地位。要做好科教融合，高校始终围绕人才培养的核心任务，以一流建设为依托，融合应用教学和科研手段，为国家发展提供科技人才和成果支持。要做好产学研结合，做好协同，一流学科一定要有行业配合，高校侧重基础和应用基础创新，企业侧重成果转化与产品输出，要协同为国家发展建设服务。一流的发展，一流的服务，才是真正的一流大学和一流学科。

（2017 年 3 月 24 日）

舒兴田

中国工程院院士

院 士 简 介

1940 年 4 月出生于上海，浙江定海人。

中石化石油化工科学研究院学术委员会副主任，中石化科技委委员。

分子筛和炼油催化剂制造专家。长期从事分子筛炼油催化剂的开发和工业应用研究，研制出含磷和稀土、兼有二次孔的五元环结构的高硅 ZRP 分子筛；采用沉积硅和稀土氧化物与 Y 型分子筛之间水热反应的独特改性方法制成的 SRNY 分子筛；研制成功新一代超稳 Y 分子筛——SRY 分子筛；研制出采用模板剂在固体表面浓集并与分段晶化结合的分子筛，开发出用重排和原位粘结技术制备的 HTS 分子筛和催化剂。分子筛都已工业化生产并在催化裂化、加氢、乙苯合成、环己酮氨氧化制肟等反应中得到应用，社会经济效益显著。

曾获国家发明奖二等奖（1995 年）、中国石化总公司发明一等奖（1995 年、2004 年、2009 年）。

院 士 观 点

人才培养首先要培养爱国精神，科研人员要有为国家做奉献的意识。

俗话说，"干一行爱一行"，一定要热爱自己的事业，很多时候把工作做好的办法就是专注于工作本身。

学生是科技创新生力军的基础，学校为他们提供的教育若不扎实，将来创新的高度是提不起来的，这是我这么多年的一个体会，也是对教育界的一个呼吁。

要能从海量的文献中发现有价值的东西。

我国科技创新确实取得了巨大进步，但大量研究是跟踪式的，尽管也有很多跟踪后超越的，总体来看原始创新还不够多，真正科技创新"第一枪"我们发的还是太少。

团队负责人要善待团队成员，把团队的人员都真正当作自己的合作伙伴，不要当成劳动力。

科技创新"十要素"

2016 年 5 月，习近平总书记在"科技三会"上发出了向建设世界科技强国进军的号角。习近平总书记强调，两院院士和广大科技工作者要发扬我国科技界追求真理、服务国家、造福人民的优良传统，勇担重任，勇攀高峰，当好建设世界科技强国的排头兵。作为一名参会的科技工作者，我内心是非常激动的，感觉迎来了又一个科学的春天。我从上世纪 60 年代大学毕业参加工作，一直从事科研尤其是搞技术创新，几十年来做了一点工作，也有一些思考，我的体会是一名科技工作者若想在科技创新方面做出点成绩，取得一点突破，有"十个要素"需要具备。

要有为国家强盛而奋斗的动力

科技创新的动力我把它列为第一要素，我特别看重这一点。只有具备持久的动力，不为名利所动，持之以恒才可能成功。动力来自哪里？要通过教育来加强和提升，提升人在世界上的地位、作用、权利和义务，让人找到奋斗的动力。现在的教育过于重视智力教育，爱国主义教育还不够。对国家的热爱、对中华民族的热爱要从小培养起来，科学研究是为公，需要公心和责任感。人才培养首先要培养爱国精神，科研人员要有为国家做奉献的意识。五十年代回国的老科学家，包括钱学森在内，一生都在为国报效，影响和带动了我们国家整体科研工作的发展。他们拿低工资拿了很多年，从来没有抱怨过国家。所以我觉得，一个人无论做什么事情，包括科技创新，必须要有一股劲，要有个动力，要为国家强盛而奋斗，有着这么一股劲，只有国家强盛了，个人的生活才会更好。

要有对事业的痴迷

有了动力，还要对事情执着、勤奋，要对自己的事业痴迷，这是做成事情的必要条件，不是说勤奋一定能成功，但不勤奋肯定成不了事。若想对国家做出大的贡献，在科技创新方面取得一定突破，勤奋和执着是必要条件，一定要对自己的事业痴迷，把工作当成是一种享受，才有成功的希望。俗话说，"干一行爱一行"，一定要热爱自己的事业，很多时候把工作做好的办法就是专注于工作本身。每天我都是第一个到办公室，一辈子如此，并不是为了让领导表扬我，而是喜欢，发自内心地喜欢。咱们国家的那些大国工匠，哪一位不是几十年的坚守，只有那些热爱本职、脚踏实地、勤勤恳恳、兢兢业业、尽职尽责、精益求精的人，才可能成就一番事业。现在我们国家每年毕业几百万大学生，这是好事情，有了丰富的人才储备，但若想对国家作出贡献，没有动力、没有勤奋，是不行的。

要有良好的教育基础

良好的教育基础是成事的基本条件。创新是要科学基础知识的，原始性创新更需要扎实的基本功，就像盖大楼一样，没有坚实的基础，怎么能成摩天大楼。我是做化工、催化研究的，如果新毕业的大学生连无机化学、有机化学都学不透，催化都不懂，那怎么做创新呢。但从我这些年带研究生、带科研小组来看，还的确是有些学生基础不扎实、不牢靠，这是我们高等教育的问题，需要注意。为什么现在很多用人单位喜欢要重点大学的学生，因为他们基础相对要好一些，但重点大学毕竟是少数，所以大部分高校更要重视，要给学生打下良好的教育基础、扎实的科学功底。学生是科技创新生力军的基础，学校为他们提供的教育若不扎实，将来创新的高度是提不起来的，这是我这么多年的一个体会，也是对教育界的一个呼吁。

要培养博学好学的品质

要培养人才具备博学好学的品质。我在工业研究部门工作，每年都有毕业生来工作，他们都需要将学校的知识进行进一步拓展，所以学校培养人才必须有较宽的知识面，要培养他们好学、博学的品质，将来在工作中才能提升。这个也是我在50多年的科研工作中一个比较深的感悟，必须不断地学习，才能够触类旁通，才可能做出比较大的成果，才能够将创新提升到更高水平。科技创新大概有三类，原始创新、集成创新和引进消化吸收再创新，我们现在主要还是集成创新和引进消化吸收再创新，原始创新还不够多。要建设世界科技强国，必须提升原始创新能力，这就要求科技创新人才要好学博学，高校教师也要好学博学，注重知识和学科的交叉，并培养这样的人才。

要善于利用文献成果

要善于利用文献成果，其实也是大数据思维，要能从海量的文献中发现有价值的东西。近些年我们的论文数量和质量提升非常快，有人可能会认为这么多论文对科技创新到底有多大用呢？其实非常有用，只有当这个领域有大量的人在研究，有大量的成果在积累，才有可能产生新的更大的创新成果，也才有可能开辟新的科研领域。科技创新都是站在巨人的肩膀上，都是基于前人大量工作的基础上，所以要善于用好文献成果。

要坚持亲自做实验

实验对于科技创新非常重要，尤其对于我从事的化学、化工、催化这类工程技术创新来说，更是如此。亲自实验获取的是第一手资料，我一直做实验做到60多岁，之前取得的一些突破也正是在实验过程中发现的异常并深入研究，从而取得的突破。现在科教界有个现象，很多学者在科研上做出点成绩，都去做个院长、处长，其实很可惜，离开了一线，很难做出大的科技创新成果。还有一些科研人员成了"老板"，热衷于到处跑项目，项目拿下来就分给手下的年轻人，当起了甩手掌柜，这样还如何去领导团队？怎么能发现问题，做出大的原始创新。其实真正的大科学家是一直在科研一线，要亲自参与实验的，比如说物理学家丁肇中一直领导团队工作在科研一线，经常废寝忘食，连续几天待在实验室里。只有这样才能有大的成就、大的突破。

要敢于尝试前人未做过的实验

近年来，我国科技创新确实取得了巨大进步，也发表了很多高水平文章，但大量研究是跟踪式的，尽管也有很多跟踪后超越的，总体来看原始创新还不够多，真正科技创新"第一枪"我们发的还是太少。经过这么多年的科技储备、人才储备后，一定要敢于尝试前人未做过的实验，要做原始创新。这需要大的环境、要有相应的政策，牵涉到很多方面，比如评价体系、项目和经费管理制度等，在工业部门还有个投资回报的问题。创新可能99%的项目或实验都会失败，但若因此就不去做，不敢去尝试，那么这1%的原始性创新永远不会有。我们的体制和制度要有一定灵活性，要支持那些有为国家奋斗信念的人，对科学痴迷、基础比较好并且不离开实验的人，要对这一小部分人加大投入，支持他们搞原始性创新，不要一开始就强调产出，要求回报，否则做不出一点实际成绩。

要有良好的合作精神

对于工程科技人才来说，若没有良好的合作精神，很难开展工作，更别说做出什么成绩。我身边就有这样的人，大学毕业还出国留学过，但就是与他人合作不好，一辈子也没做出什么像样的工作，这样的人就只能被淘汰了，这是对国家资源的巨大浪费。教育部做的"2011"协同创新中心计划就非常好，要围绕国家需求，调动各方面的人才来协同创新，理念很好，可能在一些细节上还需要完善，希望能把中心建设好。

要善待团队成员

团队负责人要善待团队成员，把团队的人员都真正当作自己的合作伙伴，不要当成劳动力。现在有些负责人是把年轻人当劳动力，把研究生当廉价劳动力，这样既做不成大的创新，又误人子弟。既然是团队负责人，带领一个团队搞创新，就不能把他们当成劳动力，而是要把自己的所有本事教给他们，倾其所有。要在所有科技创新团队里，尤其是工程技术创新队伍里，树立这样的风气。

要善于抓住机遇

习近平总书记说，新科技革命和产业变革将是最难掌控但必须面对的不确定性因素之一，抓住了就是机遇，抓不住就是挑战。所以，我们必须敏锐把握世界科技创新发展趋势，紧紧抓住和用好每一次机遇，每一个机会，不能等待、不能观望、不能懈怠，这不仅是给自己的创新突破抓住了机会，实际上也是给国内同行闯出一个非常好的研究领域和方向，这样大家都有提升的可能和空间，国家科技创新才能更好。

（2017 年 3 月 24 日）

李 阳

中国工程院院士

院 士 简 介

1958 年 10 月出生，山东东平人。

中国石油化工股份有限公司副总工程师、教授级高级工程师。国家重大专项"大型油气田及煤层气开发"技术副总师，国家"973"项目"碳酸盐岩缝洞型油藏开采机理及提高采收率研究"首席科学家。

油气田开发地质、开发工程专家。长期从事油气藏开发基础理论和关键技术研究，在陆相高含水老油田、海相碳酸盐岩缝洞型油藏、低渗透油田等复杂油藏开发领域做出突出贡献。提出了陆相油田高含水期剩余油富集规律的新认识，创建了以油藏地球物理及大幅度提高采收率为核心的油田高含水期开发技术体系；提出了碳酸盐岩缝洞型油藏流体流动规律的新认识，创建了储集体描述与建模及开发关键技术，为塔河油田上产及同类型油藏开发提供了基础理论和关键技术。

曾获国家科技进步二等奖（5 项）、国家技术发明二等奖、山东省科技进步二等奖、中石化科技进步一等奖（3 项）等奖励、李四光地质科学奖、孙越崎能源大奖、何梁何利产业创新奖。曾获"新世纪百千万人才工程"国家级人选等荣誉称号。

院 士 观 点

政策的制定和实施要能够与当下的社会需求结合在一起，适应生产力的发展阶段，不能一项政策包打天下。

自主创新能力是国家竞争力的核心，自主创新是我们建设世界科技强国的必由之路。

坚持自主创新，首先要坚持以人为本，真正地充分地调动起广大科技人员积极性和创造性，营造起有利于创新的社会环境，建立起创新文化环境，激发出全社会的创造活力。

要真正实现科技强国这个目标需要我们把国内的人才盘活，这是最关键的一件事。

创新强国，人才当先，要创造好的土壤和环境，弘扬学术道德和科研伦理，让创新人才不断涌现。

创新强国　人才当先

科技创新对一个国家来说非常重要，它的发展水平反映出一个国家的综合国力和核心竞争力。各个国家都会根据实际情况集中优势力量，组织一些符合本国国情和战略需求的重大科技计划或项目，我国也是这样。现在我们国家高度重视科技创新，将创新驱动作为国家基本战略，明确提出要把创新作为引领发展的第一动力，把人才作为支撑发展的第一资源，把创新摆在了国家发展全局的核心位置。这是国家发展对科技工作的战略要求和高度期待，是科技工作者的动力，也是压力和挑战。

人才培养及政策要与时俱进

科技创新由人来完成，人才是第一资源，怎么才能把人的积极性调动起来呢？这是个大问题，很关键。我觉得有两个方面很重要。一个是如何紧跟科技发展做好创新性人才培养。当前人才存在的问题就是后发的能力问题，换句话说，学生在学校学习不错，但真正工作之后这种后发的能力普遍上还是有些不足，这需要我们认真研究；再一个就是相关政策。咱们国家在人才政策和科技创新政策方面，力度相对国外而言还是非常大的，党和国家对这项工作非常重视，为了实现科技强国战略，出台了不少突破性政策，给予了大力的支持，整体都是在不断推进，但是也存在一些问题和不足。比方说相关政策的落地问题以及人才培养的阶梯性和可持续发展问题。究其原因，这些不足和问题可能与我们当下的科技发展结构有关，与发展阶段有关系。比如过去相对落后时期，我们需要根据当时的情况出台一些政策，但政策的落实需要一个不断完善和不断实施的过程，这也许是问题存在的原因。当生产力发展到一定阶段，生产关系需要随之进行一些调整。政策的制定和实施要能够与当下的社会需求结合在一起，适应生产力的发展阶段，不能一项政策包打天下。

自主创新是建设世界科技强国的必由之路

从历史来看，中国是四大文明古国之一，一段时期内在世界科技以及经济社会上都处于领先地位，但是近代以后，特别是第一次工业革命和第二次工业革命均发生在海外，当时新的理念、技术以及新的思想都没有及时引进来，这在一定程度上造成了我们的落后。新中国成立之后，党和国家非常重视科技，组建了一整套的科研体系，特别是 1978 年科技大会的召开，昭示着科技春天的来临。小平同志在会上曾讲，认识落后，才能去改变落后。学习先进，才有可能赶超先进。提高我国的科学技术水平，当然必须依靠我们自己努力，必须发展我们自己的创造，必须坚持独立自主、自力更生的方针。独立自主不是闭关自守，自力更生不是盲目排外。通过几十年的努力，我们从跟跑发展到并行，甚至在部分领域达到了领跑水平。这得益于广大科技工作者的不懈努力，得益于大学的人才培养。像习近平总书记强调的，建设世界科技强国，必须坚持走中国特色自主创新道路。改革开放近 40 年来我国科技事业繁荣发展，为走中国特色自主创新道路积累了丰富的实践经验，也深化了我们对走中国特色自主创新道路的认识。自主创新能力是国家竞争力的核心，自主创新是我们建设世界科技强国的必由之路。坚持自主创新，首先要坚持以人为本，真正充分地调动起广大科技人员积极性和创造性，营造起有利于创新的社会环境，建立起创新文化环境，激发出全社会的创造活力。

创新强国，人才当先

我们要进入世界科技强国的行列，需要有一流的学科和一流的学校。只有一流的大学才能培养出一流的人才，创造出一流的成果，我们才有可能实现科技创新的目标。学校要把人才培养放在重要的位置上，作为首要任务。既要重视高精尖人才，同时也要想到这些高精尖人才也是从普普通通的大学毕业生一步一步成长而成，所以怎样为年轻的科技人才创造一个成长的环境也很重要。国家应该把这种氛围重新营造起来，让更多年轻人去承担重大科研项目，这样对我们的原始创新可能会有一个更大的促进和推动。对于人才培养，我体会很深。以石油为例，作为能源其关乎国家的能源安全，具有战略地位，同时作为燃料和原料在一定时期内也是不可替代的。但纵观中国石油工业的发展，从大庆油田开发伊始，主要还是引进苏联的技术，再早是美国的一些技术。但这些年通过引进消化，我们的相关技术在提升，发展到现在石油整体的勘探开发、解决方案的能力以及装备制造的能力，应该说达到了一个非常高的水平，既有世界领先的方面，也有旗鼓相当的地方。再往下发展就必须开始原始创新，而原始创新的核心还是人才，人才是关键的要素。我们的人才要尽早进入角色，年轻科技人才能够顶大梁，参与到一些项目中。因为年轻人精力好且火力强。真正的创新年龄一般多在二十八九岁到三四十岁，这一年龄段的人最容易实现原始创新。当前企业对创新人才有着非常强烈的需求。需求导向和问题导向要求我们学校应加强对人才创新能力培养，使其进入企业能够迅速适应科研工作。出国学成归来的人才相对还是较少，引进毕竟也是少数，要真正实现科技强国这个目标需要我们把国内的人才盘活，这是最关键的一件事。

让人才培养契合社会发展需求，有几点比较重要，一是基础教育，二是实验操作能力，也即实验能力，三是传统教育。基础教育很关键，基础学科包括数学、物理、化学这些内容，之前有"学会数理化，走遍天下都不怕"的说法，这些基础学科是深入探究现代科学的基础。再者是实验能力，也就是实验动手能力。任何想法都要经过实践检验，无论是发现客观规律也好，验证某一个正确性也好，把想法设计转变成工程也好，都离不开动手和实验。最后就是传统教育，特别是我们中华民族优良的传统美德教育，目前学校对于这一块内容教育相对较少。人才培养方面，既要注重国家的需求，同时也要鼓励培养多样化的人才，培养标准也要符合不同时期的时代特征，不能唯一论，不能固化。

总之，创新强国，人才当先，要营造好的土壤和环境，弘扬学术道德和科研伦理，让创新人才不断涌现。正如习近平总书记所指出的那样，我国要建设世界科技强国，关键是要建设一支规模宏大、结构合理、素质优良的创新人才队伍。

（2017 年 3 月 30 日）

曹雪涛

中国工程院院士

院 士 简 介

1964 年 7 月出生，山东济南人。

南开大学校长。中国医学科学院免疫治疗中心主任、医学免疫学国家重点实验室主任。曾任中国医学科学院院长、北京协和医学院校长、全球慢性疾病防控联盟主席、亚洲大洋洲免疫学会联盟主席、中国免疫学会理事长。

免疫学专家。长期从事天然免疫与炎症的基础研究、肿瘤等重大疾病的免疫治疗转化应用研究、医学发展战略规划研究。发现了数种新型免疫功能基因和新型免疫细胞亚群，揭示天然免疫识别与应答调控新分子机制、提出免疫炎症消退新观点，鉴定了预测肿瘤转移与患者预后的标志物分子，建立肿瘤免疫治疗的新途径，研制的树突状细胞疫苗临床试治晚期肿瘤患者完成了 II 期临床试验并取得令人振奋临床效果，2015 年获国家食药监总局批文目前正在开展 III 期临床试验。

曾获国家发明专利 16 项、国家 II 类新药证书 2 个。培养的博士生有 11 名获得全国百篇优秀博士学位论文。曾获中国青年科技奖、全国十大杰出青年、国家自然科学奖二等奖、何梁何利科学与技术进步奖、长江学者成就奖、中国青年科学家奖、谈家桢生命科学成就奖、中国工程院光华工程科技奖、首届中国研究生教育特等奖、《Nature》导师终身成就奖、中国科学院陈嘉庚科学奖等。

院 士 观 点

大学的根本任务是为传承文化、创造知识而培养人、塑造人，大学是社会优秀先进文化的代表，也是社会精神的引领者。

从根本上缺乏原创性的思想和独创性的技术体系，决定了我们现在原创性的成果少。我们需要有真正的创新文化和创新体系。

对一个学科和领域而言，能否聚集一批具有原创力的青年科学家，决定着其未来的发展高度；对一个国家和民族而言，能否促进青年科学家群体充分发挥其创新性与创造力，决定着其科技竞争的胜负和民族发展的未来。

战略科学家是前瞻布局和全面建设国家科技创新体系的"关键少数"，是"国之重器"。

做科研，需要有"乱云飞渡仍从容"的定力，有"不到长城非好汉"的进取精神。

我把研究生创新性培养分两个阶段，第一阶段兴其趣，壮其志，静其心，奠其基；第二阶段练其能，定其位，开其悟，鼓其势。

以人才、体系、理念推动科技创新发展

经过改革开放 40 年的发展，我国基础科研条件不断改善、科研体量不断加大，取得了一系列重要进展。但同时也在一定程度上存在"人多而不优，量大而不强"的现象，至今很少有诞生自我国本土并引领国际科技发展的原创性学术思想和独创性技术体系。如何产生在国际上具有引领作用的标志性成果？建立完善而科学的国家科技创新体系并形成底蕴深厚的创新文化是必由之路。现阶段的科技创新体制，对推动我国科技进步发挥了重要作用，但随着社会的发展也存在一些影响甚至制约创新的关键问题。有针对性地深入分析问题原因并提出相应对策，将对我国科技创新体系的建立起积极的推动作用。

大学育人的导向——精神和理念

大学是社会优秀先进文化的代表，也是社会精神的引领者。大学的根本任务是为传承文化、创造知识而培养人、塑造人。我们学界近几年经常回望民国时期的教育，那个时期的教育理念和做法的确有许多可圈可点之处。当时清华校长梅贻琦先生一直倡导，要从学问中研求拯救国家的方法，拿出恳求的精神，树立独立的思想，秉持谦虚的态度，不盲从，不躁进。梅先生的思想体现出大学生应具备的崇高的精神境界——谋求国家的发展和富强；也体现出大学建设应该具有的先进理念——通过学问的探究实现国家的发展和富强；更指明了从行动上实现这一理念的具体做法。以前是这样，现在也应该这样，如果全社会在办学理念方面形成这样的共识，科技创新体系的建立和创新文化的形成就有了基础。西南联大之所以大师辈出，应该与当时整个社会对于这一理念的认同以及具有很高精神境界的学者们脚踏实地的工作有密切的关系。回顾建国初期，我们条件虽差，却取得了很多举世瞩目的科学成就。建国初期的科学家，以无比的热情与无私的奉献，在一穷二白的基础上，打造了一套完备的基础理论研究及科技工程支撑体系，不仅诞生了"全合成牛胰岛素"等原始创新性基础研究成果，也独立研制出了"两弹一星"等划时代的集成性科技成果，创造了我国第一个科技发展高峰。经过过去几十年的发展，我国在科技发展方面已经建立了很好的基础，不少年轻学者在国际学术领域崭露头角，一些科学家在某些领域取得了国际公认的成绩。虽然我国科技水平与发达国家的整体先进水平相比尚有距离，但不应对我们的现状一概否决，我们要用历史发展的眼光去看问题所在，我们正在蓬勃向上，只是尚需时间加以体现成果。在过去几十年发展的基础上，只要我们富有责任感的科技人员保持定力、不浮躁，遵循科技发展规律，把做学问、做研究、育人才这些事切实地与国家的需求结合起来，再积淀 10 年到 20 年，我们定会做出显著业绩，并会涌现出一批大师级科学家。当然，大师级科学家的诞生需要时间，国家的发展、问题的解决也需要时间。我想，我们需要耐心与坚持，需要理念与境界，这是大学培养人才的基础与价值所在。

我国科技创新模式——亟待完善

随着世界科技的发展和国家建设的需求，我们对科技创新的需求也越发迫切。但现在为什么很少能像老一辈科学家一样做成那么重大的成果？

为什么具有原创学术思想的人比较少？像民国时期的那批大家，像"两弹一星"的那批国家功臣，他们像丰碑一样，历史越长，这些人的形象就越发光辉灿烂。与老一辈大师们相比，我们越发感到渺小。对于不同社会发展阶段的成才规律，需要进行客观分析。我个人认为，现阶段世界科技发展模式与以往相比已有较大不同，现在的科技成果基本上是群体化、集成式的，往往依赖于团队攻关，而做出突出成就、独领风骚的个人比较少。如果要保证国家创造力不断提升，既要重视团队建设，也要鼓励科学家个体的卓越成长。若通过国家科技实力的不断提升，为科学家提供更大的舞台，并制定能够充分体现科研人员科研成果的价值并保护其创新热情，相信必会催生一批科技大家茁壮成长，以自主性学术思想和独创性的技术体系，去开创具有世界影响力的科技创新成果，甚至开辟和引领一些新的科技领域与高地。

在一定时期内，通过依靠我国独有的天然资源、庞大的劳力群体和先进的大科学装置，我们在一些领域确实取得了一定的科技成果，促进了我国科技"由小到大"的发展，并在某些领域有一定的相对优势。但是，当我们由"跟跑"向"并跑""领跑"转变时，这种处于科研分工产业链下游的研究模式在一定程度上阻碍了我国科学家个体的独立思考与创新热情，也会影响国家科技事业的整体进步。比如我们学界不太关注科研装置与技术发明的关系，很多单位与科学家都追求用好的仪器，其实，所谓"好"的仪器设备未必能真正的解决关键性重大科学问题。比如我们参观一些实验室经常会遇到科学家自豪地说这设备美国只有几台而我们比他们还多，或者说世界上只有两台，我这里有一台。实际上，成型的仪器设备，都是别人经过验证的，然后再造型定制的。富有创造力的一流科学家往往是自己搭建科学仪器和技术平台，去解决别人没有解决的科学问题与技术难题。为什么他要自己搭建呢？因为世界上从来就没有过！我们国家非常缺乏有这样创新境界的科学家。这就是说，从根本上缺乏原创性的思想和独创性的技术体系，这也决定了我们现在原创性的成果少。由此可以看出，我们急需改革我们的科技管理模式与科技文化。早年我们科学界学的是德国模式，例如蔡元培先生远渡德国留学，回来后参与的大学管理与国家科研机构建设所借鉴的就是德国模式；新中国成立以后我们学习的是苏联模式；从 20 世纪 80 年代到现在我们学习的是美国模式。我们一直在努力学习和积极探寻，但忘记了自己，导致了至今还没有完全形成自己特色并符合我国实际的科技创新模式。我个人认为，只有在全社会弘扬创新性文化并形成科技必谈创新的氛围，从国家治理体系一直到科学家内心都在追求卓越并务实进取，我们的体制机制才能释放正能量、才能发挥积极作用。

青年科学家——科技变革的先锋

我曾在《中国科学报》发表过一篇文章，倡导青年学者独创原始学说和革命技术。"少年人常思将来……惟思将来也，事事皆其所未经者，故常敢破格"，这是梁启超先生的一段经典论述，对于我们青年科技工作者来说仍然有指导意义。我认为，青年科学家是最有创造潜力的群体，青年人具有好奇心强、开放性大并富有探索意识和冒险意识等创新要素，创新意识活跃，创造力旺盛，敢于也乐于"试人所未试，渔人所未渔"，其固化型知识负担小、定向性思维约束少，在探索未知世界中常常展现出"少年特险若平地，独倚长剑凌清秋"的锐气，所以往往可以坦然面对空白领域，进行天马行空般的探索与思考，可以挑战教科书中的一些传统东西。有时会灵光一闪，对一些熟知的经典体系进行离经叛道式的质疑与挑战，从而孕育出前所未有、匪夷所思的创新结果，这样容易对一个学科乃至一个领域带来革命性突破。青年时期是最具创新力的黄金时段，许多对人类科技进步具有重大影响的、颠覆性、革命性的重大理论突破与科技发明，多是科学家在青年时期做出的。有数据统计，上世纪诺贝尔奖获得者从事获奖研究时的平均年龄为 38.7 岁。因此，博士毕业后从事科研工作的起始十年，是青年科学家的黄金十年。我个人也一直认为，对一个学科和领域而言，能否聚集一批具有原创力的青年科学家，决定着其未来的发展高度；对一个国家和民族而言，能否促进青年科学家群体发挥其创新性与创造力，在一定程度上，也决定着这个国家科技竞争的胜负和民族发展的未来。所以，青年科学家是科技变革的先锋，他们引领未来发展。

青年怀有梦想，国家才有前途。一定要给青年科学家营造一个好的环境，让他们胸怀梦想并积极实现梦想。但我们现在不少制度和环境制约了青年人创新活力的释放。国家在这方面已经有所布局，提出要破除束缚人才发展的思想观念和体制机制障碍，促进青年优秀人才脱颖而出，抓紧培养造就青年英才。我曾呼吁过，应坚持"文化上宽容、形式上宽松、创新上自由、孵育上厚养"的原则，完善科技资助体系，健全评价激励机制，改进人才培养模式，构建有利于青年科学家成长的文化氛围和社会环境。所谓"常格不破，人才难得"，我们现在急需形成"青出于蓝而胜于蓝"的人才迭代机制，需要广泛建立种子资金制度，重支持、少考核，保护青年人才的创新激情，鼓励一些个体的随机性自然成长，让他们释放创新潜能，创建原始性学术观点和发明革命性技术体系。

战略科学家——国之重器

古人云："明者见事于未萌，智者图强于未来"。我写过一篇《充分发挥战略科学家的引领作用》的文章。我认为，战略科学家是前瞻布局和全面建设国家科技创新体系的"关键少数"，是"国之重器"，我们应该发挥其群体智慧在国家科技创新规划决策中的作用。不过，我们现在缺少战略科学家。战略科学家是有先知先觉的那种感觉，他能够总揽整体发展大局，对未来发展路径清晰，考虑问题既要有高度，还要有可行性和可操作性，而且，对未来的预见性很强。我们应该去发掘培养一批战略科学家，发挥新型举国体制，把各种各样的资源串联协同起来，把各个珍珠串成一个项链，做成一个工程计划加以实施。美国在发挥战略科学家作用这方面做得比较好，从互联网革命、人类基因组计划到精准医学战略，无一不反映出战略科学家在美国一次又一次站立科技创新潮头中的关键作用，有些经验值得我们学习和借鉴。我们现在在世界科技发展的进程中有跟跑、并跑与领跑三种状态，如何抓住时机进行前瞻布局，在新的世界科技竞争格局和创新版图中抢占制高点，需要我们去谋划和思考，需要发挥好战略科学家的"设计师"功能，紧密围绕我国科技发展遇到的瓶颈制约，集中力量、协同攻关，实现科技创新的换道超车。

科研定力——成事之基

现在的科研环境和氛围尚不完善，科研人员的杂事琐事太多，令人郁闷的是要处理的与科研无关的事情太多。很多时候为了延续一个研究，反复申请课题。平日里大家忙着评职称，忙着参加各种各样的会议，忙着各种表面上"实实在在"而实际上对于科技创新无益的东西，这样浮躁与功利的氛围如何能让科学家安心坐着"冷板凳"去挑战世界级科学难题，去挑战权威，去开创独立的学术创新模式？我觉得首先还是要在科技界树立和弘扬一种好的科研文化与学者价值观，让科研人员有定力，管理人员能服务。需要全社会崇尚一种"养士"的理念，并且要形成"厚养"的土壤，就是说对科研人员要尊重，要宽容。但另一方面，我们科技人员也应该沉下心来想一想，科研人员、科学家们的定力在哪里？不可否认，物质生活提高了，但很多人没有把控好它对科研带来的一些负面影响，干扰了做科研的定力。在当前阶段，没有定力，就不容易排除各种干扰、消除各种困惑，就不能保持正确的科研心态和进取心，而做科研，恰恰需要有"乱云飞渡仍从容"的定力，有"不到长城非好汉"的进取精神。我认为，做科研要有坚定不移的信念、持之以恒的信心和毕恭毕敬的态度，唯有如此，才能成大事，结大果。可以说，科研定力是成事之基。

教育——启迪和培养

我自己带学生，曾经培养出 11 位学生获得过全国优博论文，在研究生创新性培养方面我有一些自己的体会。作为导师，要让学生站在自己的肩膀上，把自己当成瞭望塔甚至发射架，让学生的眼界更开阔。我不希望自己是一个传授知识的匠人，而希望是一个启发学生悟道的明师。所以，在教学工作中，我给自己的目标和任务是，不能仅仅传授一点不过时的知识，而要注重激发学生们主动求知的内在动力，引导他们对成长、成才、成功的不懈追求。导师的责任非常大，我认为没有不想成才的学生，只有不负责任的导师。要看导师能把他们引导培养成什么样的"材"，是"人才"还是"废材"。在具体实践中，结合实际情况，我一般把研究生的教育分两个阶段，第一阶段重点培养其基本科学素质，兴其趣，壮其志，静其心，奠其基；第二阶段培养其解决根本性科学问题的能力，练其能，定其位，开其悟，鼓其势。我努力把学生们领到一片有待开采的富矿，在那片土地上，可能有学科制高点，也可能有新的学科生长点，虽然深浅难易不一样，但可以让人人都有作为。我认为，教在于启迪，育在于培养。这个理念和做法我在几个场合讲过，我在身体力行，在探索新的模式和有效做法，也在逐步提高与完善。

大学——熏陶人的地方

现在都在说我们高校为什么出不来创新人才。我认为不要太看重眼前利益，这需要时间，因为人才成长需要时间，相信我们将来会涌现出大批国际化一流人才。但现在还是需要我们去做一些客观分析，做一些务实工作。首先我们要清醒地认识到我们缺乏传承和积淀，其次我们没有真正发挥醍醐灌顶的教育功能，学生现在的学习是流水线般的，没有针对性，缺少个性化施教。什么是大学？大学是熏陶人的地方。回想在大学里具体学了什么知识，回想起来大家会讲"学的很多都忘了"。但是大学里边的氛围、点滴的积累、慢慢的熏陶等对学生潜移默化的影响是重要的。我们现在的学生，一年级来比较青涩，但到三四年级，看上去各方面素质提高很大，这是知识的力量，更是大学的熏陶，有些内涵不是教出来的而是熏出来的。现在很多大学在荒郊野外建设新校区，你可以想象，把学生放到偏远的地方，老师坐班车去上课，下课之后就离开校园，师生之间缺乏密切交流，这肯定不行。哈佛广场附近的学生宿舍让初到哈佛的学生感觉到：我已到哈佛就读、我是哈佛的主人，哈佛所有的东西都和我有关，慢慢地，哈佛的文化就融入了学生们心脑。这样培养出来的不就是精神上的贵族和科研精英吗！当然，我们的大学有我们大学的责任，我们要把握准确的办学方向，既要培养精英科技人才也要培养国家建设所需的人才。

关于大学发展，我觉得国际化是一个必由之路，通过国际合作，拓展外部资源，提升内涵发展，这将是大学发展的一个具体路径。另外，过去讨论的一个议题是教授治校、专家治校，其实，准确来讲，应该是教育家治校、教授治学。只有富有家国情怀和科技背景的教育家才能引领我国教育发展与跨越。

（2017 年 3 月 31 日）

侯立安

中国工程院院士

院 士 简 介

1957年8月出生，江苏丰县人。

火箭军后勤科学技术研究所所长。曾任中央联系专家、教育部高等学校环境科学与工程类专业教学指导委员会副主任委员、全国分离膜标准化技术委员会副主任委员、中国未来研究会副理事长、中国建筑装饰协会副会长、中国膜工业协会名誉理事长、北京发明协会副理事长。

环境工程专家。长期致力于环境工程领域的科学研究、工程设计和技术管理工作，在饮用水安全保障、分散点源生活污水处理和人居环境空气净化等方面，率先提出并成功研发了具有自主知识产权的水处理及空气净化技术和系列装备，取得多项突破性成果和富有创造性的成就。

曾获国家科技进步奖6项，军队、省部级科技进步奖和教学成果奖26项。曾获中国科协"求是"杰出青年奖、全军首届杰出专业技术人才奖、全国科普工作先进工作者和全国优秀科技工作者等荣誉称号。

院　士　观　点

　　创新型国家建设呼唤高端创新人才，呼唤优秀创新人才。

　　优秀创新人才应具备扎实的专业基础知识、全面分析理解问题的能力、成熟的处事能力、突出的应对挑战能力。

　　盲目追求论文数量往往会使工科理科化，一味强调科研经费往往会导致理科工程化。

　　钱学森之问"为什么我们的学校总是培养不出杰出人才？"应该包括两个层面的思考，一是学校培养创新型人才的模式，二是创新型人才脱颖而出的机制。

　　大学应该成为有灵魂、有眼光、有胸怀和有脊梁的地方。要弘扬教书育人的良好风尚，教师应真正是学生的"良师益友"。

立德树人是高校立身之本

　　党的十八大确定了"实施创新驱动发展战略"，我认为，创新驱动重在人才驱动。习近平总书记指出，"推进自主创新，人才是关键。没有强大人才队伍作后盾，自主创新就是无源之水、无本之木。"2015年，国务院印发的《统筹推进世界一流大学和一流学科建设总体方案》中也强调，要"汇聚优质资源，培养一流人才"。同时，我们要实现"大众创业、万众创新"也重在育人，没有创新的人才，不可能有创业的成功，没有创新的教育，不可能有创新的人才。一句话，我们现在的创新型国家建设呼唤高端、优秀创新人才，也需要创新教育培养模式。

优秀创新人才具备的素质

　　什么样的人才是高端人才，是优秀创新人才？我认为，应具备几个方面的素质：一是扎实的专业基础知识，二是全面分析理解问题的能力，三是成熟的处事能力，四是突出的应对挑战能力。当然，还有其他方面的要求，这几点是我个人认为比较重要和基本的。对我们国家的科技创新来说，应进一步完善教育机制和培养模式，培养出更多的这样的人才，以满足社会需求。

　　回顾一下这些年我们的人才培养，成绩非常大，但问题也有。自20年前高校扩招以来，我们的人才培养规模急剧扩张，培养数量增速较快，但人才培养的质量与经济社会发展需求却不尽一致。就拿工科来说，培养的人才类型多偏于理论学习、学术研究，工程设计和实践能力明显不足。经济社会发展急需的学科专业和交叉学科、边缘学科发展缓慢，或多或少地存在人才培养与社会需求脱节的现象。

师资力量是"双一流"建设的前提

　　我们说大学在国家创新体系中起着关键性作用，我们也知道我国的大学与世界一流大学尚有一定差距，我们缺少高水平论文，缺少高质量成果，我们缺少学术大师，缺少真正的一流学科，等等。尤其是师资队伍，扩招使得高校原本并不"富裕"的师资捉襟见肘，教师承担的教学工作量相对较大，带的学生较多，有些还承担着繁重的科研任务。要建一流大学一流学科，我认为首先要加强我们的师资队伍建设。现在我们或多或少地存在着过于把论文、专利、项目经费等作为考核硬指标的现象，难免产生一定负面影响。盲目追求论文数量往往会使工科理科化，一味强调科研经费往往会导致理科工程化。少数人受到求新、求奇、求快、求利的思想冲击，还存有抄袭、剽窃、造假等不端行为。评价机制需要结合实际去改革，标准到底该怎么定，应该认真思考。但在学校，师德、教学无疑是最重要的，论文、学历可以强调，但要有度，有范围。

他山之石，可以攻玉

　　钱学森之问，"为什么我们的学校总是培养不出杰出人才？"应该包括两个层面的思考，一是学校培养创新型人才的模式，二是创新型人才脱颖而出的机制。在美国国家创新体系中，研究型大学不是被动的跟随者，而是积极的引领者。研究型大学通过人才培养、科学研究和知识创新适应社会的发展需求，是国家创新体系的坚实基础。研究型大学在基础研究领域的创造性贡献奠定了其在国家创新体系中的基础地位；研究型大学培养拔尖创新人才，在国家创新体系中发挥智力支持作用。梳理一下历史我们可以看到，美国研究型大学人才培养目标随着社会经济的变迁经历了从通才向实用人才、全面人才、创新人才的演变。拥有"精深的专业造诣、较强的创新能力和实践能力、强烈的社会责任感、良好的非智力因素及具有批判和变革的勇气"，这就是他们的本科人才培养目标。以麻省理工学院环境工程专业为例，他们的通识教育课程占总学分的一半以上，大约53%，我国约占30%，人文、艺术、社会科学和数理化生构成通识教育的主体，体现了通识教育的基础性；专业教育课程则注重专业基础理论与工程设计能力，非限制性选修课程涉及方向多，学生选择空间大。通识教育课程所占比例越大，培养的学生知识面就会宽一些，研究领域也会广一些。总体看来，在培养模式上，以学分制推动学生发展的自主性，以导师制推动人才培养的个性化，以产学研协同培养增强人才培养的一体化；在评价体系上，将教学研究成果与其他科研成果同等对待，教师聘用、晋升、终身制和工资等级直接受到教学记录的影响，同时重视学生多元能力发展，开发相应的评价方式。我们常说，他山之石，可以攻玉。像这些，可以结合我们的实际情况，有选择性地去借鉴。

高校立身之本在于立德树人

习近平总书记强调，"高校立身之本在于立德树人"。大学应该成为有灵魂、有眼光、有胸怀和有脊梁的地方。要弘扬教书育人的良好风尚，教师应真正是学生的"良师益友"。现在的学生所处的环境与过去不同，选择面更宽了，但素质贵在平时培养。坚守信念、锲而不舍、永不言败的韧劲哪里来？在科研的道路上，经历了失败的人不一定能取得成功，但取得成功的人，必定经历过许多失败，要培养他们屡战屡败、屡败屡战的奋斗精神，培养他们热爱科学事业、热爱本职工作的意识，培养他们同甘共苦、众志成城的团结协作精神。尤其是团结协作，科技创新如果没有相互支持、集思广益的和谐环境，没有众志成城、携手拼搏的协作精神，一切都是镜花水月，无从谈起。当然，责任担当就不用说了。无论是在哪个岗位，都不要忘了"我是中国人"，都应该为自己的祖国做点什么，这种意识是起码的要求。

（2017 年 3 月 25 日）

江 亿

中国工程院院士

院 士 简 介

1952 年 4 月出生，北京市人。

清华大学建筑学院教授、建筑节能研究中心主任。国务院能源咨询专家委员会成员，国家气候变化专家委员会成员，建设部科技委委员。

建筑环境与能源应用专家。长期从事建筑节能领域研究，主持编写《中国建筑节能发展研究年度报告》，设计溶液调湿型空气处理装置和用于西部干燥地区空调的间接蒸发冷水机组，开发建筑能耗和热性能 DeST 分析模拟软件，实现集中供热系统的热力学和动力学特性在线识别和优化控制，同时在地铁热环境模拟与控制、苹果和大白菜产地储藏、建筑热环境分析、城市能源系统等应用领域科研成果显著。

曾获国家科技发明二等奖 2 项，科技进步二等奖 2 项，省部级科技进步一等奖 4 项、二等奖 6 项。

院 士 观 点

创新是影响国家发展建设的战略性问题，是推动我们实现内涵发展的第一动力。

目前，我们国家的创新主体还不是企业，尽管它应该是。

科研定位清晰，创新才有的放矢。

对高校的科研创新评价要唯真唯实，评价的核心目的一是要提高科研质量，二是要提高创新服务水平。

现行的科研评价标准过于依赖量化指标，缺少对实际情况的把握。

以论文论英雄，而且"宁信洋文，不信中文"，助长了不少不干实事的不正之风，造成近年来严重的科研学术虚无化。

无论基础研究还是技术创新都要弘扬团队精神，很多时候这是成功的关键和前提。

创新是动力之源，也是活力所在，但创新离不开法制的规范和保障，需要法律提供有力的制度安排。

科技创新需要法律保驾护航

创新是影响国家发展建设的战略性问题，是推动我们实现内涵发展的第一动力。令人高兴的是，我们国家始终高度重视创新。去年在全国科技大会上，习近平总书记讲，广大科技工作者要把论文写在祖国的大地上，把科技成果应用在实现现代化的伟大事业中，号召广大科技工作者要扎扎实实科研创新。这些话让我们一线科研人员特别振奋，也倍感责任重大。

科研定位清晰，创新才有的放矢

做好创新，首先应对我国科研创新现状、存在的问题有一个认真的分析，因地制宜、有的放矢地提出我们的创新目标。当前在高校和研究所，我个人认为，在理解和认识创新方面还是存在一些问题，喜欢把发表多少所谓高质量论文作为创新的主要标志，这也不能完全说是错的，但这样的理念的确背离了通过创新提升国家科学技术水平、带动经济社会全面发展的初衷，背离了我们做科研的初衷。出现这种情况，一个重要原因就是没有分析清楚国内外科研体制的差异，机械地、简单地套用国外评价标准，不但起不到好的推动作用，反而束缚和限制了自己的发展。我们国家之前实行计划经济体制，客观上形成了我们自己的一个特殊的现状，高校和研究所负责科研，企业只负责生产，绝大部分科研人员都在高校和研究所。虽然改革开放已近40年，企业也吸引和积累了一批科研人员，但是到目前这个阶段来说，科研创新仍需要高校和研究所的大力支持，企业才能完成产业技术的创新升级，也可以说，我们国家的创新主体还不是企业，尽管它应该是。而西方发达国家则不同，它们发展的时间长，大部分企业资金雄厚，一流的科研技术人员多留在企业，从而企业承担着更多的创新责任，无论是在应用基础研究，还是在成果转化和大规模应用的创新上，它们的实力都较强，而高校科研仅需集中于基础研究和应用基础研究方面，各司其职，分工分得很好，衔接得也很好，这和我们是一个很大的区别。我们的高校需要做什么？除了教学，除了基本的基础研究，我们的高校和研究所比国外多出不少的责任，尤其是扶助企业完成技术创新的责任。所以我们的高校不能同国外那样，只去做一些基础性研究，发表一些理论水平高的论文就算完事了。如果我们脱离国家发展实际，简单套用国外评价标准衡量高校和研究所的工作，就会造成国家科研创新链断档，从而严重影响国家科研创新水平的提高。这就是我们的现状，是我们高校进行科技创新的现状和环境。如何推进高校的科技创新，如何评价这些创新，必须结合着这个现状，认清我们所处的这个大环境。

20世纪80年代，我去日本访学。当时与日本的大学教授交流，特别感慨和佩服他们的学术水平，很多解决问题的方法都值得我们学习。2000年以后，再与日本大学的年轻一代教授接触，你就会觉得情况有所反转，他们开始佩服我们，恭谨地请教我们一些问题。为什么会这样？原因很多，比方说我们这些年国家的整体创新水平的确提高了，这是不容置疑的，我们的人才队伍质量，研究成果水平都可圈可点了，等等。但这里还有一个原因，就是日本2000年以后将工程研究的中心由高校转向了企业，企业的工程研发创新能力增强了，高校科研应用相应减弱了。观察分析一下欧美等其他发达国家，也是这样，产业工程研发中心基本都在企业内部。当然，我国企业现在也在逐步建立和完善工程研发能力。在此阶段，大学就应做好衔接，在认真开展基础研究以外，扶助和推动企业解决好国家重大工程问题，顺利实现科研成果转化和大规模应用。我们必须正视这些，国情不一样、发展阶段不一样，不能盲目跟风，不能简单套用其他国家的科研评价标准，不能唯论文，否则会引起国家科研需求与供给不匹配，继而导致出现各种问题。科研定位清晰，创新才有的放矢。

科研评价要唯真唯实看贡献

大家都知道高校发展应符合国家发展需求。我们高校的体制机制与欧美不同，评价也好，建设一流大学也好，就不能在欧美设计的框架下进行，那样只会与我们国家的经济社会发展脱钩。这些年，部分高校承担国家重大工程的能力有所下滑，这并不是我们的企业变强所致，而是目标定位和发展方向出了问题，这一现象需要引起我们重视。高校科研创新要有信心，我们的经济实力已今非昔比，发展出现的问题只要认真抓，就一定能解决。现在国家发展已进入关键时期，如果科研创新没有跟上，整体产业升级上不去，长期发展就会受到影响。

就像生物链一样，大家在各链条上要各得其所，创新也是这样，在创新链条中，大学有大学的责任，企业有企业的责任，只有这样，一个社会的创新链才是健康的，才是有利于发展的。我们的大学现在是一方面需要承担着过多的责任，"操心"着产业技术创新升级问题，另一方面却又被按照国外评价标准和要求去度量，结果能会好吗？所以，我们对高校的科研创新评价要唯真唯实，我们要明白，评价的核心目的一是要提高科研质量，二是要提高创新服务水平，这是国情决定的，是现状决定的，也是我们自己的特点。如果根据国情和现状，我们应该把研究和解决国家经济社会发展中的问题作为科研评价的首要原则。

现行的科研评价标准过于依赖量化指标，缺少对实际情况的把握。量化指标式的评价确实比较便利，不需要专家去动脑子，不需要他们根据情况去做综合的深入分析，只要知道数字的大小多少，就可以很机械、很容易地做出一个评判。这种高度简单化的评价方法，完全不需要请专家去做，但我们却一直将这种评价尊称为专家评审。这种评价完全没有考虑专家的判断，没有专家的主观认识，看似公正公平，实际却不是科研评价所需要的。我们这么做，一是不信任专家，二是不信任科研人员，最终就是评价的结果与国家的需求脱节，与实际不符，更不能真正反映出科研创新的贡献。以论文论英雄，而且"宁信洋文，不信中文"，以英文论文为优秀标准，助长了不少不干实事的不正之风，造成近年来严重的科研学术虚无化。其实看看以前，很多时候看被评价者的原始创新、解决重大问题的贡献，以多数认同给出评价结论，这种方式我们也有过，有主观性，但结果是不是更客观真实呢？随着经济和社会的发展，以提高数量和扩大规模为主的发展模式已不能适应国家的发展要求，依靠创新提质增效的新发展模式亟待建立健全。我们要尽快改变科研评价标准，不要再囿于简单的量化指标，要实事求是地考查科研实际贡献，引导科研人员解决实际科学技术问题，特别是积极引导从事工程技术研究的科学家要脚踏实地，真正把科学技术转化为生产力。

科研创新要弘扬团队精神

现在很多的科研创新不是单兵作战所能完成的了，需要依赖于团队的共同努力，需要联合攻关。尤其是工程技术与基础理论研究对科研人员的要求有所不同，很多大的工程问题不可能一两人就能完成，需要团队作战，需要良好的团队协作精神。其实，不单单是对工程来说，对整个科研来说，无论基础研究还是技术创新都要弘扬团队精神，多数情况下这是成功的关键和前提。但当前有关创新的规章制度不太利于鼓励团体作战。经费管理要算在个人名下，发表文章要排第一、第二作者，成果转化收益以人分配等等，使得大家团结一致干大事的劲头减弱，不再有能力去承担国家的重大工程。这对像清华等以工学见长的高校是一种严重的损害。一方面我们没有看清这个病因，一方面我们又不断增加科研经费投入，似乎以为没有钱就做不了事情，但这是"肚子痛却开感冒药"，问题始终得不到有效解决。

科技创新要有法律保驾护航

想特别提一个问题，科技创新要有法律保驾护航。法律法规对科技创新的可持续发展有着重要的支撑保障作用，这也是一个国家的创新能力的体现，必须大力推进相关法制建设，充分发挥法律对于创新发展的保障和促进作用。创新是动力之源，也是活力所在，但创新离不开法制的规范和保障，科技创新涉及权利、义务、责任等多方面内容，有时还涉及利益的分配和调整，需要法律提供有力的制度安排。我们要通过法律制度营造一个想创新、能创新和敢创新的社会环境，要进一步完善知识产权法、合同法和相关制度，保护一线教师、科学家权益。同时应健全对一线教师、科学家的法律援助制度，让他们遇到法律问题，能够使用法律武器解决，从而释放他们更多的精力用到科研创新活动上。我们现在正处于创新型国家建设进程中，一定要逐步健全完善科技法律制度，营造有利于创新的法治环境，努力培育创新主体，推动创新成果的应用，形成鼓励、引导和支持科技创新发展的良好氛围。

（2017 年 3 月 31 日）

温诗铸

中国科学院院士

院 士 简 介

1932 年 11 月出生，江西丰城人。

清华大学精密仪器与机械学系教授。曾任清华大学机械设计教研室主任、摩擦学国家重点实验室主任，中国机械工程学会摩擦学分会副理事长、名誉理事长，《机械工程学报》、《摩擦学学报》、*Tribology International*、*Tribotest* 等学术期刊编委。

机械学专家。长期从事润滑理论、摩擦磨损机理与控制等方面的研究。提出了以完备数值解为基础的弹流润滑理论，建立了工程中有关弹流润滑问题的设计方法，导出了普适性最高的润滑方程。提出以纳米膜厚为特征的薄膜润滑状态，从理论与实验上论证了纳米润滑状态的形成机理与形成特征，提出了弹流润滑、薄膜润滑、边界润滑三者转化的关系及状态判别准则，并在纳米尺度上揭示出材料的微摩擦磨损特性。在粘塑性和粘弹性流变润滑理论、润滑膜失效及屈服机理方面的研究取得重要进展。

曾获科技奖励 23 项，包括国家自然科学二等奖、国家技术发明三等奖、国家科技进步二等奖、全国优秀科技图书一、二等奖各 1 项，省部级科技进步一等奖 4 项、二等奖 11 项、三等奖 3 项。曾获何梁何利基金科学与技术进步奖、中国机械工程学会摩擦学分会最高成就奖、机械工程学会科学技术奖、世界摩擦学理事会 2015 年金奖。

院 士 观 点

高校要有自己的发展路径，要各具特色，大学发展没有固定的模式。

大学要坚持有所为，有所不为，真正能把握好改革发展中的"加法"和"减法"。

要让大学安静下来，让师生们能够回归到宁静的校园中。

人的很多能力和知识不是大学直接培养出来的，但视野和眼界是大学给的，大学应提供给学生的是方法，是学习和成才的方法。

科技评价还是要充分考虑科研活动特点和领域，应进行分类评价。

我经常跟学生讲三个精神，钉子精神、实干精神、团队精神。

大学发展要做好加减法

大学要学会做减法

现在国家做出建设世界一流大学和一流学科的战略部署，各高校要有自己的发展路径，要各具特色，大学发展没有固定的模式。习近平总书记说"世界上不会有第二个哈佛、牛津、斯坦福、麻省理工、剑桥，但会有第一个北大、清华、浙大、复旦、南大等中国著名学府"。这句话非常明确地告诉我们，建设一流大学经验不能照搬，模式不可复制，必须要有自己的定位、自己的特色，正所谓扎根中国大地，办自己的大学。目前，很多高校求大求全，毫无特色，这是我们高等教育的最大弊病。这些年大学做了很多改革，但很多时候我觉得成了"改革叠加""任务叠加"，这样不但导致老问题不能解决，而且新的问题也会出来，所以，我认为，大学在改革发展中一定要会做加减法，尤其是要会做减法，应瘦身，坚持有所为，有所不为。简单地说，就是要取消那些违反教育规律和人才成长规律的做法和行为，只要是有利于教育发展和人才培养的做法，我们就应该去大胆地去尝试，真正做好改革发展的"加法"和"减法"。

我 1955 年清华大学毕业后留校，从事教学科研工作，一直没离开过高校，改革开放后，到英国留学了两年，对中外高等教育，尤其是中英的，也有个大致的比较和认识。我感觉，我们的许多高校自身定位不清晰，人才培养目标和层次不够明确，还有一些高校盲目追求大而全，追求"研究型"大学，出现了专科升本科、学院升大学、大搞合并等现象。

现代高等教育起源于欧洲，欧美的高等教育的确有不少地方值得我们学习。就拿英国来说，它的高校层次非常分明，比如有顶尖大学、红砖大学、城市学院等，每个层次上都有很多一流学校。顶尖研究型大学主要是指剑桥大学、牛津大学、帝国理工学院、伦敦大学学院、伦敦政治经济学院，它们被称为"G5超级精英大学"，它们的办学理念、管理机制都是各有特色，各具优势，均位居世界顶尖大学行列。英国第二层次的高校当属红砖大学，指曼彻斯特大学、布里斯托大学、谢菲尔德大学、伯明翰大学、利兹大学和利物浦大学这六所大学，它们是除"G5超级精英大学"以外在英格兰地区最优秀，最著名的老牌名校。这些高校主要布局在工业城市，是老牌的科学或工程技术类高校，每校的优势学科也不同，大多与所在的城市工业布局有关，并在相关领域成为全球技术引领者。第三类高校是城市学院，主要是英国职业教育，培养工程师和专业技能人才。这些学院也会有一些研究，但它们的研究都与工程技术结合非常紧密。这一梳理我们可以看出英国高等教育的三个层次很分明，定位很清楚，每个学校都知道自己该怎么发展，知道该走什么样的路，没有一窝蜂地奔着牛津、剑桥标准去的。

除了办学模式上要有区别，在教学模式上也不宜太统一。现在我们的教育主管部门对教学大纲、教学内容、教材等都有规定，这一点上我认为必须改革，要放开。我上大学的时候，一门课程可以有多位老师同时开课，每个老师都可以选不同的教材给学生们上课。老师在教学上非常下功夫，同一门课程年年讲年年新。比如，有的老师给我们讲课，没有指定教材，就给学生列上基本参考书，他的课也没有按照固定某本书讲，他的讲义自成体系，融汇了多本参考书的精华。他的讲义也是每年都不同，要根据最新的研究进展、历届学生的学习情况等不断修改完善。所以，我建议教育主管部门在课程设置上，尤其是在一些自然科学的课程设置上，给学校充分的自主权，给老师讲课的自由，可以不制定教学大纲，不指定教材。主管部门要给学校专业设置自主权，加强监督，如果培养质量不好，社会适应度不好，可以及时灵活调整。

另外，大学是个潜心治学的场所，是学术殿堂，如今高校中纯净的科研、创新和传播的氛围也不够浓厚。我上大学时期，经常能够在校园里看到许多大教授胳膊下夹着讲义，边走边与同学们投入地探讨问题，校园也很宁静。现在不少大学校园跟市场似的，车水马龙、熙熙攘攘。要创造条件，让大学安静下来，让师生们能够回归到宁静的校园中。

人才培养要授之以渔

新中国成立后，我们经历了几次大的高等教育改革，但大致上是从通才教育改革成专才教育，如今又往通才教育转，比如现在的新工科教育，但有一点不能变，那就是高等教育改革要为学生将来的成长成才打下坚实基础。

1952年之前，中国各高校办学思想大多是实施通才教育，强调打通各系壁垒，注重培养学生的各学科基础，使大学生对各个学科门类都有所了解。清华大学梅贻琦先生也是通才教育的积极倡导者，他说"应要求学生具有广泛的知识，而不贵乎有专技之长，即使是学工程的，也要对政治、经济、历史、地理、社会知道一点，否则他就只能做个高等匠人，而不能做一个完人，大学生应该有极完美的常识。"大学毕业后，学生可以继续读研究生，由基础而做专门之研究，或者进入各行业各工厂，学习工厂实践方面知识。通才教育如今在美国依然盛行。1952年之后，我们开始以苏联模式进行高等教育改革，通过院系调整，建设了很多单科性高校，也为国家各项建设事业培养了大批专门人才，为国家发展做出了重要贡献。

现在国家提创新人才培养，我认为现在的教育改革力度还不够。国家创新能力不强，创新没有根基，是和人才创新后劲不足，和高校教育教学有很大关系的。大学里面还是专业讲得太多，拿工程机械人才培养来说，现在很多高校机械系材料类、力学类课程就开得太少，各种知识类，甚至工厂实践规范的课程太多，我认为这种培养是不利于人才后期发展的，相关学科基础太弱。我上大学的时候，四大力学课程机械系学生是选修，这为学生们后续的科研发展打下了坚实的基础。人的很多能力和知识不是大学直接培养出来的，但视野和眼界是大学给的，大学应提供给学生的是方法，学习和成才的方法。

对于个人的成长，我觉得中学比大学阶段更重要。中学阶段奠定了人生基础，尤其是高中阶段，世界观、人生观、价值观的形成将影响人的一生。我毕业于重庆南开中学，是一所很好的学校。我在科研工作中很多分析问题、解决问题的方法和习惯养成于中学时期，对科学产生的浓厚兴趣也源自高中阶段的培养。单纯强调在大学阶段提升学生的创新能力，激发他们的科学兴趣是不够的，有点儿晚。

科技评价标准要根据时代变化而变化

近年来，中国研发经费投入总量呈不断上升趋势，超过了英国、法国、德国和日本，成为仅次于美国的世界第二大科技经费投入大国，研发经费投入总体符合我国经济社会发展的基本要求和阶段状况，但与发达国家比较，中国研发投入的效益还有待进一步提升。尽管我们国家 SCI 科技论文总量已经世界第二，引用也不少，但是转化为生产力方面还比较落后，科技创新对国家经济社会发展、国防安全的支撑度还不够，这是我们应该克服的问题。我认为，这些问题有一部分原因是由科技评价导致的。习近平总书记讲"要把论文写在祖国的大地上"，就是要求广大科研工作者的科技创新不仅要面向科学前沿，还要面向国家重大需求，面向国民经济主战场，科技创新终归还是要服务祖国经济社会的发展。

以前我们强调发 SCI 论文、高影响因子论文也有它的必要性和历史意义，是符合当时需求的，通过高质量论文总量的迅速提升，在一定程度上快速提升了我国科技创新的国际影响力。但科技评价标准要根据时代变化而变化，现在很多高校和科研单位的科技评价仍是以论文为唯一评价，高校尤甚，这就不太科学。基础理论研究强调科学发现，用论文、著作来衡量是可以的，但技术创新，尤其是重大工程问题，关键是要看实际解决的问题，解决国家需求，要对国家有实际贡献的，怎么能要求必须发论文？更何况很多国家重大工程涉及秘密。科技评价还是要充分考虑科研活动特点和领域，应实施分类评价。

创新要发扬钉子精神、实干精神和团队精神

我经常跟学生讲三个精神。

第一个是要发扬钉子精神，什么是钉子精神？大家都知道钉钉子，第一榔头打下去钉很深，第二榔头打下去费劲了，第三榔头更费劲了，所以容易打的是第一榔头。科研就像钉钉子，如果钉一个地方换一个地方，钉十个钉子没有一个是非常牢固的。我指导学生，要求学生要在一个地方钉到底、钉透。

第二个精神是实干精神。50 年代，国家的科技基础薄弱，仪器设备短缺，工业技术水平很低，很多科学实验都是在工棚里完成，那个时候的科研项目都是直接为经济建设和军工生产服务的。当时，我们进行科研是自力更生，白手起家，起早贪黑，苦干加巧干。现在，不少科研工作者勤俭节约、艰苦朴素的科研作风有点儿弱。

第三个精神是团队精神。承担国家重大任务、解决重大需求必须要团队作战，单干户难成大事。一些基础研究有时更多依赖于科学家的灵感，

尤其工程科学很难依靠个人完成，要围绕重大工程问题，组建跨学科的研究团队，发扬团队精神，协同作战。

（2017 年 4 月 5 日）

郭正堂

中国科学院院士

院 士 简 介

1964 年 4 月出生，山西应县人。

中国科学院大学副校长，中国科学院地质与地球物理研究所研究员，国际第四纪研究联合会（INQUA）副主席，中国第四纪科学研究会理事长，发展中国家科学院院士。曾任中国科学院地球环境研究所所长。

新生代地质与古气候学家。主要从事新生代地质与古气候学研究。在风尘堆积地层学、古土壤与古环境等方面取得系统的研究成果。把陆地风成堆积序列从 800 万年拓展到 2200 万年；厘定了亚洲季风环境和内陆荒漠的起源时代，重建了早期演化历史，提出青藏高原在 2000 多万年以前的隆升即已导致大气环流的重组；发现了第四纪东亚季风极盛期与大洋碳同位素变化的耦合关系，揭示出冰期—间冰期旋回中两极冰盖存在不对称演化行为，提出更新世大气甲烷浓度变化的两半球季风和全球冰量交替控制解释。

曾获国家自然科学二等奖、全球变化科学奖等奖励。

院　士　观　点

科技和教育都不能一蹴而就，需要一个长期的积累和发展过程。

基础研究是自主创新的源头。如果认为能转化能落地，看到真金白银才是国家需求，就太偏功利。

政策的制定一定要深思熟虑，制定下来后也不要轻易改变，要给人以稳定预期。

学者最大的尊严在于学术成就。如果社会上每个人都从内心尊重知识、崇尚学问，少几分功利和浮躁，学术生态一定会变得更好。

大学应该个性化、多样化办学，关键是办出特色，来解决国家对不同类型、不同层次人才的需求。

有些原创性的工作需要很长的时间和很多的投入，需要坚持，甚至是坚守。

科技创新的根本出路，归根到底还是一个人才战略。

科技创新战略的本质是人才战略

坚定创新自信

　　在谈科技创新的时候，我们首先要对国家科技的发展有一个理性的认识和肯定，那就是自上世纪 80 年代以来，中国的科技是飞速发展的。我觉得社会上一部分人对国家科技发展的期望有点儿过高，或者说有点儿着急。

　　科技也好，教育也罢，与很多事情不同，不可能一蹴而就，需要一个长期的积累和发展过程。上世纪 80 年代前期，我在国外念书的时候，在国际学术会议上很少人听中国学者的报告，一是我们走出去得少，更主要的是因为当时的学术成果不够前沿，工作还做得不够扎实。当时想做也没有条件。

　　可是今天，我们国家的科技在国际上受到了很高的重视，在某些方面和领域我们确实可以发声了。如果照这样势头发展下去，我想，我们的成绩一定是令人鼓舞的，其他国家很少有我们这么快的发展速度。

　　仅 30 多年时间，我们的科技从一个不被重视的状态，发展到今天全世界都要关注的状态，成绩真的是很大。正视这一点，我们就可以理性地看待存在的问题，包括管理问题。如果说一些人对发展状态的认识偏悲观的话，也多数是源自一种急切的心情和好的愿望。

我们这代人正好是经历过的，一路走来，我觉得一定不能悲观。而且，由于我们的传统文化，中国的科技工作者可以说一直是社会上最敬业的群体之一，不管工资高低，总是早早就起来干活，周末也不过，假期也不休，非常用功。大多数科研工作者始终格外敬业，这就是很好的基础，我们一定要自信。

基础研究是自主创新的源头

说到问题，我们也要清醒。我们的科研队伍不小，但基础科研的投入与科技发达国家相比，差距还是很大的。具体到一个人来说，不见得经费越多成果就越多。但对一个国家来说，应该是这样的，如果投入没有被浪费的话，整体投入大了，成果肯定是多的。

就我们的基础科研投资来说，大概占全部研发投入的 5% 左右，而科技发达国家大概至少 15%，美国大概到 20%。大家都是凡人，都在努力工作，但人家的起点比我们高，我们不会那么轻易就领先的，这一点我们自己必须清醒。

为什么强调基础科研？因为基础研究才是自主创新的源头。科技引领作用较大的国家，基础科研都是非常出色的。真正到应用层面的东西，从科学原理上往往是已知的。真正具有引领地位的基础科研，最初很少人能看到确切的应用范畴。少数人认为这部分不算国家需求，认为能转化能落地，看到真金白银才是国家需求，这就太偏功利。比方说，最早研究互联网的时候，大部分人不知道它能发挥今天我们看到的那些作用，许多是研发成功后，企业在市场的驱动下想办法用上去的。

一些小国缺乏基础和人才条件，不易于能把基础研究做到世界一流，只能集中发展技术，争取技术上的突破。但我们国家这么大，这样做就远远不够了，否则科技永远是跟踪型的。中国有能力做到科技引领，把基础科研作为创新源头是非常重要的，是长远大计。我们不能片面地理解国家需求，也不能把科学与技术混为一谈。

创新需要稳定的政策和支持

我国基础科学的创新能力已经到了一个很好的程度，但最好还不要说世界领先，而且离整体领先还有一定的距离。我觉得有三个方面的原因，一是投入还不够，二是时间还不够。刚才说过，我们的科技30多年来已经算飞速发展了，但我们不能让飞机实现火箭的速度。再一个原因就是评价体系有些问题，评价体系的指挥棒让科技界略偏浮躁。学问是静下心做出来的，不是折腾出来的。我们常说某位学者在某个领域潜心钻研数十年，在某个方面取得重大突破，指的就是潜心的重要性。从来没有人说某位学者数十年来不停地折腾，取得重大成就。

政策的稳定也非常重要，创新需要时间和积累，要对前景看得远，格外需要稳定的政策和支持。不管多好的政策，如果变来变去，执行的效果一定不会很好。因为任何一个政策都需要一定的时间来磨合，就像开新车一样，磨合到一定程度后就特别顺；磨合做不好，运行效果就不好。政策的制定一定要深思熟虑，制定下来后也不要轻易改变，要给人以稳定预期。

科技创新战略在本质上是人才战略

我认为，科技创新战略从根本上讲是人才战略。这一点在任何一个时代，大到国家和部门层面，小到单位和课题组层面都适用。可以说，十年、二十年后，如果最优秀的科技人才集中在哪个部门或课题组，这个部门或课题组的水平一定是高的。相反，即便加大投入也会效果不佳。

我们国家现在"人才帽子"很多，奖也不少。这本身并不是坏事。国家总是要选出最好的人才给予更多的支持，所以人才"帽子"在一定程度上是需要的。但如果把"人才帽子"市场化，就会导致学术生态的破坏。鼓励科研人员奋进是对的，但不是去"诱惑"他们。"人才帽子"市场化会使学术文化功利化，危害非常大。

科研需要沉下心来，在没有太多杂念的情况下去做，如果一味追求功利就失去了意义，也会妨碍科研进步。所以我常建议年轻的学生毕业以后，不要刻意去追求"帽子"，因为博士毕业后是做研究最好的年龄，可以做实事、做难事。做好了，"帽子"也会水到渠成。如果塌不下心来，迟早会被那些真正沉下心做事的同事淘汰掉，不仅得不到"帽子"，饭碗都可能丢掉。

目前出现的一些问题，不是人才计划本身的问题，而是我们不正确地利用了它。其实，学者最大的尊严在于学术成就，而不在"帽子"。如果社会上每个人都从内心尊重知识、崇尚学问，少几分功利和浮躁，学术生态一定会变得更好，科技创新的势头也会更加迅猛。

教育和科技发展都需要耐心和宽容

谈到教育，我觉得要正视两点。第一点，大学应该个性化、多样化办学，关键是办出特色，来解决国家对不同类型、不同层次人才需求。要避免用同一套标准来评价不同的大学，否则容易导致同质化。同质化的后果是有些领域人才过剩，而另一些对国家很重要的事可能没有人来做。第二点，教育不在于仅仅教会学生一些专业知识，更重要的是培养他们的综合能力和素质。知识有很多，人的一辈子有很长的时间可以去学，即活到老学到老。单靠上大学、研究生时学的那点知识来搞科研是远远不够的，必须不断学习，才会变成真正意义的人才。

与科技发展一样，40年来我国高等教育的成就也是巨大的，但少数人的评论总是偏悲观。那反过来可以问，国家目前那么多人才是谁培养出来的？留学回来的毕竟还是少数，大多数还是我们的大学自己培养的。我们必须肯定这一点，也要有足够的耐心和冷静。

关于学科发展，对我们这样一个大国来讲，一定要保持足够的均衡性。在少数领域过大的投入，效果不会很好。学科均衡发展是科学整体发展的地基，类似于建金字塔，而不是竖几根旗杆就算达到甚至超过一流水平了。金字塔建起来后永久牢固，而旗杆可能会被一场风刮倒。不同的学科在发展过程中是互相渗透的，没有足够的均衡性，就没有很好的学科渗透，也就不利于提升真正的科学实力，不利于科技的长远发展。

每位科技人员都要注重研究工作的原创性。有些原创性的工作需要很长的时间和很多的投入，需要坚持，甚至是坚守。我有时在想，我们国家这么多科技工作者，如果平均每人一生做一件真正具原创意义的事情，那我们国家在世界科技界的影响得有多大啊。这一天会到来的，但需要耐心和宽容。

谈了那么多，中心意思还是那句话，我们国家的科技和教育应该说还是处于打基础的阶段，这三四十年来是飞速发展的，成就也是举世瞩目的。在这种形势下切记需要耐心和冷静，避免浮躁，需要稳定的政策和支持，需要把人才战略放在首位。科技创新的根本出路，归根到底还是一个人才战略。

（2017 年 4 月 7 日）

彭永臻

中国工程院院士

院　士　简　介

1949 年 2 月出生，山东莱州人。

北京工业大学环境学科首席教授、环境工程研究所所长、城镇污水深度处理与资源化利用技术国家工程实验室主任、污水脱氮除磷处理与过程控制北京市工程技术研究中心主任。1976 年毕业于哈尔滨建筑工程学院（现哈尔滨工业大学）给水排水工程专业后留校工作，获该校市政工程硕士和环境工程博士学位，1993 年晋升为教授。

污水处理专家。长期从事污水处理的教学、科研与工程应用工作，围绕着我国城市污水脱氮除磷处理的重大需求，不断地提高研究和应用水平，突破了污水脱氮除磷的关键技术，为提高我国城市污水处理工程设计建设和运行控制水平、为城市污水处理厂的达标排放、解决城市污水处理厂两类技术难题——达一级 A 排放标准和节能降耗等做出了重要贡献。已培养工学博士 71 人，其中 2 人获全国百篇优秀博士学位论文奖、4 人获提名奖。

2004 年、2009 年和 2012 年 3 次获得国家科技进步奖二等奖，5 次获得省部级科技一等奖。入选首批国家高层次人才特殊支持计划，先后获国家教学名师、全国模范教师、全国优秀科技工作者、全国先进工作者、全国优秀共产党员等奖励和荣誉称号。

院 士 观 点

　　忧患意识要有，要看到问题，但不能因此而陷于对问题的抱怨与指责之中，要有忧心，更要有信心，要看到好的方面和发展趋势。

　　管理人员和专业技术人员对单位的贡献方式不同，但都应该走专业化和职业化的发展道路。

　　我们需要营造清朗的学术生态，不要让帽子遮着，教育科研都需要淡泊的心态。

　　不少大型科研设备闲置率高，共享程度低，使用效率也低，相关单位的管理水平也较低。对实验室建设的统筹规划不到位，对学科发展战略缺乏深入研究，盲目追求设备性能的高指标。

　　一流是个比较概念，要比较就要有特色。走特色办学之路，办有特色的中国大学，首先要构建完善的中国特色大学管理体系。

构建中国特色的大学管理体系

创新要常怀忧患更要满怀自信

现在我们经常说我国科技创新存在很多问题，科技人才队伍规模庞大但自主创新能力不强，论文数量虽多但原始创新水平不高，很多领域关键核心技术受制于人等等。的确，当前我们是存在这样或那样的问题，但如果忽略这些年来国家科技创新取得的巨大成就，在各个领域各个层面去只谈问题是不客观的，这样看待事情的方法也不利于我们今后的发展。忧患意识要有，要看到问题，但不能因此而陷于对问题的抱怨与指责之中，要有忧心，更要有信心，要看到好的方面和发展趋势。

新中国成立后，我国科技事业有了较全面的发展。到目前为止已经建立了学科齐全的科学研究体系、工业技术体系、国防科技体系、地方科技体系，取得了以"两弹一星"为标志的一批重大科技成果。1978 年党中央召开全国科学大会，邓小平同志在大会上作出"科学技术是生产力"的重要论断，"科学的春天"润泽了神州大地，带来了我国科技的全面复苏。后来党和政府又提出"科教兴国"战略，进一步推动了科技与经济的结合，科技进步促进了生产力的发展，经济的发展也推动科技事业进入了一个日新月异的新阶段。"两弹一星"、超级杂交水稻、载人航天、北斗导航、高速铁路、航空母舰等一系列耳熟能详的国家大工程，都是我国广大科技工作者的不断奋斗的成果。创新成果的大量涌现，对经济社会发展贡献大幅提升，科学技术已经成为推动经济社会发展的强大动力。现在，我们又提出建设"创新型国家"的目标，去年，习近平总书记在"科技三会"上吹响了建设世界科技强国的号角，可以说是迎来科技创新的又一个春天。所以，我们首先还是要自信，直面问题，充满信心，敢于担起重任。

职员制改革值得期待

近日，教育部联合几部委印发了《关于深化高等教育领域简政放权放管结合优化服务改革的若干意见》，涉及高等教育中的学科专业、编制、岗位、进人用人、职称评审、薪酬分配、经费使用等方面的深层次问题，放权、松绑、减负，我认为非常好。高校职员制改革是高校内部管理体制的重要内容，也是高校去行政化，实现从身份管理向岗位管理转变的根本保障，有利于激发管理人员工作积极性、创造性。我一直关注高校的职员制改革，职员制改革推了十几年，但效果欠佳，现在再次重申，希望能切实执行。现在高校里面"双肩挑"非常多，一些在教学、科研做出一定成绩的教师很多去当个院长、处长，这不应该成为普遍现象。高校管理很专业，需要高水平管理人才，"双肩挑"将精力分到管理上肯定影响他们的教学和科研，但有人不这么看，认为反而这样更有利于"成长"，项目好申请了，"头衔"更易拿到，这个现象很有意思。我们实施管理人员职员制更有利于管理、教学、科研人才在各自岗位最大程度发挥主动性和创造性，更有利于大学发展。管理人员和专业技术人员对单位的贡献方式不同，但都应该走专业化和职业化的发展道路。改革方向已定，行动已启，这件事值得期待。

营造清朗的学术生态

近年来，各高校都非常重视人才工作，特别是高度重视"帽子"人才，对一些有学术头衔的"人才"给予各方面的特殊政策，尤其在人才引进时，对"帽子"人才敢下血本。我认为，学校重视人才是好事，引进高层次创新人才有利于推动人才培养、学科建设和科研水平的提升。但"挖人"要有度、要有用、要有序。一方面引进的人才要真正对学校的学科建设、人才培养有益，确是根据学校发展需求而引进，而不是为了各种评比去拼"帽子"人才的数量；另一方面，不能把"帽子"作为衡量人才的唯一标准。"重金引来女婿气走儿子"，挫伤了校内大多数人的积极性。高校发展不是几个"帽子"人才决定的，要充分依靠广大师生的主动性和创造性。要正确认识各种人才计划对人才发展的正向激励作用，别让"帽子"破坏整个学术生态。我们需要营造清朗的学术生态，不要让帽子遮着，教育科研需要淡泊的心态。

研究要慎投入重产出

现在不少实验室不停地在买大型设备，我觉得提升创新能力，不能单纯靠大量买设备，尤其不能靠大量购置高端进口设备。我的实验室仪器设备很多，在国内甚至国际上也不算差，但目前还没有超过 100 万元的设备，也做出了不少成果。我觉得贵重仪器有时用得不多，买了以后还要找房间存放，还要配备技术人员，还要维护管理，实际并不划算。我们可以想想，有些仪器真的是必须买吗，若仅为做几次实验方便，买个好几百万元、甚至上千万元的设备，那是极大的资源浪费。我们不少大型科研设备闲置率高，共享程度低，使用效率也低，相关单位的管理水平也低。深究原因，可以说是我们对实验室建设的统筹规划不到位，对学科发展战略缺乏深入研究，盲目追求设备性能的高指标。我经常参加一些学术交流，学生也有出国留学的，我们的大学实验室并不比国外的差。我们的设备很先进，都是新的，而人家的设备可能已用了 20 多年，人家对设备本身的挖掘利用比较深，使用率比较高，在这方面我们还需要大大加强。为什么我们的大学实验室建的大而全，却没有国外大学的实验室出的成果多、成果好呢？原因至少有两个：一是我们的知识比较陈旧，做的研究不够前沿，带的学生自然也跟不上学术的前沿；二是学科建设、实验室建设没特色、没专长，经费投入的计划性、科学性、合理性低，短期性、盲目性强，重投入，轻产出。我们的科研管理体制还是要进一步完善的，一定要改变实验室利用率、使用率低的现状，扭转、杜绝设备先进而成果落后的现象，减少重复建设、重复投资，加强设备的开放共享，提高设备利用效率，这个一定要重视，一定要慎投入，避免盲目，不能求大求全。

构建完善的中国特色大学管理体系是当务之急

我国高校同质化现象严重，缺乏个性化发展。建设科技强国、建设高等教育强国需要高校办出特色，要鼓励高校个性化发展。发达国家的一些一流大学办学经验值得我们深入研究和借鉴。我曾于上世纪 80 年代留学日本，这些年也一直有学术交流，对日本高等教育有所了解。日本在 20 世纪奉行中央集权模式，行政化现象严重，国立大学被当作政府行政组织的一部分，文部省掌握学校的人事、经费、课程设置等，对大学事无巨细都要干预，大学缺乏自主权，教学内容陈旧，教育结构不合理，在科技创新和人才培养方面落后于其他发达国家。进入 21 世纪后，日本推行"国立大学法人化"，就是将作为国家行政组织一部分的国立大学从政府机构中分离出来，赋予其独立的法人资格。其根本目的在于减少国家行政部门的干预与控制，增强大学经营管理上的自主权，大幅度放宽预算、组织、人事等各方面的管制，对高校分类定位，改革评估体系，尊重大学个性和自我约束、自我治理能力等，营造大学间相互竞争的环境，提高大学教学科研水平和国际竞争能力。通过改革，国立大学展现出新的面貌，国立大学的创新人才培养、科学研究等能力提升明显，在各大高校排行榜也有较好表现。大家都知道，世界一流高校多在美国，这些名校都有个显著特点，这些特点源于历史传承、长久积淀，也有短短几十年在服务国家重大需求中异军突起的。不管时间长短，一流名校都是各具特色，各不相同。

我们的高校应充分提升管理能力，发掘特色、彰显特色，"千校一面"如何去建一流大学？高校管理体系和管理能力，说起来比较简单，做起来比较复杂，也比较难。如何在坚持党的领导下把我们高校的制度体系、管理结构体系、管理运行体系等梳理清楚，如何真正提升高校的自我管理能力，是一个很大的课题。习近平总书记说，"世界上不会有第二个哈佛、牛津、斯坦福、麻省理工、剑桥，但会有第一个北大、清华、浙大、复旦、南大等中国著名学府。"这是什么意思？这就是要凸显特色，一流是个比较概念，要比较就要有特色。那如何走特色办学之路，如何办有特色的中国大学？个人认为，首先要构建完善的中国特色大学管理体系，这是当务之急。

（2017 年 4 月 10 日）

吴宏鑫

中国科学院院士

院 士 简 介

1939 年 10 月出生，江苏丹徒人。

北京控制工程研究所研究员，中国航天科技集团公司第五研究院科技委顾问，北京控制工程研究所科技委顾问。

控制理论与控制工程专家。主要从事航天和工业领域的自适应控制和智能控制理论与应用研究。提出了"全系数自适应控制理论和方法"，这是一套完整的系统性和实用性很强的自适应控制理论和方法，对于一类对象在参数估计未收敛到"真值"的过渡过程阶段，能保证系统闭环稳定且具有良好性能。在智能控制方面提出了"特征建模""基于对象特征模型描述的黄金分割智能控制方法""航天器变结构变系数的智能控制方法"和"基于智能特征模型的智能控制方法"等，为降阶控制器和智能控制器的设计开拓了一条新的道路，对航天器控制和工业控制的发展具有重要理论意义和实用价值。

曾获国家发明二等奖、三等奖，部级科技进步一等奖、二等奖（5 项）、全国优秀科技图书二等奖、中国出版政府奖图书奖等奖项。曾获首都"五一劳动奖章"、航空航天部有突出贡献专家、航天人才培养突出贡献奖等荣誉称号。

院 士 观 点

大学不在教书育人上下功夫，就失去了它存在的根本意义，发展也是没有希望的。

教育不能搞"一窝蜂"式的发展，科研不能盲目追逐热点。

敢为天下先，不仅需要勇气，更需要创新智慧，这种智慧一般是在大学阶段积累形成的。

教育应该遵循人的智力发展规律，让更多有创新能力的人、更多大器晚成的人有机会一展宏图。

大学重视人才是正确的，但是通过"挖墙脚"，实施零和博弈式的人才战略，是完全错误的。

科研评价最应该看的是一个科研工作者对学术直接或潜在的贡献，看他的长处，而不应通过量化指标看"短处"。

在重视现实需求的前提下，我们要有前瞻性、"幻想性"的研究，要有攀登科技高峰的精神，有埋头苦干持之以恒的精神。

构建综合的人才培养质量评价体系

大学首要任务是育人

当前，大学目标定位存在偏差，不清楚自己真正的任务是什么，让很多老师将主要力量放在科研，投入教学精力严重不足。大学的根本任务是人才培养，科研很重要，但在大学里要先育人。

要解决大学现有的问题，需要在两个方面有所改变。第一，大学校长应由教育家担任。在我们国家体制下，可以说是懂政治的教育家。坚持社会主义办学方向是个前提，但校长必须真的了解和掌握教书育人规律和学生成长规律，要真正懂教育，这绝不是一朝一夕之功。如果以前不懂教育，不是做了校长就会一下子懂了。第二，学校一定要把培养人才放在第一位。国家一直强调大学要重视人才培养，但事实上很长时间以来我们不少老师都忙于争课题申经费，并没有把主要精力放在教学上，看看我们现在的一些统计和宣传就知道，大家关注的都是项目多少、经费多少，而培养的本科生、研究生呢？基本功都不怎么扎实。大学不在教书育人上下功夫，就失去了它存在的根本意义，发展也是没有希望的。育人，首先要培养学生有正确的人生观和世界观，有为人民服务、为社会主义祖国建设服务、艰苦奋斗的思想品质。

学生成才三标准

教书育人是一件非常有挑战性的工作。教授是否将学生培养成才应该从几个方面考量。第一，学生是否有扎实的基础理论功底。基础理论扎实，是指不仅知道本行业的基础知识，还要明白前因后果、应用条件和存在的问题，要彻底吃透能够应用。第二，学生是否具备吸取新知识的能力。当前科学技术飞速发展，科技人员必须活到老学到老，通过阅读文献、实践生产等手段，不断提炼吸收新知识才能有所作为。第三，学生是否有独立的创新思维。现在有些学生的论文水分太多，内容上缺少创新，总是一味地跟在别人后面搞研究。敢为天下先，不仅需要勇气，更需要创新智慧，这种智慧一般是在大学阶段积累形成的。

构建综合的人才培养质量评价体系

人才培养质量如何评价？是不是可以引入和采用第三方评价的机制？利用大数据平台，将人才培养情况公布，置于社会的监督之下。是不是可以听听学生的声音？说人才培养质量好不好，学生最有发言权。是不是可以听听用人单位的意见？用人单位需要的人才是什么样的，他们自己最清楚。我们对人才培养的评价，一定要跳出封闭式评价的圈子。现在很多单位反映大学毕业生质量下滑，这与我们对教学的不重视相关。教学得不到重视，我们的长期发展就没有希望。我在清华上学的时候，有名的教授都必须认真上课，课前反复备课，要有备课记录，课上完后备课要抽查，即便是老教授也一样。板书也与现在不同，没有人搞投影，都是一笔一笔写成的，虽然比投影麻烦，但是上课节奏好，同学们能跟上，不会像放电影那样一下就过去。

大学将人才培养放在首位，就应给予从事教学的老师充分尊重和较高的待遇。现行制度下，若专注于教学的老师不容易拿到经费，在薪酬及职称方面也没有特别的照顾，那教学的积极性能高到哪里呢？现在我们有条件了，可以利用大数据分析，科学设计人才培养质量评价指标。像知识水平、个人素质、个人能力等等，都可以作为评价的主要标准，可以进行综合评价了。

另外，我们现在的招生机制，往往会过早淘汰掉一些有发展潜力的人。教育应该遵循人的智力发展规律，让更多有创新能力的人、更多大器晚成的人有机会一展宏图。

科研和教学要协调发展

"双一流"建设应实事求是，并不是什么学校都能办成一流大学的。不同学校有各自的历史传承和发展目标，国家对不同学校的需求也不一样。我们的政策导向一定要多元，这个多元不是说方向不一样，是说目标、层次、定位。人是多样的，学校是多样的，国家的需求也是多样的，哪能拿着一个"指挥棒"去引导？教育不能搞"一窝蜂"式的发展，科研不能盲目追逐热点。我们现在在很多应用技术上少有人下功夫，关键部件都依靠进口，科研产出低端，单一化的发展是不行的。大学一定要调整发展定位，改变当前不顾学校条件以搞科研为主的发展模式，把人才培养放在第一位，兼顾科研和教学协调发展。其实，教学与科研在人才培养上是高度一致和融合的，在本质上是统一的。现存的诸多问题并非完全来自高校自身，也许需要等到社会发展到一定阶段后才能完全解决，但在这个过程中，我们应该也能够做一些好的改变。

人才要合理有序流动

人才是大学发展的基石，没有一流的人才，建设一流大学只能是空谈。大学重视人才是正确的，但是通过"挖墙脚"，实施零和博弈式的人才战略，是完全错误的。它不仅破坏平稳的人才流动机制，而且严重冲击正常的教学和科研体系，让人浮躁不安，躁动不已，有时候甚至会产生一些矛盾冲突。我们现在有的地方挖人完全不顾国家发展大政方针，不管当地经济条件如何，不管经费从哪里来，动辄一两百万，似乎就是在拿着钱去拷问人性，完全没有底线。此风气应尽快制止，否则大家无心专注本职工作，都急功近利了，都四处去申请五花八门的头衔了，就想着获得头衔后再伺机跳槽了。这是什么？不是农贸市场，这是人才市场，尽管也是市场，但不能这么标价喊价的，最后受损失的还是国家。到国外引进高水平的人才是对的，但一定要实事求是，不能只要海归派，不要国内培养的高水平人才，这不仅是缺乏自信，还助长不正之风。

科研评价要看长处

科学合理的科研评价机制是提升科研活动产出效率的重要前提。当前科研项目评价导向不是很好，让大家追求"短、平、快"和表面化。一般项目持续时间三至五年，无论具体研究到何种深度，只要到时间就草草结题收场，并且今后也不能再申请相同项目以进一步研究。项目结题的标准多是看论文和专利数量、影响力因子等内容，致使多数研究细碎甚至空洞无物，无法转化为现实生产力。科研评奖不看长远的效应，成果没有经过长期的历史检验便给予奖励，与大家比较认可的诺贝尔评奖一般经过十年二十年以上实践考验形成反差，违背科技历史认知规律。其实，科研评价最应该看的是一个科研工作者对学术直接或潜在的贡献，看他的长处，而不应通过量化指标看"短处"。

合理使用经费是科研活动得以顺利开展的必要前提。当前经费使用问题比较突出。在严格管控下，科研经费使用变得异常困难，正常的报销变得不正常。我们要对科研人员有基本的信任，严抓贪腐是正确的，但贪腐是少数，不要因噎废食，要采用宏观控制的方法，管大放小，重视成果产出，在过程上给予科研人员一定的自由度，他们做事情，他们知道怎么做怎么花，不违法就行，不能事无巨细地处处管制就怕发生什么错误，否则不但不利于科研，最后还真可能管出了错误。

创新要切合时宜

创新要满足需求，要切合时宜。拿我所做的相关研究来说，更是这样。机器人研究必须从生活实际需求出发实现产业化，让人类从重复性、高危性等工作中解脱。机器人对促进国家经济发展，改善人们的生活质量和保障国防安全具有极其重要的作用。正如习主席所说，"机器人革命"有望成为下一次工业革命的切入点和主要增长点，将影响全球制造业格局。从现实需求研究机器人是我们目前的任务，机器人的研发制造和应用是衡量一个国家科技创新和高端制造业水平的重要标志，是制造业皇冠顶端的明珠，我们要审时度势、全盘考虑、抓紧谋划、扎实推进。在这个过程中，在重视现实需求的前提下，我们要有前瞻性、"幻想性"的研究，要有攀登科技高峰的精神，有埋头苦干持之以恒的精神。

（2017 年 4 月 10 日）

周丰峻

中国工程院院士

院 士 简 介

1938 年 7 月出生，山东龙口人。

总参工程兵第三研究所研究员。河南省力学学会理事长，河南科技大学兼职院士，防护工程学会名誉理事，中国空气动力学学会理事，中国岩石力学与工程学会常务理事。

防护工程专家。长期从事和主持防护工程领域的研究工作，在爆炸效应试验、爆炸理论计算以及防护工程抗冲击爆炸作用模拟等方面具有全面深入、开创性研究，对我国效应试验和防护工程技术理论发展有突出贡献。

曾获国家科技进步二、三等奖各 1 项，军队科技进步一等奖 1 项、二等奖 4 项，建设部科技进步二等奖 1 项，河南省科技进步一等奖 1 项等。曾获全国先进科技工作者、国家级有突出贡献的中青年专家等荣誉称号。

院 士 观 点

　　教育教学和科研都很重要，理论和实践也都很重要，我们不能非此即彼，把它们对立起来。

　　知识产权在促进创新成果转化为现实生产力的过程中发挥着关键作用，它能解决创新动力来源问题，能确保创新的可持续性，保护知识产权就是激励创新。

　　学校的发展是大事，人才的培养是大事，不能让"随意的人"去随意地涂抹历史，贻误发展。

　　高校科研应引入社会各方力量，充分发挥政产学研用优势，这要有一个统筹和协调。

　　实事求是的理念历久弥新，常谈常新，我们一定要坚持好这一点。

实事求是谋发展

正确处理教学与科研、理论与实践的关系

高校要把教育教学和科研创新放在同等重要的位置去开展，这并不矛盾。教育教学是高校建设的根本，教育教学做不好的高校，只能算作一般意义上的教育研究院所；但如果没有科研做支撑，教育教学就会失去灵魂，教学要有科研做底蕴。反过来，教学又会是科研的动力，我们说教学相长，教科也是相长的。对高校来说，科研创新是高校发展的催化剂。没有科研创新的高校，最多算作高级高中。现在科技发展日新月异，知识更新速度快，把教学和科研摆在重要位置，这是时代的需要，也是发展的需要。其实，就像我们强调理论与实践同等重要是一个道理。我们一直强调高校人才培养应重视基础知识的学习和实践技能的培养。为什么？人才培养要与国家发展建设紧密结合，培养出的人才要能承担得起建设国家的重任，不能是花瓶和空想家。有扎实基础理论，才可能成为高科技人才、科技领军人才、拔尖人才。基础知识打得牢，工程实践才能干得稳。这就要求在教育教学中，要重视学生基础知识学习，尤其是大学一、二年级学生要认真上好基础课，打好基本功。同时也要重视学生动手实践能力，没

有实践一切理论都是空谈。所以说，教育教学和科研都很重要，理论和实践也都很重要，我们不能非此即彼，把它们对立起来。在实际中，它们有机结合，有机统一，我们要正确处理好这两个关系。

另外，高校作为创新人才的培养源头，专业建设应做好交叉融合。现阶段，新技术往往是在已有技术交叉融合的基础上发展而来。对已有技术交叉融合，要由具备这种能力的人来实现。因此，创新人才培养不应划定过窄的成长道路，不能忽视专业间交叉融合，不能禁锢知识的范围，应通过大学阶段融合式的学习，培养磨炼学生顶层设计、协同合作等能力。老师要注意教学与实践相结合，把实际问题引入教学，引导学生主动思考，激发学习热情，加深他们的认识。其实，老师承担的科研和教学工作，研究生都可以参与，可以探索各种方式，各种形式。教师有学生辅助，工作质量上升，效率提高；学生通过讲课、做实验，积极性得以调动，能力得到锻炼，何乐而不为呢。除了专业知识，各种能力，我们还要以国家历史文化传统和发展建设实际为基础，讲好思想政治课，不断提升学生的爱国情怀，激发他们投身民族伟大复兴的工作热情。

保护知识产权就是激励创新

保护知识产权已经成为社会共识，这些年我们国家在保护知识产权方面，投入了大量的人力物力，采取了一系列行之有效的措施，不断完善知识产权保护制度，加大保护知识产权的执法力度，创造良好的知识产权保护环境，取得了显著进展和阶段性成果。知识产权关系到国家长远的、战略的、深层次的发展问题。国家的战略方向和重点正在更多地向知识、向智力资源要生产力转移，这需要我们把注意力放在创新上，放在具有高附加值的知识产权产业的发展上，需要更多地关注它，更好地尊重和保护它。高校和科研院所都是人才、知识和成果密集的地方，涉及大量的知识产权，在科技成果的转移转化过程中，加强知识产权保护非常必要。我们也一直强调要自主创新，对自主创新最好的保障就是要做好知识产权保护，我们的高校、科研院所、企业在这方面做得还不是很好。从法律权利的角度来说，创新成果的产业化实际上是以知识产权形式所保护的创新成果的产业化，所以，知识产权在促进创新成果转化为现实生产力的过程中发挥着关键作用，它能解决创新动力来源问题，能确保创新的可持续性，保护知识产权就是激励创新。知识产权保护具有长期性和艰巨性，不能一蹴而就，眼前要做的，就是从每个人开始要养成良好的知识产权意识，培育起良好的创新文化。

坚持实事求是谋发展

高校是人才的聚集地，可以为经济社会发展提供坚实的知识基础、人才资源和科技支撑，它在建设创新型国家中有着独特的作用，一定要把高校创新资源和能力与国家经济社会发展紧密结合起来，充分发挥出它的优势和潜力。现在我们提出"一带一路"、中国制造2025等重大战略，高校作为党和国家培养人才的重要基地，理应树立一切以国家发展为重的理念，积极落实政策部署，培养国家战略需要的人才。如何配合，如何落实？我认为最重要的一点就是要坚持实事求是。

实事求是是我们研究和解决各项问题的科学方法和锐利武器，它永远都不过时，很实际。但现在不少高校似乎没有做到这一点，存在一些不切实际、追求政绩的不良风气。比方说个别学校为了迎合某种需要，在没有认真分析调研、没有明确发展定位的情况下，割断历史，抛弃以往，肆意"创新"学校或者院系的名称，以"新壶装旧酒"搞"大杂烩"，这不但直接影响学校的招生，影响优秀人才的聚集，更是将原有的知名度、好的传统白白丢掉了。我觉得在这类问题上有关部门要加强监管。学校的发展是大事，人才的培养是大事，不能让"随意的人"去随意地涂抹历史，贻误发展。再比方说，我们一直强调的政产学研用，这方面今天做的也不够好。为什么说还不够好？大家还是单兵作战，分头行动，没按实际需求做好自己的分内事。高校科研应引入社会各方力量，充分发挥政产学研用优势，这要有一个统筹和协调。政府要完善机制建设，鼓励金融资本进入科研领域，企业、高校和科研院所根据产业发展找切入点，企业根据需求提出研究方向，高校和科研院所开展基础研究和技术攻关，共同推进成果转化和产业化，这样既可以保证高校和科研院所研究接地气，赢得更优质的发展空间，也可以确保企业及时占领市场，获取更多经济和社会效益，从而形成一个良性循环的创新合作链。总之，我认为，高校的发展总是在一个大的环境中，面对着新形势、新任务、新问题，需要实事求是地分析，实事求是地解决，需要实事求是谋发展。可以说，实事求是的理念历久弥新，常谈常新，我们一定要坚持好这一点。

（2017 年 4 月 12 日）

李仲平

中国工程院院士

院　士　简　介

1964 年 8 月出生，湖北安陆人。

中国运载火箭技术研究院航天材料及工艺研究所所长，先进功能复合材料国防科技重点实验室主任，功能性碳纤维复合材料国家工程中心实验室主任，国家重大科技专项材料分中心主任等。

航天复合材料专家。长期从事极端服役环境功能复合材料应用基础研究和工程应用研究，负责并带领团队探明功能复合材料热力电行为规律，实现航天用功能复合材料体系及制备技术创新，研制出系列新材料与防热结构，成功应用于新一代航天型号，解决"热障"与"热透波"问题，支撑再入机动、精确制导和小型化等型号关键技术突破。

曾获国家科技进步特等奖 1 项、一等奖 1 项、二等奖 2 项，国防科学技术奖一等奖 6 项。

院　士　观　点

我们现在很多任务也有总体设计、有任务分解，但是协同推进还不够。任务一旦分解落实，就容易变成九龙治水，各管一段，相互之间统筹协调较少。

要实现创新驱动发展，建设成为世界科技强国，必须"苦练内功"，持之以恒地大力提升自主创新能力。

各项政策的制定，既要大胆改革、奋力争先，又不能脱离实际，不能操之过急，要按照科技和教育的规律去推动改革，否则欲速则不达。

创新是个系统工程，高校、院所、企业都应朝着协同的方向去努力，搞基础的、应用的、产业的都应该各尽所能，充分发挥好自己的优势和长处。

高校要大力弘扬科学精神，倡导学术争鸣，没有科学精神的创新思想是空洞的。

评价是个系统性的工作，要建立内部评价和内涵评价为主的评价体系。

高校还是要以培养学生为根本使命，要发展能力型教育。

创新需要百家争鸣

全面提升自主创新能力需要全面深化改革

全面提升我国自主创新能力是个大问题、综合问题，是一个系统工程，需要全面深化改革提供支撑与保障。党的十八大以来，以习近平同志为核心的党中央作出了"四个全面"的重大战略部署，高屋建瓴地指明了党和国家事业在新时期迈入伟大新征程的战略方向、重点领域与主攻目标。"四个全面"战略布局是一个相互联系、相互贯通、协同推进的有机整体。全面建成小康社会是战略目标，全面深化改革、全面依法治国、全面从严治党是三大战略举措，为全面建成小康社会提供动力源泉、法治保障和政治保证。全面深化改革，既为全面建成小康社会提供强大动力，也是全面依法治国、全面从严治党的需要。全面依法治国，本身就是全面建成小康社会的重要内容，同时又为全面建成小康社会提供法治保障，无论全面深化改革、全面从严治党，都需要在法治的轨道上和框架下进行。全面从严治党，是推进"四个全面"战略布局的关键，全面建成小康社会、全面深化改革、全面依法治国，都必须坚持党的绝对领导地位不动摇。

问渠哪得清如许，为有源头活水来。改革与创新事关全局，战略纵深也非常大，涉及复杂社会系统的方方面面，需要中央从源头和全局高度进行总体设计，提出新思想新方略。这样改革与创新才能纲举目张，有条不紊地高效推进，从而取得事半功倍的效果。中央全面深化改革领导小组的一项重要职责就是要从源头和全局高度对改革进行总体设计，为新时期的改革与创新发展出良方、谋良策，稳步、有序、高效落实和推进。

我们现在很多任务也有总体设计，有任务分解，但是协同推进还不够。任务一旦分解落实，就容易变成九龙治水，各管一段，相互之间统筹协调较少，这样肯定不行。按照总体设计思想，任务指标分解下去，不能仅限于自己的这块任务达标，还得回馈到总体设计、总体目标上去，看能否闭合。各个分解的任务得协调起来，这样才能实现总体目标。比如现在很多科技体制机制的改革政策在研究或落实过程中，可能涉及科技、人事、经费、纪检、组织等很多部门或很多方面，各个部门若只是关注自己的这块而不注重统筹协调，不注重前后左右对标对表，那么改革成效将难以达到预期，改革总体进程也将受到影响。

提升自主创新能力必须要有紧迫感责任感

十八大将创新提到前所未有的高度，提出创新是引领发展的第一动力，必须放在国家发展全局的核心位置，同时提出要把发展的基点放在创新上。

我们的科技发展能取得如今的非凡成就来之不易。我们国家科技发展起步比较晚，新中国成立之初，科技系统和工业系统很多都是苏联援建的，后来中苏关系恶化后，苏联专家撤离，我们的科技发展则陷入了一个比较封闭、相对缓慢甚至停滞的历史时期。直至改革开放以后，我们的科技发展才又迎来一个奋发有为的大繁荣时期。1986 年，在老一辈科学家的建议下，国家启动了"863"计划，我们开始跟踪欧美日，一步步地稳步推进，现在有一些方面我们已经追上来了。此后，我们又设立很多其他的科技计划，目前我们的科技创新基本上实现了从跟跑跨越到了跟跑和并跑阶段，甚至在少数领域实现了领跑。"大道甚夷，而民好径"，但在科技发展的道路上没有捷径可走，我们要实现创新驱动发展，建设成为世界科技强国，必须"苦练内功"，持之以恒地大力提升自主创新能力。

习近平总书记在上海考察中国商飞时曾说，我们国家也是最大的飞机市场，每年花在买飞机上的钱成百上千亿。过去的逻辑是"造不如买、买不如租"啊！现在要倒过来，我们要花更多的钱来研发、制造自己的大飞机，形成独立的、自主的能力。在二十国集团峰会上他也讲，我国创新能力不强，科技发展水平总体不高，科技对经济社会发展的支撑能力不足，科技对经济增长的贡献率远低于发达国家水平，这是我国这个经济大个头的"阿喀琉斯之踵"。我们必须把创新作为引领发展的第一动力，把人才作为支撑发展的第一资源，把创新摆在国家发展全局的核心位置，不断推进理论创新、制度创新、科技创新、文化创新等全方位创新，让创新在全社会蔚然成风。习近平总书记关于创新方面的论述，讲得真是铿锵有力，十分振奋人心。

我的工作跟产业接触多一些，比如我非常熟悉的碳纤维产业，现在就进入了一个非常艰难的爬坡期。尽管现在我们非常提倡国际合作与交流，但正如习近平总书记所强调的"打铁还需自身硬"，很多关键领域、核心产业和支柱产业都必须依靠自主发展和自主创新。我们虽然是制造大国，但大到飞机、小到圆珠笔芯等很多产品的核心技术都还依赖于进口。如果我们只做加工生产，那利润是非常薄的，大头还是让人家给赚走了。通过合资可以建生产线，解决一部分人的就业问题，但最终还是给人家打工了。所以我们的创新需要全链条布局，从解决点的问题到解决整体问题向科技强国迈进，产业从低中端迈向中高端，全链条全要素地创新。支柱产业的核心技术必须掌握在我们自己手里，航天之所以能够成功，主要还是靠我们自己。所以，我们要有紧迫感，不能辜负了国家的期望，与国际同行既要竞争也要有合作。我们必须要有定力、耐力，要去体系化地设计，要有新思想、新战略、新举措，这很重要。科技创新就是攀登高峰，山就在那，必须爬上去，用习近平总书记的话说，就是"爬坡过坎"。

今天，我们建立了非常完整的高等教育系统，整个高等教育系统的创新能力也有了很大提升，在一些点上已经有了重大的突破。我们现在各项政策的制定，既要大胆改革、奋力争先，又不能脱离实际，不能操之过急，要按照科技和教育的规律去推动改革，否则欲速则不达。

高校创新要发挥基础性、先导性和协同性作用

高校是国家科技创新体系中非常重要的组成部分，也是创新体系中比较活跃的力量，目前发展势头很好。但高校的创新还是要不忘初心，主要定位于基础性、先导性和协同性方面。

高校创新的基础性体现在两个方面。一是培育创新型人才，这个作用是任何其他单位都无法替代的。现在很多人强调高校应该在科技创新方面发挥更大的作用，但其实高校培育创新型人才对经济社会发展的作用要比高校科研本身大得多。二是高校作为国家知识创新的主力军，要充分发挥基础研究的重要作用。建议在国家创新体系建设中，在相关政策方面对高校创新的基础性要进一步明确和重视。高校作为国家重点实验室、基础性重大科研项目以及国家自然科学基金项目的承担主体，主要是从事前沿性、先导性的研究工作。基础研究是自主创新的源头，在建设科技强国征程中，高校要迎难而上。

高校的科技创新还要体现协同性。协同性主要体现在技术创新的后半段，尤其是应用技术创新和产业创新这一块，协同得好会起到放大作用、催化作用。一些面向行业应用的重大创新，最好还是以产业为主导、高校协同，按照社会分工的组织模式，高校的重要作用还是发现和解决科学问题，提炼出学科需求，并与其他单位协同起来，从而起到最大限度的放大

催化作用。创新是个系统工程，高校、院所、企业都应朝着协同的方向去努力，搞基础的、应用的、产业的都应该各尽所能，充分发挥好自己的优势和长处。我们现在必须加强这样的协同环境营造和建设，尤其是国内高校作为人才培育与基础研究的主体，其创新非常活跃、极具活力，要把这种活力充分激发出来并传递到全社会中来。

创新需要百家争鸣

现在高校主要是以课题或任务为主的科研组织模式，具有资源主导或行政推动特征。个人觉得应该积极探索以学术思想为核心的"门派式"组织模式，它是以核心的学术思想作为"吸铁石"。这种组织模式长远来说对学术发展和社会发展是大有裨益的，就像围棋道场，现在有聂卫平道场、马晓春道场、曹大元道场，都发展得非常好，既非常重视人才培养的规律，又传承大师的围棋思想，逐渐形成流派。深入分析现在科技体制机制方面存在的很多问题，究其原因其实是资源或行政为主导的科研组织模式引起的。

门派也好，学派也好，流派也好，它是学术创新的体现，在学术繁荣的时候都是流派多且百家争鸣的时候。高校要大力弘扬科学精神，倡导学术争鸣，没有科学精神的创新思想是空洞的。我们大部分的人都是高校培养的，若每个人都具有较高的思想境界、较强的科学精神、奉献精神和质疑精神，那么很多问题也就迎刃而解了。学术一定要争鸣，现在争鸣较少。科技创新一样也必须争鸣，否则天天抛出新名词、新概念，都没人发表不同意见，可能会误导自己，误导决策部门，误导学术发展，甚至误导国家的发展。另外，学术交流要回归学术本身，现在有很多学术交流会太商业化和名利化了，有些会动辄上千人，这么大规模的学术交流会能交流到什么？

要建立内部评价和内涵评价为主的评价体系

我们现在的评价过于看重外部评价，论文要发在国外的期刊上，成果要得到国际同行评价认可才能被认为是高水平，个人认为还是应该以内部评价和内涵评价为主。外部评价问题很多，首要的就是没有创新自信，大到国家，小到一个单位均是如此。我们现在大多数评价都是找外面的专家，请他们过来，也就是听听汇报、翻翻材料、打个分数就出结果了，匆匆忙忙的评审与评价怎么能评出真正耗时数年的创新？包括一些知名的排行榜，都是国外一些媒体或公司评出来的，他们甚至都没有亲自到过我们的学校，仅凭一些数字指标就给出个排行榜，我们绝不能被这些排行榜指挥着办我们的大学。评价是个系统性的工作，要建立内部评价和内涵评价为主的评价体系，适合我们国情的评价体系，还是我们自己最了解我们中国。

大学应发展能力型教育

这些年，我们的高等教育取得了很大进步，有一些学科也具备了一流水平，但总体来说大学与国家要求、人民期望以及与经济社会发展的契合度方面还存在一定差距，还有很多事情要做，包括学制、学科和专业结构以及培养等多个方面。现在我们单位新来的毕业生，职业导入难度大，尤其是动手能力差。我记得以前很多大学都是五年制，还有金工实习、认知实习、毕业实习等，现在学生的知识学了不少，但动手实践能力还需要提高，所以我觉得高等教育在这方面一定要加强。

现在国家在大力推进"双创"工作，我觉得高校也应该做好创新创业教育，但不应该直接去办产业园。我考察过一些高校附近的产业园，这些产业园既是部分高校老师或学生的创业孵化基地，又是学生的实践基地，但实事求是地说，这些实践资源差得太多了。社会有分工，应各司其职，各尽所能，高校还是要以培养学生为根本使命，要发展能力型教育，培养出的人才既能真正创新，也可真正创业，其他一些职能则应由更加专业、更有实力的其他社会组织来完成。

（2017 年 4 月 13 日）

葛墨林

中国科学院院士

院 士 简 介

1938 年 12 月出生，北京市人。

南开大学陈省身数学所物理教授。曾任教育部科技委副主任、战略委员会委员，学风委员会委员、奖励办评审组成员，国际物理中群论方法大会常委，亚太理论物理中心委员，天津市科协副主席等。

理论物理学家。长期从事理论物理教学科研。主要研究杨—密尔斯场的可积性及其无穷维代数结构、杨—巴克斯特系统量子群（包括量子代数及 Yangian）及其物理效应与应用和处理量子模型的新方法等，除理论物理研究外，目前还承担科技部重大仪器专项，在我国发展极微弱信号探测。

曾获国家教委科技进步奖、国家自然科学奖、科学大会奖（包括军队科技奖）、国家级教学奖、何梁何利科技进步奖、金球奖等奖项。

院　士　观　点

　　耕耘没有捷径，"笨办法"往往是最可靠的，兴趣和勤奋不能决定成功，却是取得成功必须具备的品格。

　　做研究要善于发展最新的研究方向，千万不能等到国际上都已经形成大气候了，我们再去"捡剩"，这样做"保险"但有危险。

　　对待基础研究，一定要转变一个观念，基础研究也不是就单纯写文章，很多时候也要尽可能地和技术创新结合。

　　科学研究要坚持"宁拙毋巧、宁朴毋华"。

　　科学论文评价的要点应当是"生命力"。

　　学术界要有竞争、争论的氛围，但我们的评价方式却运用过度的量化指标，用计算器算分评价一个人才，这不利于人才的成长，尤其不利于技术发展。

　　好学生是学出来的，不是手把手教出来的。

评价要有中国自信，反对唯文章

我从事科研教学工作 50 多年，也曾在美国高校工作过。在我拜访一位权威时，他曾对我说，"搞科研最重要的是做什么，然后才是怎么做"。无论对大学，还是对科研工作者个人来讲，方向决定能走多远。耕耘没有捷径，"笨办法"往往是最可靠的，兴趣和勤奋不能决定成功，却是取得成功必须具备的品格。

建立起基础研究向技术创新转化的桥梁

近年来，国家高度重视科技创新，我们在基础研究和工程技术两方面都有优秀的成果和人才，但比起西方发达国家在原始创新方面仍然有比较大的距离。原因有很多，有一个我认为比较重要，那就是我们缺乏将基础成果实际转化为先进技术的思维，根本上还是思维观念的问题。不少人认为原始创新就是做基础研究，埋在书堆里做研究，写文章发表。但真正的原始创新，除了谁都替代不了的突破性概念之外（这些人是少数），还必须有人将这些科研成果与实际运用结合起来。以美国为例，它技术的不断更新与强大，正是在于有众多学者善于把基础研究的最新成果推向技术，从而大大提高了竞争力。举个例子，2006 年世界数学家大会上，美国学者报告了压缩感知（Compressive Sensing，C-S）理论。次年，美国威斯康星大学的华裔理论物理青年学者便将它应用于心脏 CT，并实验成功。很快 IBM 就关注这个进展，并获得授权专利，用了三年多就生产出新型心脏 CT 扫描医疗设备，并行销世界。从基础成果被理论物理学者接受，开始实验室工作，到变成新型产品，整个不过四五年的时间。我们这样的情况可能也有，但比较少，这就是我们同美国的差距。我们缺乏人才吗？绝对不是，是唯文章的评价方式在一定程度上扼杀了这种方式研究的可能性。

我国高校聚集了多方面优秀人才，近年来国家的支持也逐渐加大，理应成为促进国家科技发展的生力军。高校要想真正提升原始创新能力，相当一部分人就必须坚持基础研究（写文章）与解决国家急需两条腿走路，而且这两条腿还要配合好。当前要打破基础研究与技术创新的鸿沟，注重将基础研究的成果在技术创新中应用，哪怕是潜在的应用。其实，理论的发展都会有高峰，就像共振峰一样，发达国家都是在共振峰刚上升时开始介入其中；而我们常常习惯于在共振峰已经落下来才入手，这样发表文章最保险。我们做研究要善于发现最新的研究方向，千万不能等到国际上都已经形成大气候了，我们再去"捡剩"，这样做"保险"但有危险；而国家急需的是把基础研究成果快速推向技术创新，真正搭起两大领域的桥梁。

创新要切中国家需求

我国基础科学研究近年来取得了不少成就，有的已在国际上占据了一席之地，甚至领先。沿着这个方向走下去，自然而然，稳住了队伍，也会不断得到发展。对待基础研究，一定要转变一个观念，基础研究也不是就单纯写文章，很多时候也要尽可能地和技术创新结合。例如可以做一下"高级科普者"，向技术界及时普及相关理论，实验的国际最新进展，互相交流。因为我们不能要求技术专家都去弄懂那些深奥的原理，我们可以共同讨论，相互促进。长期以来，我们简单认为，理科就只是写文章。这是很大的误区，研究的归研究，技术的归技术，这不行。唯文章评价方式迫使做基础研究的人以为目的就是写文章，缺乏一种思维：把我们知道的基础方面的最新发展，自己先学；然后将大体意思、原理与技术人士交流，让他们也大体懂得核心的意思；他们了解后再转化为生产力，这是我们做基础研究者的责任，简单说，就是为他们服务。技术人士了解了新原理，一旦激发了他们的热情，他们十分能干，就可以很快形成技术。基础研究者要有主动为技术领域服务的思想，但现有评价方式总认为做基础研究的人去和技术联系，低人一等，而把发文章、被引用率等指标看作是水平高的体现，从而严重制约了我国真正创新发展。

看看我们物理学界的前辈们，如钱三强、王淦昌、彭桓武、黄昆、邓稼先、于敏、周光召等，他们不但物理学术一流，又都切中国家重大需求，做出了重大贡献。有人会说，这些大师是从事了重要国防项目或创立我国新生产业，现在争取这样的项目、做这样的事情不容易。当然我们绝大多数教师和研究人员不能像他们那样作出那么大的贡献。我想这是个思维问题，每个时代都应该有自己的英雄，都有为国家解决急需问题的机会，包括介入军民融合。我们应当扪心自问，国家这样重视科技创新，背负殷切希望，我们为国家解决了哪些急需？所以，基础科学研究最好是两条腿走路，一条是延续传统的自由探索式做法，其实非常成功的是少数；另一条就是多数人将基础研究成果引入技术，切中国家、地区、部门重大需求，引领科技加快发展。

科学研究宁拙毋巧、宁朴毋华

科学研究要坚持"宁拙毋巧、宁朴毋华"。杨振宁先生曾将这句话赠予青年学子。我想借这句话提醒青年人养成踏踏实实做学问的习惯，不要投机取巧，并将这种习惯渗入到生活中。大学是做学问的地方，科学研究来不得半点虚假和投机，当今学术界出现的风气问题，包括个人因素，原因很多，有的也是不合理的评价方式逼出来的。

这几年学术界略偏浮躁，人才计划纷繁复杂，人才头衔很多，急功近利的心态和做法比较普遍，对学术生态产生了不好的影响。其实，一些人才计划设立之初激励效果、正面作用非常明显。人才计划本身是为资助优秀人才而设立的项目，资助期满后按理说这个项目就结束了，它表示你曾经承担过这个项目，是你当时某一个发展阶段的经历和能力的体现而已。但近些年来，一些项目名称成了人才"封号"，好像这个项目能跟人一辈子，一些人获得资助后，即使不再做出新的成果，"封号"一直保留，岂有此理？

"唯论文"评价阻碍科技发展

近年来，以国家自然科学奖的评价模式为原始模板，我国逐步形成了"唯论文"的评价方式，在高校系统尤其突出。以文章为评价主轴的评价方式曾对基础研究起到了积极作用，帮助扭转了不重视基础研究的局面。然而，近年来，唯论文的评价方式被无限推广到所有科技领域，副作用很大，已经严重地阻碍了我国科技的发展。

科学研究应当包括两个方面：自由探索与解决国家、地方或部门的急需，即要兼顾源于学科自身兴趣的自由探索与切合经济社会发展的重大需求。自由探索是由个人兴趣开展研究，成果主要表现为论文，而且基本是不可规划的。解决重大需求，就不能单纯用论文考核了。鼓励人多写科学论文，尤其是好论文，当然是好事，但不能无限推广，"全民论文"。高校里面对教师的考核也一样，要分类，尤其要分学科，分领域，不能"一刀切"。周光召先生曾提出，科学论文评价的要点应当是"生命力"。但是，现在两三年就要评价，所以这个要点实际上并未被采用。

有人会说，美国也很重视文章。这点不错。我们要注意到，美国高校是把做基础研究的学者养起来，由他们自由探索，学术竞争，在研究工作中形成金字塔模式，同时教课。但是其以文章为评价核心的人在整个国家技术经济活动中只占很小部分。像学物理的，大多数人毕业后在企业、公司工作，把他们所学灵活应用于实际技术中。有的教授讲完课，也许就到实验室为某个企业、部门做项目。而在公司、企业、实用技术研究机构的评价方式里，文章只供参考，主要是产品及业绩的考核。我们则是几乎全民按文章评价，致使掌握基础知识的人才越来越脱离实际，甚至完全没有将科学知识应用于实际的思维。

评价要有中国自信

评价也是时代发展的产物。五六十年代，我们也没有什么评价体系。后来在评奖和申请基金项目时，一般是征求德高望重的老先生的意见，就定下来了；后来组织了评审委员会，评审小组。大家为了不同的观点有时争得面红耳赤，都是真正凭学问的。改革开放后，逐渐有相关部门介入并进行量化。由于有些管理者不懂专业，通过一些制定出来的指标进行考核，现在逐渐量化得越来越细，把自然科学基础研究的指标扩大到全行业，甚至全社会。包括现在引进人才，也基本按这一套，得看候选人在什么杂志上发表了文章，发表了多少，引用率多少，国外怎么评论。这些固然能反映相当一部分成果，但是，还应当要结合对国家做出的重要贡献和效果来看，否则是不全面的。你去医院看看，手术做得好的，未必是发文章最多的；文章多的，未必有几个患者来慕名就诊。但临床能手，因没文章而得不到晋升，并非个例。

评价方式是指挥棒，做任何事情的目的都与它密切相关。之所以大家只愿意写点文章，也与当前评价体系过分强调量化有关，评奖几乎全是以文章为导向，有的学校甚至计算到第一作者占零点几、第二作者占零点几的权重。文章决定着职称提升、头衔和工资待遇。学术界要有竞争、争论的氛围，但我们的评价方式却运用过度的量化指标，用计算器算分评价一个人才，这不利于人才的成长，尤其不利于技术发展。陈省身先生有一个观点，大师是冒出来的，是竞争出来的，不是计划出来的，也不是评出来的。我个人非常赞同这个观点。而现在这样，可以想一想，我们的评价是应实现什么功能呢？习近平总书记曾多次强调要有自信。我们13亿中国人民聚合的磅礴之力，坚持走自己的路，具有无比广阔的舞台，具有无比深厚的历史底蕴，具有无比强大的前进定力。我们应该有这个信心，每一个学者都应该有这个信心。在评价这个问题上，我们是不是可以有点自信呢！我们不妄自尊大，但也不用妄自菲薄吧。建议在广泛调研的基础上尽快推行全国科技评价方式的改革。

实验室是个"火炉子"

实验室是科学研究和人才培养的重要支撑。欧美发达国家的一流高校有很多非常好的实验室，有的已有上百年历史和优秀传统，多由科学大师主持，聚集全世界优秀人才，并根据前沿科学发展和国家需求变革适时调整科研方向，取得了大批一流成果，培养了很多诺贝尔奖获得者，比如美国的四大国家实验室，英国的卢瑟福实验室等等。这些实验室大多具有相对稳定的研究方向，国家对他们也有相对稳定的政策支持。我感觉，这样优秀的实验室就像是个"火炉子"，永远保持旺火，进来的人就烧红了，既有做实验的，也有做理论的。从这样的实验室走出的人才不少都是火种，能够继续传承、传播、燃烧。我们的高校虽然也有重点实验室、大平台，但好像一直在变动，没有留下有长期传统的著名实验室，动不动就把实验室搞散了。

实验室建设非常关键，要改变思维、创新机制、营造环境，遴选出一些真正的实验室领头人，聚集一大批高水平的人才，建设一批中国式"火炉子"实验室，让学生在学好理论知识的同时，能有相当一部分时间在实验室里实践，从书本获取知识，从实践获取智慧。

好学生不是教出来的

每位老师都想把学生教好，这是我们的责任。但如陈省身先生说的，好学生是学出来的，不是教出来的，如果不爱学，学得没兴趣，再教也没用。真正好的学生，是努力自己学，你帮助他，引导他走上正确的道路，"好学生都不用教"，这也是陈省身先生的观点。他认为，现在学校中好像学生是根苗，想把他培养成什么样就是什么样子。为什么要给学生考虑得那么细呢？相反，每个学生都有个性，好学生是有兴趣、有悟性的学生，要通过领悟，在教师的引领下成长起来。所以说，好学生是学出来的，不是手把手教出来的。我受益于陈先生的观点，在做理论物理教学和研究，理念是：跟着书本念，不是学习的全部。物理不是"八股"，不能推出个公式拿来背就行。它讲求的是运用，要解决实际问题。所以，我们在教学中，应当把学生推到"游泳池"里，让他们"自己游泳"，在东撞西撞中长本领。与他们一起做研究，积极支持他们参与到国家需求的项目中来，学会在研究中学习。

大力改进物理教学

物理是技术之母。我们现在享受的技术成果，大多是物理的应用。机械原理中牛顿力学的应用，发电、电磁波、雷达、核能、激光、半导体、众多医疗器械等等都源于物理应用。我国自古以来能工巧匠创造了技术的辉煌，为什么自明朝中叶开始技术落后于欧洲？原因很多，从技术角度就是他们逐渐形成了物理学，而且很快应用于技术创新。在可预见的将来，物理的应用仍将起重要作用。在我国除少数人专门钻研基础物理，以写文章为主之外，多数人应当具有一定物理基础知识，并灵活应用于技术。但现在社会上认为物理难学，高考也放入"X"之列。轻视物理，后果严重。我觉得，应当注意两方面。一是现在物理教学自身存在严重"八股化"趋势，几乎变为教条式的推导。物理是猜测的学问，从现象观察，思索道理，再实验检验道理是否正确，不足处就改改。现在物理教学演示太少，引不起学生兴趣。比如，配眼镜的过程就是几何光学很好的实验，弄几个透镜，焦点处模仿眼睛黄斑，让中学生自己实验，了解什么是近视眼，再讲些道理和聚焦公式，这种例子极多。不要使学生以为物理就是推导。另一方面，由于物理的极端重要性，应当加入高考，但出题要基本易答，送分也没关系，目的是保持学生对物理的重视。否则数年之后，学生物理水平的严重下降，将对整个国家科技创新造成不可估量的恶果。

（2017 年 4 月 18 日）

余贻鑫

中国工程院院士

院 士 简 介

1936 年 11 月出生，北京密云人。

天津大学教授。曾任日本九州工业大学首席客座教授。1963 年毕业于天津大学，获硕士学位。

电力系统分析、规划与仿真专家。长期结合电力系统工程实际进行电力系统稳定性理论深入研究，特别是在电力大系统安全监视、防御与控制中域的方法学方面，取得开创性的国际先进成果，并在世界上首次把该成果用于实际电力大系统。在城市电网优化规划方面，提出一系列有效的理论、模型与算法，开发出具有自主知识产权、功能完整、国内应用最为广泛、达到国际先进水平的城市电网规划系统，获得巨大的经济效益和社会效益，推动这一技术领域工作科学化。2006 年起在国内率先开展智能电网研究，为我国智能电网的科学发展作出重要贡献。

曾获国家科技进步二等奖，省部一等奖 3 项、二等奖 4 项。曾获全国"五一劳动奖章"。

院 士 观 点

现代科学的多学科群体性突破、交叉融合趋势日趋明显，技术群体性突破加速，颠覆性创新不断涌现，已经并将继续给生产力发展带来巨大推动。

我们要加强自主创新，把科技进步与经济发展对接，把创新成果与产业升级对接，大胆探索，勇于实践，让自主创新成为我们发展的不竭动力。

厚基础不是要多开课程，什么都学，更多的是要深，要专，我们绝不能打着厚基础的旗号无目的地开设许多课程，不是去"填鸭"，我们要厚基础，重实践，求创新。

实事求是，遵循高校发展规律，遵循教师成长规律，有了这些，才有可能有一个好的指挥棒，这是前提。

我们一直强调高校的根本任务是育人，现在首先要做的，是把育人的人——教师选好，培养好，用好。

教育需去浮躁之气

自主创新是发展的不竭动力

科学技术近些年取得了巨大的成就，像材料科学、信息技术和能源技术等方面的发展，为人类社会的发展做出了突出贡献。科学技术的自身发展也呈现出新时期的新特点，以我所在的能源领域来说，如今科学的发展已不再是单一学科的推进，而是多个相互联系学科的群体性突破，太阳能光伏发电在上世纪80年代还是一项停留在美国加利福尼亚大学（伯克利）实验室的验证技术，当时受到材料、电子、机械加工等技术限制，大规模应用成本很高，但是随着这些技术群体性提高，现在太阳能光伏发电已逐步应用于城市的每一个角落。现代科学的多学科群体性突破、交叉融合趋势日趋明显，技术群体性突破加速，颠覆性创新不断涌现，已经并将继续给生产力发展带来巨大推动，对人类生产方式和生活方式产生深刻影响，这对每个国家也都意味着机遇和挑战，所以自主创新能力也成为提升国家核心竞争力的决定性因素。"创新精神是中华民族最鲜明的禀赋"，我们要加强自主创新，把科技进步与经济发展对接，把创新成果与产业升级对接，大胆探索，勇于实践，让自主创新成为我们发展的不竭动力。

大学教育要厚基础

高校教师和科研人员作为国家科技发展的主要力量，我们必须高度关注，从培养和造就人才的基础工作做起，铸牢我们国家现代科学发展的根基。实现多学科群体性突破和国家科技力量的长足发展，离不开高校教师这一人才培养的核心力量。作为高校教师应当明确，培养国家未来各行各业的人才，不是只教授学生技术知识，而是要引导他们形成科学理念、掌握科学知识、活用科学方法、善解科学问题，培养具备创新能力的人才。要做到这一点，最为核心的是传授学生基本科学理念和基础科学知识。具有基本科学理念，学生在未来工作中做决策才能更准确，不至于做事南辕北辙，造成社会资源很大浪费；具有基础科学知识，学生在吸收接纳新知识时才能更容易，不至于苦思冥想也不得精要，最终难以成为行业领域尖端人才。

学生进步来自对基本科学理念认知和基础科学知识积累。对他们而言，基本科学理念需要在老师指引的学与问之中渐悟。高校目前在基础科学知识传授方面还存在一些问题。总体上看，在小学到高中教育阶段，我们学生基础科学知识比如数学、物理、化学等比欧美学生要好，但是进入大学学习后，学生基础科学知识包括自己专业基础知识却不是很牢。我八十年代初在美国加利福尼亚大学（伯克利）访学，为了深入了解该校的课程设置和教学情况，我旁听了一门名为《线性系统》的课程，它是该校电气工程学科最为基础的研究生必修课之一。同我们的课程相比较，在教师上，讲课的教授本身就是控制理论方面的国际权威，并且对上课也非常认真。在授课上，课堂更注重启发，师生能够互动，学生能够在课堂上随时提问，教授做出解答。更重要的是在课后，学生要以课上内容为基础，去图书馆查阅大量资料来完成大量有针对性的习题。其中一些属于较难的习题，解答习题的过程就培养了学生解决科学问题的能力。后来我把这门课程带回国，给我们学校的学生上同样的课，问题就出现了。首先是学生觉得这门课太难，学习过于吃力，为了毕业拿学分去选择内容相对简单的课程。其次觉得课后的作业太多，实际上我只取了60%的习题量，但是学生还是认为课业负担过重，更不会因为做不出题目去图书馆自己查资料。当然，这么多年了，这是以前的状况，只是横着纵着比一下，但今天这种现象也还是存在的，学生的基础还是存在一点儿差距。学习基础科学知识应有一定的强制性，对于重要的基础课程，学起来可能很费劲，但不能因为费劲就不学，相反应该拿出啃硬骨头的精神，下大力去学习，这就需要在课程设置上有所考虑，为了学生更好适应未来的工作挑战，课程设置要更合理，教学也要多考虑实际应用，结合实际科研工作场景，鼓励学生做一些有挑战、开放性的题目，开动脑筋独立思考解决问题。这里的厚基础不是要多开课程，什么都学，更多的是要深，要专，我们绝不能打着厚基础的旗号无目的地开设许多课程，不是去"填鸭"，我们要厚基础，重实践，求创新。

教育需去浮躁之气

我们的高校虽然离世界一流还有距离，但不可否认的是我们高等教育的水平在逐年上升。在电力系统行业，我们培养的博士生可能比全球其他国家的加起来还要多，量多不代表质高，但量变是质变的前提，而且我认为现在质变已经来临。改革开放以来，我国经济发展迅速，用电量很大，在这种需求背景下，电力事业发展也特别快，电网所用的都是新设备新技术，虽然在设备制造上我们不一定比国外强，但是设备集成使用能力早已达到世界领先水平。我们过去高水平、有影响力的论文还不多，但是这些年发表的高水平论文的数量正在稳步上升。只要保持这种势头不变，我们最终就能达到全面领先。

我们也要看到，当前学术界总体上比较浮躁。有人喜欢夸大成绩，把国内领先和国际先进的一定要说成是世界领先的，更可怕的是我们面对这些"不良行为"，都变得麻木和不以为然。高校如何能够去除浮躁，让老师们静下心来做好教学和科研工作，一直是我思考的问题。学校是社会的一个组成部分，社会浮躁必然会影响到学校，而社会浮躁的原因很多也很复杂，并非一夜之间就能转变，但是对于学校，有必要做出一些改变，使其文化氛围有所好转。

首次，要平衡教学与科研关系。高校不是研究所，培养人才是高校的根本任务。现在国家重视科技创新，在评价标准上向科技创新工作倾斜，从论文专利到成果获奖，从职称评审到名誉头衔，科研都被放在首要位置，加上物质经费保障充足，教学工作被严重削弱。教师在这个指挥棒下，把大部分精力时间投入科研，对学生的关心少了，影响了教学质量的提高。要打破现有的评价标准，把教学和科研放在同等重要的位置，走科教融合的发展道路，才能培养更多的创新型人才。

其次，要规范科研经费使用，确保量入为出。现在科研经费投入很多，但是对于很多人而言也是沉重的负担。这种大水漫灌式的投入，激起了人无限的金钱欲望，为了从各种渠道获得科研经费，并把经费顺利使用出去，一些教师的精力被分散和浪费，无法完全专注于研究，致使高投入没有换来高效率和高回报。

再次，要统筹成果评奖。我们已有的科技奖项太杂，使得很多人为了尽快成名成家，多将研究放在短期出成果的方向上，那些真正有价值的硬骨头却少有问津。同时报奖过程烦琐，需要填写各种表格、历经多项流程，无形中也耗费很多精力。有的国家级奖项还存在一些不公平的现象，如有的奖一般需要以大型工程项目成功实施、成果效益特别巨大作为基础，大型工程项目是很多科研人员和工程技术人员共同智慧和劳动的结晶，但是他们往往无法获奖，这些奖项就成为对项目领导人员的奖励。这种奖励造成了学术不公，助长了歪风邪气和腐败，建议国家着重奖励原创性的贡献。

解决高校存在的问题，最终还是要看如何用好教育管理的指挥棒。实事求是，遵循高校发展规律，遵循教师成长规律，有了这些，才有可能有一个好的指挥棒，这是前提。我们一直强调高校的根本任务是育人，现在首先要做的，是把育人的人——教师选好，培养好，用好。

（2017 年 4 月 18 日）

周 恒/中国科学院院士

院 士 简 介

1929 年 11 月出生，福建浦城人。

天津大学教授。

流体力学家。发展了流动稳定性理论，特别是发现了流行多年的流动稳定性弱非线性理论的根本缺陷并提出了改进方法。提出了剪切湍流中的相干结构的较系统的动力学模型。提出了一种控制超音速混合层以增强混合的方法。提出并证实了在超音速混合层及边界层流中引入扰动后会导致小激波的出现。发现了槽道流及边界层流从层流到湍流的转捩过程中导致流动剖面突变的机理。从理论和实践的结合上，解决了二自由度气体动压轴承陀螺马达的自激振荡问题。

曾获国家自然科学奖二等奖、国家教委科技进步一等奖等奖项，曾获全国高等学校先进科技工作者、天津市劳动模范等荣誉称号。

院 士 观 点

　　当前科技界和教育界充斥着急功近利的思想，没有一个好的且能够正确评价人才的方法。

　　评价体系不对，人就会越走越歪。

　　大学的发展更多的是个自然过程，对它的评价也是个历史的结论，好不好是个自然的结果，不是认定出来的。

　　知识分子是知识创新的主力，如何调动广大知识分子积极性，逐渐形成规模创新的态势，对于解决国家当前创新不足的现状有着重要意义。

　　尤其对青年人来说，一定要摒弃唯书和唯上的观念，坚持唯实，一切都要从实际出发，从事自然科学研究要重视实验，从事社会科学研究要重视社会实践和调查。

大学不应人为划分等级

人才评价机制亟待完善

当前，科技界和教育界充斥着急功近利的思想，没有一个好的且能够正确评价人才的方法。比如现在多种多样的人才头衔，包括国家层面的、省市层面的。这些头衔评上之后就会保持不变。有的本来只是一个项目名，项目结束了，却留了个"帽子"，完全是一种急功近利的办法。而且现在似乎还形成了一个"特色"的传统，没有头衔的老师和研究者在学术领域不敢反驳这些有"头衔"、有"帽子"的人。我们不但固化了头衔，甚至还由此带来了有头衔和没有头衔人才之间的"不平等"。这种现状如果不进行变革，大学的科研创新环境和氛围很难变好。

主要依据论文的数量、影响因子以及论文的被引用率等进行评价的办法的危害非常大。我们现在对很多项目和人才进行评价时，在很大程度上实际就是看看数，投投票，就评完了。而投票人属于不同的学科领域，有些甚至对被评选的学科或者候选人的研究领域根本不了解。我曾在美国布朗大学访问，一次正碰上他们的流体力学学科要招人。他们不是简单地根据候选人的材料由教授开会投票来决定是否录用，而是要经过层层筛选。

首先是流体力学学科发布人才招聘信息以告示相关领域的人才，然后由流体力学的三位教授组成审核小组对投递简历的备选人材料进行初步审核和筛选，每一个被选出来的备选人（那次似乎是 6 人）被请到布朗大学做一个 45 分钟的学术报告，接着是分别与流体力学研究组的每一位教授进行一个小时的面对面交谈。然后这些教授对每一个备选人提出个人意见，由三人小组综合大家意见，从中选出一个候选人报送学校的教务长，由教务长做最后的决定。整个流程中都是相关领域的专家参与评选，程序严格可信。我们呢，也有一定的程序，但具体操作起来有很多地方值得我们反思，里面最主要的是评价办法，我们现在的办法有时候不利于把真正的人才选拔出来。没有好的评价体系，就无法筛选出好的人才，选不到好的人才，学科怎么发展？学校怎么发展？

现在各种评审考核越来越简单省事，有很多重大的评审只给候选者一刻钟时间的报告，评审者问问题的时间和讨论也需控制在十几二十几分钟时间内，不论对候选者的讨论是否有效透彻，都需要针对当下讨论的情况进行投票。这种现象现在很普遍，程序上似乎没的说，但实际上这么做效果如何呢？就是认认真真走程序。看看论文，看看奖项，简单量化一下，人才也评出来了，项目也评出来了。这是评的什么呢？这样下去，大学怎么汇聚优秀人才发展呢？我觉得现行的评价体系评价机制存在问题，虽不能说是完全错的但可以说有很大的缺陷。

德才兼备是必需

对学校的评价也是一样。教育部门对学校进行评定也是看论文、项目、成果、专利、人才数，都是看数量。现在的大学办学一再强调用人要德才兼备，将德放在第一位。但问题是"才"有不同层次和标准，比如学校评价一个老师，需要考量教学和科研等方面，这是有层次的。而"德"也是有多层次的，最基本的"德"就是做人最基本的那些品德。认认真真教学，认认真真做学问，这是最基本的德。每个人都要经过这个最基本层次的考验，才能够进一步去讲更高层次的德，去付出、去奉献。领导干部的选拔也应是这样。真正的德不是看表态就能评出来的。

评价体系不对，人就会越走越歪。本来正确的道路应该是这样走，但由于评价体系不对，大家都朝着评价体系要求的那个方向去走。现在不少学校会经常报道一些在高级刊物上刊发文章的事。有文章登在好的刊物上当然是一件好事，但是这种报道不能够仅仅关注文章刊发本身，首先应该报道的是作者在研究的科研领域取得的实质性成果，比如在科学理论方面有什么成就或者在技术方面有什么突破，到底在科学上解决了什么新的问题，在技术上有什么与众不同。

理与工要有机结合

我一直认为工科的问题研究必须要把理科的相关人才拉进来。解决技术问题不是靠经验，而是要在科学层次上了解技术应该怎么做。比如制作燃料电池或者普通电池这项工作，就应该有化学领域的人才参加进来，从化学的角度来探究理论极限，从而计算和推测实际研究与理论极限的界限差距，如果研究已经到达理论极限或即将到达理论极限，研究的潜力就不大了，这一研究就可以放弃；如果潜力巨大，那这一研究就是可行和必要的。理科和工科的人才联合起来做项目，实际实施起来非常困难，因为很多工科的人对技术掌握得更好，偏重实验和尝试，一旦试验出结果后就结束研究。

当下生物学科也逐渐化学化，但还没有进一步物理化；物理则已逐步渗入到化学领域中去，因为化学的层次比物理要更为复杂一些；而化学又逐渐渗透到材料领域和生物领域。这些渗入和变化表明整个基础科学要通过对更复杂的事物的研究去发展，这是科学发展的必然规律。以物理学科为例，经典物理有力学、光学、热力学、声学和电磁学等，每一学科的基本原理只有几条。到 20 世纪经典物理各个学科，绝大部分都是通过与技术发展结合而得到发展的。如力学与航空、航天、航海、建筑等技术结合；声学和各种超声波仪器、水声探测技术、航空的气动噪声控制、建筑音响控制技术等结合；电磁学和电力系统、通信、电信等方面的技术结合，等等。基础科学基本原理就那么几条，如果研究只局限于理想模型，那研究早就到达尽头了，所以必须和实际的复杂问题结合才能进一步发展。其实，近代物理也已走上这条发展道路。有的物理学家曾提出来说物理本身没有什么重要问题可以继续研究了，但其实物理有好多内容可以探究，比如现在对凝聚态物质的研究非常火热，就需要量子力学的支持，就像航空航天技术需要力学一样。所以所有的基础科学都是逐步地向实际复杂的系统方向更进一步去探索。力学的最基本内容就是牛顿三定律，一般初中最晚到高中这一块内容就会讲完，而其他的都为解决更复杂的实际问题而发展起来的。但这不是学科渗透，是自然科学发展的必然结果。至于学科交叉，那是另外一回事。比如控制论，是数学与生物学科结合的结果，这其中的跨度就很大。这种交叉不是简单追求用数学理论来解释生物领域的现象，而是将数学与生物结合起来，形成了一门崭新的学科——控制论。

真正的突破性发展都应该有这种渗透，好多诺贝尔物理学奖获得者的研究其实也是朝着技术的方向发展。比如最近做出蓝光 LED 的人就得了诺贝尔奖。听起来好像就是研究者制作了一种用来照明的 LED 灯，但其实这不是依靠简单重复的试验就做出来的，当然他也花了很长时间，但关键是在发光的原理上有所突破，否则也得不了诺贝尔物理学奖。但对大多数学科来讲，不一定是学科交叉，而是用更基础的科学去解决技术问题，即在科学层面上而不是经验层面上去解决实际的技术问题。

大学不应有人为的等级划分

我认为对大学进行等级划分是不可取的。大学的发展更多的是个自然过程，对它的评价也是个历史的结论，好不好是个自然的结果，不是认定出来的。我们要做的是鼓励和引导各自朝着自己有特色的方面和领域去发展，而不是人为地去分等级。尽管"985工程""211工程"本意也许不是去分等级，但它们的导向和评价实际上引导社会把大学分了一二三等，成了等级划分。现在国家强调创新，但计划是计划不出来创新的，计划只能计划已经知道的内容，包括国外已经做成功或者我们自己做过的一些方面。比如iPhone或者Microsoft，这些创新不是通过计划实现的。所以如果用计划经济的办法来管理高校，其结果肯定是不利于创新的，因为创新是不能计划的。世界上所有坚持计划经济的国家，其经济的发展程度都比不上发展市场经济的国家，因为计划经济能够计划的全是已经存在的和被大家所认知的领域，而对没有见过或没有认知的领域却无法进行计划，没有计划就没有具体做法和实施过程。因此应该以实践为检验真理的标准，到底哪种评价办法好，应该通过实践来检验，而不是简单地通过计划和规定来判定。

以前，山西、河南也有不错的大学，比如山西大学和河南大学原来就不错，没有因为中原的贫穷而使学校的发展受限。为什么那个时候能做到内地也有好学校，现在反而做不到了？这是需要好好思考的地方。尤其是一些合并后的大学，本来一些好的学校，合了以后这些年并没有变强，甚至差了。这是指挥棒的问题，一味地认为合并之后学校规模大了就意味着有更好的发展。在现在的评价体系下，不少大学争着合并医学院校或成立新的医学院系，这是为了更好地发展吗？似乎更多为了评价排名。对于一个大学而言，一个医学院的论文与经费的贡献值是非常大的，有医学院的大学其排名都比较靠前。

美国的加州理工学院一直坚持"小而精"的发展。该校成立之初，董事会做出决议，规定本科生的数量不能超过1000人，目前为止本科生的数量也没有超过1000，但研究生的数量当时没有限制。因此目前本科生加研究生的数量总计2500人左右。尽管学生规模较小，但加州理工学院在全世界的排名则非常靠前，尤其是如果仅以理工科进行学科排名，这一名次更加靠前。而按照中国当下的标准，加州理工学院的排名远不会达到当前的水平，因为它的论文数量肯定不如斯坦福大学，不如 MIT 等。加州理工学院之所以办得好，就是因为它是美国历史上第一个有意识地将理科融入并参与到技术发展中去的学校。钱学森先生读书时期，首先是在麻省理工学院攻读了硕士学位，后来读博士的时候到了加州理工学院。麻省理工学院最初在美国的学校排名并不靠前，第二次世界大战期间因为在雷达和导航仪器研究方面做出了突出的贡献，所以第二次世界大战以后麻省理工学院就很有名了。钱学森先生曾提到，麻省理工学院和加州理工学院这两个学校的风气完全不一样，到了加州学院后更加如鱼得水。因为当时的麻省理工学院相较于科学，更加重视技术实践，强调的是把结果做出来，而加州理工学院则不同。加州理工学院的做法来自德国，钱学森的老师把德国的理工结合的做法带到了加州理工学院，在力学、空气动力学等方面的贡献促进了美国航空的发展，后来进一步促进了航天的发展。这就是技术与科学相结合的产物。

另外，国外的学校也不像我们的学校盲目追求大学或院系的名字。加州理工学院的英文名字翻译成中文后是加州技术学院，连"理工"这一称谓也没有，但是学校的理科发展实际上是相当强的。而且学校和系没有因为后来的发展而去改名。反观国内，学校或者院系在某一领域有些许创新或发展时，下一步就是开始着手改名字了。

创新是发展的动力

想要改变现状，就需要创新。知识分子是知识创新的主力，如何调动广大知识分子积极性，逐渐形成规模创新的态势，对于解决国家当前创新不足的现状有着重要意义。我们现在建设创新型国家，一定要有完善的科技体系，充足的人才力量，通过创新激发出无穷的发展动力，激发出更多创造力和发展活力。一是坚持对外开放，加强国际交流和竞争；二是进一步改革体制机制，使之有利于竞争和思想的活跃；三是改革并发展教育，使之有利于创新；四是解放思想，提倡有利于创新的观念。尤其对青年人来说，一定要摒弃唯书和唯上的观念，坚持唯实，一切都要从实际出发。从事自然科学研究要重视实验，从事社会科学研究要重视社会实践和调查。

我们现在强调创新型人才培养，他们应该具备什么素质？我觉得，发现问题的能力、找到解决问题方法的能力、坚持下去的决心和与他人合作的品质，这些都非常重要。同时，做学术应拒绝浮躁，慎重对待新的研究成果，要认真选好目标，要密切结合实际。

（2017 年 4 月 18 日）

彭苏萍

中国工程院院士

院 士 简 介

1959 年 6 月出生，江西萍乡人。

中国矿业大学（北京）教授，煤炭资源与安全开采国家重点实验室主任。曾任国家中长期科学和技术规划〈公共安全〉专题组副组长，国家能源专家咨询委员会委员，国务院学位委员会地质资源与地质工程学科评议组成员兼召集人，国家重大基础研究（"973"计划）能源领域专家咨询组成员。

矿山工程地质与工程物探专家。发现煤层砂岩顶板变薄尖灭带是顶板灾害易发区，建立了煤层顶板稳定性地质预测技术与方法。率先开展煤矿三维三分量地震勘探技术研究，建立了以野外采集评价技术、三维地震可视化解释与反演技术、纵横波联合解释技术为基础的煤矿高分辨三维地震勘探技术体系，首次达到 700 米深度勘探精度达到查明 ≥ 3 米断层的技术水平，并在煤炭企业广泛推广应用。上述两项成果分别获国家科技进步二等奖。研制开发出具自主知识产权的矿井地质雷达和多波地震仪装备并在煤炭、交通和军事阵地探测中推广应用，获国家发明二等奖。研究和初步建立了煤层气富集区地震探测技术并在煤炭企业推广，获国家科技进步二等奖。

曾获省部级科技进步特等奖 1 项、一等奖 4 项、二等奖 4 项，军队科技进步二等奖 1 项。

院 士 观 点

国家层面上的引导其实已经有了，我们不缺大方向和宏观政策，缺少的是接地气的落实，缺少的是良好的科研精神和文化氛围。

我们可以急于赶路，但不能迷失方向，在重视科学研究的同时，营造创新氛围，传承科研精神非常必要。

学校的发展应该有一定的自主性，干预太多不是好事。

我们要传承的是一种精神，不应是一种套路。

一代又一代科学家们的巨大贡献和科学精神是我们创新道路上的宝贵财富，他们爱国奉献与开拓奋进的理想信念、勇于创新与不懈探索的科学精神、严谨求实与淡泊名利的高尚品德，值得我们传承和弘扬。

营造尊重科学、崇尚科学的氛围不是一句口号，需要我们从尊重一个人开始，需要我们从尊重一件事开始，需要我们从帮助和引导一个年轻人开始。

弘扬传承科学精神

科研环境与氛围需营造

科研需要引导，给科研松绑，让科学家放手做科研，不能理解为放任科研，要的是创造一定条件和环境，让科学家安心潜心去科研。引导可以是各个层面的，国家的宏观政策、学校的具体规划、老师对学生潜移默化的影响，等等，这些分别在不同程度对科研发展都有影响，各个层面都和谐，整个科研环境就是好的了。

国家层面上的引导其实已经有了，我们不缺大方向和宏观政策，缺少的是接地气的落实，缺少的是良好的科研精神和文化氛围。这十几年来，尽管我们的科研取得了很大成绩，但总的来说整体氛围显得浮躁，似乎大家都不能安心。由于各种原因，我们国家在很长一段时间里都处于人才缺乏的状态，每个部门都想培养人才，各自出自己的招数。这些出发点都是好的，都是合乎现状和需求的，但如果大家都按自己的需求在一段时期内一起来做人才计划，就显得我们顶层设计不够了。而且有的计划就一心想出成果，想要成绩，都在揠苗助长，列个标准，给不同的人戴个"帽子"，似乎就是各类人才了，这样的计划聚到一起就难免让人心浮气躁。教育科研和一般的工程是不一样的，我们实施基础工程建设，三年五年，规划可以做得很清楚，五年后可以竣工验收，但教育和科研不是这样。常说十年树木，百年树人，人才的发展需要沉淀和积累，人才的成长不是那么快的。现在出一点创新就给个人才帽子，不一定是好事，就算是创新很大，贡献很大，有才，但说是真正的"人才"，还是需要时日的。以前我们国家做科研的环境比不上现在，没有资金没有技术，但老一辈科研人员取得的成绩还是很有影响力的。现在大家能够获得的物质支持很多，但是心态发生了变化。为了什么做科研，这个简单的问题在老中青看来已经有所不同了，在不同的年轻人中间也不一样了。我们可以急于赶路，但不能迷失方向，在重视科学研究的同时，营造创新氛围、传承科研精神非常必要。根据国家经济社会发展需求定方向，定目标，更需要根据社会现状和人才情况创造条件营造氛围，科研氛围和精神状态对科研人员来说至关重要。

在学校层面，有些学校过分强调对科研创新的行政领导了。对学术发展来讲，需要的是行政服务，不是拍脑袋的行政管理，不是数据统计和表格堆砌，不是临时的一套评审办法，更不能有"一刀切"的要求。另外，老师和学生之间的互动交流，老师对学生潜移默化的影响都非常重要，这是最基础最基本的科研氛围的营造了。我们那时候和老师的接触非常密切，科研方法、工作思想甚至是生活态度在很大程度上都受益于老师们潜移默化的影响。现在老师和学生的交流多停留在"工作层面"了，有时候有些老师和学生的关系就是交代任务、完成任务这么简单了。老师是学生的表率，他们的能力、方法、态度、价值观等等都可以感染学生、影响学生，在科研方面的影响更大，这些年我们在这方面做得还有些不够。其实我个人觉得培养学生是一件很幸福的事，现在的年轻人有智慧，有潜力，但在这个年龄段他们需要一定的引导和鼓励。

高校分类发展急需切实举措

我们常说在服务中谋发展，国家应该根据不同学校的服务面向进行资源配置，不应拿着一些简单的数字指标进行简单的管理。其实，从需求和服务角度来讲，每个学校都可以也都应该能够找到自己的定位，国家对学校的支持也应该是分类的，发展指导是分类的，经费支持是分类的，考核评价也是分类的。学校的发展应该有一定的自主性，干预太多不是好事。合乎规律的引导会让高校发展更有目标性，但是过多干涉会束缚人的手脚。手脚被束缚了的话，发展力、竞争力自然就会下降。现在很多学校不管是教学还是科研都存在相互跟风的现象，不考虑自己的实际。主动学习先进是好的，我们提倡向高水平的学习，但现在很多学校不分重点、不分主次地模仿、跟风，在这个过程中慢慢丢失了自己的特色。学习借鉴的前提是对自我有一个清楚的认知，高校发展需要把自己的特色摆出来，大部分高校难以做到面面俱到，也没有那个必要。一无所长的学校也还是有的。一无所长就是没有特色，没有自己的主业，学校就是不明白自己为什么存在，不明白自己应该做什么。这几年有些地方也在探索高校分类指导、分类改革，有的省份已经尝试建立了省内高校分类体系，对高校进行分类指导和资源配置。现在急需更高层面的顶层设计和切实的支持举措，毕竟国家的高等教育还是要有充分的全盘考虑。

科学精神应得到传承和弘扬

我们要自觉地把年轻人放在前边，多给他们锻炼的机会，多让他们有表现的机会，要让他们把自己和国家"绑"在一起。我们现在对年轻人的发展干预太多，有时候"好心"没起到好作用，反而让年轻人的自我竞争能力在下降。现在高校里不少的年轻人给人的感觉就是在一直地追，在争，追热点，争"帽子"。为什么这样？他们要按照规定的套路去做，不去做就没有机会了。长此以往这是要出问题的，我们要传承的是一种精神，不应是一种套路。现在我们缺少传承，缺少精神，很多政策只管激励，激励的效果看着倒是挺好，但与此同时我们失去了什么呢？我们似乎没有考虑太多，只看着眼前的指标好看。每个人都有理想，有抱负，我们要做的是要保护他们的理想和抱负，激发他们的潜力，让每个人在各自岗位上能够真正实现自己的价值，让他们受到应有的尊重。这几年舆论上有一些关于科研的负面报道，叫人迷茫，也挫伤了很多科技和教育工作者的积极性。我们应该多宣传一些正能量的现象，科学家的智力价值要有所体现，多劳多得要有体现，但不是绝对的，真正的科学家不会想着变成富翁。

在科研领域个别人是有点儿问题，但这绝不是主流，广大的科研人员、教师是党和国家培养出来的可以信任和依赖的力量。新中国成立以来，一代又一代科学家作为科技发展的奠基者，他们的巨大贡献和科学精神，是我们创新道路上的宝贵财富，他们爱国奉献与开拓奋进的理想信念、勇于创新与不懈探索的科学精神、严谨求实与淡泊名利的高尚品德，值得我们传承和弘扬。营造尊重科学、崇尚科学的氛围不是一句口号，需要我们从尊重一个人开始，需要我们从尊重一件事开始，需要我们从帮助和引导一个年轻人开始。这些年如果要反思的话，我们应该想想，除了吸引年轻人的计划、项目、帽子，我们还为他们做了什么，我们做的是他们真正需要的吗？我们有信心建设世界科技强国和教育强国，因为我们有好的发展基础和环境，更因为我们有勤奋的年轻人，他们富有朝气，富有梦想，是我们的未来，一定要重视、关怀、信任他们。

（2017 年 4 月 20 日）

王玉明

中国工程院院士

院 士 简 介

1941年1月出生，吉林梨树人。

清华大学机械工程系教授、系学术委员会主任、校学术委员会委员、汽车安全与节能国家重点实验室学术委员会主任，北京化工大学兼职教授，浙江大学"求是"讲座教授。兼任中华诗词学会顾问、中国楹联学会顾问、北京诗词学会副会长、中国工程院院士书画社理事、香港集古学社（书画）社员、清华大学荷塘诗社名誉（首任）社长。曾任教育部科学技术委员会副主任、中国机械工程学会副理事长、中国工程院机械与运载工程学部副主任。

机械设计及理论专家。长期从事危险性介质透平机械非接触式密封装置及测控系统的研发，取得多项具有自主知识产权和国际先进水平的成果并实现产业化。业余爱好诗词、摄影、书法等，已有两本诗集和一本影集出版发行，即将出版由叶嘉莹先生系统点评的第三本诗集《心如秋水水如天——韫辉诗词百首》。

曾获国家级和省部级科技奖11次，包括国家科技进步二等奖1项、国家技术发明二等奖和四等奖各1项；获美国发明专利2项。2015年获中国机械工程学会科技成就奖。

院 士 观 点

当前竞争性项目经费过多，固定性项目经费比重太少，过度竞争造成人财物力的大量浪费。

建议修改现有论文评价办法，给予国内期刊更大权重，对在国际高水平杂志上发表的论文，原作者转译中文后在国内期刊发表。

建议专利评价增加关于专利实施的评价，申请技术秘密，也应在科研评价中有所体现。

"双一流"不是所有高校都做得到，不同学校要有不同要求，考核指标体系要有区别。

培养学生，不应只注重提高他们的科研能力和学术水平，还要关注品德修养和个人情操。

科学研究主要是逻辑思维，文学艺术主要是形象思维，两种思维是有联系的。搞发明创造也需要激情、直觉和灵感，二者有许多相通之处。

坚持科学与人文的融合

改革开放以来，国家在科技教育文化等方面的发展进步举世瞩目，成绩有目共睹。现在国家对科技创新工作的重视程度也是前所未有，科研经费投入也大幅提高，人才梯队逐渐形成，成就令人喜悦。不过欣喜之余也要看到不足，正视不足，并弥补不足，这样才能不断进步。

经费过度竞争造成浪费

在经费投入方面，当前竞争性项目经费过多，固定性项目经费比重太少，过度竞争造成人财物力的大量浪费。改革开放以前，科研都是吃大锅饭，效率确实比较低，现在科研竞争过度，表面上实现了公平，但实际上一样效率不高。很多优秀人才把大量精力放在项目申报和评审上，静心踏实做研究的时间少了很多。这对于人才特别是中青年人才损失巨大，本应在第一线干工作的黄金年龄，却将宝贵的时间用在项目的评与被评上，严重影响了他们的成长，整体上也造成国家人力资源巨大的浪费。凡事物极必反，放任和统死都不可取。建议科研经费的配置分配多考虑一线人员工作实际，平衡好竞争性与固定性经费比率，让人财物尽其所用。

评价标准"一刀切"阻碍科研水平提高

在考核评价方面，指标过于量化，"一刀切"现象也比较严重。现在科研成绩评价，很多单位把指标完全量化，主要就看论文、专利和获奖情况。无论理工农医文法，论文发表都强调影响因子和引用率，强调瞄准国际顶尖杂志。在过去一段时期内这样做确实发挥了积极作用，国际科研排名明显提升，但现在已不适应当前的科研发展阶段，继续实行只会阻挠科研水平进一步提高。尤其对于工科，本应该为国家经济建设服务，解决科技难题，却将论文放在第一位，投入很多精力在英文阅读和撰写上，把取得的重要成果发表在国外杂志，让他人无偿获取，真是得不偿失。建议修改现有评价办法，世界性的创新成果，不一定是发在所谓的世界性杂志上，更多的时候我们需要把这些成果在国内展示，让更多的国内学者、学生受益。大家习惯认为把论文发到国外杂志就代表水平高，这是一个误区。也许我们国内的不少杂志在审稿发表环节客观性权威性还不够，但好不好绝不是看发在什么地方。另外，对于专利，原本就是用来指导工程实践的，现有评价只看重授予和授权，对实施情况关注不够，建议对专利增加关于专利实施的评价。

科技奖励是对科技人员取得科技成果的鼓励，现在奖励过多，并与科研人员能够获得的资源、地位及评审职称直接挂钩，致使科研人员为了获奖容易急功近利，不能再埋头潜心搞研究，甚至有的人不惜作假，搞学术腐败。当然，学术腐败与个人品德有关，但不可否认奖励和评价问题也是催生腐败的重要原因。奖励代表过去取得的成绩，有必要在制度上改革，既体现科研人员付出的努力，又能让他们潜心搞研究做学问。

"双一流"建设指标应有区别

我们建设世界一流大学、世界一流学科，在考核评价上也要根据各高校特点，设立不同考核指标体系。很多人做事情喜欢"一窝蜂""一刀切"，"双一流"不是所有高校都做得到，不同学校要有不同要求，考核指标体系要有区别。培养顶尖科研人才固然重要，但大国工匠、高级技术工人的培养同样不能忽视。"双一流"建设不能用一把尺子衡量，人才培养不能只有一个目标，具体问题具体分析，培养国家需要的各类人才，才是"双一流"建设的使命。

学生应德才兼备

我们培养学生，不应只注重提高他们的科研能力和学术水平，还要关注品德修养和个人情操。老师自己应当以身作则，引导学生善良、懂得感恩，干工作时团结和谐，要助人为乐、与人为善、成人之美。竞争不可避免，但绝对不能损人利己，己所不欲勿施于人。我一直提倡一种和谐的文化。大家要有竞争，但应是良性的而不是恶性的。团队良好的文化氛围，才会使大家高效工作，心情舒畅。对学生不能靠说教，而是靠言传身教，要通过榜样的力量影响他们。不只自己要好，要看到别人好。

改革开放后科教事业飞速发展，现在学生业务水平比我们过去那时要高，很多孩子能力很强，有发展潜力，在受教育阶段，一定要做好价值观教育，培养德才兼备的人。做人须有底线，没有底线就可能做出很多坏事。做人要心地善良，要有自强不息的精神，从小父亲就这么教育我，我牢记至今。

坚持科学与人文的融合

人生价值在于追求真善美，科学求真、人文求善、艺术求美，人文教育与科研能力培养同等重要。除了科研工作，应引导学生培养人文艺术爱好。人生应该丰富多彩，人文艺术对提升人的价值观和综合素质也很重要。

我们这一代人经历丰富，在本职工作上有兴趣也比较忘我。我做过技术员、工程师、副总工程师、总工程师、研发经理、副董事长、总经理，最后回到母校做教授，我从来不认为自己智商高，主要是因为更热爱工作，更投入工作。无论做什么只要热爱与投入，就一定能做好。我虽从事工学研究，但也热爱诗词，上大学时就开始自学写格律诗词，这是爱好，现在整五十五年。长期以来我自己身体力行，努力做到科学与人文的融合，做点儿科研，写几句诗，摄个影，写写字儿。可以说我的科研是教授水平，诗词是大学生水平，摄影是中学生水平，书法是小学生水平。尽管水平不高，但可从中看到对真善美不懈的追求。追求的过程是非常重要的，也是很令人享受的。

科学与人文的融合问题是一个学术问题，更是一个实践问题。科学研究主要是逻辑思维，用左脑，而文学艺术主要是形象思维，用右脑，两种思维是有联系的。形象思维可以帮助保持一种激情，激发直觉、灵感、顿悟，这是介于逻辑思维和形象思维之间的。搞发明创造也需要诗词创作那样的激情、直觉和灵感，二者有许多相通之处。我们要把科技、人文有机地融合在一起，才能够到更高的境界。

（2017 年 4 月 24 日）

南策文 ╱

院 士 简 介

1962 年 11 月出生，湖北浠水人。

清华大学材料科学与工程研究院院长。发展中国家科学院院士。曾任国际陶瓷联盟（ICF）理事长。

材料科学专家。主要从事功能复合材料和陶瓷材料的研究。构建了处理复合材料中复杂多场耦合效应的有效介质方法，给出了计算宏观多场耦合性能系数的解。设计发展了铁磁合金基磁电复合新体系，提出了复合巨磁电效应。系统研究了多铁性磁电复合薄膜，提出了多种新型磁电存储器及传感元件。建立了计算非均质材料界面因素对宏观物理输运性能影响的有效介质模型方法；在界面模型指导下，发展了新型高介电材料、安全锂电池用复合固态电解质等。

曾获国家自然科学二等奖、北京市科学技术奖一等奖等。

院　士　观　点

　　"双一流"建设不能喊口号，要从实际出发真正做到具体问题具体分析，对症下药，有的放矢。

　　面向世界科技前沿、面向经济主战场、面向国家重大需求。这"三个面向"，是我们科技事业创新发展的根本价值所在，是一个目标导向。

　　创新是做前人未做过的事，没有捷径可走，当然会遇到困难，会有风险，能成功，也会失败。

　　允许试错、宽容失败，是创新走向成功的"源头活水"。

　　我们为什么这么喜欢"数数"呢？不自信。

　　科研人员要有科研自信，要对自己的科研道路持有坚定的信心，有自己的科研道路自信，要不忘初心。

科研需要道路自信

"双一流"建设要有的放矢

高校根本任务就是教书育人，是人才培养，这是毫无疑问的。现在建设"双一流"，一流大学一流学科。一所大学要想把"双一流"做好是要狠下一番功夫的，怎样做好？关键在明确学校自身的发展情况，知道自己的位置，知道自己的能力和水平，知道自己的发展潜力。像清华北大这样的学校，有一流的学科当然也是一流的大学，一句话概括就是似乎可以遍地开花，但更多的学校呢？由于受到资源等各方面的限制，想齐头并进是很难的，只能以点带面，用特色带动学校整体发展，通过特色谋发展，这个思路是对的。"双一流"建设不能喊口号，要从实际出发真正做到具体问题具体分析，对症下药，有的放矢。我觉得要注意这么几个点：一是学科方向，方向不明确，一切都是白搭；二是人，特别是学科队伍带头人，要有能带队伍能干活的人；三是加强科学研究，要有产出；四是基地平台投入要有保证；五是人才培养系统要规范；六是学术制度文化氛围建设营造要跟上。

三个面向要坚持

做科研的追求是什么？习近平总书记在两院院士大会上讲"三个面向"，面向世界科技前沿、面向经济主战场、面向国家重大需求。这"三个面向"，是我们科技事业创新发展的根本价值所在，是一个目标导向。面向世界科技前沿，这是基础性的要求，科研就是要求新，要创造，要发现，不断超越不断向前，我们应该勇于提出新的科研方向，努力在原创理论、原创发现、原创技术等方面取得更多突破，在更多领域引领世界科学方向和技术潮流。面向经济主战场，要能将基础科研成果转化成市场需求从而带动经济发展，要加强科技供给，加快经济发展动能转换，着力提高科技创新成果转移转化能力。面向国家重大需求，要我们加快各领域科技创新，聚焦国家战略问题，坚持有所为有所不为，像这些年我们国家在国防方面的创新，就是国家重大需求，是解决"卡脖子"的问题。

宽容失败是创新成功的"源头活水"

现在国家已经着手解决创新领域的问题，完善考核评价和激励机制，开始提出允许试错、宽容失败，这种氛围和环境虽然还没有完全实现，但觉得可期了。允许试错、宽容失败，我认为是创新走向成功的"源头活水"。创新是做前人未做过的事，可能没有太多经验借鉴、没有捷径可走，当然会遇到困难，会有风险，能成功，也会失败。要允许失败，否则会扼杀创新精神，不利于创新。像实验室里的研究，做研究追求发现1%的可能性、可行性，可以通过不断试错创新，发现新的材料，只要存在可能性，哪怕1%也可以。这和企业的产业化追求的目标不一样，产业界追求的是99%甚至100%的可靠性和一致性，一点都不能差，而且各个方面都要考虑周到。但没有实验室里1%的可能性，也好像就没有后面的99%甚至 100% 转化成功的可能性了。

科研要有道路自信

评价体制的存在本身没有错，问题出在实施方式不正确。像医院的大夫又要做临床又要发论文，临床做得好还不行，论文也得跟得上，要不然职称评不上，这就是问题，典型的评价"一刀切"，什么行业都用论文说话。另外在高校，很多都讲求论文数量，说白了就是"数数"。评价体制很重要，因为没有比较的话肯定难以进步，但关键在如何正确发挥引导作用。清华这种"数数"的现象很早之前就不存在了，现在更确切地说评价体制是一种学术氛围。因为在这个环境当中大家心里都有杆秤，自然而然有一个好的氛围，所以大家会觉得我还是要努力做好的，要不然拿不出手，自然而然也有了压力，这样的话一个积极的外部环境就形成了。但这种氛围不是每个地方都有了，一些地方我觉得还是受困于数字量化指标。

另外，创新一定要有浓厚的学术氛围和抱团生长的团队合作精神。现在很多时候会出现这样的情况，外在看来是一个集体，但各有各的想法，各有各的利益追求，各自打着自己的算盘。如果科研队伍中长期存在这样的现象，想要有高质量的科研产出是很难的，都不能做到力往一处使还谈什么一起攻克难关呢？为什么会这样呢？评价是一个很大的原因。

其实，我们为什么这么喜欢"数数"呢？不自信。似乎我们手里有大把的论文才敢去和国外比较，国外没出来的东西，我们即使有了创新也不敢轻易发声。是别人不相信，还是我们不自信呢？什么时候我们自己对自己有了充分的认识了，我们离更大的成功就更近了。科研人员要有科研自信，要对自己的科研道路持有坚定的信心，有自己的科研道路自信，要不忘初心。

（2017 年 4 月 27 日）

戴汝为

中国科学院院士

院 士 简 介

1932 年 12 月出生，云南昆明人。

中国科学院自动化研究所研究员、学术委员会主任。曾任中国科学院学部主席团成员、技术科学部及信息科学部副主任、道德委员会委员，《模式识别与人工智能》《复杂系统与复杂性科学》学术杂志主编等。

控制论与人工智能专家。长期从事自动控制、系统科学、思维科学、模式识别、人工智能等方面研究工作。将"模式识别"引入中国，提出语义—句法模式识别，成为"汉王"核心技术的理论基础。90 年代初，在钱学森先生的直接指导下，跨入对"开放的复杂巨系统及其方法论""以人为主、人—机结合，从定性到定量的综合集成研讨厅"等领域的研究，在某些前沿领域进行交叉学科的整合。

曾获国家科技进步一等奖（2001 年）、何梁何利科学技术奖（2002 年）、中科院自然科学一等奖（1992 年）、航天工业总公司科技进步一等奖（1997 年）、中科院科技进步二等奖（1986 年、1990 年）、中国模式识别科技终身成就奖（2010 年）、2016 年获中国系统工程终身成就奖；主编的《智能自动化丛书》（共 6 册）获 1999 年国家图书奖。

院 士 观 点

　　科学研究是项艰苦的差事，必须心无旁骛，投入毕生精力，才可能做出点儿东西。

　　创新是一个开放的复杂巨系统，对个人是形象思维泛化与逻辑思维缜密的结合，对一个民族来说，则是弘扬发展屹立于世界的灵魂。

　　学科前沿在交叉领域中诞生，重大科技成果在交叉研究中涌现，交叉融合是创新发展的动力所在。

　　建议有条件的中医药院校可以尝试设立中医药系统学与工程研究所，培养一批复合型人才，形成交叉学科研究的氛围和方向，为中医药现代化提供人才储备和支撑力量。

　　我们要深入发掘中医药宝库中的精华，充分发挥中医药的独特优势，推进中医药现代化，推动中医药走向世界

创新是一个民族的灵魂

科学研究要注重方式方法

科学研究是项艰苦的差事，必须心无旁骛，投入毕生精力，才可能做出点儿东西。在这个过程中，除了有精神，还要讲方法。说起精神，钱学森先生那一代学界前辈对科研的热爱和近乎痴狂的投入，现在的年轻人是想象不到的。他们的学术思想、科研精神和人格魅力都是可圈可点的，值得我们很好地学习和传承。他平时和我们讨论问题，都是"绝不留情"的，是什么就说什么，往往说得你面红耳赤。我对学生要求也比较严格，但和钱先生比，我还是太"客气"了。受钱先生影响，在培养学生过程中，我比较注重强调方式方法，除了引导他们树立科学精神外，让他们明白做科研和处理所有问题一样，学习和掌握科学方法论的重要性。

创新是一个开放的复杂巨系统

创新意识、创新思维是思维科学的范畴，是创造思维的组成部分。创新是思维科学研究的内容，是社会思维和群体思维的结果，也是一项思维系统工程。创新对个人是形象思维泛化与逻辑思维缜密的结合，对一个民族来说，则是弘扬发展屹立于世界的灵魂。人工智能技术自上世纪中叶快速发展，在众多领域得到应用，但是也遇到了瓶颈。钱学森先生早在上世纪 80 年代就提出了思维科学是智能计算机的理论基础。他带领我们实现了系统学的创建，面向 21 世纪提出了具有划时代意义的科学方法论——开放的复杂巨系统及其方法。随着思维科学、复杂性科学研究的进展，孕育了智能科学、脑科学。我们通过系统复杂性的研究，利用当代计算机科学和信息技术手段，实现了信息空间的综合集成研讨。可以说，广义的人工智能是方法和手段，复杂系统管理与控制是实现的目标。通过现代人工智能科学及其发展中的技术可以有效处理复杂系统管理与控制问题。这就是知识产生体系、人类涌现了新的智慧，这也是复杂系统的管理和控制的历程，这也是系统的创新。

科技创新的当今时代特征，体现了以人为主、人—机结合和创新团队的社会性。从定性到定量的综合集成法是我国科学家原创的科学方法论，对于科技创新具有重要作用。科技创新过程实质上是从定性到定量不断综合集成的反复过程。因此，创新是一个开放的复杂巨系统，而且是综合集成系统；创新往往是在交叉领域和融合过程中诞生；科学方法论是催生创新的重要条件，而创新发展的动力则是不断涌现的人类自身和社会需求。

创新是一个民族的灵魂

钱学森先生早在 20 世纪 60 年代就提倡科学研究应该进行学科交叉，并且给我们做出了示范。科学技术发展的历史证明，新学科、新技术，特别是具有划时代意义的重大学科是在交叉领域利用多种方法交叉研究而发展起来的。系统学发展的历程正是体现了多学科的交叉与融合，并且复杂性科学互相渗透。系统复杂性既是开放的复杂巨系统的动力学特征，同时成为各种应用系统的研究焦点，充分体现了学科交叉发展的特色。在国际复杂性科学领域，由于综合集成方法论的提出和实践，在解决复杂巨系统问题的方法上比西方科学家高一个层次，这是被国际科学界所认同的。我有幸作为钱先生的助手，跟随其工作，得到了熏陶，传承了一些学术思想。我带领的科研团队几十年来始终坚持做交叉科学研究，也是在践行钱先生的科学思想。

创新是一个民族进步的灵魂，是一个国家兴旺发达的不竭源泉，也是中华民族最鲜明的民族禀赋。"不创新就会落后，落后就会挨打"，这是历史经验，也是历史教训。我们要正视国家科技创新基础还不牢、自主创新特别是原创力还不强、关键领域核心技术受制于人的格局没有从根本上改变的客观现实，发奋图强，力倡创新发展，力推自主创新，尤其是要厚实学科基础，培育交叉学科生长点。交叉研究难，但难才有可能实现真正的创新，才有可能有真正的国际前沿的成果，才有可能有我们自己的原创。学科前沿在交叉领域中诞生，重大科技成果在交叉研究中涌现，交叉融合是创新发展的动力所在。

用系统学助推中医创新

中医药是民族瑰宝，作为中华文明的杰出代表，不仅为中华民族繁衍昌盛作出了卓越贡献，也对世界文明进步产生了积极影响。中医药兼容并蓄，蕴含了中华民族深邃的哲学思想。随着社会的发展和科技的进步，有理由也有必要科学揭示中医药奥秘了，现在可以说已经有了理论基础和实践条件。

钱学森先生多次强调思维科学的研究不能停留在思辨式的哲学探讨，应该注重实践，特别是工程实践。我国科学家历经 20 余年在原创的开放的复杂巨系统及其方法论的科学思想下，形成了综合集成研讨厅框架；通过当代信息科学技术支持创建了信息空间的综合集成研讨体系，从而实现了科学的知识产生体系。科学的知识产生和在科技交叉领域，通过科学研究、反复工程实践培养创新型人才，形成了智能时代创新科技人才培养的特点和必不可少的过程。这就对于当前高等教育中的学科和专业设置以及学习方法与实践配置提出了新的要求。

当今科学发展的特点是多学科交叉研究，中医药发展应以人体复杂系统为基础，结合系统科学、认知（思维）科学、复杂性科学交叉研究，从系统学理论高度，采用从定性到定量的综合集成方法论，用计算机技术、信息技术最新成果，以人为主、人机结合，综合专家体系、古今中外相关知识信息，集成计算机群的高性能在网络空间构建综合集成研讨厅体系，为中医药研究发展提供可操作的智能平台。

多年来我一直在呼吁这个问题，我们曾向国家有关部门建议，创立"中医药系统学与工程"学科，我想，这个事应该坐下来好好研究一下。我认为，现在我们可以在全国有条件的中医药院校设立中医药系统学与工程专业，这里面有基础理论，有技术科学，也有工程技术，可以说是具备了现代科学技术体系的特征。就当前来说，建议有条件的中医药院校可以尝试设立中医药系统学与工程研究所，培养一批复合型人才，形成交叉学科研究的氛围和方向，为中医药现代化提供人才储备和支撑力量。我们要呼吁有关部门重视，也希望社会各方积极参与。

其实，早在1986年，钱学森先生就明确指出了"中医药要现代化必须靠系统学、系统科学"。十几年来，虽然有一些学者和中医专家从系统工程角度去研究中医学，但是至少我们也还没有一套完善的中医现代科学理论。中医药的"系统学"特征十分显著。当前中医临床采用"望、闻、问、切"等诊断手段，同时也参考西医的化验数据及影像技术作为辅助诊断。有些中医专家在临床实践中，已经自觉不自觉地用系统学的视角看待古老中医的辨证施治，并在中医临床实践中运用了系统科学的思想。当然，要实现创新发展形成中医的科学理论，还需要艰苦努力，需要不断创新。

习近平总书记曾强调，现在中医药振兴发展迎来天时、地利、人和的大好时机，我们要深入发掘中医药宝库中的精华，充分发挥中医药的独特优势，推进中医药现代化，推动中医药走向世界，切实把中医药这一祖先留给我们的宝贵财富继承好、发展好、利用好，在建设健康中国、实现中国梦的伟大征程中谱写新的篇章。我个人对此也很期待，希望中医药现代化是一个不遥远的梦想，我愿意在这条路上做一点儿自己的贡献。

（2017 年 4 月 28 日）

韩德民

中国工程院院士

院 士 简 介

1951 年 5 月出生，辽宁大连人。

首都医科大学教授、耳鼻咽喉科学院院长，北京同仁医院耳鼻咽喉头颈外科中心主任，教育部重点实验室主任。中国医疗保健国际交流促进会会长、中国华夏医学科技奖理事会理事长、全国防聋治聋技术指导组组长、世界卫生组织（WHO）防聋合作中心主任、世界华人耳鼻咽喉头颈外科学会理事会理事长、中国医师协会耳鼻咽喉头颈外科学分会会长。曾任北京同仁医院院长。

耳鼻咽喉头颈外科学专家。在 40 余年的临床实践中，开展了一系列创新性工作：引进鼻内镜诊疗技术、提出并系统开展普及了鼻内镜外科技术；在国内率先开展了儿童多导人工耳蜗植入手术，带动开展普及人工听觉技术；发现"腭帆间隙"解剖部位，创建了 Han-Uppp 手术，在国内外广泛推广；带动喉癌功能性手术，开展推广喉癌外科微创技术。

曾获国家科学技术进步奖二等奖（3 次）、国家人事部优秀留学回国人员奖、中国优秀博士后奖、中国医学基金会医德风范奖、第六届中国医师协会中国医师奖、何梁何利基金科学与技术进步奖、联合国南—南国际人道主义精神奖等奖项。

院 士 观 点

　　要充分考虑国家发展的战略需求，减少盲目性、克服利益驱使。为建立多样化优质高效的国家教育体系，以及建立教育合理性、科学性、公平性综合考量评估体系打下良好基础，是我们要考虑的。

　　强调依法治教，只依靠静态的法律规章是不够的，要从法治的角度去加强治理，建设什么样的教育法很重要，如何依据这些法律去治理管好教育更为重要。

　　正视问题，守住底线，要有一个量度，不能无限度地否定形成三观基础的基本教育。教育要有规矩，要有底线。

　　心底有正确的价值观念，心中有浓厚的家国情怀，为形成孕育正能量的多彩教育放手实践。

　　教育是为人民服务的，教育是为国家服务的。我们的教育必须要有中国特色，必须满足中国发展需求，这就是底线。

　　教育改革，要从国家发展大局着眼，从提高国民综合素质细处着手，要真改、真坚持。

依法发展教育

　　尽管我们的教育领域还存在着这样那样的矛盾以及各种问题，但总体上还是进步的。国家人才储备、人才综合水平还是大幅提高的，这是主流。看不到主流，就不容易看到希望。在肯定教育发展主流的同时，要看到普及教育、职业教育以及社会办学等方面存在的问题。要充分考虑国家发展的战略需求，减少盲目性、克服利益驱使。为建立多样化优质高效的国家教育体系，以及建立教育合理性、科学性、公平性综合考量评估体系打下良好基础，是我们要考虑的。

坚持依法治教

　　各行各业都有专业属性，所以才有"术业有专攻"这个概念。管理也是这样，需要专业。要真正能够让那些责任心强、能维护国家利益，同时有很好专业背景的人发挥作用，在专业干部当中要培养管理骨干力量，做到人尽其才、才尽其用。各个领域多会出现问题，稍微深入研究，多是事情的顶层设计或者指导思想存在疏漏，做好顶层设计，依法治教是教育健康发展的基本保证。

　　回归教育本质，莫忘初心，至少不要被市场经济和各种利益冲击得太厉害。教育是国家和民族的根本事业。不能出现方向性原则性问题。国家有义务教育法，按标准要求去做，严格起来，有法必依，大有希望。不能出现问题不了了之，不能改革发展打折扣。任何事物都有规律，教育自然也是如此。高喊创新，一个比一个能创新，创的是什么？最后把规律创没了。我们不能以创新的名义亵渎教育法，不能以创新的名义掩盖自己的"傻"，我可能说得直截了当了些。

强调依法治教，只依靠静态的法律规章是不够的，要从法治的角度去加强治理，建设什么样的教育法很重要，如何依据这些法律去治理管好教育更为重要。

正视问题，守住底线，要有一个量度，不能无限度地否定形成三观基础的基本教育。教育要有规矩，要有底线。依法治教，就是要做到全部的教育活动都符合教育法律的有关规定，所有的教育活动都遵守或不违背教育法律的规定和精神。说得具体一点，就是坚持党的领导，遵循教育规律，营造法治氛围。新中国成立以来我国教育法制建设有很大成就，《义务教育法》《教师法》《教育法》《高等教育法》等专门法律都很明确，其中，《中华人民共和国教育法》是依法治教的根本大法。这就是我们的教育法律法规体系，是教育工作的法律依据和保障。但在教育领域有法必依我们做得还不够好，不少人对依法治教重要性的认识还不到位，学校自身的法制观念也比较淡薄，教育法律法规的实施不尽如人意。深化教育改革，必然要涉及利益和权力的重大调整，不依据法律法规的原则与规定，在下放权力的同时明确责任，处理好学校与其他各方面新的利益关系，怎么能够保证改革的有序推进呢？现在有的学校，有的教育主管部门还存在不重视决策程序、随意决策、决策不负责任等问题，有些学校领导就重视学科和大学排行榜，但不重视依法治校，对这个问题总应付性地做一些表面文章。教育的发展要做到重大改革创新依法有据，实践证明行之有效的，要及时上升为规章制度甚至法律；实践条件还不成熟、需要先行先试的，不能"一言堂"。

提升教育治理法治化水平

教育涉及千家万户切身利益，关系下一代人的健康成长，只有坚持依法治教，才能使教育改革发展走上合乎教育规律、合乎国家和人民需要的道路。国家要有一批坚定的教育管理人员和从业人员，勤勤恳恳维护国家核心利益，遵守国家基本的各项法规，在这个基础上努力工作，努力实践，努力完善，与时俱进，这是基础。不能天天喊着教育创新，最后却乱象丛生，一看基本东西又没有了，没有能维护底线。我们总说一放就乱得一塌糊涂，要管就管得死气沉沉，为什么？还是没有完全依法的原因。强调依法治教，但只有静态的法律规章是不够的，要从法治的角度去加强治理，有什么样的教育法很重要，如何依据这些法律去治理更为重要。我们要以法治思维和法治方式推进教育改革，要增强法治观念，通过法定程序凝聚共识，并将各方共识以法律形式确定下来，充分发挥法治对教育改革的引领、规范、推进和保障作用。

教育是为国家服务的

一个大学的"名"靠的是教学质量，是教育理念。如果一所大学能把教育教学发展理念和国家的利益保持高度一致，那么可以让它放开手脚根据实际情况去实现自己的内涵发展、特色发展。但是现在问题在哪里呢？我们国家的价值观念和西方的价值观念有区别，我们的大学如果按照西方的价值观念去评，永远排不上位，这是个问题。能完全按西方方式来搞教育吗？教育是为国家服务的，如果按它们的方式搞教育的话，那就不是我们了。我们的教育必须要有中国特色，满足中国发展需求，这就是底线。我们不能对教育问题夸夸其谈，谈来谈去，最后成了虚伪的个人主义。一定要搞清楚，不能戴着别人的眼镜看我们，不能把我们的教育的姓氏搞错了。在教育这个问题上，如果符合规律，如果合乎法律，如果维护国家的根本利益，对一些创新的做法就要敢于坚持。坚持真理，这是一种精神力量。心底有正确的价值观念，心中有浓厚的家国情怀，为教育的实践就可以放手去开展。

培养有责任感有能力担当的人

我们的教育应该培养有责任感有担当的人，尤其是要对国家社会有担当的人。现在不少人的观念里，见到的多是个人利益，为社会做点事都不愿意，即使做了也是应付一下，这是教育的失败啊。遇事首先想到个人利益，偶尔为他人、为社会做点儿事，是要想着回报的，这怎么行？如果不改变这种现象和局面，我们培养的人如何让我们的民族和国家强大起来？教育还要抓到源头上，皮之不存，毛将焉附！年轻人是国家的未来和希望，培养有社会进步责任感有担当的人是教育的责任，是实现中华民族伟大复兴的需要。

调研要解决真问题

深入基层调研挺好，但不能走形式，要真实反映听到的实际情况，要真正提出有针对性的解决问题的举措。以前我们说坚持真理可以抛头颅洒热血，现在不用抛头颅洒热血，有勇气就行，经得住考验和诱惑就行。调查研究的结果是对事情本真面目的还原，不是去平衡各种利益关系，要敢于面对问题，要能解决问题。改革发展中不怕有问题，怕掩盖问题，粉饰问题。我们要真实地反映出问题，探索出解决问题的方法，解决真问题，要有勇气和魄力做得好，做得成功。

"天下难事，必作于易；天下大事，必作于细"。教育领域的改革，可以从易处、细处着手，关键是要真改、真做、真坚持。

（2017 年 5 月 2 日）

柴洪峰

/中国工程院院士

院 士 简 介

1957 年 5 月出生，山西临汾人。

中国银联股份有限公司董事、电子商务与电子支付国家工程实验室理事长、主任。

金融信息工程管理专家。主持并从事研制、建成了中国外汇交易系统、全国银行间同业拆借系统、国债交易和结算系统、银行卡信息交换系统等国家级金融改革重大信息工程，创建了我国银行卡产业平台运营、风险防范、标准规范及检测认证现代服务体系。

曾获国家科技进步奖二等奖 2 项，省部级特等奖、一等奖 6 项。授权专利 9 项。

院 士 观 点

教育领域存在的一些问题，我认为这都是前进中的问题，是"成长的烦恼"，也正是全面深化改革需要逐步解决的问题。

我们说要坚持问题导向和需求导向，教育也是如此，只有目标明确、问题清楚，才能朝着正确的方向改革前进。

未来其实是教育的竞争，如果国家在未来转型发展过程中，教育不能支撑和引领，那教育就将成为影响国家可持续发展的"短板"。

教育与跨越"中等收入陷阱"的关系，可以说是教育与经济关系的一个表现。经济要想得到发展，就一定要先发展好教育，这是共识，经过历史和实践检验。

立德树人，就是要让中华民族崇真向善的德心永在、优秀的精神基因永续。

一定要把教育作为最根本的事业，这决定着我们国家和民族的未来。

教育是民族最根本的事业

教育的问题是"成长中的烦恼"

说到教育，每个人都有自己的教育经历，有自己对教育的理解和看法。不少人批评基础教育阶段学生负担过重，高考是个独木桥，一旦考入大学都放羊了，创新后劲不足，等等。一聊起来，就好像我们的教育比国外，尤其是比美英等发达国家落后很多。我们现在的教育，无论是高等教育还是基础教育，的确存在一些问题，但一味批评的观点是不公正，起码是不客观的。中华文明几千年生生不息、源远流长，根本在于重视教育，中国教育有自己独有的特色和历史脉络，我们对它的认识和期望要放到它所在的时代，要考虑它所承担和完成的时代使命。

新中国成立后，党和国家一直把教育作为国家和民族复兴最根本的事业，这是因为教育是国家发展的基础。我们可以看到，改革开放以来，就是恢复高考这 40 年，国家也经历了长达 40 年高速发展的黄金时段。恢复高考，不仅是中国教育发展史上特殊的转折点，而且改变了很多人的命运，造就了无数人才，改变了社会的风气，提升了科技水平，增加了国家发展动力，才有了今天我们国家经济的迅猛发展。到现在我国 GDP 总量已全球第二，科技人才总量全球第一，我们才有本钱与世界各强国纵横捭阖，一竞高下。

中国这些年的迅猛发展，就与高考制度的恢复和教育的不断改革发展密不可分。至于教育领域存在的一些问题，我认为这都是前进中的问题，是"成长中的烦恼"，也正是全面深化改革需要逐步解决的问题。

未来在教育

十八大提出要坚持走中国特色自主创新道路、实施创新驱动发展战略。习近平总书记特别强调教育在实现"两个一百年"奋斗目标和中华民族伟大复兴中国梦过程中的作用。他指出实现中华民族伟大复兴，教育的地位和作用不可忽视。我们对高等教育的需要比以往任何时候都更加迫切，对科学知识和卓越人才的渴求比以往任何时候都更加强烈。2014年教师节，总书记指出，教育是提高人民综合素质、促进人的全面发展的重要途径，是民族振兴、社会进步的重要基石，是对中华民族伟大复兴具有决定性意义的事业。2016年"科技三会"上，总书记提出要建设世界科技强国。2016年12月，总书记又在全国高校思想政治工作会议强调，要坚持把立德树人作为中心环节，把思想政治工作贯穿教育教学全过程，实现全程育人、全方位育人，努力开创我国高等教育事业发展新局面。我认为，总书记的一系列重要讲话对教育未来怎么发展，已经有了明确指示，教育是实现伟大复兴中国梦的动力源泉。

未来教育怎么发展？今后的30年至关重要，那时已经到了21世纪中叶，第二个百年目标要实现。怎么办好教育呢？要深入研究分析第二个百年目标需要教育做什么，建设世界科技强国需要教育做什么，教育能为中华民族伟大复兴中国梦贡献什么。我们经常说要坚持问题导向和需求导向，教育也是如此，只有目标明确、问题清楚，才能朝着正确的方向改革前进。

办好教育既要尊重教育规律，还要跳出教育看教育、跳出教育办教育。当前中国经济发展进入新常态，国家也有很多大战略和大举措，比如创新驱动发展、"一带一路"、军民融合等等，既要加大开放发展，又要激发企业和社会活力，培育经济发展的内生动力，加快经济转型升级结构优化，这些都需要教育起作用。教育要与其他行业同步改革发展，推动经济转型升级结构优化。再比如，我国也正在进入老龄化社会，而且老龄化的速度也将加快，未来大健康医疗、养老产业将急速发展，需要大量的医药卫生人才，教育是培养人才的事业，就要适应这种未来发展，调整专业结构、培养方案。

可以预见，未来 30 年，国与国之间的竞争无论是经济竞争、军事竞争，还是综合国力竞争，最终都将是知识生产和人才的竞争。科技是第一生产力、人才是第一资源，而学校恰恰是知识创造、知识生产、知识传播、知识运用和人才培养的重要场所。所以，未来其实是教育的竞争，如果国家在未来转型发展过程中，教育不能支撑和引领，那教育就将成为影响国家可持续发展的"短板"。

跨越"中等收入陷阱"关键在教育

现在很多人提"中等收入陷阱"，它是指一个经济体达到人均 GDP 3000—1 万美元的世界中等水平后，由于不能顺利实现发展战略和发展方式转变，导致经济长期停滞不前，并且快速发展中积聚的问题也集中爆发。当今世界，多数国家是发展中国家，存在所谓的"中等收入陷阱"问题。一些国家在"中等收入陷阱"中已经陷了相当长时间，如秘鲁、哥伦比亚、南非以及东南亚、拉美一些国家已在"中等收入陷阱"中受困长达 60 余年，并且见不到增长的动力和希望。按照世界银行的标准，2015 年我国人均国民总收入达到 7990 美元，也已经进入中等收入偏上国家的行列。中国目前正处于这样一个阶段，跨越"中等收入陷阱"也是迫在眉睫，只有苦熬过去，并在今后的十年内进入高收入国家，才能实现中华民族的伟大复兴。如何跨越"中等收入陷阱"？我认为教育是关键。

教育与跨越"中等收入陷阱"的关系，可以说是教育与经济关系的一个表现。经济要想得到发展，就一定要先发展好教育，这是共识，经过历史和实践检验。我们都知道教育可以为社会提供智力支持、人力保障，可以营造氛围，提升素质，它通过改变人去改变社会，去推动社会发展。近50年来，基本只有日本、韩国成功实现跨越中等收入陷阱，进入发达国家行列。认真梳理一下它们的成功经验，实现跨越有多个因素，但最为关键的是重视教育与人力资源开发，而教育奠定了雄厚的人力资源优势。所以，未来我国要实现经济的可持续健康发展，除了完善经济制度和经济政策之外，则必须要努力发展教育，把教育放在优先发展的战略地位。

把中华民族优秀传统文化融入到育人实践中

中华民族优秀传统文化积淀着我们最深沉的精神追求，包含着中华民族最根本的精神基因，代表着中华民族独特的精神标志，是中华民族生生不息、发展壮大的丰厚滋养，一定要把中华民族优秀传统文化融入到育人实践中。过去我们高等教育改革学苏联，建立了很多行业院校，重视工程技术人才培养，为国家各个行业建设培养了大批人才，有力推动了经济发展。现代教育改革更加注重人的全面发展，注重加强通识教育，我认为更有必要将中华民族优秀文化传统融入到立德树人的教育实践中。立德树人是教育的根本任务。立德树人，就是要让中华民族崇真向善的德心永在、优秀的精神基因永续。高校作为优秀文化传承的重要载体和思想文化创新的重要源泉，将中华优秀传统文化自觉融入立德树人的实践，既是职责与使命所在，也是不断提升立德树人实践成效的要求和选择。

习近平总书记说，此时此刻，我们距离"中国梦"的目标比任何时候都更接近，实现"中国梦"的信心比任何时候都更坚定。越是在这样的时刻，越是需要依靠人民群众，越是要立足实际、脚踏实地。我认为，在这一伟大历史进程中，一定要把教育作为最根本的事业，这决定着我们国家和民族的未来。我们必须重视教育，加强教育，把我国从教育大国建设成为教育强国，从人口大国建设成为人力资源强国，把中国建设成为世界上最大的学习型社会和创新型国家，这是实现中华民族复兴的根本所在。

（2017 年 5 月 3 日）

陈桂林

中国科学院院士

院 士 简 介

1941 年 12 月出生，福建南安人。

中国科学院上海技术物理研究所研究员、中国风云二号气象卫星副总设计师。

空间红外遥感技术专家。长期从事光电技术研究，主持并研制成功风云二号气象卫星的核心探测仪器——多通道扫描辐射计。设计并实现了采用望远镜折镜步进扫描，通过 R-C 光学系统视场分离，实现可见光、红外和水汽三波段同时探测的总体技术方案。主持突破了大孔径轻量化的空间光学系统、高精度（角秒级）空间扫描机构、地球同步轨道辐射制冷器技术等难题。在光电技术的研究中，密切结合工业上的应用，在热轧圆钢光电在线检测的问题上，提出并实现采用两个相互垂直探测器实时测定目标坐标的新方法，已在多个钢厂推广使用。

曾获国家科技进步一等奖、三等奖，国防科技进步一等奖，中科院科技进步特等奖、一等奖、二等奖，上海市科技进步一等奖等奖项。曾获全国优秀科技工作者、全国先进工作者、全国五一劳动奖章、上海市劳动模范等荣誉称号。

院　士　观　点

　　大学应当再接再厉，坚持解放思想，坚持实事求是，坚持与时俱进，进一步明确发展导向，真正办出有特色的中国大学。

　　导向很关键，特色很重要，确立大学的发展目标要先弄清楚这两点。

　　要抓好出人才和出成果工作，这是大学的核心目标。

　　我们可以从国情出发，"外行""内行"结合好，无论哪一行，在其位谋其政，真把大学发展作为事业去做，而不是作为个人发展的跳板。

　　在关系国计民生的重大基础科研问题上，加强人才队伍建设，加大稳定性经费投入。人才与经费是两大关键核心要素，一定要稳定。

　　我们应该让教师衣食无忧地去育人，去创新，这种条件我们有了，这种环境我们还需要去营造。

导向是大学发展的关键

大学发展导向要明特色要显

进入新千年以后，我国的大学进入快速发展时期，整体实力显著增强，人才层出不穷，科研硕果累累，成绩令人瞩目。虽然大学在发展过程中也遇到了这样那样的问题，但是办学方向始终正确，总体上满足了人民群众的需求，适应了国家经济社会发展需求，这些成绩应该给予肯定。面对当前国际人才和科技竞争日趋激烈的大环境，国家实现中华民族伟大复兴战略目标的总要求，大学应当再接再厉，坚持解放思想，坚持实事求是，坚持与时俱进，进一步明确发展导向，真正办出有特色的中国大学。

进一步明确发展导向，就是要把学校的建设与国家发展需要、社会发展需求紧密联系，做出符合自身发展、满足国家要求的长远规划布局，做到发展的根本目的是为了国家繁荣、民族振兴和人民幸福，是为了国家科技进步、文化兴盛、人才辈出。学校各个层面要齐心协力，明确未来重点发展方向，遵循学校历史传承和发展实际，坚持不懈，共同实现学校的价值目标。

办大学一定要有特色，对于不同类型的大学，特色也不尽相同。对于基础好的综合型大学，办学特色就应体现在培养世界一流人才、完成国家科研原始创新任务、从根本上推动国家发展进步方面。对于实践强的应用型大学，办学特色就应体现在培养应用型人才和"大国工匠"、承担国家工业革新和产业升级上。

导向明确了，特色凸显了，我们的每所大学就都能成为名副其实的一流了，一流本来就是一个相对概念，可以自己纵向比，可以领域里横着比。所以，导向很关键，特色很重要，确立大学的发展目标要先弄清楚这两点。

出人才和出成果是大学的核心目标

大学对国家社会和各行业发展都有着举足轻重的作用。大学聚集着国家最优秀、最活跃的人才，发挥好这些人才的作用非常重要。大学对于国家的作用不是隐性的，而是显性的，会在各个方面显现出来。我们应足够重视发挥大学的作用，除了在战略层面明确它的发展导向，在实际操作层面一定要抓好出人才和出成果这两项工作，这是大学的核心目标。以出人才为首要，围绕培养人才的核心推进成果产出，形成既出人才又出成果的良好发展局面。

对于大学而言，做好出人才和出成果，首先要建立起科学合理的评价指标体系。当前对大学的评价存在一些问题，致使它为了评价需要做一些没有实质意义的工作，比如兼聘院士来校"挂名"，优秀的人才为了职称和荣誉头衔将大部分精力投入到与科研和教学工作无关的方面。对于大学不应简单地将拥有院士、长江学者、杰出青年等人才的数量作为评价其质量的主要指标，否则只会破坏大学一线教研人员的正常成才轨迹，大多时候只有通过长期努力和积累才能产生突破性科研教学成果，这是现实和规律，不能违背。大学的评价应该放在出人才和出成果本身，放在影响科技进步、教学发展的实质性问题上，引导教师和科研人员去做更多有益于大学发展和国家建设的事情。

做好出人才和出成果，其次要加强学校的管理。对于大学管理，有人认为"外行"出身的领导是管理不好学校的，应该把学校管理交给"内行"的教育家去实施，其实事情没有非此即彼，我们可以从国情出发，"外行""内行"结合好，无论哪一行，在其位谋其政，真把大学发展作为事业去做，而不是作为个人发展的跳板。我想，我们选出的人才，先天也好，后天也好，应该是可以做好这项工作的。机制环境不好变，我们个体好变啊，适应它，然后才谈改变它，通过实践去检验，通过实践去改变，而不要做语言的巨人行动的矮子。

做好出人才和出成果，再者要做到重点建设与均衡发展统筹兼顾。国家现在对大学的经费投入不少，但是所有大学同等发展既不现实也不可行。因为按照同等发展要求，对资源平均配置，不做定向的重点投入，国家亟待解决的重大问题和前沿问题就没有足够的支撑力量，就会导致发展的核心动力不足。要做好定向的重点投入，把经费集中到高端前沿和重大需求上，充分发挥一流大学攻坚克难、引领突破的排头雁作用。当然，也不能只抓重点不顾一般，也应关注中等水平和基础稍弱的大学，支持它们抓住当前时代难得的发展机遇迎头赶上。我们要统筹兼顾不同水平大学，不能将经费拨付下去就算完结，还应在方向上予以引导，让他们围绕国家发展的各种问题有序开展工作，确保在国家层面形成合力，避免出现要么无人问津、要么重复建设的局面。

人才与经费都需要稳定

未来国家的核心竞争力还是在科技创新，特别是重大基础科研原始创新。改革开放以来，我们国家经济实力不断增强，科技创新和人才培养迎来了历史发展的最好局面。我们应该抓住这一契机，进一步明确方向，在关系国计民生的重大基础科研问题上，加强人才队伍建设，加大稳定性经费投入。人才与经费是两大关键核心要素，一定要稳定。

加强人才队伍建设，应做好人才有序流动。培养和引进高层次人才是学校人才队伍建设的重要内容。当前有的大学通过高薪吸引和争抢高层次人才促进本校发展。这种做法对学校而言无可厚非，但是站在国家层面，以高薪争抢高层次人才，客观上扰乱了国内人才市场，造成人才引进和管理的混乱，完全是"零和博弈"，没有实质性质量提升。大学应对人才队伍建设合理规划，按照不同层次、不同类型分类引导，确保人才有序流动、适度竞争，共同促进国家及社会各行业向前发展。

加大稳定性经费投入，应做好政策实施的持续性。国家对大学的经费投入，特别是科研投入要有长期性和稳定性。具有巨大发展潜力的方向，都需要十年甚至二十年以上的经费支持。政策不连续、不能长期坚持实施和经费不稳定致使研究功亏一篑，我们是有痛心经历的。一定不要指望今天投入经费明天就有重大产出，要按照科研创新规律办事，有计划有步骤、稳扎稳打，最终才能产出比较理想的成果，转化引领行业发展，促进国家经济科技水平提高。大学发展是社会发展的核心问题之一，不仅会影响国家当前的建设，更重要地，会影响到社会未来长期发展。世界强国和大国都很重视大学发展，对大学的人均经费投入一般会比社会平均水平高一些。我们应该让教师衣食无忧地去育人，去创新，这种条件我们有了，这种环境我们还需要去营造。中国经济发展到现在，教育经费投入不能仅要达到世界平均水平，根据发展情况，还应该提出更高的标准。培养人才和产出成果，没有充足的经费支持绝对不行。现在经费使用过程中确实存在一些问题，但我们应该正视问题解决问题，而不是畏惧不前。当然，每所大学的发展并不均衡，国内外都是如此，水平高的大学得到的经费更为充足，成果自然出得多。但对于水平不高的大学也应给予关注，扶持它们努力向前发展，适时实现弯道超车。经费投入也应具有持续性，要像培养孩子成才一样，把主要力量全身心投入到他身上，兢兢业业几十年，绝不急功近利，绝不以工程管理的思维对待大学发展和高等教育，不能投入即要成果。

（2017 年 5 月 3 日）

褚君浩

中国科学院院士

院 士 简 介

1945 年 3 月出生，江苏宜兴人。

华东师范大学教授、信息科学技术学院院长，中科院上海技术物理研究所研究员、红外物理国家重点实验室学术委员会主任，上海太阳能电池研究与发展中心主任，上海市科普作家协会名誉理事长，九三学社中央科普工作委员会主任，上海市科协副主席，第十届、十一届全国人大代表。

半导体物理和器件专家。长期从事红外光电子材料和器件的研究，开展了用于红外探测器的窄禁带半导体碲镉汞（HgCdTe）和铁电薄膜的材料物理和器件研究。提出了 HgCdTe 的禁带宽度等关系式，被国际上称为 CXT 公式，广泛引用并认为与实验结果最符合，建立了研究窄禁带半导体 MIS 器件结构二维电子气子能带结构的理论模型，发现 HgCdTe 的基本光电跃迁特性，确定了材料器件的光电判别依据；开展铁电薄膜材料物理和非制冷红外探测器研究，研制成功 PZT 和 BST 铁电薄膜非制冷红外探测器并实现了热成像。

曾获国家自然科学奖二等奖、三等奖等奖项。曾荣获全国创新争先奖章、十佳全国优秀科技工作者、国家"973"计划先进个人等荣誉称号。

院 士 观 点

知识分子就像种子，到哪里哪里就会开花结果，要把知识分子分布到全国不同的地方去。高校最好是遍地开花，处处有高校，每个地方都要有高校。

高校要特色发展，学校之间不分重点不分主次的比较和竞争会抑制各自的特色。

人才流动没问题，但现在我们这种局面是有点儿问题的，频繁和"利益性"的流动，一是对个人自身发展存在影响，二是不利于单位团队的建设。

有些项目和平台应该给予稳定支持，有些项目和平台可以是竞争性的，这两类要分开，这是两类支持，是两码事儿，稳定性经费与竞争性经费的合理配置机制亟须建立。

评价标准一定要灵活，不要总拿论文说事儿，论文很重要，但有比论文还重要的，就是除了论文我们还做出了什么，实现了什么。

学校一定要培养学生健康的体魄和心灵。作为各方面都还处在成长期的学生来说，需要修炼内在的素质——勤奋、好奇、渐进、远志。

培育"飞翔"的潜能

高校应遍地开花

高等教育要服务于经济社会发展，大学里所有的工作得到的结果，都要输入社会，影响或好或坏，所以高校的发展不能是封闭式的发展，要考虑全面影响。首先学校服务社会最直接的就是培养人才，这是最根本的。培养的人才输入社会，人才培养的好社会就好，人才培养得不好社会要受到影响。第二个就是学校可以做一些有利于社会发展的事情，促进产业发展，科技成果转化，传播科学知识，产学研结合，等等，学校一些积极的观念、科技发展前沿的认识就会对社会产生渗透力。第三，高校本身的存在对地区就是一种带动作用，这是一种潜移默化的熏陶和感染。我去过一些地级市或者县级市开过会，我觉得如果这些地方都能有一所大学的话，那就不一样了。有了大学人才会集聚过来，软硬环境都会慢慢变好，非常适合年轻人施展抱负，有利于周边人文环境发展，有利于带动地方的产业发展。像北京上海，我觉得高校的数量很多，而很多地方就没有大学。我觉得我们可以把大学的分布问题当作一件事情来讨论。中国的城镇化非常重要的一点就是要把大学建到城镇，大学过去了，它的发展就会不一样，会非常有利于当地文化和产业的发展。知识分子就像种子，到哪里哪里就会开花结果，要把知识分子分布到全国不同的地方去，把他的潜能发挥出来。所以，我认为，高校最好是遍地开花，处处有高校，每个地方都要有高校。我们国家有两三千多所高校呢，如果均衡分布一下，会对社会的发展有什么影响呢？尤其是我们现在在推城镇化，我觉得这个问题可以深入思考和讨论一下。

大学发展要"行行出状元"

学校发展中无论是取得的成绩还是遇到的问题都和国家的发展是同步的。就像是开车，过去开得很慢，大家都坐得很稳，后面 30 年里面车子开得很快，不断加速，有的人还比较稳当地坐在那里，有的人掉下来了，跟不上了。这就是发展水平的不均衡，出现了差异。高校现在也是这样子，现在高校总的来说水平是提高了不少，但是状态不理想。一是发展不平衡，二是重复建设比较多，三是特色不明显，四是两极分化比较厉害，包括科研经费等等，这些都是发展中的漏洞，基础不牢，高层建设没办法继续。比方说高校特色建设，学校之间不分重点不分主次的比较和竞争会抑制各自的特色。像清华北大这样的学校大部分学校是没办法比的，但是也不意味着你学校就低人一等没有特色，三百六十行，行行出状元，学校的发展也一样，不能一棍子打死，更不能作茧自缚。

避免高校人才恶性竞争

现在人才恶性竞争是个普遍的问题。人才流动没问题，但现在我们这种局面是有点儿问题的，频繁和"利益性"的流动一是对个人自身发展存在影响，二是不利于单位团队的建设。我们应该正视并重视这个问题，在待遇上一定要规范，比如这个一级教授的工资大概在什么范围，二级教授大概在什么范围，有一个统一的标准之后，不管到哪个大学差别都不能太大，地区差别是可以有的，在艰苦的地方可以高点，但是区别太大了也不太好。

两类支持要明确

高校里面很多基础研究需要稳定的支持，不要总让老师去申报项目，现在很多年轻的科研力量一半时间在搞项目，这方面花费的时间太多，很可惜。既然你是重点实验室，那就持续地给支持，不要非去申请一下，不要为了一个项目花那么多时间去答辩。在国外你会感到科研环境比较清净，年轻人好像不用去考虑钱的事情，大家都能埋头做科研。我们国内还缺少这种环境和氛围，这和我们的政策制度建设有关，将来应该会慢慢变好，这需要个过程。当前，有些项目和平台应该给予稳定支持，有些项目和平台可以是竞争性的，这两类要分开，这是两类支持，是两码事儿，稳定性经费与竞争性经费的合理配置机制亟须建立。

评价标准要灵活

科研成果、科研能力不等于论文。黄昆院士85岁生日的时候，正好我们在上海开全国半导体物理会议，同时有一个黄昆的学术研讨会，黄院士在信里表达的一个意思至今我印象还很深刻。他说，我们一天到晚写报告，真正用在研究上的时间比外国人短很多，这种情况我们什么时候才能够走向世界，走在前列？为什么大家都这么做，因为头上有指标，要发论文，要评职称。这就是为什么好多年轻人一天到晚在搞项目，在写文章，这很影响科研能力的发挥。这种现状一定要改，评价标准一定要灵活，不要总拿论文说事儿，论文很重要，但有比论文还重要的，就是除了论文我们还做出了什么，实现了什么。

培育"飞翔"的潜能

我曾就人才培养和学生们交流过一些我的看法，我认为学校一定要培养学生健康的体魄和心灵。学校要根据学生的兴趣进行培养，不要打压，不要抑制。虽然因材施教的道理从古延续至今，但贯彻实施得并不理想，很多学生都成了应试机器，棱角被磨平，年轻人的创新创造力被扼杀。作为各方面都还处在成长期的学生来说，需要修炼内在的素质，哪些素质呢？八个字——勤奋、好奇、渐进、远志。这八个字说说容易做着难。就是要非常勤奋刻苦，要善于质疑，要目标如一，要胸怀大志，要修炼内在的素质。汲取外界空气的养分还不够，还要修炼内在的素质，还要凝聚驱动力量。要成长，要飞翔，需要集聚四个驱动力，一个是兴趣的驱动，要热爱自己所做的事情；然后是需求的驱动，国家发展需求，科学发展的需求，也包括个人的需求；此外还有精神的驱动和责任心的驱动。驱动力明确之后，要把驱动力凝聚到体内，凝聚到灵魂中去。

（2017 年 5 月 3 日）

匡定波 /

中国科学院院士

院 士 简 介

1930 年 9 月出生，江苏无锡人。

中国科学院上海技术物理研究所研究员。

红外及遥感专家。在红外应用及遥感技术领域进行了系统性的开拓，负责研制成航空红外扫描相机、卫星姿态测量红外地平仪、导弹弹道测量红外捕获跟踪系统等先进装备。70 年代以来，在国内开创并主持了航空对地观测红外和多光谱技术的研究，发展成具有国际先进水平的环境资源遥感扫描仪系列，成为中国航空遥感体系的重要组成部分。带领科研群体创建了中国卫星红外遥感较完整的技术基础，负责设计多种卫星红外遥感仪器，其中扫描辐射计是风云一号气象卫星的核心仪器，其在轨性能达到国际公认的先进水平，仪器设置的海洋水色观测波段是具有中国特色的创新。

院　士　观　点

　　走出去，明确自身的优势，到社会上去，到市场上去，看菜吃饭；引进来，把社会的需要转换成学校建设的动力，形成特色。

　　任何一所高校不是说要样样精通，行行都行，而是要有自己的特长、特点、特色。

　　回避原则无可厚非，但对项目的审核要灵活，要鼓励大家出点子，想办法，体制要灵活。

　　资源和实力在某种程度上互为因果，实力越强的高校拥有的资源越丰富，资源越丰富实力也就跟着上去了。

　　教育主管部门还是不要统得太多，该放的还是要放，不能再以任务模式进行管理，并按单方的"预设目标"进行资源配置。

资源配置是高校改革发展的关键

高校办学不能围着资源转

从硬件设施到软件资源，从生源素质到教师队伍，大部分高校的资源和水平还是有限的，建设发展都受到制约，但是还得想办法发展好。要"走出去，引进来"，定好自己的位置。走出去，明确自身的优势，到社会上去，到市场上去，看菜吃饭；引进来，把社会的需要转换成学校建设的动力，形成特色。比如香港理工大学，这个学校的办学定位很明确，它一贯倡导以培育高技能应用型人才、发展高水平应用型科学研究为办学宗旨，为企业输送高级工程技术人员或高层管理人员，这个大学很自信，声称学校出来的学生，没有问题，肯定能就业，非常适合香港的中小企业。我们内地的呢？有几所大学想这么定位自己？大家都在想着研究型，想着高大上的目标，好像只有研究型才是高水平大学，完全没有认识到自己的长处和社会需求点，只想着围着资源转，办学效果怎么会好呢？所以，任何一所高校不是说要样样精通，行行都行，而是要有自己的特长、特点、特色。

评价不能一顶帽子盖到底

现在高校的评价指标体系有问题。一个学校总体水平欠佳，但不能对它全盘否定。现在一些标准很容易就让大家把学校分成三六九等，这样做，我觉得更多是对大部分学校能力的不认同。凡事的进步都需要时间，有好多学校建立之初的前十年、二十年，甚至前几十年基本上都没什么拿得出手的东西，国外的很多高校就是这样，现在开始有成果了，它需要积累。有些事情都是需要一个过程，不是说想得到就得到，不要一顶帽子盖到底，评价体制要实事求是，要客观公正，不管背景和过程拿着一个标准去衡量所有学校，肯定是不对的。

科研项目申报审核工作不要僵化

现在很多申报项目，为了所谓的公平公正，一流专家报了让二流的来评，一流大学报了让二流的来审，因为要回避，凡是被认为与参评项目有利益关系的科学家，都要回避。这看似公正，但是没有意义的，是不科学的。因为有些领域的研究，对相关工作有充分了解的就是一流大学里的一流科研工作者，换了其他人，可能因为不了解而否定了一些创新点甚至整个项目，这样的审核评审制度意义在哪呢？回避原则无可厚非，但对项目的审核要灵活，要鼓励大家出点子，想办法，体制要灵活。

资源配置是高校改革发展的关键

高校科研和教学背后的支撑力量，也就是常常讲的资源和实力，至关重要。资源和实力在某种程度上互为因果，实力越强的高校拥有的资源越丰富，资源越丰富实力也就跟着上去了。比如说清华北大这些高校，它们受到的关注度高，享受到的资源一般学校望尘莫及，而普通的二三流学校受到多方面的限制，很难享受到一些资源，这就造成了"马太效应"。其实很大程度上是教育教学体制的限制，或者说是教育主管部门对资源把控的程度太高，没有真正做到按需分配资源。过去除了教育部高校之外，还有很多其他高校能利用的资源也比较多，这些多是行业性院校。比如，钢铁有钢铁学院，纺织有纺织学院，这些学校得到的直接支持相对很多，现在觉得这种体制似乎更好些，为什么呢？它知道"自己的学校"需要什么，也舍得给。

现在的教育管理太集中，资源配置上"一家之言"，很多行业部门尽管有钱，但也不能像以前一样投到相关学校了。资源不应集中在某一个部门，更不能限制了其他渠道资源的有效利用。现在雄安新区的设立，大量资源都会集中过来，地方政府肯定是相当支持高校建设的，如果说能把一些学校搬过去，发展效果也许比现在好。教育主管部门还是不要统得太多，该放的还是要放，不能再以任务模式进行管理，并按单方的"预设目标"进行资源配置。我们可以考虑宏观效益目标，但更要充分考虑高校的实际需求，充分满足高校的实际诉求，从根源上理顺政府与高校的关系，激发出高校自身的发展创新活力。

（2017 年 5 月 3 日）

谭建荣

中国工程院院士

院　士　简　介

1954 年 10 月出生，浙江湖州人。

浙江大学求是特聘教授、机械工程学系主任、工程与计算机图形学研究所所长、流体动力与机电系统国家重点实验室学术委员会副主任、CAD&CG 国家重点实验室学术委员会委员，中国机械工程学会副理事长，中国图学学会副理事长，教育部工程图学教学指导委员会主任。

机械工程专家。提出了多品种大批量定制设计技术、多性能数字化样机设计技术和多参数分析与匹配设计技术。研究成果在包括一批装备行业大型骨干企业在内的多家有影响的制造企业得到成功的应用，有效地支撑和支持了国产重要装备的设计与创新，推进了装备制造企业的技术进步和数字化设计与制造技术的发展。

曾获国家科技进步二等奖 4 项，省部级科技进步一等奖 7 项，教学成果获国家级优秀教学成果奖 3 项，其中一等奖 1 项、二等奖 2 项。曾获中青年图形科技跨世纪人才、科技部"十五""863"先进个人、科技部"十一五"国家科技计划执行突出贡献奖等荣誉称号。

院　士　观　点

创新多是在宽松的氛围中产生的，我们还缺少这种鼓励创新和允许犯错的文化。

创新需要谋长远，营造好的创新氛围首先要摒弃管理思维的"短、平、快"。

基础研究需要大量经费投入却又有极高的风险，且在短期内通常没有直接的经济回报，但基于长久利益，我们需要有耐心、有精力去支持基础研究，这是国家的责任和希望。

现在许多经费管理方法很严格，但却不符合科学规律，看似是预防了好多问题，其实是耽误了根本问题的解决。

尊师重教在实践层面我们做得还不够好，尊什么，如何尊，在实践中还要结合具体工作一步步完善。

我们都说大学改革难，其实难改的不是大学本身，难改的是我们的意识和思维。

要把尊师重教落到实处

近二三十年来，我们大学的治学水平和科技创新能力都得到明显提升，形成了一个不断向前向上的蓬勃发展态势，这种发展态势是当前中国大学发展的主流，但与此同时，也要看到我们的大学和科技创新还是存在一些问题。

科研创新环境和氛围还不够宽松

我们现在大学开展科研创新工作的环境和氛围还不够宽松。在科研创新领域，秉持中庸之道的思想，凡事随波逐流，按部就班，绝不出头，生怕枪打出头鸟，这与创新的要求正好相反。创新是有风险的，可能十次尝试有九次都是错误的，只有勇于冲锋在前、不断实践，才能去伪存真。创新多是在宽松的氛围中产生的，我们还缺少这种鼓励创新和允许犯错的文化。项目还没有做，各个层面都开始怕最后不成功，出台好多预防失败的举措，申报就要写明创新情况，经济效益，社会效益，各种成功后的可能的指标，否则就难以立项，少数人甚至胡编乱造，弄虚作假。大家都知道事情不是这么回事，但都被推着这样做，国家投入经费不少，但最后真正的创新并不多。

摒弃管理思维"短、平、快"

对大学发展的引导有点儿急功近利，过度追求"短、平、快"。科研的过程也是培育科学精神的过程，达成的很多目标都是在预计之外，是意想不到的。投入经费尽快取得成效，这是好事，是应有的期待，但是科研工作有其自身的规律，科研是长线不是短线，很多研究出现创新突破，往往需要多人长期的努力和积累，很多研究重大成果的取得，往往需要经历多次失败。科研投入应该是暂时不图回报的，就像父母对孩子一样，孩子喝牛奶对长身体有好处，但是父母不会想着让孩子喝了牛奶立即就能挑百斤重担，挑不起来牛奶就是白喝。如果我们总是急功近利，强调"短、平、快"立即出成果，很可能就是拔苗助长的后果，甚至会导致学术不端行为的出现。

这种急功近利与我们的评价体系、考核标准及行政管理等都有一定关系。现在的评价体系重数量、轻质量。由于论文、专利、项目等的数量跟收入、职称等直接挂钩，有的学校对发表论文和授权专利还开出高额奖金，这都造成了为写论文而写论文，为写专利而写专利的现象。另外，我们的各种考核评估过于频繁，周期短，制约了大家创新潜能的发挥。各个层面逐级定指标、摊任务，很多单位对科研人员一年一考核，两年一评估，有的甚至每半年考核一次，而且普遍将考核指标量化，这样不让大家着急都难。创新需要谋长远，营造好的创新氛围首先要摒弃管理思维的"短、平、快"。

支持基础研究是国家责任

现在基础研究到产业化的周期越来越短，创新链与产业链的衔接越来越紧密。很多时候一些基本科学问题孕育重大突破，催生新的重大科学思想和科学理论，产生颠覆性技术，所以，加大对基础研究的支持力度非常必要和必须。就像一栋高楼大厦需要从地基的建设开始一样，对创新的重视必须要从基础研究开始。比方说机器人学，这是一个多学科交叉的高技术领域，其有五大关键技术，即伺服电机、减速器、运动关节、控制器以及执行器，而目前我们国家机器人最需要突破的领域也就在这五大关键技术之上，但我们对相关基础技术的研究还不够，必须要先练好内功，从基础研究开始，将机器人的机构学、动力学、控制技术、人机交互技术等理论研究深入，才能真正形成有竞争力的自主品牌。做好基础研究不容易，需要长期积累、需要善于发现问题的团队，需要板凳一坐十年冷的精神，不能急功近利，也不能消极等待。高校是基础研究的主力军，要真正营造起宽松包容的学术氛围，创造条件让科研人员潜心长期研究。基础研究需要大量经费投入却又有极高的风险，且在短期内通常没有直接的经济回报，但基于长久利益，我们需要有耐心、有精力去支持基础研究，这是国家的责任和希望。

希望真正落实科研经费松绑政策

我们的不少政策之间是相互矛盾的，致使教师和科研人员无所适从。现在很多政策在中央的大力推动下已经做出很大的调整，但是由于从中央到地方的政策有很多，每项政策侧重又各有不同，难免出现政策"打架"现象，有时候做科研让科研人员不知道是在为做项目还是在为了花钱。有人说"专家学者可以解决科学难题，却解决不了经费问题"，这不是一句玩笑，这是当前的现实。现在科研经费不是科学家说了算，而是财务人员说了算。我是搞机械的，一个机械发明创新可能要研究十年才达到实用，在这十年期间要做千百次尝试，每次尝试都带有不确定性，而且没做这个尝试之前，我也不知道下一个尝试如何做，更谈不上需要多少支撑实验的材料，但是经费预算与管理不管这些，要"有理有据"地要求你列出各种清单，如果实验只用一种材料可能都还不行，要问你这么多材料做什么用，是不是多了。这样管理程序很严格，但却不符合科学规律，看似是预防了好多问题，其实是耽误了根本问题的解决，因为很多时候大家想的是怎么把这个预算"编好"，怎么"不出问题"地把经费"用好"。科学的规律、科学家的尊严，在经费管理面前，有时候竟"一文不值"，这很令人担忧。去年中办、国办就印发了《关于进一步完善中央财政科研项目资金管理等政策的若干意见》，从经费比重、开支范围、科目设置等方面提出了一系列"松绑＋激励"的措施，为科研人员简除繁苛、松绑减负，激发创新创造活力，为科研人员潜心从事科研营造良好环境，希望能够落实到位。

要把尊师重教落到实处

大学要以人为本，尊重教育发展规律，尊重科学研究规律。目前国家科研经费投入并不算少，但是科研成果与期望的差距还比较大，大家都认为科研成果转化做得也不是很好。造成当前局面的原因虽然有很多，但最重要的还在于没有真正落实以人为本、以教授为本、以科技人员为本的要求，甚至是观念都没有建立起来。林建华校长一次讲话中谈到过一件事，有一次卡耐基梅隆大学校长介绍本校教授时用了"雇员"一词，立刻引起该教授不满，最后现场致歉，赞同该教授"在学校任教是对学校的认可，教授即是大学"的观点。这种观念我们应该还没有，或者说多数人还没有，尊师重教在实践层面我们做得还不够好，尊什么，如何尊，在实践中还要结合具体工作一步步完善。

我有一次到日本访学交流，来回差旅费由日方报销，我从杭州飞上海，再由上海飞日本，到日本后又坐高铁到学校，报销费用时，只需要大致提供乘机等票据，以此计算单程费用后乘以二，再考虑可能的飞机晚点等因素加上两天旅店费用，得到总额度后签字领取即可，而他们也没有报账一说，拿到票据后直接扔掉了。这种信任度，我觉得令人震撼。德国等国家也是类似做法，一切都是项目负责人说了算，真正的项目负责人。当然，他们对违反经费使用制度的人处理也很严，"一票否决"，不能弄虚作假。时间长了，这种制度就会让人"变好"，觉悟也高，几乎不存在贪污挪用的情况。我们在这一方面的很多做法值得商榷。这个问题涉及经费，涉及管理，但更多的是涉及对人的尊重和信任。

大学发展要有更多的自主权

大学改革的核心就是要在坚持党的领导的前提下，让书记和校长真正自主谋划办学。现在来看，不是每个学校都那么自主。我们现在"一刀切"的政策、标准和要求太多。3000多所高校，却千人一面，很少具有特色，大家一个样，一个模式，一个标准。大家都知道，办学要有自己的特色，但是我们后面拿一把尺子搞评估，用相同标准衡量不同学校优劣，评估结果又与资源配置挂钩，谁能自主发展，谁敢自主走路？两会期间，习近平主席曾说，"大学更重要的是底蕴，不要太过在意那些国内外的大学排行榜，不能用干巴巴的指标评定人民心目中的好大学"。这是对排名评估的明确否定，但我们的学校还是没有"出头鸟"。现在学校书记和校长都是任期制，时间固定，有的比较短，导致他们多注重短期效应，不由自主地追求"短、平、快"，能争的资源，能拿的项目，只要能体现到指标上的，大家都在争取，因为这是"看得见"的成绩。我们都说大学改革难，其实难改的不是大学本身，难改的是我们的意识和思维。

（2017 年 5 月 13 日）

丁仲礼

中国科学院院士

院 士 简 介

1957 年 1 月出生，浙江嵊州人。

全国人大常委会副委员长，民盟中央主席。曾任北京市第十届政协常委，第十届全国政协委员，第十一届、第十二届全国人大常委，第十一届、第十二届全国人大教科文卫委员会委员。曾任中国科学院副院长，中国科学院大学校长，中国科学院地质与地球物理研究所所长，国际山地综合发展中心理事，中国第四纪科学研究会理事长等。

第四纪地质学家。主要从事第四纪地质与古环境等方面的研究。对黄土高原的宝鸡、灵台、泾川等剖面作了土壤地层学的系统观察与对比，将中国黄土划分为 37 个土壤地层单位、110 个次级单位。在国际上首次从陆相第四纪沉积中建立 2.6Ma 以来的地球轨道时间标尺。构建了 2.6Ma 以来有区域代表性的黄土粒度"集成时间序列"。发现中国北方黄土剖面粒度所记录的偏北和西北向风力强度变化具米兰科维奇天文周期，并同全球冰量变化具一致性。

曾先后获得两项中科院自然科学一等奖和中国科学院青年科学家一等奖、团中央"中国青年科学家"奖、黄汲清青年地质科技奖、何梁何利科技进步奖等奖项。

院 士 观 点

特色的形成、卓越的实现不是一日之功，做教育、办大学，必须要有耐心，千万不能急功近利。

中国特色就是说大学要有服务中国经济社会发展的定位与能力，要立足于中国的大地上发展。

我们一直强调兴趣是最好的老师，但在本科教育实践中，通过激发学生兴趣来提高其学习积极性做得还不够，并没有把尊重学生的兴趣落到实处。

应从中华文明中汲取深沉的力量，恪守正道明德之理，不仅要坚守做人的底线，更要抬高底线的高度，尤其是要引导年轻人做有勇气改变潮水方向的人。

我们呼吁科学家要对得起公众的信任，那是不是要先给科学家们足够的信任呢？老师需要信任，创新更需要信任。

人才对单位的忠诚度是一个单位发展的很根本的东西。促使每一位老师把所在大学作为自己的精神家园，很关键。

"计工分"有它的历史背景和历史要求，是有它历史贡献的，但已经不适应新时代的要求。

成果转化一定是科研院所和大学共同去解决企业的需求，在这个过程中大家共同提高，而不是其他。

办大学要有耐心

要为教育供给侧结构性改革积极建言

这些年我们一直在呼吁大学办学自主权，政府也在逐步地推进相关工作，但落实到具体的工作上，给我的感觉是办学自主权反而越来越少，我觉得教育的供给侧结构性改革非常迫切，需要各界集思广益。要全面深化教育领域综合改革，对政府而言，要在教育资源配置方面切实落实简政放权，引导和强化市场机制对教育资源的有效配置。什么是教育改革的逻辑起点？牵一发动全身的改革的起点是什么？教育的供给侧结构性改革牵涉到的方方面面，怎么来调整？总之，高等教育供给侧结构性改革要认真研究，我们不仅要提出批评和建议，更要为解决教育发展的不平衡、不充分问题，为教育更好适应经济社会发展需求提出建设性的方案。

办大学要有耐心

我认为所有的大学首先是要形成自己的特色，然后才是追求卓越。在形成特色的基础上去追求卓越，这才是所有的大学应该做的事情，没有必要非得分出一流、二流、三流。当我们的大学都有自己的特色并致力于追求卓越的时候，我们中国的高等教育就是真正的世界一流了。所以，对大学的发展一定要有一个正确的价值引导、根本性的价值引导，让学校认可、让社会认可。大学的好与差，不在体量大小、不在专业多少，不能什么都要做、什么都要上。特色的形成、卓越的实现不是一日之功，做教育、办大学，必须要有耐心，千万不能急功近利，这是一项漫长的事业，是需要时间和耐心的事业，大学要耐得住寂寞，学会坚守，久久为功。

中国特色要体现在对中国经济社会发展的支撑上

中国特色的大学，我觉得是非常好理解的。大学有一个功能就是服务社会，从某种意义上来说，所谓中国特色就是大学要有服务中国经济社会发展的定位与能力，不要轻飘飘地脱离中国的实际，要立足在中国大地上去推动发展。就区域来讲，每个地方的大学，无论在发达地区，还是在欠发达地区，如何服务区域经济社会发展，如何改变社会使其更加美好，这是要做好的事情，所以，中国特色就是对中国经济社会发展的支撑，是扎根中国，而绝不是一句空洞的口号。国外的大学也是一样，走向一流大学过程中，都是对经济社会发展发挥了支撑作用，服务了国家甚至世界经济社会的发展，也只有这样才有可能成为世界一流。我们看世界一流的标准，当然也包括了学术标准和人才标准这两条，即学术创新，人才培养。

我们现在很多的评价体系搞得很复杂，太复杂了就会"只见树木，不见森林"。实际上大学发展跟经济社会发展联系得非常紧密，我认为我们的大学要真正走向世界一流，是要随着我们的经济社会发展逐步实现，这还需要一段不短的时间。只有经济社会继续高速发展，才能反过来反哺大学。如果我们的经济社会发展还不到那个阶段，就只能是在量上的世界一流，还达不到质上的世界一流。

本科教育该宽进严出

高校的人才培养模式还需要进一步的创新和实践。现在建设"双一流"大学，我认为最重要的还是先将本科教育做好。不少大学对本科教学，尤其是本科低年级教学不够重视，最优秀的教师很少有时间站在低年级本科课程的讲台上，但是过去优秀老师上讲台可是一个很好的传统。我们一直强调兴趣是最好的老师，但在本科教育实践中，通过激发学生兴趣来提高其学习积极性做得还不够，并没有把尊重学生的兴趣落到实处。许多学校对学生转专业等问题缺乏弹性制度安排，以至许多有"专业兴趣"的学生早早失去了学习积极性。

另外，现在人才培养该不该"宽进严出"的问题。大学阶段应该是学生"最苦"的阶段，必须下苦功读书、做学问，必须让自己做好踏入社会的各种必要准备。但长期以来，由于各种原因，不少学生出现"混日子"现象，从立德树人的角度来说，不该出现这种现象。可以说，这些年高校对本科教育投入或者是用心程度是不够的。现在科研指标的压力，让真正用心去做本科生培养的老师越来越少，但如果本科教育抓不好，那我们所希望的拔尖创新人才、世界一流大学从哪里来呢？

本科阶段要坚持通识教育

在国科大的本科教育上，我们一直坚持通识教育。新生入学暂不定专业，所有学生在前一年半必修同样的公共基础课，主要包括数学、物理以及人文类课程。比如，一个化学专业的学生，入校前一年半时间需要必修五门数学课、五门物理课和两门计算机课，直到大二上学期结束，学生都不会接触到一门化学专业课。这种做法在校内也是有争议的，但我个人认为，通识教育跟专业教育相平衡是本科教育的发展趋势。现在大学生数量和我们那年代不是一个量级了，研究生数量都比我们当年的本科生要多。本科阶段加强通识教育，学生毕业后的就业就会比较有弹性，他们继续深造也会有很好的数理化基础和全面的知识结构。至于专业教育，一大部分应该放到研究生阶段，这是历史发展趋势，我们不能停留在过去的观念里。过去的大学只有本科，因此从专业人才培养的角度看，每个学生在本科阶段就必须学习公共基础课、专业基础课、专业方向课这三大类课程，这无可非议。但从开始大规模培养研究生之后，本科阶段理应实行通识教育，把公共基础课与专业基础课作为重点，把专业方向课放到研究生阶段，以保证本科生能打下厚实的基础，同时有更多的时间修读人文类、社科类、艺术类等课程，参与社团活动，真正落实素质教育。现在不少大学本科通识教育只停留在口号阶段，恨不得马上培养出专业人才的心态还非常强烈，这非常不利于拔尖创新人才的培养。

引导年轻人勇做时代弄潮儿

我曾和学生们讲，在如今快速变化的社会中，难免存在不尽如人意的地方，但是我们要清醒地认识到，这些绝不会是社会变化的长期趋势与主流，中华民族人心向善的传统并没有改变，也绝不会改变，所以要永远保持对人生、对社会、对国家、对人类的乐观情绪，不断完善自己的价值观。我们现在强调文化自信，非常好，这是一种更基础、更广泛、更深厚的自信，是一种更基本、更深沉、更持久的力量。我认为，一个内心深处有正确价值体系的公民，在其为人处世过程中，一定会少一分算计，多一分纯粹；少一分迟疑，多一分担当；少一分虚伪，多一分诚实；少一分依附，多一分独立；少一分束缚，多一分自由。我们就应从中华文明中汲取深沉的力量，恪守正道明德之理，不仅要坚守做人的底线，更要提升底线的高度，尤其是要引导我们的年轻人，要做有勇气改变潮水方向的人。

要给科学家应有的信任

在高校，应该鼓励老师们做科研，尤其是在研究型大学。高校培养的人才、培养的研究生，首先是具备学术研究能力的，这是以后的安身立命之本。不管到企业，还是到其他任何单位工作，都可以做研究，这就需要掌握研究的逻辑、研究的方法。显然地，如果教授前沿课程的老师自己不在科研一线，不做研究，又如何教学生做研究呢？因此我认为，高校的老师应该成为"三位一体"复合型人才，既能教书，又能搞研究，一些应用学科的老师还要服务社会，这个大方向我们要长期坚持下去。

从对老师的要求来看，他们的压力是很大的。有些人喜欢讨论高校和研究院所里科研的投入产出比问题，这个事应该客观冷静地评估调查，不应该轻易下结论。这是全世界都苦恼的一个问题，高校和研究院所里的科研创新，不应是"一手交钱一手交货"的模式，因为真正原创性的重大成果，都是要经过漫长的时间检验才最终迸发出璀璨的光芒。因此，我不建议在"科研投入产出比"这个问题上有太多的声音，要相信科学工作者和教育工作者，他们是社会建设的参与者，他们绝大部分具备较高的社会良知和社会责任感，应该在这么一个基本信任的前提下去考虑他们做的事，应该允许他们进行科研探索、宽容科研探索中失败或者只产出目前看来并不耀眼的成果。至于违规违纪的经费乱用现象，当然要严肃处理，但不能因噎废食，不能因为个案，就以偏概全给所有教师和科研工作者套上很多枷锁，增加很多限制。我们呼吁科学家要对得起公众的信任，那是不是要先给科学家们足够的信任呢？老师需要信任，创新更需要信任。

出台有效措施培养人才忠诚度

如今国家、地方、部门和用人单位设立了很多人才计划，这是好事，体现出政府对人才的重视和渴望，也说明大家都认识到中国的创新驱动发展关键还是依靠人才。我们都希望广揽人才来发展壮大自己，通过这些计划，投入了很多资源，教育资源的投入相应也增加了，但是也出现了一些问题，人才"帽子满天飞"，没有忠诚度。我们要认识到，人才忠诚度对一个单位发展至关重要，是实现长远发展、战略发展最根本的东西。一位老师能否把所在的大学作为自己的精神家园，很关键。如果一个人在一个单位工作了很多年，说走就走了，确实也不好直接评价好与坏，这里面有时候也有很多其他因素。现在的人才计划有些让人才越来越急功近利，忠诚度越来越低，哪儿有钱往哪儿走。有人经常说要有人才的正常流动，那什么是"正常流动"又不太好说。当然，人才肯定要流动，不管怎么流，从外面流进来总是好事。国内单位之间的流动确实存在"抢人"现象，但如果我们把"指挥棒"转转，是不是应该也能缓解一些？"指挥棒"不变，老喊着要改变这种现状，那也是不大可能的。我们应该把评估评价虚化一点，不要那么定量化，不要那么简单粗暴，也不要什么都是国外好。忠诚是人才的一个比较重要的条件，从管理的角度也要营造文化氛围，出台有效的激励措施，去提高人才对单位的忠诚度。

"工分制"科研评价亟待改革

中国科技发展到今天，成就巨大，问题也有，现在给大家最大的一个感受就是有点急功近利。创新一定要着眼于长远，"等不起"式急功近利的浮躁心态是创新的大敌。现在很多大学，包括一些科研院所，基本上是"记工分"式的评价，这种评价在 15 年之前、20 年之前是合适的，当时我们各方面都不太好，技术差、设备差、经费少、成果含金量也较低，急需奋起直追，每年统计数字下达指标，看看自己追赶到哪一步了，这是压力也是动力。所以，"记工分"是特定历史时期的产物，有特殊的时代背景和要求，是有积极的历史贡献，不应也不能去全盘否定。在这种模式下，我们从跟踪模仿到并行，到一些领域的领跑，大约花了 20 年时间，这是了不起的成就。20 年前，大陆连台湾地区都比不上，今天我们已经远超台湾。目前，相当一部分大学和研究院所理应超越"记工分"的发展阶段，不能再"一刀切"地继续进行"工分制"评价，需要一套适合自己的发展战略，立足长远、做出特色。

事实上，评价体系并不完全是管理部门压下来的，更多的是来自科学共同体的共识。我认为统一的科技评价体系是不存在的，不同单位之间有比较大的差别。拿中国科学院来说，就没有一个统一的评价体系，各个研究所都有自主权，各个评价体系都紧扣自己工作的实际需要。现在科研创新已经深刻变革，我们的目标也要跟着改变，要从更大的背景去理解和要求我们的创新，不能继续热衷于表面上的各种排名，不能只关注每年有多少经费、发表多少文章、带多少学生，而是应该心无旁骛地去做"从 0 到 1"的开创性研究，否则就有点儿短视了。当然，排名可以做，但应由独立第三方来评价；被评价的单位也不应该被排名牵着走，行政部门更不应该简单地依据排名来配置公共资源。

体制机制是个大箩筐，长期以来部分人习惯于把问题归咎于制度体制机制。体制机制没有绝对的好坏之分，任何体制机制都可能存在两面性。每种机制体制面临的问题和挑战中，都蕴含着巨大的变革、创新的机遇，要学会用辩证思维看形势、看大势、看趋势。科技创新也一样，要抢抓机遇，顺应历史发展的大趋势。我们建设世界科技强国的前景光明，目标可期，要有这种底气。看看这些年我们的发展，为什么不可以有这种底气呢？我们现在要做的，就是善于开出科技体制改革清单，立足长远解决眼前问题。

成果转化的关键在于面向需求

我们首先要清楚科技成果转化的定位：搞成果转化不仅仅是为大学和研究单位自身服务的，成果转化一定是科研院所和大学共同去解决企业和社会的需求，在这个过程中大家共同提高，这就需要科研单位和大学有一个为企业和社会服务的意识。15 年前我在北京市政协就提过这个建议：大学或科研机构要专门成立一个机构收集社会需求，有的放矢地解决问题，有针对性地让大学和科研院所为社会服务。现在好像也有类似平台，但发挥的作用不是很好，运行机制还需要进一步探索。有些高校推广成果转化的工作比较虚，不少合作很多时候就是简单地搞个仪式、签个协议共同投入点经费、做个宣传，就"大功告成"了，其实其症结就是定位、方向和路径没有考虑好。这两年"中梗阻"这个词，大家说得比较多，国家政策、法规以及上级指令到了一些单位或个人手里就走了样、变了形，缺乏深入细致的研究，不能制定接地气的实施细则，这在推动科技成果转化工作中尤其突出。就如我上面所提的建议，促进高校和科研院所科技成果转化的关键在于要面向需求，解决信息不对称问题，解决"中梗阻"问题。我赞成中科院系统和北京地区的高校进行广泛深入的合作，大家同在北京，合作起来应该更容易。北京很多大学的学科专业，我们都有研究所对应，如果建立共同合作的机制，并且在这个过程中建立一个比较好的成果推广体系，我想对科教融合和成果转化都是大有裨益的。这是一个组织建设的问题，想要认真做实，就应该把北京市的相关企业找来，明确社会需求，共同研究企业发展中面对的共性问题，然后再共同解决问题。

（2018 年 1 月 8 日）

李言荣

中国工程院院士

院 士 简 介

1961 年 7 月出生，四川射洪人。

四川大学校长。曾任电子科技大学校长、电子薄膜与集成器件国家重点实验室主任。

电子信息材料专家。长期从事电子材料与元器件的教学、科研和人才培养工作。

曾获国家技术发明二等奖 2 项，以及省部级奖 8 项。曾入选教育部长江学者特聘教授计划，并获国家杰出青年基金资助，曾任"973"重大项目技术首席专家。

院 士 观 点

在大学里，特别是本科，首先就要打开学生的视野，让每位学生都知道世界很大，优秀的人很多，知道自己将要努力的方向。

大学应该是最安静的地方，是没有浮躁和官僚的地方，是默默无闻的地方，是出了人才和创新成果都不需要张扬的地方。

本科生培养代表了学校的综合实力和集体智慧，是最能反映一所学校的管理水平和学术层次的，所以"双一流"大学建设要把一流的本科生培养放在前面，这应是一流大学的底色。

一个国家如何发展，就要看大学生的素质，大学的发展决定着国家未来。

人才流动是必然的，要解决人才恶性竞争问题，建议针对西部高校由国家联合地方政府成立一个人才专项联合基金。

办最好的本科教育

我们国家的高等教育发展到现在，已经有一批高校开始走向世界舞台，并且正在向世界舞台中央迈进，可以说中国特色世界一流大学的发展后劲充足，这个目标是可期的。经过"211 工程""985 工程"建设，我们的很多高校都有了较好的积累，现在"双一流"建设要关注两点。一是我们怎么样培养出更加优秀的人才，更好地服务国家建设、参与国际竞争。我们今天提出这个目标，二三十年后，现在在校的大学生就是要代表中国去引领世界的那批人了，那么如何培养这批人？二是如何切实提升高校的创新能力。总体上来看，我们的源头创新不够，在原始创新方面稍显不足。我觉得这两点，或者说这两个问题是我们大学面临的最重要的两大任务。

大学要塑造引领型人才

大学要培养创新型人才，更要塑造引领型人才。引领型人才怎么培养？要与引领性创新相结合。我们不能一直都是效仿别人的做法，科技创新推动产业发展，人才创新解决问题，引领型人才发现问题提出问题，引领前沿。在大学里，特别是本科，首先就要打开学生的视野，让每位学生都知道世界很大，优秀的人很多，知道自己将要努力的方向。视野打开得越早，年轻人的目标和情怀会被塑造得越好，我觉得这是最主要的，甚至比学习知识还重要。第二要锻炼年轻人的组织交往能力。大部分学生的知识结构都是没问题的，但组织交往能力欠缺。第三个就是能力的培养。这几个方面，我认为第一位的是视野，第二是组织交往能力，第三是技能知识的交叉与集成。

大学生应培养"新四会"能力

我曾在电子科大倡导了学生"新四会"能力的培养，要会"听、说、读、写"。"会听"即要能听得懂别人说话，要有精神的会意、情感的互动；"会说"即能够快速整理自己的思路、通过恰当的方式进行及时表达；"会读"即在海量信息背景下要学会精读，形成自己系统的认知能力；"会写"即是一种理性整理、逻辑梳理、观点推敲的能力。"新四会"归根结底即是让学生有科学的思辨能力和较强的口头及书面表达能力，在"思"方面要把演绎法和归纳法融会贯通，在"辨"方面要培养自己的质疑和批判精神，在知识面上要更加注重知识的广度和跨界知识的整合能力。我认为听和说两方面我们比较欠缺，"说"是听、说、读、写之中最重要的，不说或者说不出来我们怎么能影响或者引领呢？现在我们处在电子信息时代，每天要处理很多事情，但是都没有涉及写，其实经常动笔写一点儿东西是必要的，这个过程就是在这一段时间对知识结构和信息的再加工，进行逻辑性的深化。一般情况下，一个人的写作能力强，是基于他较强的逻辑思维能力。每个人对书或者文章的感受是不一样的。真正影响一个人一辈子的书也不多，但是不读是不知道的。

大学应该是最安静的地方

源头创新不足不是我们的条件或者人才不行，我觉得有一个很重要的原因是我们还缺乏让人潜心下来、安静地做学问、做学术的环境。如果环境不好，再好的人才也很难独善其身，只有降低自己的标准，随大流，这样他才能跟环境相适应，减少跟环境的冲突，这是事情的规律。更多情况下，我们是适应环境，对个体来讲，改变环境不大可能。国家现在也注意到这个问题了，比较关心青年人才的培养，比较注重环境的营造，尽管有些地方还有很多需要完善的地方。更多时候原始创新不能依靠老同志，要靠新一代的优秀年轻人。现在我们的经济条件不比国外差多少，所欠缺的就是安静的科研教学环境。大学应该是最安静的地方，是没有浮躁和官僚的地方，是默默无闻的地方，是出了人才和创新成果都不需要张扬的地方。

营造环境和氛围，能保证让每一位优秀青年人才连续稳定地工作 10 到 15 年，创新就会有很大的收获。30 岁以前主要是读书，开阔视野；30 到 45 岁，扎扎实实在一线，好好上课好好做科研；45 岁到 55 岁可以从事点儿管理工作，因为经过前期的积累，有一定经验了，可以带领更多的人去做事了；60 岁或者 65 岁后，有经验但是干劲弱了，可以从事点儿参谋顾问等工作。人的一辈子是非常短暂的。30 岁以前，充实学历，打开视野。30 岁之前受到父母、社会的帮助，完成学业，这段时间里人对社会并没有什么贡献，对社会有贡献只是那 15 年多的时间，到了 60 岁开始又要接受社会的赡养，由更年轻的人创造财富来供养，所以我经常跟学生讲，不要在年轻的时候想休息，那不行，每个发达进步的国家和社会都是因为有上进心且干活拼命的年轻人的存在。如果一个民族的人民，尤其是年轻人总想着休息，终究有一天是要出大事的，是要被淘汰或欺负的。

一流本科教育是一流大学的底色

我认为每位教师心中都要有学生尤其是本科生，因为大学不是因为有教师、有研究生、有科研项目而开办的，是因为有本科生而办的。本科生培养代表了学校的综合实力和集体智慧，是最能反映一所学校的管理水平和学术层次的，所以"双一流"大学建设要把一流的本科生培养放在前面，这应是一流大学的底色。像中科院人才队伍更多、工业部门院所的科研实力更强，但他们都不叫大学而叫研究院所。可以说本科生是学校中的"弱势"群体，他们十七八岁来到学校，五湖四海怯生生地到了一个新地方来求学，但他们又是最有希望、最不可限量的未来栋梁，所以要善待他们，要善待他们中的每一位。我曾对老师说，如果你看到同学们一张张青春的脸庞，就有一种见到自己家孩子的感觉，那就说明我们是很适合在大学里工作的。

一个国家如何发展，就要看大学生的素质，大学的发展决定着国家未来，所以一定要办好大学。我曾在一次毕业典礼上讲过这个问题。我认为好大学的本科生培养应该强化通识教育，注重对学生家国情怀的培养。工科学校更是强调文理结合和理工渗透，而研究生则重在专业教育、是奔着成为专家而去的，好大学的本科生教育更强调塑造兴趣丰富、人格完整、科学思辨的通识人才，而不是把本科生直接培养成专家。对教师而言，在好大学里，教师不仅是在学生钉钉子时递上榔头，更多的是在学生欣赏风景时及时为他们打开一扇一扇的窗户，并告诉学生可能会看到些什么。

尝试设立西部人才基金

一流大学建设核心是人才，人才多少与质量高低，以及贡献大小，直接决定着学校的发展速度和层次。建设一流大学需要有一流的师资队伍，但目前西部高校普遍面临的问题是高端人才匮乏。西部高校给出的物质待遇普遍比东部沿海地区低，但衡量世界一流大学标准却是统一的，所以每一所高校都把人才视为珍宝。如何培养和引进人才，这是摆在每一所高校面前的难题。现在各高校的人才之争也是相当激烈，甚至出现了不好的现象，出现了恶性竞争。如果高校间出现人才的恶性竞争，不仅会伤到学校的元气，也不利于队伍的团结与稳定，对国家而言，也是不利的。

人才流动是必然的，要解决人才恶性竞争问题，是不是可以针对西部高校由国家联合地方政府成立一个人才专项联合基金？除学校给特别薪水待遇之外，再由专项基金为人才补齐与东部沿海高校相匹配的差额部分，让本来愿意到西部工作的人才，不会因为待遇问题而最终选择东部。我计划在两会上专门就这个问题做个提案。这是"国家中西部高等教育振兴计划"的关键之一，这与国家自然科学基金委员会与西部一些省份和行业成立的联合基金来扶持西部的人才和科研水平的作用类似。其实很多西部的学校承担着国家的一些战略任务，不是其他高校都能完成和替代的，西部高校的人才也不是到每一个地方都能够充分发挥作用，引人也好，挖人也好，要结合实际情况，既要顾及大局，也要顾及自身实际需求。

其实，振兴东北也好，扶持西部也好，采取什么举措都不如支持当地办好大学，为当地培养人才。像西部要吸引人才去，这是很难的，不如办所好大学培养人才，毕业的人才留在当地的可能性就大得多。办好学校对留住人才的贡献是很大的，是留住人才最好的解决办法，这样当地高校培养的学生能够为当地补充新鲜血液，为当地造血。所以，加大对偏远省份大学的支持，就是对当地经济社会发展的支持，这种支持更为有效。当然这种支持不单单是经费上的，政策上的支持尤为重要。

（2018 年 3 月 13 日）

林忠钦

中国工程院院士

院 士 简 介

1957 年 12 月出生，浙江宁波人。

上海交通大学校长、党委副书记，第十三届全国政协委员，国务院学位委员会委员、学科评议组机械工程学科召集人，教育部科技委先进制造学部主任。

机械工程专家。长期从事薄板产品制造工艺与质量控制技术研究，建立了中国汽车工业的制造质量控制技术，为提升中国汽车车身制造质量作出了重要贡献；提出了数字化封样技术，有效缩短了车身的开发周期，提升了开发质量，大幅度降低开发成本。建立了中国的汽车板使用技术，为国产汽车板替代进口板和高强度钢板批量使用做出了重要贡献；研究成果广泛应用于汽车、航空、航天、船舶等行业，创造了显著的社会效益和经济效益。近年来，从事中国制造质量与品牌战略发展研究，和中国海洋装备科技发展战略研究，完成了一批国家战略研究报告。

曾获国家科技进步奖（3 次）、省部级一等奖（5 次）、教育部长江学者奖励计划成就奖、何梁何利创新奖等。

院 士 观 点

　　相比于本科和硕士阶段，中国大学在博士阶段的人才培养，与世界一流大学的差距是更大的。

　　要通过制度规范建设，让更有时间和精力投入的教授来指导博士生。

　　要进一步加强博士生学术能力的系统性培养，要在博士生培养导向上更加淡定从容，鼓励博士生能沉下心来研究更有挑战性的课题。

　　国内高水平大学要率先垂范，通过更加有吸引力的政策导向鼓励优秀生源继续在国内深造，更要形成对"土""洋"博士生一视同仁的导向，以身作则地提升国内博士学位的认可度与含金量。

一流大学要有一流的博士生培养质量

进入新世纪以来，特别是党的十八大以来，中国高等教育质量快速提升，有力支撑了我国社会主义各项事业的快速发展。新时代开启新征程，党的十九大对高等教育提出了新要求，"双一流"建设的全面启动，也为中国大学带来了新一轮大有可为的发展机遇。面对建设中国特色世界一流大学的新征程，我们既要自信从容地谋篇未来，也要清醒认识当前的差距与问题。

人才培养是大学的根本使命，相比于本科和硕士阶段，中国大学在博士阶段的人才培养，与世界一流大学的差距是更大的。举一个直观的例子，上海交大的本科毕业生已成为国外一流大学重要的研究生生源，与此同时，学校的博士毕业生却还难以直接获得国外一流大学的教职。这一现象并非上海交大独有，而是普遍存在于每一所"双一流"建设高校。因此，提升博士生培养质量，是中国高校在当前阶段对标世界一流最亟待解决的问题之一。总体而言，影响博士生培养质量的决定性因素有三方面：导师、培养过程和生源。

一流博士生培养需要一流导师

在导师水平方面，应该说我们师资队伍整体水平特别是教授的水平，与国外相比已经具有相当的可比性，但在一流、顶尖的学术大师储备方面，我们还有很大差距。相比一般教授，大师们往往对科学前沿发展有更强的敏锐性与前瞻性，他们的指导，对博士生而言是极其珍贵且重要的。名师出高徒是自占的定律，例如钱学森先生的导师冯·卡门教授，就是被誉为"超音速飞行之父"的世界顶尖大师。在国内，我校医学院的王振义院士，就培养出了陈竺、陈赛娟、陈国强三位院士，一门四院士传为当今佳话。我们现在不仅缺乏像冯·卡门、王振义这样全心奋战在博士生培养一线的一流顶尖大师，我们更加缺乏的是各位教授对博士生指导的亲力亲为。总体而言，国外一流大学不仅在一流大师的人数上比我们有优势，而且一流大师在博士生培养上投入的精力也更多，这就造成了我们在博士生导师方面的巨大差距。因此，我们一方面要通过更有针对性的师资队伍建设机制，来吸引更多一流大师、培育更多一流大师，另一方面，要通过制度规范建设，让更有时间和精力投入的教授来指导博士生。

博士生培养要注重系统性

在培养过程含金量方面，还需要进一步审视我们的博士生培养观念和定位。长期以来，博士生是我国高校承担科研项目的主力军，为各所高校乃至整个国家的科研能力提升，发挥了不可忽视的重要作用。承担科研项目是博士生学以致用的重要平台，但与此同时，我们有时忽视了博士生作为学生的第一身份，往往用承担课题的历练来简单代替系统化的科研能力训练，培养过程并未完全发挥出系统提升博士生学术能力的重要作用。此外，由于博士生承担了学校科研主力军的角色，从而导致有些对学校科研方面的量化考核指标，转变为对博士生毕业的要求指标，这种短期追求指标的导向，不仅造成了我们整体学术氛围的浮躁，更是把这种浮躁直接传递给了博士生，使我们的博士生很难沉下心来，去淡定地从事更加厚积薄发的研究工作。因此，我们要进一步加强博士生学术能力的系统性培养，要在博士生培养导向上更加淡定从容，鼓励博士生能沉下心来研究更有挑战性的课题。

"土""洋"博士生应要一视同仁

在生源质量方面，国内一流大学最优秀的本科生往往把出国深造作为第一选择，国内高校的博士学位对国内最优秀的学生吸引力不足。造成这种局面，很大程度上是国内高水平大学的导向造成的，一方面，各学校缺乏鼓励优秀本科生留在本校或国内继续深造的专门政策导向，另一方面，各学校对自己培养的博士毕业生水平也信心不足，特别是表现在，许多高水平大学招聘师资都优先选择国外一流大学博士生，对国内毕业的博士则要求有三年以上的海外经历，造成了土博士低人一等的感觉。正是由于国内高水平大学过分看重国外一流大学的学习经历，导致更为年轻的学生认为要想在国内得到重视，必须出国拿学位，越是拔尖的学生越是想要到世界顶尖的学校学习，从而造成了恶性循环。因此，国内高水平大学要率先垂范，通过更加有吸引力的政策导向鼓励优秀生源继续在国内深造，更要形成对"土""洋"博士生一视同仁的导向，以身作则地提升国内博士学位的认可度与含金量。

博士生培养质量，是大学办学质量的重要标志。我们要把博士生培养质量提升到关乎世界科技强国和教育强国战略实施的高度，提升到关乎创新型国家建设的高度，切实树立起一流博士生培养的教育理念，构建起一流博士生培养的教育体系，以一流的博士生培养质量，为中国特色世界一流大学建设提供更有力的支撑。

（2018 年 3 月 13 日）

严纯华

中国科学院院士

院　士　简　介

1961 年 1 月出生，上海川沙人，籍贯江苏如皋。

兰州大学校长，北京大学教授。发展中国家科学院院士。兼任《中国稀土学报》、J. Rare Earths、《结构化学》、*Frontiers of Chem. in China*、*Chemistry of Materials*（American Chemical Society）、*Chemistry Open*（Wiley）等刊物主编、副主编、编委或顾问编委等。兼任中国科协全委会委员、中国稀土学会和中国有色金属学会副理事长等。第十二届全国人大代表，第十三届全国政协委员。

无机化学家。主要从事稀土分离理论、应用及稀土功能材料研究。发展了"串级萃取理论"，实现了中重稀土串级萃取工艺参数的准确设计，实现了高纯重稀土的大规模工业生产；提出了"联动萃取工艺"的设计和控制方法。建立了稀土纳米晶的可控制备方法，系统研究了"镧系收缩"效应对稀土纳米晶的结构影响规律；发现稀土晶发光主要受到表面晶格对称性破损控制，实验上率先证实了 CeO_2 对 CO 的催化活性与其外露晶面有关的理论预测；实现了不同结构与组成的稀土氟化物纳米晶的多色上转换发光。

曾获国家科技进步奖二等奖和国家自然科学奖二等奖等奖励。

院　士　观　点

育人本来就是大学的本真任务。在大学里教学与研究是很容易定位的，教学是规定动作，科研是自选动作。

大学教育绝非是一个孤立的过程，它是整个教育体系的一个阶段，是一个提升，是一个整合，是一个抛光，是一个精炼的过程。

如果说教育教学应是大学要求教师具有的本能取向，那么科研应是教师的一个非常自然的选择。

制度、条例、规定都是底线，文化是创新的最高境界，这个不是规定出来的，需要参与创新的人共同营造。创新是一种文化，是一种高于机制的氛围，是一种自我修养和团队修为。

科学研究本身不是目的，而是一种手段，科学研究本身就是育人的过程。

"双一流"建设既不是一个科研项目，也不是一个专项建设，它是提升学校整体办学能力和创新能力的一个"催化剂"。

育人是大学的本真使命

习近平总书记把教育与中华民族伟大复兴紧密相连，强调教育是对中华民族伟大复兴具有决定性意义的事业，指出教育发展水平是一个国家发展水平和发展潜力的重要标志，把教育战略地位提升到中华民族伟大复兴的历史新高度，明确了新时期我国教育事业的历史方位和崇高使命。教育是民族振兴和社会进步的基石，是关乎民族和国家兴旺发达的基础工程，是民生，更是国计，它是需要国家和社会始终关注、持续投入的事业。

育人是大学的本真使命

大学始终是一个育人之所。多年来，我们在重视科学研究的时候，有意无意地把人才培养这个砝码或者这个权重轻视了。改革开放初期，校园里的老师、学生都是热情高涨，没有条件创造条件去教去学，有的课程一开始的时候连一本装订起来的讲义都没有，但老师们对教学倾注的极大热情，学生们高度的求知欲，让整个教育环境显得非常好，让人充满信心和希望。校园里、教室里、宿舍里，大家讨论的是学习和研究，是关乎国家发展的命题，在这氛围和环境里，对所有年轻人都是一种极大的提升。师生间的关系也真如父子，情同手足，相互之间非常地融洽。说这些不是怀旧啊，只是一个比较，我们现在缺少一些这样的东西。

目前我们都开始重提要重视教学，为什么是重提？育人本来就是大学的本真任务，教书是大学老师的天职啊。依我看，在大学里教学与研究是很容易定位的，教学是规定动作，科研是自选动作。所以教学是需要组织的，是需要师承的，是需要团队的，是需要资深教授的。从助教，到讲师，到副教授，到教授，助教就是为了准备当讲师，能够上课堂，需要跟着老师学，并且在实践当中边学边带比自己更年轻的学生。现在我们把这种职业生涯当中的一些阶段更多地看成了一个称号，失去了这种在教学过程当中形成梯队的关系了，更多地看成了一种可能与利益、面子相关的符号了，教授完全变成了一种学术的头衔。正是由于这样一个规定动作没有到位，很多人把教学当成是一个不得不完成的事情，以临时突击、被动应付的任务观点去对待，久而久之的结果可以想象。但为什么会这样呢？规定动作到位率不够，而自选动作规定太多。现在大家在评价指挥棒引导下工作，我们的指标出现了偏颇，各种奖惩都跟自选动作相关，自选动作的权重过大。老师本该做的教书育人被轻视了，导致大家去凑科研指标。

我们经常说教了一辈子书，边教边研究，边研究边教，用研究的方式来提升自己的教法，凝练教学内容，然后用学生喜闻乐见的方法让学生能够学到东西，这本身也是研究。即便是研究型大学，教书育人也是它的主要功能，为什么大学老师都热衷于科研了呢？我觉得这是我们大学发展中的理念和方向偏差。所以，对人才培养的规定动作亟待到位，科研自选动作的话应真正倡导按照个人兴趣按照条件来做，在顺势而为中谋求突破。不要为名利而做科研，为了兴趣以外的目的来做的话，就容易变味，也容易出现其他的一些问题。

大学教育绝非是一个孤立的过程，它是整个教育体系的一个阶段，是一个提升，是一个整合，是一个抛光，是一个精炼的过程。通过大学教育让学生能够有一个健康的体魄，有一个坚强的心理，有一门技艺，还有一份家国情怀。我们对学生的期望要求和习近平总书记在北师大对教师提出的"四有好老师"要求是一致的。"有理想信念、有道德情操、有扎实学识、有仁爱之心"，这是好老师的标准，也是好学生的标准，我们要通过这样的好老师培养出这样的好学生。

教育要按规律走

现在一些社会风气或者是社会环境影响了我们的学生。我经常跟学生说，只要你的心是平的，你就能够活得很快乐，虽然学习是很累，不累是不可能的，年纪轻轻不累，怎么可能成才？只要你有一个平和的心态，即便是在再困难的条件下，你也是快乐的，因为还有明天，而且比我们年长者有更多的明天。对于年轻人存在的一些问题我们有时归结为独生子女的原因，归结于中小学教育，实际上不完全是，我们教育整体上缺了点儿精神气儿。我们在强调不能责罚学生的时候，却放下了学生需要引导、教育甚至批评这个法宝。我们在喊着要减负的时候，忘掉了学习总是一件辛苦事情的基本规律。反过来我们又喊着要从娃娃抓起，不要输在起跑线上，把孩子们还不需要懂的东西，还没有成熟到懂这些东西的时候，一股脑地灌输，等到他真正需要懂的时候，他烦了，他厌学了。从这些现象看，我们没有很好抓住的就是教育的基本规律。高考的时候我们学生有很大一部分不是在为自己考，在为父母考，或者为自己考也不是为了自己的今后考，是为了今天的脸面和今后的"凑合"考。外部社会竞争压力大，内部我们的教育没有按规律路线来走，使得我们的学生内心脆弱，迷茫，没有目标，缺乏了精神气儿。习近平总书记强调党的干部精神上不能缺钙，我觉得我们的孩子精神上缺了钙。这是我们在新的形势下，面对新时代新使命面临的新困难新挑战，需要我们好好地研究和解决。

教育是一个系统工程，是一个有着内在规律的完整体系，从学前教育到大学，再到研究生教育，在不同的阶段需要衔接和啮合。我们现在在不同阶段存在着目标上的差异或者需求上的差异，没有将减负和压力的关系、学业和职业的关系、职业跟理想的关系、个人发展与服务社会的关系等理清楚、弄明白。很多时候以高抬高打的形式让教育脱离了社会发展的实际，脱离了个人、家庭、社会对教育的实际需求。我们很多好的传统入了耳，没入心，没有化为个人的行动自觉。这是今后一个阶段我们的教育一定要强化的，要系统统筹的。人的素养、职业精神、科学精神、职业技能、胸怀格局、思想意识等等，这些一定是从小到大系统养成的，是我们的教育需要来做的，需要家庭教育、学校教育、社会教育共同完成，这就是教育体系。如果到了已成年才觉得有很多坏毛病，面对固化了的思想和行为，怎么教？现在我们有点儿头痛医头，脚痛医脚。减负这么多年，实际上小学生并没有减负，反而还加大了家长的负担、家庭的负担。

科研应是大学老师的自然选择

如果说教育教学应是大学要求教师具有的本能取向，那么科研应是教师的一个非常自然的选择。每一位从事教育教学的老师都希望把自己的理论用于实际，通过实践提升理论水平，没有一个老师愿意做不创新的工作，没有一个老师不想"建功立业"，没有一个老师不想体面地甚至是"虚荣自豪"地生活。如果科研是自然选择，需要组织和协调，那么这个评价就不能用"一刀切"的指标考量，不能急功近利，不要追求"短、平、快"，对不同问题、不同工作要用不同的评价方式。但我们现在的组织和导向不是这样，所有的聚焦、所有的镁光灯都打到了所谓光鲜的地方。这几年大家在说要么减掉奖项，要么减掉头衔，要么减掉考评。实际上这些东西本身没错。错的是什么？错的是我们自己内心这杆秤，自己的准星错了，没有把秤的准星和秤砣对应起来。现在大家都认识到这个问题，国家层面也开始出台相关举措，像中共中央办公厅和国务院办公厅联合下发的《关于分类推进人才评价机制改革的指导意见》，国家很重视，两办联合下文。现在就看我们如何将意见落到实处了。

创新是一种文化

科研创新需要文化氛围，需要创新文化。制度、条例、规定都是底线，文化是创新的最高境界，这个不是规定出来的，需要参与创新的人共同营造。当兴趣成为动力，当需求成为责任，当创新成为乐趣，当成果顺其自然，我们的创新文化也就有了。我们说创新驱动发展，那是什么驱动创新？我认为是文化，为了更好创新，必须要建立营造起创新的文化。评价体系、合作精神、舍得精神，等等，都是创新文化的内容。这些年我们也一直强调协同创新，强调团队精神，在团队里什么最重要？舍得精神。实际上这种精神是我们中华文化的宝贵传统，新中国成立以来一批批令人尊敬的先辈就是带着这种精神这么一步一步过来的。

要有宽容失败的创新文化，特别是对基础研究。研究不是生产，不能够容忍失败是不现实的。在车间，如果技术成熟了我们做批量生产不要出现安全事故是可以做到的，因为这是一种重复，而创新是在做新的事情，探索未知，随时遇到新问题，失败概率就大了。基础研究有高风险的失败率，多是以国家作为主体来支撑，那么在资源的分配上，要有一个适度的平衡，要形成一个金字塔式的体系。更多的人是打底的，也就是以自己的兴趣和自有条件自发地开展一些工作，貌似零散，但它确实是塔的基础。创新应该形成一个金字塔式的结构，而不是人人都要登顶，忘了还需要梯子和基础。其实，说到底，我们可以说创新是一种文化，是一种高于机制的氛围，是一种自我修养和团队修为。

科研是育人的重要手段

大学一定要把科技创新作为培养人才的重要手段。科学研究本身不是目的，而是一种手段，科学研究本身就是育人的过程。通过科学研究，让我们探索方向，让学生逐渐地意识到自己的兴趣所在，知道自己未来的发展方向，并且开始知道优化自己的能力和修养。逐步提高自己的科学鉴赏力、人文交流等各方面的能力。从最低的要求来说，每个人怎么也得有份手艺，怎么也得有一份特长，科学研究是学习和掌握特长的基本方法。通过科学研究，可以掌握很多解决问题的科学方法和技术技能。经过科学系统训练的人，当他面对一个复杂问题的时候，理出头绪的能力会比没有受过训练的更高，这就是个人能力的提升。通过研究实践，能够检验自己的学习成果，让自己更加明确自己的特长和不足。同时，科学研究是一个让自己对职业生涯进行再选择的机会。在科研中学到的一些特殊技术，或许离开实验室、离开校园后难以直接用上。但是，经过研究过程的熏陶和磨炼，学会研究方法及其使用技巧，则会让人终身受益。另外，科学研究对我们的人生境界是一种提升。在研究中，需要合作，要学会怎么与人交往，怎么能够好话好说，怎么能够良药也不苦口，需要协调和历练，让人成熟。

"双一流"建设要树立起教育自信

"双一流"建设既不是一个科研项目，也不是一个专项建设，它是提升学校整体办学能力和创新能力的一个"催化剂"，它要求我们要提高学校的管理和服务能力，不能忘掉学校最本真的任务——教学和人才培养。如果一流大学建设不是以培养一流人才为目标，那我们可以直接建设一流研究所了，况且我们的研究所也是在创新科研中育人。在建设过程中，可能对大部分大学来说，要选取自己最有优势的、最有特色的学科，然后加以凝练整合提升，形成真正独到的特色。想面面俱到，样样领先，绝大多数学校没那个可能。所以，"双一流"不仅仅是资金、资源的分配问题，还是一个建设的问题，是我们国家高等教育发展到今天，需要有一个升华的问题。"双一流"建设不是让大家去争个一二三，它是对一个大学办学理念、学科方向的提升和凝练，通过这项工作，我们要形成自己的大学文化、特色和特长，将大学与社会、与国家的发展更加紧密地结合在一起，真正树立起我们自己的高等教育自信。

人才问题需要整体统筹

这几年人才流动问题比较受社会关注，有人说很多人离开西部高校"是钱的问题"。说西部人才流失和钱完全没关系是不对的，但除了钱，一定还有更深层次的问题需要大学自身解决。这些年西部学校的建设发展相比东部来说，还是相对缓慢了不少，发展平台也变得越来越小了。要让马儿跑得快，总要给它添点饲料，更何况是我们的人才和教师。所以刚才讲，大学一定要把自己的学科特色充分彰显出来，在特色学科上面形成高峰、亮点，由此能够带起其他的相关学科，形成整体的高原，打造起一个好的平台，进而形成高峰、亮点，这是研究和育人的需要，也是留人的需要。培养人，留住人，情怀非常重要。我们由小到大来讲，首先要爱自己，然后爱家，爱集体，爱学校，最后才能爱国家。关于爱校，我们很多人在校园里面成长，从事业的角度讲也是长于斯，无论是我们的本科同学，研究生同学，还是我们的年轻教师，包括我们这些自以为年轻其实已经不年轻的教师，我们都得有这样的情怀。人才流失的原因非常复杂，我们所能做的就是优化自己的环境，将"家"营造得更温馨，让我们的教师舍不得走，不好意思走，走了还恋着"家"。但感情留人、事业留人都是个体的事，在教育领域人才流动这个问题上，是需要国家整体统筹和布局的。

（2018 年 3 月 13 日）

杨华勇

中国工程院院士

院 士 简 介

1961 年 1 月出生，重庆人。

浙江大学机械工程学院院长、流体动力与机电系统国家重点实验室主任，中国机械工程学会流体传动及控制分会名誉主任。

流体传动与控制领域专家。长期从事电液控制基础理论、基础元件和系统以及盾构和电梯装备关键技术开发和工程应用方面的系列研究，形成了"理论—元件—系统—装备—应用"完整的技术路线，为我国机电液装备的自主研发作出了重要贡献，取得了显著的经济效益。

曾获国家科技进步一等奖、二等奖，教育部科技进步一等奖、三等奖、发明一等奖，浙江省科技进步一等奖、二等奖、三等奖，何梁何利科学与技术进步奖等奖项。曾获全国创新争先奖等荣誉称号。

院 士 观 点

　　一定要让学生保持好奇心，激发出他们所拥有的强劲的学习动力，这是创新的源泉。现在我们不少学生缺乏好奇心，以前读书求学会不顾一切，现在读书顾虑太多。

　　重大原始创新、颠覆性技术往往是另辟蹊径、是难以设计和预期的。

　　科研评价是科研工作的"指挥棒"，评价的导向作用非常重要，我们要敢于探索，敢于破除现有体制机制障碍，构建起科学合理的科研机制和环境。

　　科研经费要想用好，发挥最大效益，科研人员的自主权是个关键问题，要解决好，首先我们的管理思想要解放。

　　对人才计划国家要加强顶层设计，调控一下、限制一下。年富力强的学者们都是干事创业最好的年纪，精力没有完全用到真正的科研事业中，挺可惜的。

　　科技成果转化的链条很长，要多出实招，让更多科技成果变成实实在在的生产力。

切实把科技成果转化为生产力

"双一流"的根本是培养一流人才、产出一流创新成果

国家出台"双一流"方案后，一直是高等教育界讨论的热点，专家学者研究得也比较多。"双一流"的根本目标是要培养一流人才、产出一流创新成果。人才培养是大学的根本任务，只有培养出一流人才的高校，才能够成为一流大学。学科是大学最基本的元素、学校发展的龙头，也是知识创新的源头，集中反映了大学教学、科研、师资等方面的实力，只有能够持续产出对人类生存与发展具有重大意义的原始创新成果、培养具有社会责任感的一流创新人才的学科，才能成为国际一流学科。

什么样的人才才能算一流人才呢？我是工科的，我认为一流工科人才，第一，要有爱国情怀和社会责任感，要有为国家和社会发展作重要贡献的责任和担当；第二，要有动手能力，这方面近些年有点弱化，应该强化，发达国家高校很注意这一点。现在经常闹这样的笑话，学机械的，车坏了，连扳手都不会用，没有实践，怎能创新创造？第三，要有科学素养和强烈的创新意识，具备独立发现问题、分析问题、解决问题的能力。就是说能够在工程应用的工程技术里面去提炼科学问题，然后上升到理论

高度做基础研究，突破了再反过来指导关键技术的突破。第四，要有国际视野。中国高等教育要有自信，应敢于接受国际评估、跟国际同行对标，勇于接受挑战。我们能不能提供国际化的课程，能不能招到境外优秀的学生来留学攻读学位，来从事学术研究？国际化方面还有很多事情要做，现在我们的人事环境和招生制度相对还是比较封闭的。最后一个是创新创业精神。大学培养的人应该有这个意识，敢于去接受挑战，有能力、有胆识把实验室的技术转化成实实在在的创新产品。鼓励高校毕业生创新创业，这也是国家的要求。

一流的重大原始创新成果，大家都有共识，那就是引领国际学术前沿，满足国家重大战略需要，服务国民经济主战场。如何让高校产出更多一流创新成果，需要在体制机制方面进一步改革，包括管理、评价、人才、经费等各个方面的改革，这是个系统工程。

好奇心是探索世界的钥匙

大学的人才培养，一定要让学生保持好奇心，激发出他们所拥有的强劲的学习动力，这是创新的源泉。现在我们不少学生缺乏好奇心。以前读书求学会不顾一切，现在读书顾虑太多，多"顾一切"，什么都想通过读书得到。一个人职业生涯的高度取决于其广度。所见有所思，所思才有所得。求学期间要尽量去做环境时空、坐标系和文化的改变，这样才有不一样的体验，要善于学会跨越时代。我们常说，读万卷书，行万里路。在学习期间，要寻觅机会多出去走走；在工作期间，要尝试跨文化行走。人不能一直局限于"亚文化"圈子，要敢跳出传统的框架，探索这个世界更深刻的问题。当然，深刻的认识需要强大的执行力，可先"行万里路"，由此激发"读万卷书"。尤其是多与专业人士接触，这种聊天可胜读十年书。术业有专攻，各行各业的思维不一样，在不同学科和专业间的交流很容易碰撞出不一样的灵感和思想火花，和不同的人交流会有不一样的收获。

另外，教育一定要提高学生的人文素养，这本来就是教育的应有之义。做学问要先学会做人。做什么样的人？很久以前我们就说，德智体美全面发展的人，人文素养的提高是非常必要且有益的。大学应该鼓励和引导学生在文史哲方面花点儿时间，尤其是广大的理工科学生，这是潜移默化的影响，它关乎我们的国民素养，关乎我们的创新。

评价机制要改革

目前国家科技评价方式和政策主要是依靠专家，对于大多数项目来说，这种方式是正确的，但如果完全依赖这种政策，那对原创性研究也非常不利。重大原始创新、颠覆性技术往往是另辟蹊径、是难以设计和预期的，思路上可能也与大多数同行权威专家观点存在一定出入，与现存的科学逻辑不尽相同。从评价方式来讲，要对颠覆性创新采用非常规评价。因为对于这样的项目，在现行评审机制下，往往评到最后，要么是不予立项，要么是必须改变技术路线，改成国内外比较成熟的技术路线，弄到最后就成跟踪研究了。从项目设置来讲，国家要专门设置这样的颠覆性创新项目。现行的国家科技项目体系，尤其是大的专项、研发计划，大多都是先发布指南，然后一轮轮评审，但这样最后很难产生颠覆性的技术。

我们对常规的科研项目和平台的评审方式也需要调整。不能一直沿用以前的评审方式，看看材料、看看录像、听听汇报，感觉差不多就给立项了。这样就容易导致项目申报时开始都"吹牛"，信誓旦旦什么都能完成，各项技术指标都能做到，但具体执行中就马马虎虎。反过来，结题评审必须严格，得去现场实地考察，不能只听汇报只看录像了，得看看样品、样机是否真正做出来了，性能到底怎么样，得实际测试一下。要建立科研信用管理体系，出现虚假行为就上黑名单。这件事绝对值得做，虽然刚开始可能效果不明显，但坚持做下去，做个五年十年一定会有很明显的效果。评审的办法要不断优化，不能说碰了一鼻子灰就不做了，应该坚持做下去。

另外，对于科技成果的评价也不能太量化，关键要看内涵、看质量、看贡献。一方面学科差异比较大，基础学科和工程技术学科发表论文的难易程度、影响因子都不一样，所以评价水平高不高，不能简单看论文数量和影响因子来评价。另一方面要看对科学本身、国家经济发展的贡献。一些重大原创性的理论可能起初就发表在一些普通的期刊上，原始创新成果不能急于求成，它们要被人们所认识，往往需要二三十年的时间。还有颠覆性技术，往往具有碾压替代性，能够带来巨大的经济和社会效益，更不能简单地靠论文去评价。

可以说科研评价是科研工作的"指挥棒"，评价的导向作用非常重要，我们要敢于探索，敢于破除现有体制机制障碍，构建起科学合理的科研机制和环境，这是科研管理的核心问题。

科研经费管理需要思想解放

近几年，国家高度重视科技体制机制改革，从 2014 年开始陆续出台了很多关于改革和完善财政科研项目和经费管理方面的政策，李克强总理在国家科学技术奖励大会上提出"要加快改革科研项目管理机制，砍掉繁文缛节，让科技人员把更多精力用到研究上"之后，又在《政府工作报告》中重申了关于科研管理的要求，要推进相关政策落实。以前，科研经费管理太死，预算不能调整，打酱油的钱不能买醋，项目结题后，结余资金也要收回。现在呢，很多方面慢慢在改，比如简化了预算编制，下放了预算调剂权限，项目完成任务通过验收后，结余资金在两年内可以继续用于科研活动。

科研人员是科学研究和经费使用的主体，应该赋予科研人员更大的经费自主权，科研经费的配置要充分体现他们的成果和价值，要充分调动他们的积极性。现在大多科研经费里面虽然设置了一些间接费用，也开始逐渐重视调动科研人员的积极性，但还不够。劳务费方面也做了些改革，但很多钱都给了外面的人，真正干活的人却拿不到劳务费，这方面还需要改革。关于科研经费管理体系的设计，我觉得一个原则就是不能把科研人员当"贼"防，否则只会使"贼"越防越多，好人越防越少。真正的科研人员都非常珍惜科研经费，除了极个别的乱用，绝大部分都非常守规矩。每个项目、每个平台的情况都不一样，开展科学研究过程中经费执行更是千差万别，项目主管部门的领导和工作人员很难知道具体科研中是什么情况，所以经费管理不能事无巨细、什么都管，要把自主权给学校、给老师、给项目负责人。主管部门可以加强事中和事后的监管与检查，只要科研人员完成项目任务，也没有违反大的财经纪律，就可以了嘛。像之前，经费管理太死了，事情还没干，先列了一堆清规戒律，束手束脚。通过层层答辩，立了项，结果经费还不能及时到位，到了第二季度，甚至第三季度才能到位，经费到账了，11 月底还得花完，花不完就收回，这种经费管理是比较难搞重大创新的。所以说，科研经费要想用好，发挥最大效益，产出重大创新，科研人员的自主权是个关键问题，要解决好，首先我们的管理思想要解放。当然，项目和经费的管理改革正在不断推进，整个大的创新环境也在变好，但还可以更快一些。

人才计划亟须梳理

创新驱动归根到底是人才驱动，人才是支撑创新发展的第一资源，拥有一支潜心科研的高素质科技队伍至关重要。但一流人才，毫无疑问应该立足于培养为主，引进为辅。现在人才大战愈演愈烈，互相攀比，到了该降降温的时候了。

近年来，国家有关部门和各省市纷纷推出各种人才计划，在吸引、培养创新人才方面发挥了积极作用。然而，由于"帽子"过多过乱，其引发的负面问题也日益凸显，亟须梳理、优化。一方面是管理分散、重复支持，另一方面也已经背离了人才计划激发人才创新、服务经济发展大局的初衷，负面效应也越来越明显。从国家层面，对于高层次创新人才计划有好多，虽然来自不同部门，但实际上都是国家级的，主要面向45岁以下的创新人才。为了激励青年学者，我们也设了不少计划，主要面向35岁以下的。现在科研人员一入行，青年学者一回国就开始不停地抢"帽子"了，关注各种各样的"帽子"，如果到了45岁什么"帽子"都没戴上，后面也就不再有什么激情做事了。为啥大家都热衷于抢"帽子"？还是因为这些形形色色的"帽子"与资源、职称、评奖、待遇紧密挂钩，事关"前途命运"，事关"功名利禄"，要想在学术界有所发展，必须去抢"帽子"。有了"帽子"，就会得到别人更多的关注，也会比别人更易获取资源，机会也多。关注拔尖人才本身没错，但不要太重复，不要太急功近利。

我认为应当合并、归并"帽子"，现在相类似的名号偏多了，影响了一线科研人员的精力，不少"帽子"都有重叠的部分，这些重叠的"帽子"可以合并，或者进行一些限制，申请了这个就不能报另一个了。尽管这些人才计划来自不同部门，定位上有一定差异，但总体来说差异不是很大，能拿到其中一个就说明他是同龄人中的佼佼者了，学术能力也得到了大家的认可，但有了一个"帽子"就别再去戴更多了。国家也可以加强顶层设计，调控一下、限制一下。不然，这些年富力强的学者们为了获得不同部门的支持，花费大量时间、精力去重复申报各类同层次的人才计划。都是干事创业最好的年纪，精力没有完全用到真正的科研事业中，挺可惜的。国家应该有个统筹，这样的提案，我作为政协委员也跟其他委员一起提过多次了，希望能引起深改组的关注。

切实把科技成果转化为生产力

近些年来，我们国家的科技创新能力显著提升，研发投入、论文和专利总量等已经居世界前列，在一些领域也涌现出一些代表性的科技创新成果，但科技创新驱动经济社会发展的动力还没有完全释放，科技与经济两张皮的问题还没有彻底解决。尽管国家 2015 年修订了《促进科技成果转化法》，各部委、省市也陆续出台了很多政策，促进科技成果转化的大环境越来越好，但科技成果转化最后一公里还没有彻底打通。

科技成果转化光有立法还远远不够，很多转化实操阶段的问题亟须解决。现在科技成果的使用权、处置权和收益权已经下放到科技成果完成单位，但是最终转化过程中还是有一些不太明确的地方，清规戒律还不少。比如以高校知识产权作价入股来说，一般可以从作价投资取得的股份或者出资比例中提取不低于 70%的给团队，但这 70%到底是资产权还是分红权好像界定得还不是特别清楚，有的高校具体操作时是学校资产公司代持，有的是学校将股份转给主要成果完成人，这里面有知识产权确权分配的问题。另外，如果将来入股的企业越做越大，学校的股份越来越被稀释，最终收益能否兑现，也需要打个问号。所以科技成果转化，对主要成果完成人的激励还要继续想办法，更加调动他们的积极性。除了现在立法创造的大环境，还需要在公司法、资产、税务等方面深入地落实，加强政策的衔接，政策之间不能打架，要继续落实。可以探索赋予科研人员科技成果所有权和长期使用权，把科研人员的积极性进一步调动起来，更好地加快科技成果转化。

科技成果转化的链条很长，要多出实招，让更多科技成果变成实实在在的生产力。科技成果转化本身非常难，因为大量的科研成果是在大学和院所的实验室里完成。按现在国际上通用的技术成熟度 9 级的划分，高校成果的技术成熟度一般也就做到 1 至 4 左右，真正要转化出去，这需要长时间跟企业联合研发，还需要大量的资金投入。企业能再把这个成果做到 7—8 的并不多，能做到 9 的就更少了。个别的企业像华为，它的研发投入非常大，研究人员也多，可以从原始概念开始，从 1 一直做到 9，然后做到批量产品。只是像华为这样坚持持续创新的企业太少了！但实际上我们国家这个科技创新体系，尤其是财政支持的科研项目都是 1 到 4 的研究，4 到 7 投入得并不多，而且经费也投得不够。现在大量的金融风险投资，更关注成熟度在 8 到 9 的成果，只有量产前才会介入。但让技术成果从 4 成熟到 7，需要真正从单件到小批量，小批量到中试，这个阶段需要投入的经费比 1 到 4 大很多，也最关键，却很少有机构和资本投入，只有通过中试才有可能到大规模批量生产。要把一个技术做成熟，真的做成量产的产品，服务于社会，是很难的漫长过程，需要社会各界给予持续的鼓励和支持。要出政策保护这些在高校里做 1—4 原始创新研究人员的积极性，实际上他们很难得到量产后的收益，因为很多企业得到高校的技术后，做一些改进和中试，当然它的投入也会比较大，真正量产后一般就会给学校一个横向项目了事。做原始创新的科研人员的收益还是要进一步保障，不然原创动力从哪来？

现在国字号科研机构和高校真正鼓励研究人员带着自己的团队来做转化的并不多。这一块值得重视，要鼓励他们创新创业，这也符合国家"双创"的要求。另外创新创业也对学校和学科有反哺作用，一旦转化成功，他们肯定会以各种形式回馈母校，这也有利于新工科人才培养。因为在从事科技成果研究、开发到成果转化过程中，人才培养也是融入其中的，对于我们工程技术人员来讲，如果学生阶段经历过全过程，那他毕业选题或以后工作的研究就会更加关注要形成最后的产品，否则只是在实验室做些半成品，有点创新，写几篇论文也就结束了。工程技术真正要服务于社会，像习近平总书记所说的，把论文写在祖国大地上，写到工厂里去，这比纯粹追求那些量化指标（论文、高被引等）有意义多了。

（2018 年 3 月 13 日）

崔向群

中国科学院院士

院　士　简　介

1951 年 12 月出生于重庆，山东博兴人。

中国科学院国家天文台南京天文光学技术研究所研究员。十二届全国人大代表、十三届全国政协委员，发展中国家科学院院士。

天文光学专家。在欧洲为世界最大光学望远镜 VLT 核心部分（8.2 米主动变形镜面）作出重要贡献。主持并研制成功世界上新型、最大口径、大视场和光谱获取率最高的大天区面积多目标光纤光谱望远镜（LAMOST），为中国在大样本天文学特别是宇宙大尺度结构、暗能量探索和银河系形成演化研究走到国际前沿创建平台。在国际上首次提出并实现薄变形镜面和拼接镜面相结合的主动光学方法，成功实现了六角形变形子镜和在一个光学系统中同时采用两块大口径拼接镜面，使主动光学发展到新水平，不仅使 LAMOST 这种非传统的应用主动光学实时改变镜面曲面形状的新型光学系统成功实现，还将我国望远镜研制水平推进到国际前沿，为我国研制未来极大望远镜奠定基础。在我国首先成功发展主动磨制镜面方法。是南极冰穹 A 天文观测的发起人。

曾获国家科技进步二等奖（2 项）、江苏科技进步一等奖、何梁何利科技进步奖等奖项，曾获国家杰出专业技术人才等荣誉称号。

院 士 观 点

为了在长远的竞争中占据有利位置，需要更多关注具有前瞻性、支持可持续发展的基础科学工作。

做好产学研结合，首先要理清结合的体制机制。在技术专家兼职、研究生联合培养、合作成果认定等方面，都需要进一步调整政策措施。

创新更需要摸着石头过河，不能老等着前面有人引路。

高等教育发展也存在"不平衡不充分"的问题，不平衡讲的是结构问题，我们有发展好的高校，其分布是不平衡的；不充分讲的是量的问题，更多的高校还没有发展好。

"双一流"建设不能让原本差距不那么大的高校却因此形成更大的差距。我们要有世界一流大学一流学科，更要有国家整个高等教育水平的整体提升。

应该让高校真正走上关注育人质量的内涵建设之路，让学校、学生和社会各得其所，实现共赢。

"双一流"建设应兼顾效率与公平

鼓励年轻人潜心基础科学研究

随着国家经济社会的发展，我们应当更加注重具有前瞻性的基础学科的发展。过去由于经济发展水平不高，人才培养市场化的成分比较多。很多学生选择专业都与未来的就业联系在一起，多是把是否好找工作、工资高不高作为首要考虑的因素，当然这也是正常的。但是现在我们国家综合国力增强了，为了在长远的竞争中占据有利位置，需要更多关注具有前瞻性、支撑可持续发展的基础科学工作，需要鼓励和引导更多的年轻人投身到这里。习总书记讲，要发挥我们社会主义集中力量办大事的优势。我认为，要平衡眼前发展利益与未来长远利益，不要完全随着市场的短期目标走，集中力量抓好支撑未来发展的基础科学研究，就是集中力量办大事优势的体现。支持更多对基础科学有兴趣的学生做学问，保障他们在毕业后能够继续发挥自身所学的专业价值，做相关的研究工作，就有可能在未来实现跳跃式发展，达到弯道超车的效果。现在有不少基础性学科毕业的优秀人才，毕业后却由于各种原因不再继续从事原有的专业，这是人才的浪费，也是投入的浪费。

加快推进产学研一体化发展

科研要与经济发展紧密结合。国家正在推动供给侧结构性改革，通过科技创新来提高供给质量和水平，强化要素投入、政策配套、产学研一体化等改革，把不同创新主体的积极性和创造性激发出来，让他们既有科技创新的成就感，又有成果转化收益分配的获得感。我们一直提倡产学研结合，但与西方发达国家比较，不少科研领域仍存在产学研分离的问题，导致科技创新停留在跟踪、复制的阶段，这与我们现在的发展需求是极不相称的。比如仪器仪表，国家的科研投入大幅增加，但一些科研单位购买仪器时，只买价格昂贵的进口仪器。长此以往，国产仪器不仅缺乏市场，而且得不到市场的检验，很难越做越好。

科研单位过去做产学研结合很困难，一个很重要的原因是企业多生产低端的产品，不需要去研发，仿制加工即可完成任务。现在不一样了，市场从高速发展转入到高质量发展的阶段，需要高端的、有自己核心技术的产品，企业必须调整结构，做供给侧改革，对科研单位的研究成果也越来越有需求，产学研结合就变得更加重要。通过产学研结合，在技术、工艺、产品上联合创新，从产业、企业和产品入手提高供给质量，不断壮大产业根基，积淀竞争实力。我们现在很努力，也在不断改进完善，但产学研结合还有很长的路要走。

做好产学研结合，首先要理清结合的体制机制。现在允许教师兼职，与其他科研单位联合培养研究生，都是很好的机制变革，但随着国家经济供给侧改革和市场结构调整，要从高速发展到高质量的发展，如果要实现产学研深度融合，我们还需要进一步调整政策措施。比如在国民经济主战场，教师可以进入企业任职，为企业做了贡献也可以拿到企业的股份，企业的技术专家也应该可以聘请到学校做科研和教学，工作成绩突出也能成为学校的教授。对于联合培养研究生，学生的学籍不管在哪个单位，只要是进行了联合培养，联合单位统计成果时，都应对学生产生的成果计算在内，这完全符合联合单位为学生付出辛勤劳动的事实。对于合作科研成果认定，高校和科研院所不应再强调成果要第一完成人，其实很多时候因为是合作，大家的贡献都差不多，即便不是第一贡献也很重要，因此只要实实在在开展合作，无论文章、专利、获奖，无论第一、第二、第几完成人，都应一样对待，这样有利于加强科研单位人员的合作意愿。

科研创新先要增强自信

缺乏自信会对我们的创新造成束缚，我们不能永远都跟在别人后面。在不断学习的过程中，也要去大胆创新，并相信我们自己也能做成。其实实践已经证明了，尽管还有差距，但我们的成绩也是有目共睹的。一些人总是有一种根深蒂固的想法，认为我们的技术和国外的差距很大，只要跟着国外做就可以，自己做的肯定不行。有时候有些创新的想法，就是因为国外还没有做或者影响力还没有出来，我们就不敢。创新更需要摸着石头过河，不能老等着前面有人引路。比如，为解决国际上天文望远镜长期以来大视场不能兼备大口径的瓶颈问题，我们中国天文学家独创并自主研制成功了"大天区面积多目标光纤光谱天文望远镜"（LAMOST 或郭守敬望远镜）。但受台址条件和全球变暖的影响，它在运行初期一些功能还不完善，预定的部分科学目标尚未完全实现，国内便有些人提出了"看来中国自己的东西还是不行"的质疑，完全无视它使我国在天体光谱获取量、恒星光谱巡天、银河系的研究方面走在国际前面的事实，这根本就是不自信，妄自菲薄。其实，国外的天文望远镜也经常有这样那样的问题，特别是初始阶段，也需要不断完善和升级。为什么不能对我们自己的创新多一点宽容、多一点自信呢？创新是有规律的，无论在哪个国家，这一点应该是一样的。我们既要学习发达国家敢想敢做敢为人先的创新精神，更要不断提升自主创新能力和创新自信，要给予自主创新更多包容、理解和支持。

另外，在建设和运行 LAMOST 过程中，我也深深地感受到，重大科学基础设施不仅是我国从事高水平基础科学研究的重要平台，同时也是推动我国技术创新能力提升的重要支持。LAMOST 不仅是中国唯一独创的望远镜类型，它的研制也使我国天文光学技术能力提升到国际水平，甚至在某些方面走到前沿和引领的位置。重大基础研究有其自身规律，重大创新成果的产出往往需要一定的时间，效果也不是立马就能显现，我们对此要有清醒的认识，这不是着急就能来的。

"双一流"建设应兼顾效率与公平

"双一流"建设的目标和理念是好的，国家发展到这个阶段需要对高校有这样的要求和定位。但在推进过程中，在达成一流目标的过程中，我们也要关注"非一流"高校，不能因为"双一流"建设致使高校间的差距进一步拉大。"顶天"的教育和"立地"的教育都是教育，都是人的教育，需要基本的公平。教育事业与体育事业有些类似，我们说体育事业的发展目标是提高全民的身体素质，并不是去奥运会拿几块金牌，尽管我们也去追求这个。如果多数人都身体素质不好，少数人拿了奖牌又有何意义？教育也是这样。我们要通过教育提升全民素养，提高国家整体发展水平，如果对国家经济社会发展支撑不到位，对提升国民素养不到位，个别学校成了世界一流又有何意义？我认为，国家应在促进发展较好的高校向前走的同时一定兼顾效率与公平。十九大报告指出现在社会的主要矛盾是发展不平衡不充分，对高等教育来说也是这样。不平衡讲的是结构问题，我们有发展好的高校，其分布是不平衡的；不充分讲的是量的问题，更多的高校还没有发展好。既然看到了矛盾，就要去化解，脱贫攻坚是这样，"双一流"建设也应是这样，不能让原本差距不那么大的高校却因此形成更大的差距。以前我们经常说有些高校因为错失"985 工程""211 工程"

没有发展起来，希望以后我们不要再说因为没入"双一流"，差距越来越大。我们要有世界一流大学一流学科，更要有国家整个高等教育水平的整体提升，我想，这应该也是"双一流"的内涵。

育人是大学永恒的核心使命

对高校的评价应更多关注人才培养的质量，高校培养的人才在国家经济社会发展中是否起到了作用，在学校所学对国家有没有贡献。高校自身在国内外是否有影响，也主要是看它的重点学科里有没有一批在科学前沿取得重大成绩的人才，这就像企业好不好，最终要看它有什么产品一样。如果我们都去强调高校人才培养的效果，而不是各种成果的数量指标，大学人才培养的根本任务会不会落实得更好一些呢？应该让高校真正走上关注育人质量的内涵建设之路，让学校、学生和社会各得其所，实现共赢。育人，是大学永恒的核心使命。

（2018 年 3 月 14 日）

赵宇亮

中国科学院院士

院 士 简 介

1963 年 2 月出生，四川南充人。

国家纳米科学中心副主任、中国科学院高能物理研究所研究员。

化学家。主要从事纳米生物效应分析与安全性研究。率先提出纳米安全性学术思想，创建了我国第一个纳米生物效应与安全性实验室，建立了生物体系中超微量纳米颗粒的定量分析方法，率先揭示了多种无机纳米材料、碳纳米材料的体内分布图谱，生物学效应规律，结构—效应关系，及其化学机制。在纳米安全性和纳米药物领域做出了重要创新性贡献。

曾获国家自然科学奖二等奖、发展中国家科学院 TWAS 化学奖、中国毒理学杰出贡献奖等，曾获全国优秀科技工作者奖等荣誉称号。

院 士 观 点

为了实现"科教兴国"战略，我们必须淡泊教育理念的功利之心，必须打开教育管理的短视之障、必须变革教育过程的浮躁之势，必须回归育人育才的本质初心。

新时代的中国必须依靠"科技红利"和"教育红利"才能真正实现创新型国家建设和"强起来"的梦想。我们必须通过科技创新推动经济发展，通过提高国民素质促进社会进步。

先贤言，"十年磨一剑"，一剑破壁立天下。目前科技界大多数人恨不得"一年磨十剑"，尤其是年轻人。长此以往，这个群体必然从青年"优秀"走向中年"平庸"，这是宝贵人才资源的极大浪费。

科研创新需要有一定压力，但不是我们现在的这种外部环境的压力，科研创新的压力是来自科学家本身对科学的热爱和对技术的追求。

科技创新需要社会信任宽容科学家，也要信任宽容科技管理者。中国科技创新的良性发展，急需一个充满信任的宽容环境。

地方高校发展不宜面面俱到，应该立足本地方经济社会发展的特色需求，与社会建立良好的合作共赢伙伴关系。

创新需要宽容和信任

新时代是"科教红利"时代

我国建设创新型国家的战略目标是，到 2020 年进入创新型国家行列，到 2035 年跻身创新型国家前列，到新中国成立 100 年时成为世界科技强国。它的标志是什么？科技和人才成为国力强盛最重要的战略资源，劳动生产率、社会生产力提高主要依靠科技进步和全面创新，拥有一批世界一流的科研机构、研究型大学和创新型企业，创新的法律制度环境、市场环境和文化环境优良。要实现这个目标依靠什么？一个是科技，一个是教育。改革开放 40 年来，我们国家发展到今天这个样子，更多靠的是"人口红利""资源红利"，再向前发展，需要别的红利来依靠，可能更多地要靠"科技红利"和"教育红利"，要通过国民素质提高促进社会进步，通过科技创新推动经济发展。综观世界发达国家的发展经验，有例可鉴。所以，围绕教育发展和劳动质量的提高、围绕科技创新环境和水平的提升深化改革，是我们建设创新型国家乃至建设现代化强国的基础性工作。

"科教兴国"需要卓绝求是精神

为了实现"科教兴国"战略，我们必须淡泊教育理念的功利之心，必须打开教育管理的短视之障、必须变革教育过程的浮躁之势，必须回归育人育才的本真初心，必须提升我国劳动者的质量意识和专业精神，必须改革"一人生病，全体吃药"的简单粗糙的非科学管理模式，必须有效清除禁锢创新的纷纷扰扰的新旧羁绊。这些都需要我们从根本上拒绝虚浮假躁的风气，倡导卓绝求是的精神，也是我们能否建成创新型国家和世界强国，实现中国梦的根本前提。

要防止学者从青年"优秀"走向中年"平庸"

我们国家现在科技创新能力已经发展到了一个较好的水平。30年前我出国的时候，看到发达国家科技发展，实在让人悲观，看到别人的科技是如此发达，生产车间几乎没有工人，全是自动化生产，当时觉得自己仿佛到了另外一个星球。而我们当时呢？依然是靠我们原始的一双手进行科研，有点儿设备也都是通过各种各样的途径转弯抹角地买来的，还由专人进行保管，不是谁都可以使用。我那时的强烈感觉是，我们中华民族估计没有希望了，因为差距太远了。今天再看，我们中国的一线科研单位大都装备了一流的科研设备，不比国外差，其实在美国很多大学的实验室，它的科研设施未必有中国的实验室里的先进。短短的时间内，中国的确发生了翻天覆地的变化。我们已经把硬件的东西颠覆过来了，甚至从某种意义上来说，可能比别人还强。那我们现在的创新能力是不是真的超越了别人？答案是否定的。我们现在的整体科技水平，在有些点上，已经有所超越，但是从线到面上来看的话，"超越"还很罕见。

这里面原因很多，第一，我国真正意义上发力发展科学技术的时间还较短，改革开放以来才大约 30 年，我们的科学积累还是有限，这个积累包括科学思维、科学思想、科技创新方法、科学数据、科技成果、科研软环境等。积累少，还达不到发生质的飞跃的程度。仔细算一算，尽管我们说 30 年，我们大量的先进科技设备是最近十年才有的，实际上真正产生巨大变化还是最近五年最显著。

第二，中国科技管理思路大部分不是"管理"，而是"管你"。这是机制问题。我们还没有建立起真正意义上的务实求真的科研机制，尤其是管理机制。"管你"的目的是"管住你"，所以常常一管就"死"。"管你"模式，大大地消耗了科研人员的创造精力和创新活力。而"管理"模式的本质是为科研人员理顺各种关系，营造科研人员更加专心于科学研究的环境氛围，促使科技创新工作更加顺利地进行。

第三，中国科技评价思路大部分不是"评价"，而是"平价"，就是最终把所有人都变成"平庸"。比如，我们现在的科技评价机制更多的是让学者们关注眼前能出成果的事情，尤其是鼓励了创造力最强的年青学者去竞相追逐"短、平、快"的"芝麻"成果。虽然也是研究成果，有一定的价值，但离重大原创、离技术革新还有较大距离。现在少有人愿意长期地去攻克具有挑战性的世界难题。如果说一项世界领先的创新科技可能需要五年、十年甚至更长时间才能做出来，愿意做这样事情的人越来越少。如果我们现在的考评方式不改革，中国的创新能力是很难提高的。比如，在日本，大部分研究人员或教授坚持一生之中只做一件事，坚持十年二十年，他就成为其领域内最好的了。如果所有研究者都如此这般，科研群体中一定有很大数量的人成为其领域中最好的世界学者，何愁创新能力！先贤言，"十年磨一剑"，一剑破壁立天下。目前科技界大多数人恨不得"一年磨十剑"，尤其是年轻人。长此以往，这个群体必然从青年"优秀"走向中年"平庸"，这是宝贵人才资源的极大浪费。

第四，科学创新需要思想，先有"思想"才有"科学"。"思想"来自"深思"，"深思"需要"静心"，"静心"源于"宽松"，营造"宽松"

环境就不能有过分的"压力"。目前大家身处市场竞争般的科学研究环境中，人人"压力山大"，科学思想被压成满地碎渣，被扫入垃圾堆，借何以创新？

科研创新需要有一定压力，但不是我们现在的这种外部环境的压力，科研创新的压力是来自科学家本身对科学的热爱和对技术的追求。例如，现在我们的年轻学者，每个年龄段都必须完成拼命追逐一顶"帽子"的目标。各种各样的学者头衔纷纷扰扰，很多人都在为了追逐"帽子"做研究，而不是为了追求科学做研究，不是为了真正去解决科学难题，这种环境氛围不改变，评价机制不改革，国家投入越多，最终浪费越多。我们国家现在的科研队伍体量是全世界最大的，只要有万分之一的人敢于去挑战世界难题，我们就可以做到世界领先。最好的科技机制就是能够保障这万分之一志存高远的人，能够安心静心、专心精心进行科技创新工作，其余者也不能没有，需要为创新者已筑大厦添砖加瓦。古来大家思想得以传播，多靠"门客"，所以，"门客"们热闹一点，未尝不可。

提高科技创新能力是一个系统工程，里面有很多环节需要改革。我们具备了硬件条件，也具备了人力条件，但总体上的软环境急需改革，还缺少一个能够促进科技创新的土壤，至少这个土壤还很贫瘠，还不足以催生重大的科技成就。

科技创新首先需要社会信任宽容科学家，也要信任宽容科技管理者。没有人能保证一百次科研一百次成功，但是事实上呢？这么多年我们国家的大项目也好，小项目也好，很少有说是失败的，多是超额完成任务，这不合乎科学规律。这种现象只有两种解释，要么是立项时的研究目标定得太低，要么就是我们的评价机制有问题。我们应当大大方方地允许失败，失败了不可怕，找出失败的原因，就是未来成功的基础。在科技创新领域，国家越是心胸大度宽容失败，学者越是敢于去挑战世界难题。

中国科技创新的良性发展，需要一个充满信任的宽容环境。我们不仅要对科学家信任宽容，也要对管理者信任宽容，要信任科学家和科技管理者，相信他们志存高远，他们就会往这个方向去努力。如果不信任管理者，那么管理者就不敢担当；如果不信任科学家，那么科学家就不敢去做有难度有风险的事情，这怎么能够创新？现在的情况是，一旦失败了，就尽力用各种方法去掩盖，或者把其他成果拉来凑数。所以，信任非常重要，首先有信任才能谈及担当。无论科学家还是管理者，谁都不愿意失败，没有人会奔着失败去做事的，都不是有意要去把事情做得不成功。所以，我们的管理理念要改变。不要因为出现某些个案就否定一切，否定所有的成绩，中国在快速发展中遇到一些不良现象在所难免，如果出现故意造假者，严惩不贷，让其用一生去后悔。不能再"一人生病，全体吃药"，否则只会把"健康"的科技工作者都倒逼成"病人"，何以创新？以个案个例否定整体，这也是我们社会不成熟的表现，尤其是媒体不成熟的体现。这种做法的消极影响深远，对创新生态的破坏力极强。一旦科学家们畏首畏尾，但求无过，不敢创新，那国家就没有创新能力。

地方高校发展不宜面面俱到

大学的定位不一样，老师的努力方向就不一样。高校首先是人才培养，其次才是科学研究、文明传承与创新。高校的科学研究更多地应该是为了提升自身培养更加优秀人才的能力，在这个过程中，会出现重大原创性成果，那算是意外收获，我觉得高校的科学研究提高了学校培养优秀人才的能力和水平，就完成了初衷，在考核评价机制中，没必要过分要求高校出多少科研成果，高校的科技成果是人才培养的自然结果，不是根据考核数字指标的要求出来的。高校科研投入经常性研究投入比重大一些，对人才培养效果会更好。我们一直强调分类管理、分类指导，对科研来说，我们应该先把科研分类，比如纯基础类、应用基础类、应用类等。

地方高校发展不宜面面俱到，应该立足本地方经济社会发展的特色需求。对于为经济社会发展直接培养应用型人才的地方高校，应该考核培养的人才是不是适应了社会发展需要。如果说鼓励老师做科研是为了自身业务水平提升的话，那是另外一个问题，不应拿着考核科研创新的指标体系去衡量高校老师。大学看的是教出来的学生质量怎么样、口碑怎么样、业界的反映怎么样，这才是大学的根本任务。

地方高校可以适当开展基础科研，比如与国家相应高校和研究院所建立良好的合作共赢伙伴关系，提升基础研究水平和创新能力，这才能发挥中国特色社会主义的优越性。更重要的是要为区域经济社会发展服务。主动将自身的发展与地方经济社会发展紧密结合起来，与社会建立良好的合作共赢伙伴关系，这是地方高校天生的责任和义务。近几年各类基金项目申请数量越来越多，新增加的多是地方高校，说明大家越来越重视基础研究了。这是好事，也是坏事，这种情况应该改变，基础科研更多的是国家的事情，世界范围内都这样，不是地方的主要事情。如果我们能够把这个层次建立起来的话，我们国家的科技创新体系就会有一个明确清晰的定位了。现在的情况是，我们重复性研究比较多，人才、物力都浪费了不少，这实际上阻碍了国家创新能力的提升。

（2018 年 3 月 14 日）

刘丛强

中国科学院院士

院　士　简　介

1955年9月出生，贵州遵义人。

中国科学院地球化学研究所研究员，天津大学表层地球系统科学研究院教授。兼任国际地圈生物圈计划中国委员会（CNC-IGBP）委员、*Geochemica Acta* 主编、*Chem. Geol.* 和《地球化学》等杂志编委等。爱丁堡皇家学会外籍院士，美国和欧洲地球化学学会会士。曾任国家自然科学基金委员会副主任、中科院地球化学研究所所长、中国矿物岩石地球化学学会理事长、贵州省科学技术协会副主席等。

地球化学家。主要从事地表地球化学过程及其生态环境效应和微量元素和同位素地球化学基础理论和应用方面的系统研究，有关成果丰富了相关研究领域的地球化学理论。

院　士　观　点

科学研究与创新不是"吹糠见米"的工作，不可能一蹴而就，不可能投入就有产出。

我们应该打破现有传统学科观点，以科学问题为导向，紧跟科技发展方向，鼓励新兴学科交叉。

我们首要工作是做好队伍建设，发现人才，培养人才，为创新积蓄起足够的人力资源。

在完善创新链条、营造创新生态方面我们还有很多工作要做。

我们要有一个国家层面创新的顶层系统设计，从方方面面做彻底性改革，而不是单纯说评价体系、成果转化某一个方面，不是改一个环节、一个部门、一个学校的问题，要做系统性改革。

对待这些问题，我们一方面要冷静地想对策，一方面也要清醒，问题的存在也有发展阶段和历史的原因。

实现创新需要系统性体制改革

近年来，我们国家的科技创新取得了很大的成就，但就国家发展需求来说，仍需进一步加快创新步伐。加快创新步伐并不意味着急于求成，不意味着鼓励急功近利。大家都知道，创新不是"吹糠见米"的工作，不可能一蹴而就，不可能投入就有产出。在创新这个问题上，我们要有长远目光，要做好系统设计和顶层规划。

坚持问题导向推进交叉学科发展

科学与创新是动态的，学科不应一成不变，应随时调整以解决科学问题和开展教育。我们应该打破现有学科观点，以科学问题为导向，紧跟科技发展方向，鼓励新兴学科交叉。科学发展进步，人类面临的问题也在发生变化，在学科建设、教学和学生培养方面就要有所改变。比如地学里讲地球系统科学，将传统的自然科学和社会科学结合，共同解决地球命运共同体的一些挑战性问题。具体讲，比如食品安全、能源安全、气候变化、环境变化等问题，涉及科学技术和社会管理多方面，就需要多学科领域的交叉研究。其实，交叉也是有规律性的，随着人类认知水平的不断提升，随着科学本身向着更深层次和更高水平发展，我们对某一问题的不同学科属性、联系和规律等认识也更加深入，自然而然地需要拓展外延和更为宏观的认识，体现到教育上，体现在学科发展上就是多学科之间交叉和综合。很多科学和社会问题是不分学科的，我们要解决问题的突破点往往需要交叉和融合的知识。今天很多问题不再是涉及单一的学科，而是涵盖各种不同领域，因此要特别注意交叉综合性人才的培养。这种人才的培养不是说什么知识都学，而是强调能够进行交叉研究的能力和素养的培育。当前我们学科规划规定还比较僵化，大多数高校还是采用传统的学科教育方式，不能很好地适应经济社会发展和科学发展的需求。所以，面向国家重大战略需求、面向经济社会主战场、面向世界科技发展前沿，我们必须突破现有学科边界特别是学科专业目录规定的边界，优化调整，结合问题做学科交叉研究和人才培养。

创新教育要从小抓起

科技创新的根本还是在于人。基础科学如此，应用科学也是如此。没有研究队伍，没有高层次人才，何谈创新？所以，我们首要工作是做好队伍建设，发现人才，培养人才，为创新积蓄起足够的人力资源。对大学而言，首先是做好教师队伍的教学和科研能力建设，其次是培养优秀的研究生，通过研究实践，丰富他们的科研阅历，锻炼好各方面能力，为高水平科研梯队涵养活力，提供原生动力。

另外，创新型人才培养要从小抓起。我们的中小学教育阶段教育方式需要改革，不能总是要求学生背定理、记重点，应付考试，这样培养出的学生将来如何有好的创新能力？需要培养学生的科学好奇心和解决各种问题的综合能力和思维。对大学生来讲，创新教育也是要尽可能实践的，可以根据社会需求确定学习内容和方法，逐步培养起解决复杂问题的综合能力。如果大学生在校期间能确确实实围绕某些科学目标或者社会需求，在好奇心驱动下做一些研究，如此便可实现创新教育。

完善创新链条，营造创新生态

我们现在的创新链还不完善，从基础研究到应用技术到市场产品的路还不那么畅通。尝试也做了很多，布局了不少贯通式的项目，基础研究、应用技术到最后走向市场，但是真正成功的还不多。搞基础研究的还是写文章，搞技术的还是做应用，搞技术的不看前面的基础研究，基础研究的也不看后面的应用市场，很多时候创新还处在这样一种"割裂"的状态。

要真正把基础研究成果变成创新技术，最后变成产品走向市场，将科技与生产有机连接，讲起来容易，做起来并不容易。最重要的一点是我们现有的创新机制和模式需要修正。有机构发布了 2016 年全球国家创新力指数，韩国位列前面。暂且不去论述指数的权威性，能得出这个结论，韩国的一些做法也是可圈可点的。我去过韩国首尔附近的创新基地，感受到强烈的创新环境和文化。我也参观过德国明斯特大学的纳米医学中心，优秀的教授、理论科学家在里面做教学和研究，搞技术开发的人员、市场公司的人员也在里面，大家针对同一问题相互启发、碰撞智慧，从基础到应用到市场，真正在一起解决问题，"产学研协同技术开发"可以说是做到了实处。我们呢，孵化基地、研发中心、工业创新园区、做基础的学者、做应用的学者、做技术的学者，都有，但缺少"链"接。在完善创新链条、营造创新生态方面我们还有很多工作要做。

实现创新需要系统性体制改革

我们国家的学者挺累的，忙于申请，忙于评估，忙于数成果，整天都在忙忙碌碌当中。大家都在互相比较，一系列的人才计划，一系列的排名比较，今天排一个，明天再排另一个。有些主管部门也机械地关注排名，拿排名指导发展工作，一味追求排名。各种排名就是各种数字，为了排得好看，大家难免在数字上下功夫，至于在根本上推进科学进步方面下的功夫就少了很多。所以，我们的科技评价机制必须彻底改革。从一线科研工作者到国家各级管理部门都清楚，要给研究人员稳定的工作环境、长期的稳定支持，为重大原创性突破提供足够的空间时间等等，这些年国家各级科技管理和政策制定部分做了不少尝试，但解决的效果好像并不好。问题仍然存在的根本原因是体制改革缺乏系统性，科技创新需要国家政策、环境等整体推进和系统性突破。我们要有一个国家层面创新体制及其改革的顶层设计，从方方面面做彻底系统性改革，而不是单纯说评价体系、成果转化某一个方面，不是改一个环节、一个部门、一个学校的问题，要做系统性改革。为了科技创新，仅把大学里的评价机制改了，高中教育可能跟不上；仅把政府部门政策改了，社会大众观点和舆论可能跟不上，如对待科学、对待人才观念不变，只变政策，效果也不会好。某件事情形成既定的趋势以后，只改一个方面是很难改好的，这也就是为什么大家都清楚问题，也在做一些改革，但最后又显得有点无能为力的原因。这些年科学研究和科技创新领域存在一种"潮流"或"涌流"现象，类似春运"人潮"，一旦进入其中就会你推我，我推你，随着惯性盲目地往前冲，不管脚下道路通往何方和前景如何，任何人都停不下来被迫往前走。比如，在人才评价方面，你不按已有的办法做，有很多人等着这么做，你这个学校不做，有的是学校来做，都在简单比人才多少，不科学地壮大人才队伍。人才"帽子"满天飞，国家、单位都认识到"帽子"过多有问题，但落实到人才队伍建设上，实际上还在继续编各种"帽子"，以帽子评价集体和个人。又比如写文章，天天写文章、数文章，不讲或忽视真正科学意义上的贡献，都觉得这么做科研好像不对，但是应付评估和完成文章数指标和影响因子指标，又不得不陷入单纯追求文章的浪潮中。所以，既有的机制在，环境在，如果没有系统性改革，腿有病医腿、手有病医手，没有全身系统诊断，即便治理好了人才"帽子"问题，也还是不能彻底解决科技创新存在的其他连锁反应的问题。

其实，对待这些问题，我们一方面要冷静地想对策，一方面也要清醒，问题的存在也有发展阶段和历史的原因。我们国家依然是一个发展中国家，科学和科技创新的一切特征和问题都是发展中国家所有的基本特点。发展不充分、不平衡造成问题的复杂性和处理问题的艰难性，不实事求是地针对不同问题采用不同的管理办法，简单用"一刀切"的管理，很容易形成追求数据、追求形式、治标不治本等现象。等我们全面发展到一定程度，等科技创新成为一种精神文化，当科学家都很平静，把科学当成一种兴趣爱好，我们的创新自然不会存在今天我们所看到的种种问题。科学评价社会中不同人或每一个人的贡献对发挥整个社会积极性至关重要。你是科学家，对科学或对社会发展做贡献，你伟大；我是技术工人，建一座大桥，也做贡献也感到很光荣。大家都应该心平气和地努力干活，在不同的岗位上做自己力所能及的贡献。社会评价科学家应该自觉地去看他们解决了什么科学问题，而不是简单去数他们写了多少文章，他们有什么人才帽子和多少成果奖。我们整个社会的科学文化水平有待进一步提高，目前产生这些现象是不可避免的，所以想在某个环节进行"一刀切"的改革，成效也是不好的。我们应该立足长远、立足战略考虑，努力营造一种科学文明的文化和氛围，对现行体制进行系统性改革。

（2018 年 3 月 14 日）

赵进东

中国科学院院士

院 士 简 介

1956 年 11 月生于重庆，江苏武进人。

北京大学生命科学学院教授，中国科学院水生生物研究所所长。兼任中国植物生理学会副理事长，中国水产学会副理事长。中国致公党中央常委，第十一届、十二届、十三届全国政协委员。

植物生理学及藻类学家。长期从事藻类生物学研究，对蓝藻细胞分化和格式形成有系统研究，尤其对蓝藻异型胞分化中的信号转导和基因表达调控有深入研究。对光合作用中光能吸收和电子传递有深入研究，对蓝藻藻胆体吸收光能在两个光系统间的分配的系统研究揭示了藻胆体吸收光能向光系统传递的途径和调控机理。

院　士　观　点

重大创新成果的产出是需要时间去耐心等待的，很多科学研究要着眼长远，不能急功近利，欲速则不达。

考虑到基础研究的长期性和必要性必须要增加地方财政和社会力量对基础研究的投入。

科技评价的主要目的是营造良好的科研环境，去激励和引导科技创新，要让科研人员为科学而努力，而不是为 SCI 数量和点数而努力。

基础教育的改革应该更加关注保护孩子的天性、激发学生的创新意识、培养学生的创造能力、培养他们自由创造的精神。

教育是民生，也是国计，教育的发展需要社会和国家更大的责任和担当。

创新需要多一些耐心

重大原始创新成果需要耐心等待

近几年，党和国家高度重视科技创新，已经把创新摆在国家发展全局的核心位置，围绕实施创新驱动发展战略，正在加快推进以科技创新为核心的全面创新。整个社会对创新的需求程度也是非常迫切，期待尽快产出一批重大原始创新成果，涌现出一批世界级的创新人才，这可以理解。我国经济经过几十年的高速发展，现在需要更加关注转变发展方式，更加注重提高经济发展的质量和效益，这就更加需要科技创新。但是重大创新成果的产出是需要时间去耐心等待的，很多科学研究要着眼长远，不能急功近利，欲速则不达。

实际上，我们国家这三四十年取得的科技成就非常了不起，在一些前沿领域也取得了重要突破，一些重要领域方向已跻身世界先进行列，世界上没有哪个国家和地区能够在这么短的时间里取得这样举世瞩目的成就。我 1994 年回国，也经历了国家经济、科技、军事、文化等各方面飞速发展的这个阶段，感受非常深。当年回国时，整个北大的 SCI 文章也不多，若哪位老师能够发一篇 SCI 论文，大家都很羡慕，甚至职称也能直接晋升一级。现在我们国家 SCI 论文数量已经连续多年世界第二，普通高校老师发很好的 SCI 论文已经非常常见，在 *Nature*、*Science* 上也开始经常看到我们中国人的文章。从满足国家需求和促进社会进步方面，我国取得的成绩也是巨大的。所以我认为，我们国家在科技方面的投入产出效率是很不错的，相对来说投入产出的效率是比较高的。

现在我们提出实施创新驱动发展、建设创新型国家和建设世界科技强国，也是基于这几十年的科技创新发展积累。尽管在现行的科技体制下我们从 0 到 1 的重大原始创新成果不多，但不代表将来不会有，更不代表现行体制下出不来。真正重大的创新成就、杰出的创新人才往往是需要多年积累的，是需要时间等待的。当然，我们如果从科研投入、评估体系和基础教育等几个方面不断改进和提升，重大的原始创新成果的出现就会来得更快一些。

探索基础研究投入多元化

近年来，中国研发经费投入总量呈不断上升趋势，已连续多年成为仅次于美国的世界第二大科技经费投入大国，比如，国家自然科学基金也从当年的 20 多个亿增长到了现在的 300 亿元。不过，虽然我国研发经费投入强度达到 2% 以上，但基础研究占研发经费的比重仍然太低。还有就是我们国家基础研究投入主体、投入结构与发达国家比有较大区别，在我国基础研究投入里，政府的投入占到 90% 多，企业投入比较低，其他的社会力量投入也较少。这种投入结构有一个重大缺陷，即比较容易从政府层面带来急功近利。政府投入是公共投资，在现阶段更倾向于投向比较容易出成果的领域和方向，这也可以理解，倘若大部分中央财政科研经费都投向一些很基础的研究领域，多年不出成果，其实也容易从形式上看作对纳税人的不公平，因为我们国家现在还是在社会主义初级阶段，需要财政支持的地方还很多。

在一些发达国家，政府财政投入占整个基础研究的比例可能不到一半，很多都是企业或者风投在支持基础研究和应用基础研究，还有一些社会力量、慈善机构、社会捐款等也都投向了基础研究。比如，前段时间我有个学生回北大做讲座，她是现在很火的 CRISPR-Cas9（基因剪辑技术）的研究领域的领军人物之一。她现在做异种器官移植研究，就是利用这种全新的基因编辑技术，来敲除猪基因组中可能有害的病毒基因和解决排异反应等问题，从而有望突破猪器官用于人体移植的重大难关。尽管这个项目，欧美政府曾于上世纪 90 年代花大力气来推动，几个全球大药厂也投了巨资希望解决猪器官的人体排斥问题，但最后发现猪的基因组里面有内源性逆转录病毒存在，就停止了一切异种器官移植的临床试验。但正是 CRISPR-Cas9 的横空出世，让科学家们看到了曙光。现在我这个学生成立了一个公司，在美国融资数千万美元来继续推动异种器官移植在临床上的开发和应用。这种类型的研究，在美国有很多社会资金、风投在投。我们国家需要这样的体制机制，建立基础研究的多元化投入机制。考虑到基础研究的长期性和必要性必须要增加地方财政和社会力量对基础研究的投入。这样，对基础研究的长期投入才能扛得住风险。同时，政府不要把基础研究的投入纳入政府工作近期考核指标，经过长期支持，肯定是能有成果的。

中国特色科技评价体系亟待建立

科研评价体系对于科技创新活动有极为重要的影响。好的评价体系包容性强，促进重大原始创新。关于科技评价体系，近几年大家讨论得非常多，许多人有自己的看法，可谓见仁见智，其中最被学界或科研人员诟病的就是简单量化、"记工分制"，尤其是针对 SCI 数量和点数，很多人批判。我觉得要辩证地看待这个问题，基于 SCI 的评价体系具有较强的科学性，也是国际化的权威评价体系中一个重要环节，同时在一定程度上体现了对大多数科研人员的公平性。当然，这个系统也有不少问题，比如，SCI 论文的影响因子并不是论文本身的，而是发表这篇论文的期刊影响因子，严格意义上讲，这个影响因子只具有统计学上的意义，而且会因研究领域的不同而有巨大差异。所以单凭 SCI 论文的影响因子去评价某位科研人员可能得出比较片面的结论。但是这并不妨碍用 SCI 论文作为一个指标来评估科技活动。我们不应该因为 SCI 在评估中的缺陷就全盘否定它。大家可以试想一下，没有大量高水平的 SCI 论文的国家能算是创新型国家或科技强国吗？所以说科技评价还是要看 SCI，但不要唯 SCI，科技评价的主要目的是营造良好的科研环境，去激励和引导科技创新，要让科研人员为科学而努力，而不是为 SCI 数量和点数而努力。

科研评价中，对某一个具体的科研人员的评价是比较难的，首先去评价创新人才，评价专家得有相似的知识结构，也就是所谓的同行评价，但问题就来了，相似的知识结构很难评出颠覆性的创新、重大的原始创新，所以同行评价有时又变成了产出重大创新的桎梏。所以对于高校或科研机构创新的评价，除了常规的 SCI 指标和普通同行评价之外，还需要这些机构自身的定力和功力，有远见地评价创新潜力。这些机构需要扛得住来自各方面的压力。这些压力可能来自主管部门，可能来自资助单位、来自单位内部，也有可能来自社会大众。世界一流的科研机构和高校一般是有这种功力的，它们能扛得住，所以往往这样的机构才有可能孕育出对世界产生重大影响的原始创新成果。

为什么科研评价体系要有中国特色呢？我们在建设创新型国家、建设世界科技强国的过程中需要解决许多中国发展中的科技问题，这些问题的解决还只能靠自己。比如我们的淡水养殖。如果没有当年一批科学家解决了四大家鱼人工繁殖这个世界难题，我们现在可能还处于吃鱼难的状况。我们的科技创新要面向国家重大需求、面向国民经济主战场，解决中国发展的问题，同时还要面向世界科技前沿，坚持国际视野、国际标准。相应地，我们的科技评价体系也需要满足这种需求。

教育要注重天性的发展

　　创新的关键说到底是人才的培养。说起创新人才的培养，其实大家更担心的是我们的基础教育。基础教育培养的是下一代，未来国家和民族的发展靠什么？就是靠这些孩子们。国家经济发展水平提高了，综合国力增强了，基础教育的改革应该更加关注保护孩子的天性、激发学生的创新意识、培养学生的创造能力、培养他们自由创造的精神。基础教育的体系应该更加科学、更加完善，提供更加丰富的教育资源，为学生提供更多发挥自由想象的空间。现在大部分家庭每年都要花很多钱给培训机构，送孩子去上各种补习班，孩子们可真是苦不堪言啊，哪还有时间和空间去自由想象？其实，人天生有好奇心，创新是根深蒂固在人的本性里的，不能压抑孩子们的天性，要创造条件释放他们的创造力。若从小受这样的教育，被管习惯了，就算长大以后从事科学研究，也多会选择一些跟随式的领域去研究，去证明别人的理论是正确的，哪怕技术是领先的，自己也不敢做太多原创的东西，害怕失败，害怕出格。发达国家的教育更注重激发孩子的创造力，他们鼓励孩子们质疑老师、敢于在知识上挑战老师。这种方式下培养的孩子就善于发现问题，习惯于质疑，敢于提出别人不敢提的问题，想别人不敢干的事情，喜欢证明别人是错的，也就更容易创新了。当然，东西方教育各有优缺点，我们要做的是根据未来的需求，整合东西方文化和教育精华，保护学生创新的天性，呵护孩子们的好奇心，探索一条属于自己的道路。注重天性的发展不是去放任孩子，这是两回事。

教育是民生也是国计

　　高等教育在任何一个国家都是国家科研力量的重要组成部分，承担着培养高层次创新人才、开展高水平科学研究、产出高质量科技成果的重要使命，是国家创新体系中举足轻重的力量。我们国家也非常重视高等教育，从恢复高考到现在四十多年的时间里，也通过"211工程""985工程"等一系列重大建设项目和工程，建设了一批重点高校和重点学科，带动了我国高等教育整体水平的提升，为经济社会持续健康发展作出了重要贡献。

我个人感觉，高等教育在国家科技创新体系中的位置与它的贡献不相匹配。大家研读政府工作报告或其他一些重要的报告、文件就会发现，高等教育一般会与其他各级各类教育在"提高保障和改善民生水平"的章节出现，当然放到这里也体现了国家高度重视高等教育，高等教育也和学前教育、基础教育、高中教育、职业教育等均是国家优先发展的事业。而关于科技的相关内容多会出现在"经济发展"等章节里，这也很好理解，毕竟创新是引领发展的第一动力，但在"科技"这部分内容里没有高校这一创新主体，好像也缺了点什么。企业、高校、科研院所都是国家科技创新体系的重要组成部分，近些年高校作为主要完成单位获得国家科技三大奖的比例占七成以上，在承担国家自然基金或其他国家重大科研项目中也有相对优势。

人才培养在创新体系建设中的作用怎么强调也不为过，高校应该在国家科技创新体系中占有更加重要的位置，所以，我建议在以后的政府工作报告中能否考虑将高等教育的相关内容，尤其是高校科技创新调整到创新体系建设的相关部分。这样一方面更有利于激发高校的创新活力，产出更多创新成果，也有利于促进高校科技成果转化，进一步提升高校在创新驱动发展战略中的作用。教育是民生，也是国计，教育的发展需要社会和国家更大的责任和担当。

（2018年3月23日）

后　记

　　院士是科技界的翘楚，他们为国家教育和科技事业的发展作出了杰出贡献。因工作原因，我有幸零距离接触了百余位院士，聆听他们的教诲。当忐忑着、面对面和这些科技界的巨擘交谈，感受到的却是他们的温度，如沐春风，时时受到感染和熏陶。他们的开明睿智、大气谦和、家国情怀、责任担当，总让我们忍不住想和大家做个分享。

　　院士之名，在德行，在学术，更在精神。他们怀忧患，思创新，谋发展，令人尊敬。本书按照访谈的时间顺序，将院士们对于高等教育改革与发展中面临问题的思考与建言，尽量原汁原味地呈献给大家。每位院士都是这本书的作者，我顶编著之名，实是愧不敢当、诚惶诚恐。

　　访谈及文稿整理工作前后历时两年有余。在此过程中，祝连庆、葛新权、刘晓明、寇奕、肖士兵、姜红、付冉、王晴、李艳杰、张磊、高岩、刘军、张巍、吴军、娄安如、蔡万江、文玮、刘佳、李琳、李娟、侯东云、杨晖、张豫、刘帅、翟昊、姜士军、郝泽宏、常新平、马海泉、郭大鹏、杨鹏、郝云彩、高铭宇、袁月、夏嘉斌等给予了鼎力支持，做了大量的工作。

　　感谢陈佳冉编辑，身怀六甲，哺育婴儿，仍依然为本书做了精益求精的工作。

　　感谢中国科学院院长白春礼院士的无私帮助和宝贵支持，感谢教育部原副部长、总督学刘利民先生为本书撰写序言。

　　感谢我的家人。

　　由于个人水平有限，书中难免有不尽完善之处，敬请读者批评指正。

李善廷

责任编辑：陈佳冉
装帧设计：王欢欢

图书在版编目（CIP）数据

百位院士谈教育：全 2 册 / 李善廷 编著 . —北京：人民出版社，2018.11
　（2018.12 重印）
ISBN 978 – 7 – 01 – 019956 – 6

I. ①百…　II. ①李…　III. ①教育研究 – 中国　IV. ① G52

中国版本图书馆 CIP 数据核字（2018）第 238805 号

百位院士谈教育
BAIWEI YUANSHI TAN JIAOYU

（上、下卷）

李善廷　编著

人民出版社 出版发行
（100706　北京市东城区隆福寺街 99 号）

中煤（北京）印务有限公司印刷　新华书店经销

2018 年 11 月第 1 版　2018 年 12 月北京第 2 次印刷
开本：710 毫米 ×1000 毫米 1/16　印张：54.5
字数：782 千字

ISBN 978 – 7 – 01 – 019956 – 6　定价：168.00 元（上、下卷）

邮购地址 100706　北京市东城区隆福寺街 99 号
人民东方图书销售中心　电话（010）65250042　65289539